"互联网+"应用型院校"十三五"规划会计专业核心课程教材

根据最新会计准则、全面营改增税收政策编写

会计电算化

会计专业精品教材编委会 编

立信会计出版社
LIXIN ACCOUNTING PUBLISHING HOUSE

图书在版编目(CIP)数据

会计电算化 / 会计专业精品教材编委会编. —上海：立信会计出版社,2017.6(2024.1重印)
ISBN 978-7-5429-5498-5

Ⅰ.①会… Ⅱ.①会… Ⅲ.①会计电算化—资格考试—自学参考资料 Ⅳ.①F232

中国版本图书馆 CIP 数据核字(2017)第 143574 号

策划编辑　　赵新民
责任编辑　　王斯龙

会计电算化
KUAIJI DIANSUANHUA

出版发行	立信会计出版社			
地　　址	上海市中山西路 2230 号	邮政编码	200235	
电　　话	(021)64411389	传　　真	(021)64411325	
网　　址	www.lixinaph.com	电子邮箱	lixinaph2019@126.com	
网上书店	http://lixin.jd.com		http://lxkjcbs.tmall.com	
经　　销	各地新华书店			
印　　刷	常熟市华顺印刷有限公司			
开　　本	787 毫米×1092 毫米	1/16		
印　　张	17			
字　　数	410 千字			
版　　次	2017 年 6 月第 1 版			
印　　次	2024 年 1 月第 7 次			
书　　号	ISBN 978-7-5429-5498-5/F			
定　　价	38.00 元			

如有印订差错,请与本社联系调换

会计专业精品教材编委会

主　任：梁文涛

副主任：王　敏　苏　杉　贾瑞敏　孙竹林　徐其志

成　员：郑　丽　王　宁　张清亮　董　震　展丽朦
　　　　　李玲玉　王珑珑　梁文豪　焦洪旗　孙丕顺
　　　　　徐子莲　张建峰　董晓键　张　韩　梁宇飞
　　　　　董洪萍　苏　民　辛　眉

preface 前言

"会计基础""财经法规与会计职业道德""会计电算化"是会计类专业的核心课程。"互联网+"应用型院校"十三五"规划"课证融通"教材《会计基础》《财经法规与会计职业道德》《会计电算化》及其配套训练题库自从出版以来,得到了广大师生的厚爱和认可。近期会计税收政策变化很大,国家对会计人员要求也有调整,所以本套教材内容需要进一步修订以满足广大师生的需求,为此我们组织相关专家按照最新政策以此为基础编写了这套新的教材。

本套教材有以下特色。

一、严格依据新政策,用心编写新教材

本套教材严格按照最新会计准则、全面营改增等最新税收政策编写。在编写过程中,作者态度认真,本着对学生负责的态度,用心编写。在教材中体现应用型院校所要求的专业课程知识体系和能力要求。并且,本教材在重印时会随着会计税收政策的修订而及时修订,并在相关配套资源中体现。本次重印根据截至 2017 年 4 月 1 日的最新会计税收政策修订,加入"全面营改增"等知识点。

二、理实一体、学做合一

为培养应用型人才,本教材在讲解知识的同时,配有大量例题和案例,并且加入点拨指导、特别提示、举例说明、答疑解惑、知识链接、知识拓展、归纳总结等模块,使得全书形成统一协调的知识体系,有利于学生全面、系统地掌握所学知识。教材案例及课后练习题丰富,再加上配套的训练题库,让学生真正做到理实一体、学做合一。

三、网络教学,扫码听课

教材的每个知识点后都附有一组二维码,学生只需要用手机或者 iPad 扫描二维码,就可以看到相关知识点的视频讲解,让学生不仅能够免费进行视频听课学习,而且可以

充分利用碎片化时间,提高学习效率。

学生若通过电脑上网进行视频听课学习,则登录网站 http://www.kaoyaya.com/new/mm/media/booksp/prefix/lls-/id/6549/,或者登录网站 http://i.youku.com/u/UMjAxNzYwMjY4/playlists。

其中,《会计电算化》由梁文涛任主编,王敏、苏杉、贾瑞敏、孙竹林、徐其志任副主编,编委会其他成员任参编。

在本套教材的编写和出版过程中,得到了立信会计出版社和"考呀呀"网站(网址:http://www.kaoyaya.com)相关工作人员的大力支持与帮助,在此表示特别的感谢。本套教材在撰写过程中,参考、借鉴了大量相关教材和网站信息,在此向其作者表示由衷的感谢。由于作者水平所限,本套教材可能存在不当之处,竭诚欢迎广大读者批评指正。

本套教材的联系邮箱:kuaijicongye2016@163.com;任课教师专用 QQ 群号:437997599(仅供任课教师加入);学生专用 QQ 群号:497863337(仅供学生加入)。

编　者

第一章 会计电算化概述 … 1
本章学习知识体系 … 1
第一节 会计电算化的概念及其特征 … 2
第二节 会计软件的配备方式及其功能模块 … 6
第三节 企业会计信息化工作规范 … 12
【本章小结】 … 23
【过关训练】 … 23

第二章 会计软件的运行环境 … 27
本章学习知识体系 … 27
第一节 会计软件的硬件环境 … 28
第二节 会计软件的软件环境 … 33
第三节 会计软件的网络环境 … 36
第四节 会计软件的安全 … 38
【本章小结】 … 43
【过关训练】 … 43

第三章 会计软件的应用 … 47
本章学习知识体系 … 47
第一节 会计软件的应用流程 … 48
第二节 系统级初始化 … 50
第三节 账务处理模块的应用 … 80
第四节 固定资产管理模块的应用 … 108
第五节 工资管理模块的应用 … 127
第六节 应收管理模块的应用 … 149
第七节 应付管理模块的应用 … 165
第八节 报表管理模块的应用 … 173
【本章小结】 … 185
【过关训练】 … 185

第四章 电子表格软件在会计中的应用 …… 190
本章学习知识体系 …… 190
第一节 电子表格软件概述 …… 191
第二节 数据的输入、编辑和保护 …… 207
第三节 公式与函数的应用 …… 216
第四节 数据清单及其管理分析 …… 232
【本章小结】 …… 248
【过关训练】 …… 248

答案及解析 …… 250

参考文献 …… 264

第一章 会计电算化概述

 **本章学习知识体系**

会计电算化概述
- 会计电算化的概念及其特征
  - 会计电算化的相关概念（★★）
  - 会计电算化的特征（★）
- 会计软件的配备方式及其功能模块
  - 会计软件的配备方式（★★）
  - 会计软件的功能模块（★★）
- 企业会计信息化工作规范
  - 会计软件和服务（★）
  - 企业会计信息化（★）

第一节　会计电算化的概念及其特征

【学习指南】
学习本节内容,读者需要理解会计电算化的特征、ERP 系统和 XBRL 的有关内容,熟悉会计电算化的含义和会计软件的概念及功能。

一、会计电算化的相关概念

(一) 会计电算化

1. 会计电算化的发展

我国的会计电算化起步较晚,是从 20 世纪 80 年代开始的。1981 年 8 月,在财政部、原第一机械工业部和中国会计学会的支持下,中国人民大学和长春第一汽车制造厂在吉林省长春市联合召开了"关于财务、会计、成本应用电子计算机的专题研讨会",在会上正式提出了"电子计算机在会计业务处理工作中的应用",简称"会计电算化"。

2. 会计电算化的含义

随着我国会计电算化事业的发展,会计电算化的概念在不断发展丰富,具体来说有狭义和广义之分。

1) 狭义的会计电算化

狭义的会计电算化是指以电子计算机为主体的电子信息技术在会计工作中的应用。

【点拨指导】
狭义的会计电算化也可以理解为:利用会计软件使各种计算机设备替代手工完成会计工作,或完成在手工条件下很难完成,甚至无法完成的会计工作的过程。

2) 广义的会计电算化

广义的会计电算化是指与实现电算化有关的所有工作,包括会计软件的开发应用及其软件市场的培育、会计电算化人才的培训、会计电算化的宏观规划和管理、会计电算化制度建设等。

(二) 会计信息化

1. 会计信息化的发展

随着社会经济、科学技术的发展,会计本身产生了巨大的变化。但在会计发展的过程中,以收集、处理和提供会计信息为主的核心始终没有改变,发生变化的主要是会计信息处理与提供的技术和方式,以及分析与利用会计信息的能力和程序。在电子计算机日益普及和网络技术飞速发展的新形势下,会计信息化已经成为会计业务发展的大趋势。

2. 会计信息化的含义

会计信息化是指企业利用计算机、网络通信等现代信息技术手段开展会计核算,以及利用上述技术手段将会计核算与其他经营管理活动有机结合的过程。

相对于会计电算化而言,会计信息化是一次质的飞跃。现代信息技术手段能够实时便捷地获取、加工、传递、存储和应用会计信息,为企业经营管理、控制决策和经济运行提供充足、实时、全方位的信息。

【归纳总结】
会计电算化是会计信息化的初级阶段和基础工作,解决的是利用信息技术进行会计核算和报告工作的相关问题;会计信息化则是在会计电算化工作的基础上,以构建和实施有效的企业内部控制为指引,集成管理企业的各种资源和信息。

(三) 会计软件

1. 会计软件的含义

会计软件是指专门用于会计核算、财务管理的计算机软件、软件系统或者其功能模块,包括一组指挥计算机进行会计核算与管理工作的程序、存储数据以及有关资料。例如,会计软件中的账务处理模块,不仅包括指挥计算机进行账务处理的程序、基本数据(会计科目、凭证等),而且包括软件使用手册等有关技术资料,用以指导使用人员进行账务处理操作。

2. 会计软件的分类

(1) 按硬件结构划分,会计软件分为单用户会计核算软件和多用户会计核算软件。

单用户会计核算软件是指将会计核算软件安装在一台或几台计算机上,每台计算机的会计核算软件单独运行,生成的数据只存储在各自的计算机中,计算机之间不能直接实现数据交换和共享。

多用户会计核算软件是指会计核算软件安装在一个多用户系统的主机上,该系统中各个终端可以同时运行软件,且不同终端上的会计操作人员能够共享会计信息。

【特别提示】
目前,多数大中型企业使用的是多用户会计核算软件。

(2) 按会计软件的通用范围划分,会计软件分为专用会计核算软件和通用会计核算软件。

专用会计核算软件是指由使用单位根据自身会计核算与管理的需要,自行开发或委托其他单位开发,专供本单位使用的会计核算软件。

通用会计核算软件是指由专业软件公司研制,公开在市场上销售,能适应不同行业、不同单位会计核算与管理基本需要的会计核算软件。

【举例说明】
目前,我国的通用会计核算软件以商品化软件为主。例如,用友系列、金蝶系列的通用企业会计软件可适用于工业、商品流通、交通运输、农业、外资、股份制等各种类型的企业。

3. 会计软件的功能

会计软件主要具有以下三种功能:
(1) 为会计核算、财务管理直接采集数据。
(2) 生成会计凭证、账簿、报表等会计资料。
(3) 对会计资料进行转换、输出、分析、利用。

(四) 会计信息系统

1. 会计信息系统的含义

会计信息系统(Accounting Information System,简称 AIS),是指利用信息技术对会计数据进行采集、存储和处理,完成会计核算任务,并提供会计管理、分析与决策相关会计信息的系统。其实质是将会计数据转化为会计信息的系统,是企业管理信息系统的一个重要子系统。

【知识链接】
  企业管理信息系统是包括整个企业生产经营和管理活动的一个复杂系统。该系统通常包括:生产管理、财务会计、物资供应、销售管理、劳动工资和人事管理等子系统,它们分别具有管理生产、财务会计、物资供应、产品销售和工资人事等职能。

2. 会计信息系统的分类

会计信息系统可根据以下两种标准进行划分:

(1) 根据信息技术的影响程度,可划分为手工会计信息系统、传统自动化会计信息系统和现代会计信息系统。

(2) 根据其功能和管理层次的高低,可划分为会计核算系统、会计管理系统和会计决策支持系统。

(五) ERP 和 ERP 系统

1. ERP 的发展

ERP 是 Enterprise Resource Planning(企业资源计划)的简称,是 20 世纪 90 年代美国一家 IT 公司根据当时计算机信息、IT 技术发展及企业对供应链管理的需求,预测在今后信息时代企业管理信息系统的发展趋势和即将发生变革,从而提出了这个概念。

在此之前,ERP 管理思想与技术经历了 30 多年的发展变革,从物料需求计划 MRP 到制造资源计划 MRP Ⅱ,再进一步发展到企业资源计划 ERP,逐渐成熟,如图 1-1-1 所示。

图 1-1-1   ERP 发展历程示意图

(1) 20 世纪 60 年代,早期的 MRP 是基于物料库存计划管理的生产管理系统。

(2) 20 世纪 70 年代,MRP 经过发展形成了闭环的 MRP 生产计划与控制系统。

(3) 20 世纪 70 年代末和 80 年代初,物料需求计划 MRP 经过发展和扩充逐步形成了制造资源计划 MRP Ⅱ 阶段的生产管理方式。

(4) 20 世纪 90 年代以来,MRP Ⅱ 经过进一步发展完善,形成了企业资源计划 ERP 系统。

2. ERP 的含义

ERP 是指利用信息技术,一方面将企业内部所有资源整合在一起,对开发设计、采购、生产、成本、库存、分销、运输、财务、人力资源、品质管理进行科学规划;另一方面将企业与其外部的供应商、客户等市场要素有机结合,实现对企业的物资资源(物流)、人力资源(人流)、财务资源(财流)和信息资源(信息流)等资源进行一体化管理(即"四流一体化"或"四流合一"),其核心思想是供应链管理,强调对整个供应链的有效管理,提高企业配置和使用资源的效率。

3. ERP 系统的含义

ERP 系统通过利用计算机和网络等现代技术，实现了企业内部甚至企业间的业务集成，在实现高效、实时地共享企业事务处理系统间数据和资源的同时，实现应用间的协同工作，并将一个个孤立的应用集成起来，形成一个协调的企业信息和管理系统。在功能层次上，ERP 除了最核心的财务、分销和生产管理等管理功能以外，还集成了人力资源、质量管理、决策支持等企业其他管理功能。会计信息系统已经成为 ERP 系统的一个子系统。

（六）XBRL

1. 我国 XBRL 发展历程

我国的 XBRL（Extensible Business Reporting Language 的简称，译为"可扩展商业报告语言"）发展始于证券领域，其发展经历了以下几个阶段：

（1）2003 年 11 月，上海证券交易所在全国率先实施基于 XBRL 的上市公司信息披露标准。

（2）2005 年 1 月，深圳证券交易所颁布了 1.0 版本的 XBRL 报送系统。

（3）2005 年 4 月和 2006 年 3 月，上海证券交易所和深圳证券交易所先后分别加入了 XBRL 国际组织。

（4）2008 年 11 月，XBRL 中国地区组织成立。

（5）2009 年 4 月，财政部在《关于全面推进我国会计信息化工作的指导意见》中将 XBRL 纳入会计信息化的标准。

（6）2010 年 10 月 19 日，国家标准化管理委员会和财政部颁布了可扩展商业报告语言（XBRL）技术规范系列国家标准和企业会计准则通用分类标准。

（7）2011 年，财政部组织以在美上市公司为主的 15 家国有大型企业，以及 12 家具有证券期货相关业务资格的会计师事务所开展通用分类标准首批实施工作，取得良好成效。

（8）2012 年，财政部在 2011 年基础上扩大实施范围，增加 17 个省、区、市开展地方国有大中型企业实施工作，同时联合银监会组织包括全部 16 家上市银行在内的 18 家银行业金融机构开展实施工作。

2. XBRL 的含义

XBRL 是一种基于可扩展标记语言的开放性业务报告技术标准。

【知识链接】

可扩展标记语言（Extensible Markup Language，简称 XML）是一种很像超文本标记语言的标记语言，它的设计宗旨是传输数据，而不是显示数据，它的标签没有被预定义，需要自行定义，被设计为具有自我描述性，是 W3C 的推荐标准。

3. XBRL 的作用与优势

XBRL 的主要作用在于将财务和商业数据电子化，促进了财务和商业信息的显示、分析和传递。XBRL 通过定义统一的数据格式标准，规定了企业报告信息的表达方法。

企业应用 XBRL 的优势主要有：

（1）提供更为精确的财务报告与更具可信度和相关性的信息。

（2）降低数据采集成本，提高数据流转及交换效率。

(3) 帮助数据使用者更快捷方便地调用、读取和分析数据。
(4) 使财务数据具有更广泛的可比性。
(5) 增加资料在未来的可读性与可维护性。
(6) 适应变化的会计准则制度的要求。

二、会计电算化的特征

(一) 人机结合

在会计电算化方式下,会计人员填制电子会计凭证并审核后,执行"记账"功能,计算机将根据程序和指令在极短的时间内自动完成会计数据的分类、汇总、计算、传递及报告等工作。

【答疑解惑】
哪些工作需要人工完成？哪些工作需要计算机完成？会计数据的收集、审核和输入等工作需要人工完成。会计数据的记账、结账和生成报表等工作需要计算机完成。

(二) 会计核算自动化、集中化

1. 自动化

在会计电算化方式下,试算平衡、登记账簿等以往依靠人工完成的工作,都由计算机自动完成,大大减轻了会计人员的工作负担,提高了工作效率。

2. 集中化

计算机网络在会计电算化中的广泛应用,使得企业能将分散的数据统一汇总到会计软件中进行集中处理,既提高了数据汇总的速度,又增强了企业集中管控的能力。

(三) 数据处理及时准确

利用计算机处理会计数据,可以在较短的时间内完成会计数据的分类、汇总、计算、传递和报告等工作,使会计处理流程更为简便,核算结果更为精确。此外,在会计电算化方式下,会计软件运用适当的处理程序和逻辑控制,能够避免在手工会计处理方式下出现的一些错误。

(四) 内部控制多样化

在会计电算化方式下,与会计工作相关的内部控制制度也将发生明显的变化,内部控制由过去的纯粹人工控制发展成为人工与计算机相结合的控制形式。内部控制的内容更加丰富,范围更加广泛,要求更加严格,实施更加有效。

第二节 会计软件的配备方式及其功能模块

【学习指南】
学习本节内容,读者需要理解会计软件的配备方式及各自的优缺点,熟悉会计软件所包含的功能模块种类等功能,并熟悉各功能模块间的数据传递。

一、会计软件的配备方式

企业配备会计软件的方式主要有购买、定制开发、购买与开发相结合等方式。其中,定制开发包括企业自行开发、委托外部单位开发、企业与外部单位联合开发三种具体开发方式。下面是几种配备方式的讲述。

(一)购买通用会计软件

1. 通用会计软件的概念

通用会计软件是指软件公司为会计工作而专门设计开发,并以产品形式投入市场的应用软件。企业作为用户,付款购买即可获得软件的使用、维护、升级以及人员培训等服务。

2. 通用会计软件的优缺点

采用这种方式的优点主要有:①企业投入少,见效快,实现信息化的过程简单;②会计软件公司集中了计算机专业技术人员和会计专业人员,与他们合作共同开发的会计软件性能稳定,质量可靠,运行效率高,能够满足企业的大部分需求;③软件的维护和升级由软件公司负责,企业在使用过程中遇到问题可以向软件公司求助,能够大大减轻维护软件的负担;④商品化软件安全保密性强,用户只能执行软件功能,不能访问和修改源程序,软件不易被恶意修改,安全性高。

采用这种方式的缺点主要有:①软件的针对性不强,通常针对一般用户设计,如果企业有较为特殊的业务或流程,通用软件可能没有对应的功能模块,即便有对应的功能模块,也可能难以适应企业自身的处理流程或方式;②软件功能设置过于复杂,常常设置了较多的业务处理方法和参数配置选项,业务流程简单的企业可能感到通用会计软件过于复杂,不易操作。

3. 通用会计软件的适用范围

购买通用会计软件适用于大多数没有或只有较少特殊业务的企事业单位,是目前应用最普遍的方式,也是企业迅速实现会计电算化的有效方式。

(二)自行开发

1. 自行开发会计软件的概念

自行开发是指企业自行组织人员进行会计软件开发。

2. 自行开发会计软件的优缺点

采用这种方式的优点主要有:①企业能够在充分考虑自身生产经营特点和管理要求的基础上,设计最有针对性和适用性的会计软件,避免了通用软件在功能上与企业需求不能完全匹配的不足;②由于企业内部员工对系统充分了解,当会计软件出现问题或需要改进时,企业能够及时高效地纠错和调整,保证系统使用的流畅性。

采用这种方式的缺点主要有:①系统开发要求高、周期长、成本高,系统开发完成后,还需要较长时间的试运行;②自行开发软件系统需要大量的计算机专业人才,普通企业难以维持一支稳定的高素质软件人才队伍。

3. 自行开发会计软件的适用范围

自行开发会计软件适用于技术力量雄厚、特殊业务较多的大型企业。

(三)委托外部单位开发

1. 委托外部单位开发会计软件的概念

委托外部单位开发会计软件是指企业通过委托外部单位进行会计软件开发。

2. 委托外部单位开发会计软件的优缺点

采用这种方式的优点主要有:①软件的针对性较强,降低了用户的使用难度;②对企业自身技术力量的要求不高。

采用这种方式的缺点主要有:①委托开发费用较高;②由于开发人员大多是计算机专业技术人员,对会计业务不熟悉,需要花大量的时间了解业务流程和客户需求,会延长开发时间;③开发系统的实用性差,常常不适用于企业的业务处理流程;④外部单位的服务与维护承诺不易做好,如果企业没有专业的维护人员很难持久使用。

3. 委托外部单位开发会计软件的适用范围

委托外部单位开发会计软件这种方式目前已很少使用。

(四)企业与外部单位联合开发

1. 企业与外部单位联合开发会计软件的概念

企业与外部单位联合开发是指企业联合外部单位进行软件开发,由本单位财务部门和网络信息部门进行系统分析,外部单位负责系统设计和程序开发工作,开发完成后,对系统的重大修改由网络信息部门负责,日常维护工作由财务部门负责。其具体工作流程如图1-2-1所示。

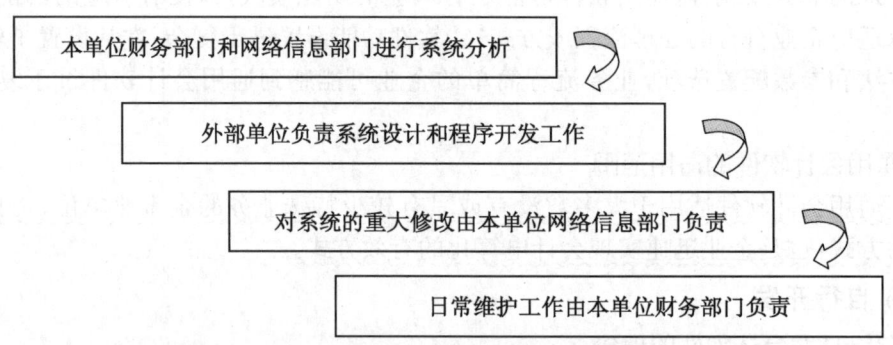

图1-2-1 企业与外部单位联合开发会计软件示意图

2. 企业与外部单位联合开发会计软件的优缺点

采用这种方式的优点主要有:①开发工作既考虑了企业的自身需求,又利用了外部单位的软件开发力量,开发的系统质量较高;②企业内部人员参与开发,对系统的结构和流程较熟悉,有利于企业日后进行系统维护和升级。

采用这种方式的缺点主要有:①软件开发工作需要外部技术人员与内部技术人员、会计人员充分沟通,系统开发的周期较长;②企业支付给外部单位的开发费用相对较高。

【点拨指导】

企业与外部单位联合开发会计软件适用于特殊业务较多的大型企业,是目前很多大型、集团性企业采用的方式。

二、会计软件的功能模块

4

会计软件是一个复杂的大系统,一般由若干功能模块组成。会计软件的功能模块是指会计核算软件中能够相对独立完成会计数据输入、处理和输出功能的各个部分。

(一)会计软件的构成

完整的会计软件的功能模块包括:账务处理模块、固定资产管理模块、工资管理模块、应收管理模块、应付管理模块、成本管理模块、报表管理模块、存货核算模块、财务分析模块、预算管理模块、项目管理模块和其他管理模块。

(二)会计软件各模块的功能描述

1. 账务处理模块

作为整个会计核算软件的核心,账务处理模块是以凭证为数据处理起点,通过凭证输入和处理,完成记账、银行对账、结账、账簿查询及打印输出等工作。

【知识拓展】

目前许多商品化的账务处理模块还包括往来款管理、部门核算、项目核算和管理及现金银行管理等一些辅助核算功能模块。

2. 固定资产管理模块

固定资产管理模块主要是以固定资产卡片和固定资产明细账为基础,实现固定资产的会计核算、折旧计提和分配、设备管理等功能,同时提供了固定资产按类别、使用情况、所属部门和价值结构等进行分析、统计和各种条件下的查询、打印功能,以及该模块与其他模块的数据接口管理。

3. 工资管理模块

工资管理模块是进行工资核算和管理的模块,该模块以人力资源管理提供的员工及其工资的基本数据为依据,完成员工工资数据的收集、员工工资的核算、工资发放、工资费用的汇总和分摊、个人所得税计算和按照部门、项目、个人时间等条件进行工资分析、查询和打印输出,以及该模块与其他模块的数据接口管理。

4. 应收、应付管理模块

应收、应付管理模块以发票、费用单据、其他应收单据、应付单据等原始单据为依据,记录销售、采购业务所形成的往来款项,处理应收、应付款项的收回、支付和转账,进行账龄分析和坏账估计及冲销,并对往来业务中的票据、合同进行管理,同时提供统计分析、打印和查询输出功能,以及与采购管理、销售管理、账务处理等模块进行数据传递的功能。

5. 成本管理模块

成本管理模块主要提供成本核算、成本分析、成本预测功能,以满足会计核算的事前预测、事后核算分析的需要。

【知识拓展】

成本管理模块还具有与生产模块、供应链模块,以及账务处理、工资管理、固定资产管理和存货核算等模块进行数据传递的功能。

6. 报表管理模块

报表管理模块与其他模块相连，可以根据会计核算的数据，生成各种内部报表、外部报表、汇总报表，并根据报表数据分析报表，以及生成各种分析图等。

【知识拓展】

在网络环境下，很多报表管理模块同时提供了远程报表的汇总、数据传输、检索查询和分析处理等功能。

7. 存货核算模块

存货核算模块以供应链模块产生的入库单、出库单、采购发票等核算单据为依据，核算存货的出入库和库存金额、余额，确认采购成本，分配采购费用，确认销售收入、成本和费用，并将核算完成的数据，按照需要分别传递到成本管理模块、应付管理模块和账务处理模块。

8. 财务分析模块

财务分析模块从会计软件的数据库中提取数据，运用各种专门的分析方法，完成对企业财务活动的分析，实现对财务数据的进一步加工，生成各种分析和评价企业财务状况、经营成果和现金流量的各种信息，为决策提供正确依据。

9. 预算管理模块

预算管理模块将需要进行预算管理的集团公司、子公司、分支机构、部门、产品、费用要素等对象，根据实际需要分别定义为利润中心、成本中心、投资中心等不同类型的责任中心，然后确立各责任中心的预算方案，指定预算审批流程，明确预算编制内容，进行责任预算的编制、审核、审批，以便实现对各个责任中心的控制、分析和绩效考核。

利用预算管理模块，既可以编制全面预算，又可以编制非全面预算；既可以编制滚动预算，又可以编制固定预算、零基预算；同一责任中心，既可以设置多种预算方案，编制不同预算，又可以在同一预算方案下选择编制不同预算期的预算。

【知识拓展】

预算管理模块还可以实现对各子公司预算的汇总、对集团公司及子公司预算的查询，以及根据实际数据和预算数据自动进行预算执行差异分析和预算执行进度分析等。

10. 项目管理模块

项目管理模块主要是对企业的项目进行核算、控制与管理。项目管理主要包括项目立项、计划、跟踪与控制、终止的业务处理以及项目自身的成本核算等功能。该模块可以及时、准确地提供有关项目的各种资料，包括项目文档、项目合同、项目的执行情况，通过对项目中的各项任务进行资源的预算分配，实时掌握项目的进度，及时反映项目执行情况及财务状况，并且与账务处理、应收管理、应付管理、固定资产管理、采购管理、库存管理等模块集成，对项目收支进行综合管理，是对项目的物流、信息流、资金流的综合控制。

11. 其他管理模块

根据企业管理的实际需要，其他管理模块一般包括领导查询模块、决策支持模块等。领导查询模块可以按照领导的要求从各模块中提取有用的信息并加以处理，以最直观的表格和图形显示，使得管理人员通过该模块及时掌握企业信息；决策支持模块利用现代计算机、通讯技术和决策分析方法，通过建立数据库和决策模型，实现向企业决策者提供及时、可靠的财务和业务决策辅助信息。上述各模块既相互联系又相互独立，有着各自的目标和任务，它们共同构成了会计软件,实现了会计软件的总目标。

（三）会计软件各模块的数据传递

会计软件是由各功能模块共同组成的有机整体,为实现相应功能,相关模块之间相互依赖,互通数据,如图1-2-2所示。

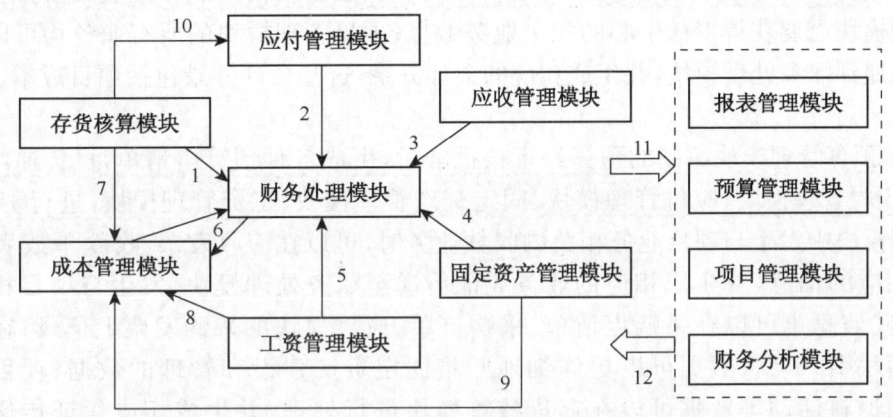

图1-2-2　会计软件各模块数据传递流程图

（1）存货核算模块生成存货入库、存货估价入账、存货出库、盘亏/毁损、存货销售收入、存货期初余额调整等业务的记账凭证,并传递到账务处理模块,以便用户审核登记存货账簿。

（2）应付管理模块完成采购单据处理、供应商往来处理、票据新增、付款、退票处理等业务后,生成相应的记账凭证并传递到账务处理模块,以便用户审核登记赊购往来及其相关账簿。

（3）应收管理模块完成销售单据处理、客户往来处理、票据处理及坏账处理等业务后,生成相应的记账凭证并传递到账务处理模块,以便用户审核登记赊销往来及其相关账簿。

（4）固定资产管理模块生成固定资产增加、减少、盘盈、盘亏、固定资产变动、固定资产评估和折旧分配等业务的记账凭证,并传递到账务处理模块,以便用户审核登记相关的资产账簿。

（5）工资管理模块进行工资核算,生成分配工资费用、应交个人所得税等业务的记账凭证,并传递到账务处理模块,以便用户审核登记应付职工薪酬及相关成本费用账簿。

（6）在成本核算业务处理中,如果计入生产成本的间接费用和其他费用定义为来源于账务处理模块,则成本管理模块在账务处理模块记账后,从账务处理模块中直接取得间接费用和其他费用的数据;如果不使用工资、固定资产、存货核算模块,则成本管理模块还需要在账务处理模块记账后,自动从账务处理模块中取得材料费用、人工费用和折旧费用等数据;成本管理模块的成本核算完成后,要将结转制造费用、结转辅助生产成本、结转盘点损失和结转工序产品耗用等记账凭证数据传递到账务处理模块。

（7）存货核算模块为成本管理模块提供材料出库核算的结果;成本管理模块提供给存货核算模块半成品、产成品入库成本,以进行半成品、产成品出库核算。

（8）工资管理模块为成本管理模块提供人工费资料。其中,应属于成本开支范围的工资分摊结果由成本管理模块登记到成本录入资料中。

（9）固定资产管理模块为成本管理模块提供固定资产折旧费数据。

（10）存货核算模块将应计入外购入库成本的运费、装卸费等采购费用和应计入委托加工入库成本的加工费传递到应付管理模块。

（11）报表管理和财务分析模块可以从各模块取数编制相关财务报表，进行财务分析；预算管理模块需要获得责任中心的相关业务数据；项目管理模块的所有业务均可以根据实际情况传递到账务处理模块，并生成相应的会计分录，这些会计分录包括项目成本、费用、收入等。

（12）预算管理模块编制的预算经审核批准后，生成各种预算申请单，再传递给账务处理模块、应收管理模块、应付管理模块、固定资产管理模块、工资管理模块，进行责任控制。项目管理模块中发生与项目业务相关的收款业务时，可以在应收发票、收款单或者退款单上输入相应的信息，并生成相应的业务凭证传递至账务处理模块；发生与项目相关采购活动时，其信息也可以在采购申请单、采购订单、应付模块的采购发票上记录；在固定资产管理模块引入项目数据可以更详细地归集固定资产建设和管理的数据；项目的领料和项目的退料活动等数据可以在存货核算模块进行处理，并生成相应凭证传递到账务处理模块。

【点拨指导】

各功能模块都可以从账务处理模块获得相关的账簿信息；存货核算、工资管理、固定资产管理、项目管理等模块均可以从成本管理模块获得有关的成本数据。

第三节　企业会计信息化工作规范

【学习指南】

学习本节内容，读者需要理解会计软件和服务，熟悉企业会计信息化，包括企业会计信息化建设和企业会计信息化会计资料管理。

2013 年 12 月 6 日，财政部以财会〔2013〕20 号印发《企业会计信息化会计基础工作规范》。该规范分总则、会计软件和服务、企业会计信息化、监督、附则 5 章 49 条，自 2014 年 1 月 6 日起施行。

5

一、会计软件和服务

（一）会计软件

（1）会计软件应当保障企业按照国家统一会计准则制度开展会计核算，不得有违背国家统一会计准则制度的功能设计。虽然《会计基础工作规范》（财会字〔1996〕19 号）对会计软件的功能做了许多具体规定，但随着实践发展，有可能会出现这些规定没有考虑到的新问题，这就需要对软件功能有一个总体原则性要求，以有效应对这些新问题，从而保障国家统一会计准则制度的执行。

【点拨指导】

"会计软件应当保障企业按照国家统一会计准则制度开展会计核算,不得有违背国家统一会计准则制度的功能设计"这一规定对会计软件功能提出了总体原则性要求。

(2) 会计软件的界面应当使用中文并且提供对中文处理的支持,可以同时提供外国或者少数民族文字界面对照和处理支持。上述规定中的"会计软件的界面应当使用中文并且提供对中文处理的支持"包括两方面:一是软件界面要使用中文,也就是软件的功能菜单、操作向导、表单格式、提示信息、帮助文件等都要使用中文;二是要提供对中文处理的支持,也就是要具备符合中国国家标准的汉字编码支持能力,使汉字能在系统中正确输入、显示和打印。

【特别提示】

以上两方面是不同的概念,需要同时满足。

【知识链接】

关于会计软件的语言问题,过去相关文件早有规定。在实务中,有的外资企业使用境外投资者或者母公司指定的会计软件,但在使用前并未进行汉化,导致会计监督人员在履行监督职责遇到障碍。因此,《会计基础工作规范》予以重申。

(3) 会计软件应当提供符合国家统一会计准则制度的会计科目分类和编码功能。上述规定并不是强制要求企业的每个科目及其代码都要与财政部发布的会计科目表相一致,而是要求会计软件具有与会计准则制度相符合的科目分类和编码功能。

【点拨指导】

会计科目应当按资产、负债、所有者权益、成本、损益等划分一级科目类别,同时科目编码也应当采用数字,通过首位数字区分科目所属类别。

【特别提示】

作出该项规定,主要是要改变现有部分会计软件仅采用了不同于会计准则制度的科目分类和编码的做法。例如,按照采购、销售等不同业务类别设置一级分类;按照辅助核算项目设置一级科目;科目编码采用或者掺杂英文字母等。这些做法源自不同的会计数据组织方法,尽管其核算的最终结果可能与按照准则制度的核算结果一致,但其过程有其特殊的逻辑,不易被会计监督人员所理解,也就无法证明其结果的合规性。

(4) 会计软件应当提供符合国家统一会计准则制度的会计凭证、账簿和报表的显示和打印功能。上述规定是为了保证会计软件按照会计监督人员便于理解的形式呈现会计资料,还原会计核算过程。会计准则制度对财务报表有统一的规定,而会计准则制度并未对凭证和账簿(明细分类账和日记账)有统一规定,但《会计基础工作规范》相关条款对凭证、账簿所必须记载的事项是有规定的。在我国会计实务中,凭证和账簿有约定俗成的格式,市场销售的空白凭证和账簿的格式也都大同小异。这种约定俗成的凭证、账簿格式一直以来都得到了会计制度的默认,也是会计制度的有机组成部分。

【特别提示】

会计软件显示和打印的凭证、账簿,应当符合《会计基础工作规范》规定的内容和行业约定俗成的格式。

(5) 会计软件应当提供不可逆的记账功能,确保对同类已记账凭证的连续编号,不得提供对已记账凭证的删除和插入功能,不得提供对已记账凭证日期、金额、科目和操作人的修改功能。信息技术的发展,为数据的增、删、改提供了前所未有的便利。但这种便利性是把"双刃剑",它虽然能够提高会计工作的效率,但同时也对会计核算过程的可信赖、可追溯造成威胁。因此,对记账功能和已记账凭证进行控制,防止对相关数据进行随意篡改,是会计软件必须具备的功能。

【点拨指导】

对会计软件记账的规范主要有三个方面:一是不可逆的记账功能。强调记账后果,就意味着记账标记不得通过任何操作予以取消。在输出账簿和报表时,有记账标记的记账凭证必须参与账簿和报表的生成过程,而没有标记的记账凭证则不得参与这一过程。供应商也不能以记账尚未改变账簿数据为由辩称对记账标记的取消不是记账的逆向操作。二是对记账顺序的保护。它包括对已记账凭证的连续编号和对已记账凭证删除和插入的禁止这两方面。两者相结合才能保证原始记账顺序不被篡改。三是对记账内容的保护。它表现在禁止对已记账凭证关键信息的修改。关键信息是指日期、金额、科目和操作人。

(6) 鼓励软件供应商在会计软件中集成可扩展商业报告语言(XBRL)功能,便于企业生成符合国家统一标准的 XBRL 财务报告。XBRL 是一种新兴的电子财务报告格式,它以 XML(可扩展标记语言)为基础,统一了描述财务报告的语义和语法,能够解决财务报告的重复编报、重复录入等问题,实现对财务报告的自动分析和跨系统的信息交换,能够有效降低会计信息生产和使用成本,深度挖掘会计信息价值,因此在全球得以广泛采用。

【点拨指导】

2010 年 10 月,国家标准化管理委员会发布了《可扩展商业报告语言技术规范》系列国家标准,财政部同时发布了《企业会计准则通用分类标准》,分别在技术和业务层面建立了我国 XBRL 应用的标准体系。此后,财政部组织了《企业会计准则通用分类标准》实施工作,要求实施企业向财政部报送 XBRL 格式年度财务报告。随着 XBRL 应用的深入发展,更多的企业将采用"嵌入式"的编报方式,通过会计软件系统数据直接生成 XBRL 实例文档。因此,《会计基础工作规范》鼓励供应商在会计软件中集成 XBRL 功能。

(7) 会计软件应当具有符合国家统一标准的数据接口,满足外部会计监督需要。随着会计信息化的发展,会计监督也在不断走向信息化。由于各种会计软件没有统一数据接口,调取不同软件中的会计资料需要不同的工具,各监管机构、会计师事务所等都各自开发自己的接口软件,不仅造成资源的极大浪费,实际使用效果也不甚理想。制定并实施会计软件数据接口的国家标准,可以解决上述问题。

【点拨指导】

会计、审计软件只要都遵循国家统一标准,不需要开发繁杂的接口工具,就可以实现数据的交换,满足会计监督以及其他需求。

(8) 会计软件应当具有会计资料归档功能,提供导出会计档案的接口,在会计档案存储格式、元数据采集、真实性与完整性保障方面,符合国家有关电子文件归档与电子档案管理的要求。电子会计资料依赖原生软硬件系统有可能因升级换代而导致在一定时期之后不可读,这就决定了电子会计资料应离开原生信息系统进行归档保存。电子会计资料归档功能是会计软件的一项重要功能。值得说明的是，因系统运行维护需要而通过备份系统进行的备份，无论是在线的还是离线的，都不是真正意义上的归档保存。

【特别提示】
归档应是对电子会计资料进行鉴别、整理加工和移送档案管理职能部门进行保存的过程。

【点拨指导】
企业在购买、实施会计软件时，应充分听取本企业档案部门对于电子会计资料的归档范围、元数据项、归档后的存储位置、归档储存格式等方面的意见，使电子会计资料能够顺利归档。

（9）会计软件应当记录生成用户操作日志，确保日志的安全、完整，提供按操作人员、操作时间和操作内容查询日志的功能，并能以简单易懂的形式输出。用户操作日志是信息化带来的重要环境变量。在提高会计工作便利性、效率性的同时，用户操作日志承担起更多的记录和还原核算过程的任务。需要注意的是，这里的日志功能，不是传统的系统日志概念，而是为会计监督服务的用户操作日志。两者的区别在于：前者主要供技术人员使用，而后者直接供会计监督人员使用；前者主要采用技术术语描述，而后者应当采用自然语言以及会计业务术语描述。

【点拨指导】
用户操作日志应当满足以下要求：一是完整性。会计软件必须能保证日志记录的完整，将所有对会计核算结果可能形成影响的用户操作记录下来，包括对核算结果有直接影响的数据录入、修改、插入、删除，对核算工作所依赖的基础数据（如会计科目表、银行账户信息、辅助核算项目信息、人员信息）的维护。二是安全性。会计软件应当采取技术手段，保证用户操作日志中的任何信息不被用户以任何手段修改和删除。三是可查询性。用户操作日志必须提供对各类操作的查询，以便会计监督人员筛选出想要的信息。

（二）会计软件供应商服务

（1）以远程访问、云计算等方式提供会计软件的供应商，应当在技术上保证客户会计资料的安全、完整。对于因供应商原因造成客户会计资料泄露、损毁的，客户可以要求供应商承担赔偿责任。

【点拨指导】
上述条款规定供应商应当从技术上确保客户会计资料的安全和完整，这一责任不以客户是否支付服务费为前提。对于因自身原因（技术上的原因以及技术以外的原因）造成的客户会计资料泄露、毁损，由客户决定是否追究供应商责任。当然，因客户原因（例如，密码管理不善）造成的会计资料损失，供应商不承担责任。

【知识链接】
会计云计算也就是云会计，是指会计软件未安装在企业本地，而是运行于供应商的远端服务器，用户通过互联网使用软件，会计资料也存储在远端服务器中，是依托于高速互联网的一种全新会计软件服务和使用模式。它与传统会计软件的区别是传统会计软件安装在一台电脑或局域网上，只有特定的电脑和网络才能使用，而会计云计算是在线会计软件，可以通过互联网随时随地接入系统，与其他的会计师、审计师实时进行协作。

（2）客户以远程访问、云计算等方式使用会计软件生成的电子会计资料归客户所有。软件供应商应当提供符合国家统一标准的数据接口供客户导出电子会计资料，不得以任何理由拒绝客户导出电子会计资料的请求。

【点拨指导】

上述条款明确了云服务形成的会计资料所有权归客户，并要求供应商确保客户会计资料的正常导出。这一方面是落实单位会计责任的需要——如果客户对自己的会计资料没有所有权，就会出现会计责任不清的情况；另一方面也是保证企业会计工作持续进行的需要——客户从一种云服务切换到本地会计软件或者另一供应商的云服务时，就需要进行数据迁移。因此，云会计软件也应当与传统会计软件一样，提供符合国家标准的数据接口，供客户导出会计资料，供应商不得以任何理由拒绝。例如，在用户不再支付服务费的情况下，该用户也应能通过账户登录服务并导出全部会计资料。

（3）以远程访问、云计算等方式提供会计软件的供应商，应当在本供应商不能维持服务情况下，做好保障企业电子会计资料安全以及企业会计工作持续进行的预案，并在相关服务合同中与客户就该预案做好约定。

【点拨指导】

上述条款要求供应商对云服务中断的情况做好预案。由于商业的、管理的、技术的或者不可抗力等风险，会计软件云服务存在着中断的可能，如供应商解散清算、服务器遭受攻击瘫痪等。这种情况下，可能有大量企业的会计资料安全受到威胁，会计工作的持续运行会受到影响。为避免这一情况的出现，《会计基础工作规范》要求供应商提前做好预案，保障用户会计资料安全和会计工作持续。同时，供应商还要以适当方式将预案内容告知客户，作为客户与供应商的合同内容的一部分。

以上三条规定均是对会计软件云服务的相关规范。"会计软件云"是依托于互联网的一种全新会计软件服务和使用模式。

【知识链接】

"会计软件云"是指会计软件未安装在企业本地，而是运行于供应商的远端服务器，用户通过互联网，以网页浏览形式使用软件，会计资料通常情况下也存储在远端服务器中。其本质是会计软件和服务器资源的租用。目前，主流供应商都看好这一服务发展前景，推出了自己的会计软件云服务，其中一些是免费服务（例如，试用版）。

【点拨指导】

《会计基础工作规范》对"会计软件云"这一新兴的会计软件服务业态进行专门的规范，主要是考虑到会计软件云服务的特殊性：一是在免费服务情况下，用户企业可能忽略自身权利的保护；二是会计资料存储在远端，用户企业只具有访问能力而不具有控制能力，可能因权属关系不明而产生纠纷；三是作为企业内部职能的会计核算，其运行依赖于外部企业（供应商）的正常运营，存在着用户企业不能掌控的风险因素；四是大量用户企业的会计核算和数据存储集中于供应商的服务器上，业务异常的风险高度聚集。

（4）软件供应商应当努力提高会计软件相关服务质量，按照合同约定及时解决用户使用中的故障问题。会计软件存在影响客户按照国家统一会计准则制度进行会计核算问题的，软件供应商应当为用户免费提供更正程序。

会计软件不同于其他软件,它影响着企业的正常运营。供应商提供的也不仅仅是软件本身,服务是保障软件正常运行必不可少的部分,并且服务在很大程度上决定着软件的使用效果。服务质量成为客户选择会计软件越来越重要的考虑因素,也是市场竞争的一个重要方面。

【点拨指导】

会计软件升级,如果是对功能的进一步完善,提高使用便利性等,应按照合同约定收取费用;但如果是对影响客户按照会计准则制度进行核算的问题的修正,则不应收取费用。这样规定是出于两方面考虑:一是出现问题的责任是否应当由供应商承担;二是保障企业对会计准则制度的执行。

(5)鼓励软件供应商采用呼叫中心、在线客服等方式为用户提供实时技术支持。信息技术的发展,不仅带来会计软件功能的完善以及性能的提高,也为会计软件相关服务水平的提升、服务模式的创新提供了可能。供应商在关注新技术对软件影响、改进软件的同时,也应思考新技术在改善服务方面所能发挥的作用。

【特别提示】

"鼓励软件供应商采用呼叫中心、在线客服等方式为用户提供实时技术支持"这一规定目的在于引导软件供应商提高服务即时性。

(6)软件供应商应当就如何通过会计软件开展会计监督工作,提供专门教程和相关资料。为适应信息化环境,会计监督工作越来越多地直接通过会计软件查询资料、发现线索、分析问题。但是,市面上各种不同的会计软件,不同的功能设计和界面风格也给监督人员带来了挑战。若监督人员无法高效使用会计软件,就只能要求企业提供纸质会计资料满足监督需要,这会给企业造成负担。因此,供应商应当提供通过软件开展会计监督的专门教程或者手册等资料,为会计监督工作提供便利,从而减轻企业客户的负担。同时,也有利于消除会计监督人员对软件功能的误解,提升会计软件的形象。

【点拨指导】

供应商编写会计监督相关教程、手册等资料,要注意专门性要求。对于会计监督相关操作的说明,一般软件用户手册等资料中都有,但关键在于这些内容并没有根据监督工作的需要定制,而是要在大量内容中寻找,这对监督人员来说是几乎不可能的。因此,专门教程和相关资料就是要把监督人员可能用到的操作说明单独组织起来,要突出重点,根据使用频率排序,要有实用性、操作性,简洁明了,直接指明相关功能的菜单路径,使监督人员在最短的时间就能上手操作。

总之,对会计软件功能和相关服务的规范,既是满足会计监督的需要,也是保障企业会计工作正常进行的需要。只有这两个目的达到了,企业会计信息化才能摆脱阻碍,不断发展,会计软件服务行业才能展示勃勃生机,蓬勃向上。

二、企业会计信息化

(一)企业会计信息化建设

(1)企业应当充分重视会计信息化工作,加强组织领导和人才培养,不断推进

会计信息化在本企业的应用。企业应当指定专门机构或者岗位负责会计信息化工作。未设置会计机构和配备会计人员的企业，由其委托的代理记账机构开展会计信息化工作。企业开展会计信息化工作，首先需要组织、机构和人员的保障。上述规定对此提出了原则性要求。会计部门是企业各方面经营管理信息汇聚的枢纽，规模越大的企业，会计信息化涉及的部门、业务、流程越多，需要协调的关系就越复杂。因此，大型企业的会计信息化项目，其建设实施应当由具有足够权限的企业负责人来领导，重大事项需要企业主要负责人主持决策。对于具体负责会计信息化工作的主体，企业可以有多种选择：小微企业可以指定会计部门或者会计人员负责，或者把会计信息化工作交由代理记账机构；大中型企业可以在会计部门、信息技术部门内部设立专门机构或者岗位负责，或者设置独立于两部门的专门部门负责。

【点拨指导】
　　会计信息化是财务会计、财务管理、内部控制和信息技术的深度融合，需要复合型人才。对于大中型企业来说，会计信息化建设还必须有熟悉本企业情况的复合型人才。只有熟悉本企业情况，才能制定出切合实际的信息化方案，以及能在本企业贯彻推行的配套制度体系。否则，会计信息化可能与企业经营成为"两张皮"，造成建设失败和投资浪费。

　　（2）企业开展会计信息化工作，应当根据发展目标和实际需要，合理确定建设内容，避免投资浪费。尽管信息化是方向，但信息化作为企业经营的环境因素，需要与企业发展所处阶段、规模、内部文化、组织架构、员工素质、法律、监管等其他环境因素相互配合，因地制宜地推进，不能"赶时髦"，追求"一步到位"。因此，在整体规划的前提下，会计信息化建设内容可以分阶段逐步完善，根据企业经营发展的需要分模块搭建。

　　（3）企业开展会计信息化工作，应当注重信息系统与经营环境的契合。实践证明，决定会计信息化成败的不是"建"而是"用"。设计上再完美的信息系统，如果不适应企业实际情况，没有相应的制度支撑配合，没有处理好内外部利益关系，没有得到用户部门的支持，就可能成为摆设，甚至带来负面效应。因此，企业推进会计信息化，不仅要考虑系统建设本身，还要研究管理模式、组织架构、业务流程是否契合。信息系统的建设实施过程，往往也是会计工作变革的过程。变革的关键是相关部门和岗位的认识要统一，而最终结果则要以制度的形式来反映和固化。只有认识统一、制度保障前提下的系统，才可能运行良好，发挥预期的效益。

　　（4）大型企业、企业集团开展会计信息化工作，应当注重整体规划，统一技术标准、编码规则和系统参数，实现各系统的有机整合，消除信息孤岛。信息化的优势在于信息的共享和集中，企业经营管理发展到一定层次，必然要求信息更高层次的共享和更大范围的集中。因此，企业会计信息化建设功能可以逐个模块地搭建，范围可以从局部到全面，但是规划必须是整体性的，技术标准必须是统一的。对于大型企业，特别是地域分布广、分支机构、核算层级众多的企业集团来说尤其如此。这就要求各部门、各单位的系统不能各自为政，必须为将来的整合做好准备，必须采用一种"语言"说话。这样，未来各个系统之间才能"对话"，信息化的优势也才能充分发挥。否则，各种系统就会成为一个个"孤岛"，相互间没有联系，或者成为一个个"烟囱"，信息只向上通，没有横向联系。推动信息化建设，无论是企业还是政府，无论是会计领域还是其他业务领域，也无论是国内还是国外，大量经验和教训都说明一点：整体规划和统一标准很重要。

【点拨指导】
　　大型企业开展会计信息化建设,无论采取从一开始就统建方式,还是"先分后统"方式,都要有顶层设计,要在统一领导下进行,要有统一的技术标准、编码规则和系统参数。其中,技术标准主要是指用于交换的数据格式;编码规则是指企业对各类业务概念的统一定义,又称为数据字典(例如,会计科目表);系统参数则是指为完成特定业务处理或者控制功能而需要自上而下传递的数据。例如,对经理可以审批的费用限额、某类固定资产的折旧方法和折旧年限等,企业总部制定标准后可以传递至各级系统中,这就需要统一定义相关系统参数。

　　(5)企业配备的会计软件应当符合会计软件和服务规范的要求。提供合格的会计软件是软件供应商的责任,企业同样也负有使用合格软件的责任,两者不能相互替代。

【特别提示】
　　企业负有使用合格软件的这一责任有两种情况:如果企业自己开发会计软件,则开发的软件应当符合《会计基础工作规范》的要求;如果企业外购会计软件,则应当选择符合《会计基础工作规范》要求的产品。

　　(6)企业配备会计软件,应当根据自身技术力量以及业务需求,考虑软件功能、安全性、稳定性、响应速度、可扩展性等要求,合理选择购买、定制开发、购买与开发相结合等方式。定制开发包括企业自行开发、委托外部单位开发、企业与外部单位联合开发。这主要是提示企业进行会计软件配备方式决策时应当考虑的因素。成本是企业决策的重要因素,但除此之外,软件功能、安全性、稳定性等因素也很重要。企业应当衡量自身技术力量以及外部开发单位能否有效满足上述各项要求。

　　(7)企业通过委托外部单位开发、购买等方式配备会计软件,应当在有关合同中约定操作培训、软件升级、故障解决等服务事项,以及软件供应商对企业信息安全的责任。这是提示企业在软件配备中不可忽略对相关服务的要求。会计软件不同于一般商品软件,要保障软件的正常使用以及会计工作的持续开展,相关服务不可缺少。对信息安全责任的承诺,也是供应商服务的重要部分。而一些软件厂商可能重产品而轻服务,小微企业由于经验不足也可能在购买产品时忽略相关服务问题。

　　(8)企业应当促进会计信息系统与业务信息系统的一体化,通过业务的处理直接驱动会计记账,减少人工操作,提高业务数据与会计数据的一致性,实现企业内部信息资源共享。信息化的趋势之一是不同业务系统的集成。过去,企业经营数据可能需要先导出,经格式转换、分类汇总等人工处理后再导入或者输入会计系统。现在,业务系统与会计系统互联,业务发生时,业务系统就可以将数据直接推送给会计系统。会计系统根据这些数据,按照既定规则生成记账凭证并自动记账。这一过程就是业务直接驱动的记账。

【点拨指导】
　　通过业务的处理直接驱动会计记账的优势:一是提高效率;二是增进会计核算的及时性;三是避免人工差错;四是防止舞弊;五是提高系统间数据一致性。

　　(9)企业应当根据实际情况,开展本企业信息系统与银行、供应商、客户等外部单位信息系统的互联,实现外部交易信息的集中自动处理。信息化的一大驱动力是互联互通的需求,企业内部如此,企业与外部主体间同样如此。因此,信息化的发展必然从企业层面走向社会层面，企业间信息系统的互联是必然的发展方向。企业间互联，实际上是会计系统与业务系统的集成向企业外部的拓展，其目的也是实现自动记账，只是将驱动记账的环节向前进一步延伸。因此，会计系统与业务系统集成所具有的优势，企业间互联同样具备。同时，企业间互联是更高层面的信息化工作，它还具有更多优势：一是为交易及其核算的无纸化奠定了基础；二是为企业改进客户服务、升级营销模式提供了契机；三是有利于信息的集中处理。

（10）企业进行会计信息系统前端系统的建设和改造，应当安排负责会计信息化工作的专门机构或者岗位参与，充分考虑会计信息系统的数据需求。会计是企业经营管理各方面信息汇聚的枢纽，处于信息流的下游。可以说，会计信息系统是其他业务系统的重要用户。因此，会计信息化专门机构或者岗位有必要向其他业务系统提出对上游信息的需求，有必要参与前端系统的建设工作。

【点拨指导】

会计信息化专门机构或者岗位对前端系统建设的参与，重点要把握两个方面：一是前端系统采集或者生成的信息内容是否满足会计工作；二是前端系统采用的技术标准、数据字典是否与会计信息系统兼容。

（11）企业应当遵循企业内部控制规范体系要求，加强对会计信息系统规划、设计、开发、运行、维护全过程的控制，将控制过程和控制规则融入会计信息系统，实现对违反控制规则情况的自动防范和监控，提高内部控制水平。本条是与企业内部控制规范体系的衔接条款。在会计信息化工作中，会计信息系统不仅是内部控制的手段，同时也是内部控制的对象。企业对会计信息系统建设应用周期的每个环节都要进行有效的控制，才能保证系统中融入的控制功能正确地发挥作用。

（12）对于信息系统自动生成且具有明晰审核规则的会计凭证，可以将审核规则嵌入会计软件，由计算机自动审核。未经自动审核的会计凭证，应当先经人工审核再进行后续处理。过去有关规定认为，对于机制凭证，也需要进行人工审核才能记账。这反映了当时的"计算机模拟手工"思维。允许计算机自动审核凭证，是《会计基础工作规范》适应信息化时代要求而作出的突破之一。采用自动审核，要把握好两项前提：一是必须是信息系统自动生成的凭证，包括原始凭证和记账凭证；二是要有明晰的审核规则。

【点拨指导】

"明晰"，一般要有量化的指标，通过信息的比较作出判断。

（13）处于会计核算信息化阶段的企业，应当结合自身情况，逐步实现资金管理、资产管理、预算控制、成本管理等财务管理信息化。处于财务管理信息化阶段的企业，应当结合自身情况，逐步实现财务分析、全面预算管理、风险控制、绩效考核等决策支持信息化。这是对企业会计信息化工作的方向性引导，启发企业不断将会计信息化工作引向深入。对财务管理信息化阶段、决策支持信息化阶段的内容划分，这些列举的内容是示范性的，并不意味着企业必须严格按照阶段划分推进工作，也不意味着会计信息化只有这些工作可以开展。实际上，财务管理工作与决策支持相关，决策支持也是财务管理的内容之一。对不同行业，同样的工作内容也具有不同的地位和意义。总之，企业应当根据自身情况，逐步推进会计信息化。

【点拨指导】

企业会计信息化工作分为三个阶段：会计核算信息化、财务管理信息化、决策支持信息化。

（14）外商投资企业使用的境外投资者指定的会计软件或者跨国企业集团统一部署的会计软件，应当符合会计软件和服务规范的要求。任何企业的会计软件都需要遵循会计基础工作规范会计软件和服务中的要求，没有例外情况。

【举例说明】

境外投资者指定的会计软件或者跨国企业集团统一部署的会计软件，必须根据《会计基础工作规范》要求进行汉化等修改完善后，才能交付使用。

（二）企业会计信息化会计资料管理

（1）分公司、子公司数量多、分布广的大型企业、企业集团探索利用信息技术促进会计工作的集中，逐步建立财务共享服务中心。实行会计工作集中的企业以及企业分支机构，应当为外部会计监督机构及时查询和调阅异地储存的会计资料提供必要条件。会计集中核算是指企业（集团）将下属单位相同的财务职能集中，由集团总部财务部门统一行使。财务共享服务与会计集中核算类似，区别在于：财务共享服务由集团内相对独立的共享服务中心提供，共享服务中心与服务对象签署服务协议。因此，共享服务中心与集团内其他单位的关系更接近于市场化关系，而不是集团与下属企业的上下级关系或者业务指导关系。财务共享与信息化密不可分，共享伴随着集中，使得财务处理与业务发生在物理空间上分离，只有依赖于高效率、高度集成的软件系统和通信技术，才能有效解决空间差异，保障财务处理的及时性。《会计基础工作规范》鼓励大型企业利用信息技术逐步建立财务共享服务中心，实现财务职能转型，更好地发挥会计服务管理的作用。当然，财务共享也带来会计核算地与企业注册地不一致的问题，给注册地监管部门开展会计监督带来了新的挑战。

【点拨指导】

《会计基础工作规范》要求实行财务共享的企业为监督机构及时查询和调阅异地储存的会计资料提供必要条件：一是在注册地办公场所要提供能访问到企业全部会计资料的终端，供监管机构查询；二是要根据注册地监管机构的需要及时调阅异地储存的纸面会计资料。

（2）企业会计信息系统数据服务器的部署应当符合国家有关规定。数据服务器部署在境外的，应当在境内保存会计资料备份，备份频率不得低于每月一次。境内备份的会计资料应当能够在境外服务器不能正常工作时，独立满足企业开展会计工作的需要以及外部会计监督的需要。在互联网时代，移动互联、虚拟专用网络、远程访问、云计算等技术的采用，使得信息系统成为只在逻辑上存在的概念。从物理角度来讲，终端设备、服务器可以天南海北，遍布于全球各地。这为跨国企业集团会计信息系统的部署提供了极大的灵活性。从安全和成本因素考虑，企业集团可能把多国企业的系统服务器集中存放在某个或者数个城市。从企业对其经营管理的工作组织以及信息数据有自主决定权的角度来讲，上述做法无可厚非。但是，会计工作不仅是企业管理活动，由此形成的会计资料也不仅是企业财产。会计工作还是国家经济管理工作的基础环节，企业会计资料也是政府对企业监管的重要依据，是国家重要的经济信息资源。因此，企业会计数据服务器部署在境外的同时，还应当在境内留有备份,以避免我国政府对企业的会计监督可能受到境外因素干扰的风险,保障国家经济信息安全。

【特别提示】
每月一次的备份频率是最低限度要求。

【点拨指导】
对于企业实际应当采取的备份频率,以及备份的会计资料范围,《会计基础工作规范》采取了"能够独立满足企业开展会计工作的需要以及外部会计监督的需要"的原则性规定,企业应当在该原则基础上自行把握。

(3) 企业会计资料中对经济业务事项的描述应当使用中文,可以同时使用外国或者少数民族文字对照。所谓对经济业务事项的描述在这里是个广义的概念,不仅包括会计分录中的描述,还包括会计政策、会计科目名称、账表中的说明性文字等。

【特别提示】
该条的本意是保证会计监督人员理解企业会计核算的过程和结果,而不是说描述中完全不能出现其他语言文字。在不妨碍监督人员理解的前提下,描述中的产品、材料型号以及其他约定俗成的专用词汇可以使用其他语言。

(4) 企业应当建立电子会计资料备份管理制度,确保会计资料的安全、完整和会计信息系统的持续、稳定运行。

(5) 企业不得在非涉密信息系统中存储、处理和传输涉及国家秘密,关系国家经济信息安全的电子会计资料;未经有关主管部门批准,不得将其携带、寄运或者传输至境外。部分企业的会计信息和会计资料可能涉及国家秘密或者国家重大利益。维护企业电子会计资料安全是保障国家经济信息安全的重要组成部分。企业在会计信息化建设和实施过程中,应当增强保密意识,建立和完善专项规章制度,加强对有关人员的教育和管理,进一步做好保密管理工作。

(6) 企业内部生成的会计凭证、账簿和辅助性会计资料,同时满足下列条件的,可以不输出纸面资料:①所记载的事项属于本企业重复发生的日常业务;②由企业信息系统自动生成;③可及时在企业信息系统中以人类可读形式查询和输出;④企业信息系统具有防止相关数据被篡改的有效机制;⑤企业对相关数据建立了电子备份制度,能有效防范自然灾害、意外事故和人为破坏的影响;⑥企业对电子和纸面会计资料建立了完善的索引体系。

(7) 企业获得的需要外部单位或者个人证明的原始凭证和其他会计资料,同时满足下列条件的,可以不输出纸面资料:①会计资料附有外部单位或者个人的、符合《中华人民共和国电子签名法》的可靠的电子签名;②电子签名经符合《中华人民共和国电子签名法》的第三方认证;③所记载的事项属于本企业重复发生的日常业务;④可及时在企业信息系统中以人类可读形式查询和输出;⑤企业对相关数据建立了电子备份制度,能有效防范自然灾害、意外事故和人为破坏的影响;⑥企业对电子和纸面会计资料建立了完善的索引体系。

上述两条分别对企业内部生成和外部获取会计资料无纸化管理的条件进行了规定。对符合条件的企业和资料,外部监督机构在检查时不应要求企业提供全套纸面会计资料。当然,在必要情况下,外部监督机构就个别资料(例如,抽中的凭证)仍然可以要求企业提供打印并签章的版本。

【特别提示】

尽管无纸化是方向,但企业实施会计资料无纸化不是随意的、无条件的,而是要首先保证会计资料作为证据和轨迹的留存价值,同时也需要在会计资料保管效率要求和查询使用需求两者之间找到平衡。

(8) 企业会计资料的归档管理,遵循国家有关会计档案管理的规定。会计资料和会计档案是不同的概念。会计资料的范围比会计档案更广,会计档案是会计资料,但不是所有会计资料都是会计档案,只有具有长期保存价值并归档保存的会计资料属于会计档案。按照《会计档案管理办法》规定,当年形成的会计档案,在会计年度终了后,可暂由会计机构保管1年,1年之后再归档。因此,企业对于电子会计资料归档管理的时点问题,可暂按上述规定执行,归档前,电子会计资料的管理遵循《会计基础工作规范》的规定。

【知识拓展】

2016年1月1日起施行的新《会计档案管理办法》的规定如下:

当年形成的会计档案,在会计年度终了后,可由单位会计管理机构临时保管1年,再移交单位档案管理机构保管。因工作需要确需推迟移交的,应当经单位档案管理机构同意。

单位会计管理机构临时保管会计档案最长不超过3年。临时保管期间,会计档案的保管应当符合国家档案管理的有关规定,且出纳人员不得兼管会计档案。

单位会计管理机构在办理会计档案移交时,应当编制会计档案移交清册,并按照国家档案管理的有关规定办理移交手续。

纸质会计档案移交时应当保持原卷的封装。电子会计档案移交时应当将电子会计档案及其元数据一并移交,且文件格式应当符合国家档案管理的有关规定。特殊格式的电子会计档案应当与其读取平台一并移交。

单位档案管理机构接收电子会计档案时,应当对电子会计档案的准确性、完整性、可用性、安全性进行检测,符合要求的才能接收。

(9) 实施企业会计准则通用分类标准的企业,应当按照有关要求向财政部报送XBRL财务报告。本条是对通用分类标准实施工作的原则性规定。由于实施工作处于初期阶段,各年度的实施企业范围、实施要求等不尽相同,具体的实施规定应以财政部当年下发的通知为准。

【本章小结】

本章的主要内容包括:会计电算化的概念及其特征、会计软件的配备方式及其功能模块以及企业会计信息化工作规范。本章内容属于会计电算化基础理论知识,相对比较简单,学习时以理解记忆为主。

【过关训练】

一、单项选择题

1. 我国首次正式提出会计电算化是在(　　)年。

A. 1970　　　　B. 1971　　　　C. 1981　　　　D. 1990

2. 在电子计算机日益普及和网络技术飞速发展的新形势下,(   )已经成为会计业务发展的大趋势。
   A. 会计电算化　　　B. 会计信息化　　　C. 会计软件　　　D. 会计信息系统
3. 会计信息系统划分为会计核算系统、会计管理系统和会计决策支持系统的依据是(   )不同。
   A. 技术环境特点　　　　　　　　B. 实现方式
   C. 性质　　　　　　　　　　　　D. 功能和管理层次的高低
4. ERP的核心思想是(   )。
   A. 经营管理　　　B. 成本管理　　　C. 财务管理　　　D. 供应链管理
5. ERP是在MRPⅡ的基础上发展起来的一个管理信息系统,实现对企业物流、人流、(   )、信息流等资源一体化管理。
   A. 数据流　　　B. 程序流　　　C. 商流　　　D. 资金流
6. 下列软件配备方式中,企业投入少、见效快,实现信息化过程简单的是(   )。
   A. 购买通用软件　　　　　　　　B. 企业自行开发
   C. 委托外部单位开发　　　　　　D. 企业与外部单位联合开发
7. 购买通用会计软件的缺点是(   )。
   A. 购置成本高
   B. 服务与维护承诺不宜做好
   C. 需要大量的计算机专业人才
   D. 软件的针对性不强,通常针对一般用户设计,难以适应企业特殊的业务或流程
8. 委托外单位开发会计软件适合于(   )企业。
   A. 中小　　　　　　　　　　　　B. 大型
   C. 特殊业务较少的　　　　　　　D. 特殊业务较多的
9. 下列配备方式中,成本最高的是(   )。
   A. 购买通用会计软件　　　　　　B. 自行开发
   C. 委托外部单位开发　　　　　　D. 企业与外部单位联合开发
10. (   )模块是会计核算软件的核心模块,该模块以记账凭证为接口与其他功能模块有机地连接在一起,构成完整的会计核算系统。
    A. 账务处理　　　B. 报表处理　　　C. 工资处理　　　D. 应收应付处理
11. 下列模块中,不需要为账务处理模块传递凭证的是(   )模块。
    A. 工资管理　　　B. 存货核算　　　C. 报表管理　　　D. 成本管理
12. 以下(   )模块有数据的传递。
    A. 账务处理与报表　　　　　　　B. 存货管理与应收管理
    C. 工资管理与应付管理　　　　　D. 固定资产管理与工资管理
13. 工资管理模块为(   )模块提供人工费资料。
    A. 账务处理　　　B. 存货核算　　　C. 成本管理　　　D. 报表管理
14. 会计软件的界面应当使用的文字(   )。
    A. 只能是中文
    B. 应该是少数民族文字

C. 应该是英文

D. 应该是中文,同时提供外国或者少数民族文字对照

15. 企业应当促进会计信息系统与( )的一体化,通过业务的处理直接驱动会计记账,实现企业内部信息资源共享。

A. 计算机信息系统　　　　　　　　B. 管理信息系统

C. 办公自动化　　　　　　　　　　D. 业务信息系统

二、多项选择题

1. 会计信息化是指企业利用( )等现代信息技术手段开展会计核算,以及利用上述技术手段将会计核算与其他经营管理活动有机结合的过程。

A. 微电子技术　　B. 网络通信　　C. 计算机　　D. 光电子技术

2. 会计软件具有( )功能。

A. 生成凭证、账簿、报表等会计资料

B. 为会计核算、财务管理直接提供数据输入

C. 对会计资料进行转换、输出、分析、利用

D. 为企业控制决策提供充足、实时、全方位的信息

3. 企业管理软件经历了( )三个大的发展阶段。

A. 会计信息系统 AIS　　　　　　　B. 物料需求计划 MRP

C. 制造资源计划 MRPⅡ　　　　　　D. 企业资源计划 ERP

4. 会计电算化的特征包括( )。

A. 人机结合　　　　　　　　　　　B. 数据处理及时准确

C. 会计核算自动化、集中化　　　　D. 内部控制多样化

5. 定制开发会计软件的具体开发方式包括( )。

A. 企业自行开发　　　　　　　　　B. 购买会计软件

C. 委托外部单位开发　　　　　　　D. 企业与外部单位联合开发

6. 下列功能模块中,需要为账务处理系统生成记账凭证的有( )系统。

A. 工资管理　　　　　　　　　　　B. 固定资产管理

C. 应付管理　　　　　　　　　　　D. 财务分析

7. 成本管理模块主要提供( )功能,以满足会计核算的事前预测、事后核算分析的需要。

A. 成本分析　　B. 成本控制　　C. 成本核算　　D. 成本预测

8. 报表管理和财务分析模块可以从( )取数编制相关财务报表、进行财务分析。

A. 账务管理　　　　　　　　　　　B. 工资管理

C. 应收管理　　　　　　　　　　　D. 会计软件外部

9. 会计软件应当提供符合国家统一会计准则制度的( )的显示和打印功能。

A. 原始凭证　　B. 会计凭证　　C. 会计账簿　　D. 财务报表

10. 鼓励软件供应商采用( )等方式为用户提供实时技术支持。

A. 呼叫中心　　B. 现场指导　　C. 在线客服　　D. 远程指导

三、判断题

1. 广义的会计电算化是指与实现会计工作电算化有关的所有工作,包括会计电算化软件的开发和应用、人才的培训、宏观规划、制度建设、市场的培育与发展等。（ ）

2. 现代信息技术手段能够实时便捷地获取、加工、传递、存储和应用会计信息,为企业经营管理、控制决策和经济运行提供充足、实时、全方位的信息。（ ）

3. 对于某些特殊行业和企业,可以在通用会计核算软件基础上开发专用模块,以适应特殊行业和企业。（ ）

4. 会计电算化注重会计信息的处理,会计信息化则注重会计信息的共享和深度利用,两者没有区别。（ ）

5. 在功能层次上,ERP不仅包括最核心的财务、分销和生产管理,还包括了人力资源、质量管理、决策支持等企业其他管理功能。（ ）

6. ERP系统中的会计信息系统包括财务会计和管理会计两个子系统。（ ）

7. 会计信息系统是ERP系统的一个子系统,它与ERP系统的其他子系统紧密融合在一起。（ ）

8. 通用会计核算软件功能多,因而软件质量往往不高。（ ）

9. 自行开发的会计核算软件专业性强,一般开发费用也较低。（ ）

10. 会计软件各功能模块之间或多或少总存在某些联系,它们相互作用,相互依赖,共同实现会计的核算和监督职能。（ ）

11. 会计核算软件一般包括账务处理、应收应付、固定资产管理、成本管理、工资管理、存货核算、报表管理、财务分析、预算管理和项目管理等模块。（ ）

12. 预算管理模块编制的预算经审核批准后,生成各种预算申请单,再传递给账务处理模块、应收管理模块、应付管理模块、固定资产管理模块、工资管理模块,进行责任控制。（ ）

13. 企业会计资料的归档管理,应遵循会计法的规定。（ ）

14. 省、自治区、直辖市人民政府财政部门发现会计软件不符合《会计核算软件基本功能规范》的,应当自行对其进行处理。（ ）

第二章 会计软件的运行环境

本章学习知识体系

会计电算化概述
- 会计软件的硬件环境
  - 硬件设备(★)
  - 硬件结构(★)
- 会计软件的软件环境
  - 软件的类型(★)
  - 安装会计软件的前期准备(★)
- 会计软件的网络环境
  - 计算机网络基本知识(★)
  - 会计信息系统的网络组成部分(★)
- 会计软件的安全
  - 安全使用会计软件的基本要求(★★★)
  - 计算机病毒的防范(★)
  - 计算机黑客的防范(★)

第一节 会计软件的硬件环境

【学习指南】
　　学习本节内容,读者需要理解五种硬件设备及其包含的具体硬件,熟悉四种具体的硬件结构,比较优缺点及适用范围。

　　计算机硬件是指计算机系统中由电子、机械和光电元件等组成的各种物理装置的总称。这些物理装置按系统结构的要求构成一个有机整体为计算机软件运行提供物质基础。简言之,计算机硬件的功能是输入并存储程序和数据,以及执行程序把数据加工成可以利用的形式。

一、硬件设备

硬件设备一般包括输入设备、处理设备、存储设备、输出设备和通信设备。

(一) 输入设备

　　输入设备是指向计算机输入数据和信息的设备,是计算机与用户或其他设备通信的桥梁。计算机常见的输入设备有键盘、鼠标、光电自动扫描仪、条形码扫描仪(又称扫码器)、二维码识读设备、POS机、芯片读卡器、语音输入设备、手写输入设备等。

　　在会计软件中,键盘一般用来完成会计数据或相关信息的输入工作;鼠标一般用来完成会计软件中的各种用户指令,选择会计软件各功能模块的功能菜单;扫描仪一般用来完成原始凭证和单据的扫描,并将扫描结果存入会计软件相关数据库中。

1. 键盘

　　键盘是用于操作设备运行的一种指令和数据输入装置,也指经过系统安排操作一台机器或设备的一组功能键。

　　键盘按键位功能分为4个键区:主键盘区、功能键区、光标/编辑键区和数字键区,如图2-1-1所示。

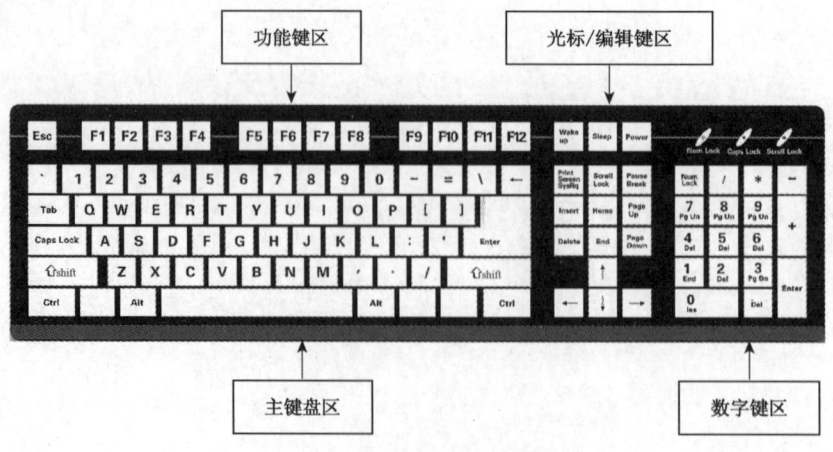

图 2-1-1　键盘键位分布

2. 鼠标

鼠标是一种很常用的电脑输入设备,它可以对当前屏幕上的游标进行定位,并通过按键或滚轮装置对游标所经过位置的屏幕元素进行操作,因形似老鼠而得名"鼠标"。

3. 扫描仪

扫描仪是利用光电技术和数字处理技术,以扫描方式将图形或图像信息转换为数字信号的装置。扫描仪通常被用于计算机外部仪器设备,通过捕获图像并将之转换成计算机可以显示、编辑、存储和输出的数字化输入设备。

(二) 处理设备

处理设备主要是指计算机主机。中央处理器(CPU)是计算机主机的核心部件,主要功能是按照程序给出的指令序列,分析并执行指令。

【知识拓展】

中央处理器(CPU)由控制器和运算器组成。控制器是发布命令的"决策机构",即完成协调和指挥整个计算机系统的操作;运算器的基本功能是完成对各种数据的加工处理,例如算术四则运算,与、或、求反等逻辑运算,算术和逻辑移位操作,比较数值等。

(三) 存储设备

存储设备是用于储存信息的设备,通常是将信息数字化后再利用电、磁或光学等方式的媒体加以存储。按存储器在计算机结构中所处的位置不同分为内存储器、外存储器。

1. 内存储器

内存储器简称内存或主存,分为随机存储器 RAM(Random Access Memory)和只读存储器 ROM(Read-Only Memory),一般容量较小,但数据存取速度较快。断电后,RAM 的数据将消失。

【知识拓展】

高速缓冲存储器(Cache)也属于内存储器的一种,是 RAM 与 CPU 之间的一级存储器,容量比较小但速度比内存高得多,主要功能是用来缓和 RAM 和 CPU 之间速度不匹配的矛盾。

2. 外存储器

外存储器简称外存或辅助存储器,一般存储容量较大,但数据存取速度较慢。常见的外存储器有硬盘、U 盘、光盘等。会计软件中的各种数据一般存储在外存储器中。

(四) 输出设备

输出设备是计算机硬件系统的终端设备,用于接收计算机数据的输出显示、打印、声音、控制外围设备操作等,也是把各种计算结果数据或信息以数字、字符、图像、声音等形式表现出来。常见的输出设备有显示器和打印机。

1. 显示器

显示器是一种将一定的电子文件通过特定的传输设备显示到屏幕上再反射到人眼的显示工具。它既可以显示用户在系统中输入的各种命令和信息,也可以显示系统生成的各种会计数据和文件。

2. 打印机

打印机是将计算机处理结果打印在相关介质上的输出设备,一般打印输出各类凭证、账簿、财务报表等各种会计资料。

(五)通信设备

通信设备包括有线通信设备和无线通信设备。无线路由器如图 2-1-2 所示。

图 2-1-2　无线路由器

【归纳总结】

硬件设备的具体构成如图 2-1-3 所示。

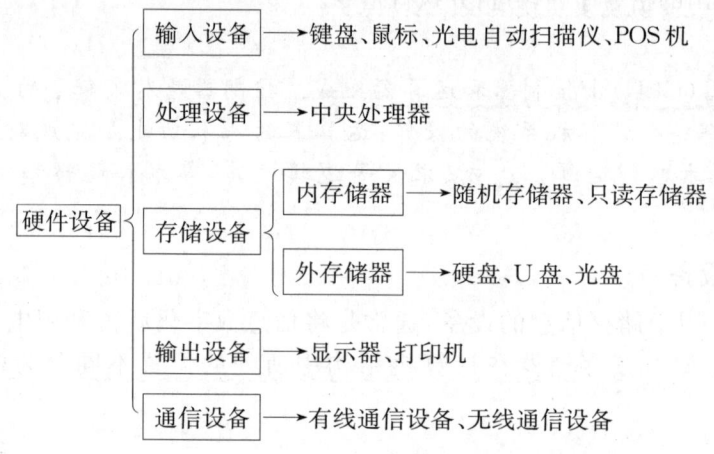

图 2-1-3　硬件设备的构成

二、硬件结构

硬件结构是指硬件设备的不同组合方式。会计信息系统中常见的硬件结构通常有单机结构、多机松散结构、多用户结构和微机局域网络四种形式。

(一)单机结构

1. 单机结构的概念

单机结构属于单用户工作方式,一台微机同一时刻只能一人使用。

2. 单机结构的优缺点

(1)优点在于使用简单、配置成本低,数据共享程度高,一致性好。

(2)缺点在于集中输入速度低,不能同时允许多个成员进行操作,并且不能进行分布式处理。

3. 单机结构的适用范围

单机结构适用于数据输入量小的企业。

(二)多机松散结构

1. 多机松散结构的概念

多机松散结构是指有多台微机,但每台微机都有相应的输入输出设备,每台微机仍属单机结构,各台微机不发生直接的数据联系(通过磁盘、光盘、U盘、移动硬盘等传送数据)。

2．多机松散结构的优缺点

(1) 优点在于输入输出集中程度高,速度快。

(2) 缺点在于数据共享性能差,系统整体效率低。

3．多机松散结构的适用范围

多机松散结构主要适用于输入量较大的企业。

(三) 多用户结构

1．多用户结构的概念

多用户结构又称为联机结构,整个系统配备一台计算机主机(通常是中型机,目前也有较高档的微机)和多个终端(终端由显示器和键盘组成)。主机与终端的距离较近(100米左右),并为各终端提供虚拟内存,各终端可同时输入数据,结构如图2-1-4所示。

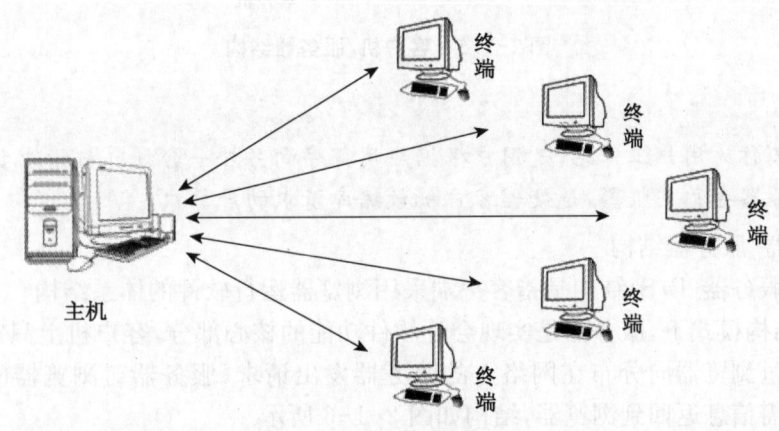

图 2-1-4　多用户结构

2．多用户结构的优缺点

(1) 优点在于会计数据可以通过各终端分散输入,并集中存储和处理。

(2) 缺点在于费用较高,应用软件较少,主机负载过大,容易形成拥塞。

3．多用户结构的适用范围

多用户结构主要适用于输入量大的企业。

(四) 微机局域网络

1．微机局域网络的概念

微机局域网络(又称为网络结构),是由一台服务器(通常是高档微机)将许多中低档微机连接在一起(由网络接口卡、通讯电缆连接),相互通讯、共享资源,组成一个功能更强的计算机网络系统。

微机局域网络通常分为客户机/服务器结构和浏览器/服务器结构两种结构。

1) 客户机/服务器结构。

客户机/服务器(C/S)结构是指整个系统配置一台或多台服务器以及大量客户机的体系结构。

在这种结构模式下,服务器配备大容量存储器并安装数据库管理系统,负责会计数据的定义、存取、备份和恢复,客户端安装专用的会计软件,负责会计数据的输入、运算和输出,结构如图2-1-5所示。

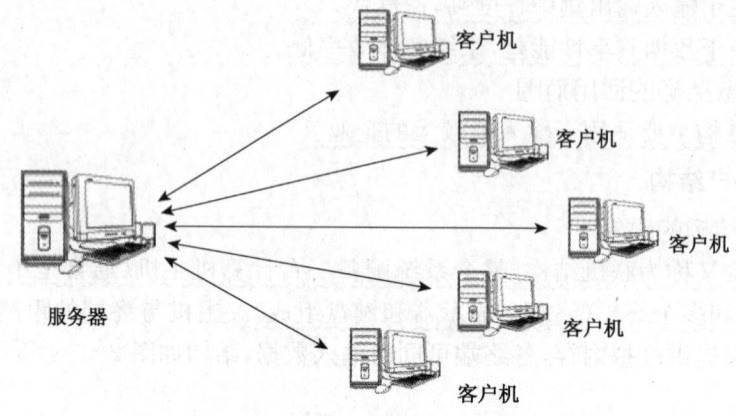

图 2-1-5　客户机/服务器结构

【知识链接】
　　客户机又称为用户工作站,是用户根据应用程序向另外一台计算机请求数据库服务的计算机。服务器也称伺服器,是处理客户机数据库请求的计算机。

2)浏览器/服务器结构
　　浏览器/服务器(B/S)结构是指客户端采用浏览器运行软件的体系结构。
　　在这种结构模式下,服务器是实现会计软件功能的核心部分,客户机上只需安装一个浏览器,用户通过浏览器向分布在网络上的服务器发出请求,服务器对浏览器的请求进行处理,将用户所需信息返回到浏览器,结构如图2-1-6所示。

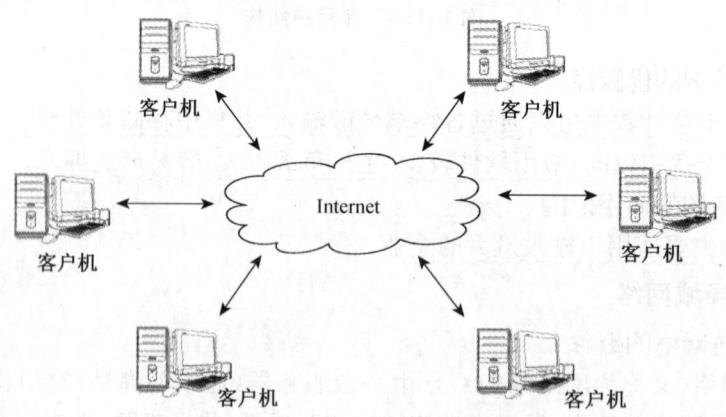

图 2-1-6　浏览器/服务器结构

2．微机局域网络的优缺点
1)客户机/服务器结构
(1)优点在于技术成熟、响应速度快、适合处理大量数据。
(2)缺点在于系统客户端软件安装维护的工作量大,且数据库的使用一般仅限于局域网的范围内。

【点拨指导】

客户机/服务器结构通常适用于地理位置集中的企业。

2）浏览器/服务器结构

（1）优点在于维护和升级方式简单，运行成本低。

（2）缺点在于应用服务器运行数据负荷较重。

3．微机局域网络的适用范围

微机局域网络主要适用于大中型企业。

【归纳总结】

常见硬件结构的优缺点以及适用范围如表2-1-1所示。

表2-1-1　　　　　　　　硬件结构的优缺点以及适用范围

硬件结构		优　点	缺　点	适用范围
单机结构		使用简单、配置成本低，数据共享程度高，一致性好	集中输入速度低，不能同时允许多个成员进行操作，并且不能进行分布式处理	数据输入量小的企业
多机松散结构		输入输出集中程度高，速度快	数据共享性能差，系统整体效率低	数据输入量较大的企业
多用户结构		会计数据可以通过各终端分散输入，并集中存储和处理	费用较高，应用软件较少，主机负载过大，容易形成拥塞	数据输入量大的企业
微机局域网络	客户机/服务器结构	技术成熟、响应速度快，适合处理大量数据	系统客户端软件安装维护的工作量大，且数据库的使用一般仅限于局域网的范围内	大中型企业
	浏览器/服务器结构	维护和升级方式简单，运行成本低	应用服务器运行数据负荷较重	

第二节　会计软件的软件环境

【学习指南】

学习本节内容，读者需要理解软件的几种常见类型，熟悉会计软件安装的前期准备工作。

计算机软件是指在计算机上运行的各种程序及相应的各种文档资料，其中程序是计算任务的处理对象和处理规则的描述，文档是为了便于了解程序所需的阐明性资料。

9

一、软件的类型

计算机软件按用途和性能，可分为系统软件和应用软件两类。

（一）系统软件

系统软件是用来控制计算机运行，管理计算机的各种资源，并为应用软件提供支持和服务的一类软件。系统软件通常包括操作系统、数据库管理系统、支撑软件和语言处理程序等。

1. 操作系统

操作系统（Operating System）是指计算机系统中负责支撑应用程序的运行环境以及用户操作环境的系统软件，具有对硬件直接监管、管理各种计算机资源以及提供面向应用程序的服务等功能。

操作系统是最基本、最重要的系统软件。目前，常见的操作系统包括Windows、MAC、UNIX和Linux等，其中Windows包括Windows XP、Windows 2003、Windows 7等。

【知识拓展】

上述操作系统均是单机操作系统。后来，随着网络技术的发展，出现了网络操作系统。网络操作系统除了实现单机操作系统全部功能外，还具备管理网络中的共享资源，实现用户通信以及方便用户使用网络等功能，是网络的心脏和灵魂。

2. 数据库管理系统

数据库管理系统（Database Management System）是一种操作和管理数据库的大型软件，用于建立、使用和维护数据库。目前，常用的数据库管理系统有Oracle、Sybase、VisualFoxPro、Informix、SQLServer、Access等。

数据库系统主要由数据库、数据库管理系统组成，此外还包括应用程序、硬件和用户。会计软件是基于数据库系统的应用软件。

【知识链接】

数据库是指按一定的方式组织起来的数据的集合，它具有数据冗余度小、可共享等特点。

3. 支撑软件

支撑软件是指为配合应用软件有效运行而使用的工具软件，它是软件系统的一个重要组成部分。支撑软件包括编辑程序、调试程序、装备和连接程序、纠错程序、诊断程序和杀病毒程序等。

4. 语言处理程序

语言处理程序的任务是将用汇编语言或高级语言编写的程序，翻译成计算机硬件能够直接识别和执行的机器指令代码。语言处理程序包括汇编程序、解释程序和编译程序等。

（二）应用软件

应用软件（Application Software）是和系统软件相对应的，是用户可以使用的各种程序设计语言，以及用各种程序设计语言编制的应用程序的集合，是为解决各类实际问题而专门设计的软件。

应用软件根据使用目的的不同可分为应用软件包和用户程序。

1. 应用软件包

应用软件包是利用计算机解决某类问题而设计的程序的集合，供多用户使用。应用软件包根据用途不同可分为文字处理软件、表格处理软件、图形图像软件、网络通信软件和统计软件等。目前，常用的应用软件包有 Word、Excel、Photoshop、SPSS 等。

2. 用户程序

用户程序是为满足用户不同领域、不同问题的应用需求而提供的那部分软件。会计软件就属于用户程序。

二、安装会计软件的前期准备

在安装会计软件之前，需做好三项工作：检查、设置或安装操作系统，安装数据库管理系统以及安装支撑软件，如图 2-2-1 所示。

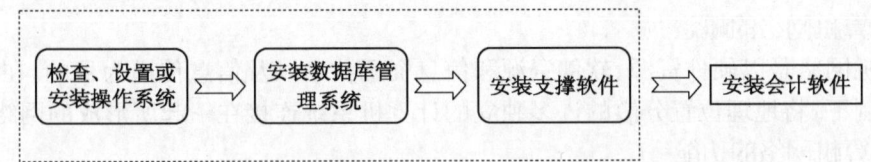

图 2-2-1　安装会计软件的前期准备

（一）检查、设置或安装操作系统

在安装会计软件前，技术支持人员必须首先确保计算机操作系统符合会计软件的运行要求。某些情况下，技术支持人员应该事先对操作系统进行一些简单的配置，以确保会计软件能够正常运行。

【特别提示】

如果会计软件与操作系统不兼容，会影响到会计软件的安装或后期使用。比如，畅捷通 T3 软件在 Windows XP 和 Windows 7 操作系统中可以运行，但是在 Windows 8 操作系统下，无法安装或者安装之后无法正常使用。

（二）安装数据库管理系统

在检查并设置完操作系统后，技术支持人员需要安装数据库管理系统。

【举例说明】

安装畅捷通 T3 软件之前，需要先安装 SQL Server 2000 作为后台数据库。

（三）安装支撑软件

会计软件的正常运行需要某些支撑软件的辅助。因此，在设置完操作系统并安装完数据库管理系统后，技术支持人员应该安装计算机缺少的支撑软件。

（四）安装会计软件

在确保计算机操作系统满足会计软件的运行要求，并安装完毕数据库管理软件和支撑软件后，技术支持人员方可开始安装会计软件，同时应考虑会计软件与数据库系统的兼容性。

第三节 会计软件的网络环境

【学习指南】
学习本节内容,读者需要理解计算机网络的概念和功能、计算机网络的三种类别,熟悉会计信息系统的三个网络组成部分。

一、计算机网络基本知识

(一)计算机网络的概念与功能

1. 计算机网络的概念

计算机网络是以硬件资源、软件资源和信息资源共享以及信息传递为目的,在统一的网络协议控制下,将地理位置分散的许多独立的计算机系统连接在一起所形成的网络。

2. 计算机网络的功能

计算机网络的功能主要体现在资源共享、数据通信、分布处理三个方面。

1) 资源共享

资源共享是指在计算机网络中,各种资源可以相互通用,用户可以共同使用网络中的软件、硬件和数据,它是计算机网络最主要的功能。

【点拨指导】
资源共享按照共享对象分为硬件资源共享、软件资源共享和数据资源共享。

2) 数据通信

计算机网络可以实现各计算机之间的数据传送,可以根据需要对这些数据进行集中与分散管理。

3) 分布处理

分布处理是指当计算机中的某个计算机系统负荷过重时,可以将其处理的任务传送到网络中较空闲的其他计算机系统中,以提高整个系统的利用率。

(二)计算机网络的分类

按照覆盖的地理范围进行分类,计算机网络可以分为局域网、城域网和广域网三类。

1. 局域网(LAN)

局域网是一种在小区域内使用的,由多台计算机组成的网络,覆盖范围通常局限在1万米范围之内,属于一个单位或部门组建的小范围网。

2. 城域网(MAN)

城域网是作用范围在广域网与局域网之间的网络,其网络覆盖范围通常可以延伸到整个城市,借助通讯光纤将多个局域网连通公用城市网络形成大型网络,使得不仅局域网内的资源可以共享,局域网之间的资源也可以共享。

3. 广域网(WAN)

广域网是一种远程网,涉及长距离的通信,覆盖范围可以是一个国家或多个国家,甚至整个世界。由于广域网地理上的距离可以超过几百万米,所以信息衰减非常严重,这种网络一般要租用专线,通过接口信息处理协议和线路连接起来,构成网状结构,解决寻径问题。

【知识拓展】
　　计算机网络系统是非常复杂的系统,分类方法也很多,除上述分类外,还有其他几种分类方法,如图2-3-1所示。

```
计算机网络系统分类
├─按通信媒体划分─┬─有线网:采用同轴电缆、双绞线、光纤等物理媒体传输数据的网络
│                └─无线网:采用微波等形式来传输数据的网络
├─按使用范围划分─┬─公用网:为公众提供各种信息服务的网络系统
│                └─专用网:专为特定对象提供服务,而不向他人提供服务的网络
├─按配置划分─────┬─同类网:采用分散管理的方式,网络中的每台计算机既可以作为客户机又可以作为服务
│                │        器来工作
│                ├─单服务器网:只有一台计算机作为整个网络的服务器,其他计算机全都是工作站
│                └─混合网:服务器不止一个,而且并非每个工作站都可以当作服务器来使用
└─按对数据的组织方式划分─┬─分布式数据组织网络系统:分布在各个工作站中的资源,由工作站独立支
                         │                        配,系统中的资源既是互联的,又是独立的
                         └─集中式数据组织网络系统:由服务器统一管理,系统中的各计算机必须在服
                                                   务器或起决定作用的计算机支配下进行工作
```

图 2-3-1　计算机网络系统的分类

二、会计信息系统的网络组成部分

会计信息的网络组成部分包括服务器、客户机和网络连接设备三部分。

(一) 服务器

服务器也称伺服器,是网络环境中的高性能计算机,它侦听网络上的其他计算机(客户机)提交的服务请求,并提供相应的服务,控制客户端计算机对网络资源的访问,并能存储、处理网络上大部分的会计数据和信息。

【特别提示】
　　服务器的性能必须适应会计软件的运行要求,其硬件配置一般高于普通客户机。

(二) 客户机

客户机又称为用户工作站,是连接到服务器的计算机,能够享受服务器提供的各种资源和服务。会计人员通过客户机使用会计软件,因此客户机的性能也必须适应会计软件的运行要求。

【答疑解惑】
　　客户机和服务器有什么关系?
　　答:客户机和服务器都是独立的计算机。当一台连入网络的计算机向其他计算机提供各种网络服务(如数据、文件的共享等)时,它就被叫做服务器;而那些用于访问服务器资料的计算机则被叫做客户机。

(三) 网络连接设备

网络连接设备是把网络中的通信线路连接起来的各种设备的总称,这些设备包括中继器、交换机和路由器等。

1. 中继器

中继器(Repeater)是网络物理层上面的连接设备。它适用于完全相同的两类网络的互联,主要功能是通过对数据信号的重新发送或者转发,来扩大网络传输的距离。

2. 交换机

交换机(Switch)是一种用于电(光)信号转发的网络设备。它可以为接入交换机的任意两个网络节点提供独享的电信号通路。

最常见的交换机是以太网交换机,其他常见的还有电话语音交换机、光纤交换机等。

3. 路由器

路由器(Router)是连接因特网中各局域网、广域网的设备,它会根据信道的情况自动选择和设定路由,以最佳路径,按前后顺序发送信号。

目前,路由器已经广泛应用于各行各业,各种不同档次的产品已成为实现各种骨干网内部连接、骨干网间互联和骨干网与互联网互联互通业务的主力军。

【点拨指导】

路由器和交换机的区别:交换机主要是实现多人通过一根网线上网,但是上网是分别拨号的,各自使用自己的宽带,彼此之间上网没有影响;路由器比交换机多了一个虚拟拨号功能,通过同一台路由器上网的电脑共用一个宽带账号,人员之间上网是相互影响的。

第四节　会计软件的安全

【学习指南】

学习本节内容,读者需要理解计算机病毒的有关内容,包括特点、类型、感染原因、症状和防范措施等,熟悉黑客的常用手段和防范措施,掌握安全使用会计软件的基本要求。

一、安全使用会计软件的基本要求

常见的非规范化操作包括密码与权限管理不当、会计档案保存不当、未按照正常操作规范运行软件等。这些操作可能威胁会计软件的安全运行。

13

(一)严格管理账套使用权限

严格管理账套使用权限应注意以下三个问题:

(1)在使用会计软件时,用户应该对账套使用权限进行严格管理,防止数据外泄。

(2)用户不能随便让他人使用电脑。

(3)在离开电脑时,必须立即退出会计软件,以防止他人偷窥系统数据。

(二)定期打印备份重要的账簿和报表数据

定期打印备份重要的账簿和报表数据应注意以下两个问题:

(1)为防止硬盘上的会计数据遭到意外或被人为破坏,用户需要定期将硬盘数据备份到其他磁性介质上(如U盘、光盘等)。

(2) 在月末结账后，对本月重要的账簿和报表数据还应该打印备份。

(三) 严格管理软件版本升级

经过对比审核，如果新版软件更能满足实际需要，企业应该对其进行升级。对会计软件进行升级的原因主要有：

(1) 因改错而升级版本。
(2) 因功能改进和扩充而升级版本。
(3) 因运行平台升级而升级版本。

二、计算机病毒的防范

计算机病毒是指编制者在计算机程序中插入的破坏计算机功能或数据，影响计算机使用并且能够自我复制的一组计算机指令或程序代码。

(一) 计算机病毒的特点

1. 寄生性

病毒可以寄生在正常的程序中，跟随正常程序一起运行。在未启动这个程序之前，病毒是不易被人发觉的，当执行这个程序时，病毒就会起破坏作用。

2. 传染性

传染性是指计算机病毒通过修改别的程序将自身的复制品或其变体传染到其他无毒的对象上，这些对象可以是一个程序也可以是系统中的某一个部件。传染性是病毒的基本特征，病毒可以通过不同途径传播，一旦病毒被复制或产生变种，其速度之快令人难以预防。

3. 潜伏性

潜伏性是指计算机病毒可以依附于其他媒体寄生的能力，侵入后的病毒潜伏到条件成熟才发作，使电脑变慢。病毒可以事先潜伏在电脑中不发作，然后在某一时间集中大规模爆发。

【举例说明】

有些病毒像定时炸弹一样，让它什么时间发作是预先设计好的，比如黑色星期五病毒，不到预定时间一点都觉察不出来，等到条件具备的时候一下子就爆炸开来，对系统进行破坏。

4. 隐蔽性

隐蔽性是指计算机病毒进入系统并开始破坏数据的过程，不容易被用户发现。计算机病毒具有很强的隐蔽性，病毒未发作时不易被发现，有的可以通过病毒软件检查出来，有的根本就查不出来，有的时隐时现、变化无常，这类病毒处理起来通常很困难。

5. 破坏性

计算机中毒后，可能会导致正常的程序无法运行，把计算机内的文件删除或受到不同程度的损坏，通常表现为：增、删、改、移。病毒可以破坏电脑，造成电脑运行速度变慢、死机、蓝屏等问题。

6. 可触发性

可触发性是指病毒因某个事件或数值的出现，诱使病毒实施感染或进行攻击的特性。病毒既要隐蔽又要维持杀伤力，它必须具有可触发性。病毒可以在条件成熟时被触发，这些条件可能是时间、日期、文件类型或某些特定数据等。

（二）计算机病毒的类型

1. 按计算机病毒的破坏能力分类

按破坏能力分类，计算机病毒可分为良性病毒和恶性病毒。

1）良性病毒

良性病毒是指那些只占有系统 CPU 资源，但不破坏系统数据，不会使系统瘫痪的计算机病毒。这种病毒多数是恶作剧者的产物，目的不是为了破坏系统和数据，而是为了让使用染有病毒的计算机用户通过显示器或扬声器看到或听到病毒设计者的编程技术。

【举例说明】

小球病毒、1575/1591 病毒、救护车病毒、扬基病毒、Dabi 病毒、Rose 病毒等就属于良性病毒。

2）恶性病毒

恶性病毒是指那些一旦发作后，就会破坏系统或数据，造成计算机系统瘫痪的一类计算机病毒。与良性病毒相比，恶性病毒对计算机系统的破坏力更大，包括删除文件、破坏盗取数据、格式化硬盘、使系统瘫痪等。

【举例说明】

黑色星期五病毒、火炬病毒、CIH、米开朗基罗病毒等就属于恶性病毒。

2. 按计算机病毒存在的方式分类

按存在方式分类，计算机病毒可分为引导型病毒、文件病毒和网络病毒。

1）引导型病毒

引导型病毒是在系统开机时进入内存后控制系统，进行病毒传播和破坏活动的病毒。

按照引导型病毒在硬盘上的寄生位置又可细分为主引导记录病毒和分区引导记录病毒。主引导记录病毒感染硬盘的主引导区，如大麻病毒、2708 病毒、火炬病毒等；分区引导记录病毒感染硬盘的活动分区引导记录，如小球病毒、Girl 病毒等。

2）文件型病毒

文件型病毒是感染计算机存储设备中的可执行文件，当执行该文件时，再进入内存，控制系统，进行病毒传播和破坏活动的病毒。这种病毒主要通过感染计算机中的可执行文件（.exe）和命令文件（.com），一旦计算机运行带有病毒的文件就会被感染，从而达到传播的目的。

3）网络病毒

网络病毒是通过计算机网络传播感染网络中的可执行文件的病毒。这种病毒主要通过电子邮件、下载软件、浏览网页、P2P 技术和网络游戏等方式进行传播。

（三）导致病毒感染的人为因素

1. 不规范的网络操作

不规范的网络操作可能导致计算机感染病毒。其主要途径包括浏览不安全网页、下载被病毒感染的文件或软件、接收被病毒感染的电子邮件、使用即时通讯工具等。

2. 使用被病毒感染的磁盘

使用来历不明的硬盘和 U 盘，容易使计算机感染病毒。随着时代的发展，移动硬盘、U 盘等移动设备成为新的攻击目标。

【点拨指导】

U盘因超大空间的存储量,逐步成了使用最广泛、最频繁的存储介质,为计算机病毒的寄生提供了更宽裕的空间。目前,U盘病毒逐步增加,使得U盘成为第二大病毒传播途径。

(四)感染计算机病毒的主要症状

当计算机感染病毒时,系统会表现出一些异常症状,主要表现如表2-4-1所示。

表2-4-1　　　　　　　　　　　计算机感染病毒表现症状

序号	症　　状
1	系统启动时间比平时长,运行速度减慢
2	系统经常无故发生死机现象
3	系统异常重新启动
4	计算机存储系统的存储容量异常减少,磁盘访问时间比平时长
5	系统不识别硬盘
6	文件的日期、时间、属性、大小等发生变化
7	打印机等一些外部设备工作异常
8	程序或数据丢失或文件损坏
9	系统的蜂鸣器出现异常响声
10	其他异常现象

(五)防范计算机病毒的措施

在使用计算机的过程中,要做好计算机病毒的预防,防范措施如表2-4-2所示。

表2-4-2　　　　　　　　　　　防范计算机病毒的措施

序号	措　　施
1	规范使用U盘的操作。在使用外来U盘时应该首先用杀毒软件检查是否有病毒,确认无病毒后再使用
2	使用正版软件,杜绝购买盗版软件
3	谨慎下载与接收网络上的文件和电子邮件
4	经常升级杀毒软件
5	在计算机上安装防火墙
6	经常检查系统内存
7	计算机系统要专机专用,避免使用其他软件

(六)计算机病毒的检测与清除

1. 计算机病毒的检测

计算机病毒的检测方法通常有以下两种。

1) 人工检测

人工检测是指通过一些软件工具进行病毒检测。这种方法需要检测者熟悉机器指令和操作系统,因而不易普及。

2)自动检测

自动检测是指通过一些诊断软件来判断一个系统或一个软件是否有计算机病毒。自动检测比较简单,一般用户都可以进行。

2. 计算机病毒的清除

对于一般用户而言,清除病毒一般使用杀毒软件进行。杀毒软件可以同时清除多种病毒,并且对计算机中的数据没有影响。

【知识链接】

杀毒软件是一种可以对病毒、木马等一切已知的对计算机有危害的程序代码进行清除的程序工具。目前,常用的杀毒软件有360杀毒软件、瑞星杀毒软件、百度杀毒软件等。

三、计算机黑客的防范

计算机黑客是指通过计算机网络非法进入他人系统的计算机入侵者。他们对计算机技术和网络技术非常精通,能够了解系统的漏洞及其原因所在,通过非法闯入计算机网络来窃取机密信息,毁坏某个信息系统。

15

(一)黑客常用手段

黑客常用的手段有密码破解、IP嗅探与欺骗、攻击系统漏洞和端口扫描等。

1. 密码破解

黑客通常采用的攻击方式有字典攻击、假登录程序、密码探测程序等,主要目的是获取系统或用户的口令文件。

1)字典攻击

字典攻击又名词典式攻击,是在破解密码或密钥时,逐一尝试用户自定义词典中的可能密码(单词或短语)的攻击方式。

2)假登录程序

假登录程序是指盗号分子通过木马或病毒等方式,将计算机上的客户端数据进行篡改,模拟正规网页的登录界面和登录方式,制造假登录界面,以骗取访问者的账号和密码。

3)密码探测程序

密码探测程序是指利用各种可能的密码不断向目标服务器发送请求,根据响应来判断密码是否正确。

2. IP嗅探与欺骗

1)IP嗅探

IP嗅探是一种被动式攻击,又叫网络监听。它通过改变网卡的操作模式来接收流经计算机的所有信息包,以便截取其他计算机的数据报文或口令。

【特别提示】

IP嗅探只能应用于连接同一网段的主机,通常被用来获取用户密码等。

2)欺骗

欺骗是一种主动式攻击,它将网络上的某台计算机伪装成另一台不同的主机,目的是使网络中的其他计算机误将冒名顶替者当成原始的计算机而向其发送数据。

3. 攻击系统漏洞

系统漏洞是指程序在设计、实现和操作上存在的错误。黑客利用这些漏洞攻击网络中的目标计算机。

4. 端口扫描

端口扫描是指某些别有用心的人发送一组端口扫描消息,试图以此侵入某台计算机,并了解其提供的计算机网络服务类型(这些网络服务均与端口号相关)。端口扫描是计算机解密高手喜欢的一种方式。

由于计算机与外界通信必须通过某个端口才能进行。黑客可以利用一些端口扫描软件对被攻击的目标计算机进行端口扫描,搜索到计算机的开放端口并进行攻击。

【知识链接】

端口是指接口电路中的一些寄存器,这些寄存器分别用来存放数据信息、控制信息和状态信息,相应的端口分别称为数据端口、控制端口和状态端口。

(二)防范黑客的措施

1. 制定相关法律、法规加以约束

随着网络技术的形成和发展,有关网络信息安全的法律、法规相继诞生,并有效规范和约束与网络信息传递相关的各种行为。

2. 数据加密

数据加密是指通过加密算法和加密密钥将明文转变为密文,实现信息隐蔽,从而起到保护信息的安全的作用。数据加密的目的是保护系统内的数据、文件、口令和控制信息,同时也可以提高网上传输数据的可靠性。

3. 身份认证

系统可以通过密码或特征信息等来确认用户身份的真实性,只对确认了身份的用户给予相应的访问权限,从而降低黑客攻击的可能性。

4. 建立完善的访问控制策略

系统应该设置进入网络的访问权限、目录安全等级控制、网络端口和节点的安全控制、防火墙的安全控制等。通过各种安全控制机制的相互配合,才能最大限度地保护计算机系统免受黑客的攻击。

【本章小结】

本章的主要内容包括:会计软件的硬件设备、会计软件的软件设备、会计软件的网络环境以及会计软件的安全。本章内容属于计算机基础理论知识,相对比较简单,学习时以理解记忆为主。

【过关训练】

一、单项选择题

1. 下列各项中,不属于计算机硬件设备的是( )。

A. 输入设备　　　　　　　　　　　　B. 处理设备
C. 输出设备　　　　　　　　　　　　D. 操作系统
2. 下列各项中,属于输入设备的是(　　)。
A. U盘　　　B. 显示器　　　C. POS机　　　D. 打印机
3. 下列关于存储器的叙述中,错误的是(　　)。
A. 计算机的存储设备包括内存储器和外存储器
B. 只读存储器一般容量较小
C. 外存储器一般存储容量较大
D. 外存储器数据存取速度较快
4. 硬件结构是指硬件设备的不同组合方式,常见的会计信息系统的硬件结构不包括(　　)。
A. 单机结构　　B. 多机松散结构　　C. 互联网结构　　D. 多用户结构
5. 下列各项中,不属于单机结构缺点的是(　　)。
A. 集中输入速度低　　　　　　　　B. 使用简单
C. 不能进行分布式处理　　　　　　D. 不能多成员同时操作
6. (　　)是计算任务的处理对象和处理规则的描述。
A. 文档　　　B. 程序　　　C. 软件　　　D. 数据
7. 下列各项中,(　　)不属于操作系统。
A. DOS　　　　　　　　　　　　B. Office
C. Windows XP　　　　　　　　　D. Windows 2007
8. 按一定的方式组织起来的数据的集合是(　　)。
A. 操作系统　　B. 支撑软件　　C. 数据库　　D. 语言处理软件
9. (　　)将高级语言源程序翻译成计算机能识别的目标程序。
A. 操作系统　　　　　　　　　　　B. 支撑软件
C. 语言处理程序　　　　　　　　　D. 数据库管理系统
10. 计算机网络按照覆盖的地理范围可分为(　　)。
A. 局域网、广域网和万维网　　　　B. 局域网、城域网和广域网
C. 局域网、广域网和国际互联网　　D. 广域网、因特网和万维网
11. 计算机网络系统按(　　)划分为同类网、单服务器网和混合网。
A. 通信媒体　　　　　　　　　　　B. 使用范围
C. 配置　　　　　　　　　　　　　D. 对数据的组织方式
12. 下列各项中,是网络连接设备的是(　　)。
A. 打印机　　B. 移动硬盘　　C. 路由器　　D. 键盘
13. 下列各项中,不属于计算机病毒特点的是(　　)。
A. 传染性　　B. 隐蔽性　　C. 潜伏性　　D. 危险性
14. 下列关于恶性病毒的说法中,不正确的是(　　)。
A. 比良性病毒破坏力大　　　　　　B. 破坏系统或数据
C. 格式化硬盘　　　　　　　　　　D. 不会造成系统瘫痪
15. 目前,(　　)因使用广泛、频繁,成为第二大病毒传播途径。

A. 硬盘　　　　　　B. U盘　　　　　　C. 网络　　　　　　D. 邮件

二、多项选择题

1. 运算器的主要功能有(　　)。
A. 完成与、或、非等逻辑运算　　　　B. 完成字符串的连接、匹配运算
C. 完成加、减、乘、除等算术运算　　D. 完成<、>、=、<>等比较运算
2. 常见的输出设备有(　　)。
A. 键盘　　　　　　B. 打印机　　　　　C. 扫描仪　　　　　D. 显示器
3. 在客户机/服务器结构模式下,服务器配备大容量存储器并安装数据库管理系统,负责会计数据的(　　)。
A. 存取　　　　　　B. 定义　　　　　　C. 备份　　　　　　D. 恢复
4. 支撑软件包括编辑程序、(　　)和杀病毒程序。
A. 调试程序　　　　　　　　　　　　B. 装备和连接程序
C. 纠错程序　　　　　　　　　　　　D. 诊断程序
5. 目前,常用的应用软件包有(　　)等。
A. Excel　　　　　　B. Photoshop　　　　C. Word　　　　　　D. SPSS
6. 计算机网络的主要功能有(　　)。
A. 资源共享　　　　B. 协同商务　　　　C. 分布处理　　　　D. 数据通信
7. 目前,路由器已经广泛应用于各行各业,各种不同档次的产品已成为实现各种(　　)业务的主力军。
A. 互联网内部连接　　　　　　　　　B. 骨干网内部连接
C. 骨干网间互联　　　　　　　　　　D. 骨干网与互联网互联互通
8. 会计软件进行升级的原因包括(　　)。
A. 因改错而升级版本
B. 因运行平台升级而升级版本
C. 因功能改进和扩充而升级版本
D. 经过对比审核,如果新版本软件更能满足实际需要,则需要进行升级
9. 病毒可以在条件成熟时被触发,这些条件可能包括(　　)等。
A. 文件类型数据　　B. 时间　　　　　　C. 日期　　　　　　D. 某些特定数据
10. 下列选项中,属于恶性病毒的有(　　)。
A. CIH病毒　　　　　　　　　　　　B. 火炬病毒
C. 米开朗基罗病毒　　　　　　　　　D. 救护车病毒
11. 系统应该设置(　　)等,最大限度地保护计算机系统免受黑客的攻击。
A. 目录安全等级控制　　　　　　　　B. 网络端口和节点的安全控制
C. 网络的访问权限　　　　　　　　　D. 防火墙的安全控制

三、判断题

1. 高速缓冲存储器(Cache)也属于外存储器的一种,容量比较小但速度比较快。(　　)
2. 外存储器又称辅助存储器,用来永久地存放大量的程序和数据。(　　)

3. 多机松散结构的优点在于会计数据可以通过各终端分散输入,并集中存储和处理。
(   )
4. 浏览器/服务器结构,又可以称为C/S结构,是指客户端采用浏览器运行软件的体系结构。(   )
5. 操作系统是软件系统的核心。(   )
6. 应用软件是计算机各种应用程序的总称,主要功能是处理实际问题或完成某一具体工作。(   )
7. 任意一款会计软件可以安装多种不同的操作系统。(   )
8. 计算机网络的特点是共享计算机硬件、软件及数据等资源以及信息传递。(   )
9. 城域网的覆盖范围可以延伸到整个世界。(   )
10. 在会计信息系统的网络中,客户机的硬件配置一定要和服务器保持一致。(   )
11. 计算机病毒本质上仍然是一种计算机程序。(   )
12. 病毒可以寄生在正常的程序中,跟随正常程序一起运行。(   )
13. 杀毒软件在清除病毒的同时,也会清除计算机中的部分数据。(   )

第三章 会计软件的应用

 本章学习知识体系

- 会计软件的应用
  - 会计软件的应用流程
    - 系统初始化(★★★)
    - 日常处理(★★★)
    - 期末处理(★★)
    - 数据管理(★★)
  - 系统级初始化
    - 创建账套并设置相关信息(★★★)
    - 管理用户并设置权限(★★★)
    - 设置系统公用基础信息(★★★)
  - 账务处理模块的应用
    - 账务处理模块初始化工作(★★★)
    - 账务处理模块日常处理(★★★)
    - 账务处理模块期末处理(★★★)
  - 固定资产管理模块的应用
    - 固定资产管理模块初始化工作(★★★)
    - 固定资产管理模块日常处理(★★★)
    - 固定资产管理模块期末处理(★★★)
  - 工资管理模块的应用
    - 工资管理模块初始化工作(★★★)
    - 工资管理模块日常处理(★★★)
    - 工资管理模块期末处理(★★★)
  - 应收管理模块的应用
    - 应收管理模块初始化工作(★★★)
    - 应收管理模块日常处理(★★★)
    - 应收管理模块期末处理(★★★)
  - 应付管理模块的应用
    - 应付管理模块初始化工作(★★★)
    - 应付管理模块日常处理(★★★)
    - 应付管理模块期末处理(★★★)
  - 报表管理模块的应用
    - 报表数据来源(★★)
    - 报表管理模块应用的基本流程(★★)
    - 利用报表模板生成报表(★★★)

第一节　会计软件的应用流程

【学习指南】
　　学习本节内容,读者需要理解数据备份和数据还原的作用,熟悉日常处理和期末处理的特点,掌握会计软件的整个应用流程、系统级初始化和模块级初始化的内容。

　　会计软件的应用流程一般包括系统初始化、日常处理和期末处理等环节,每个环节又包含各自的内容。整个操作流程如图3-1-1所示。

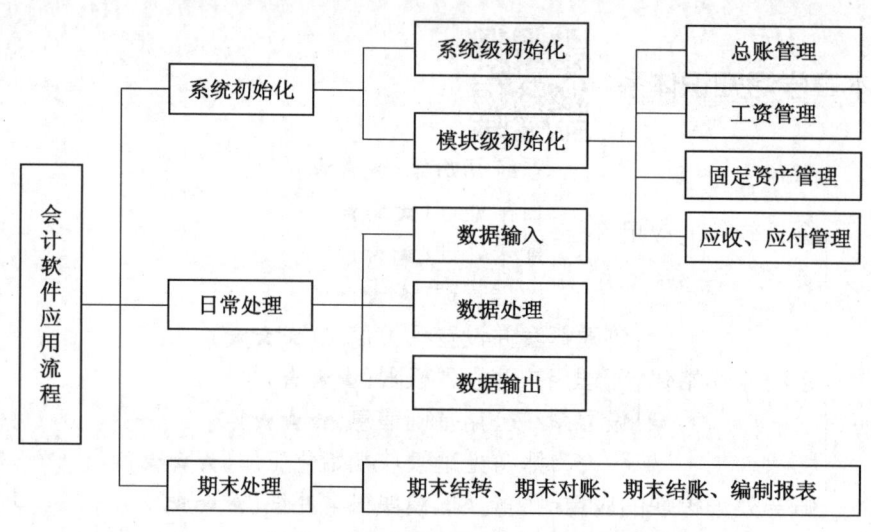

图 3-1-1　会计软件应用流程

一、系统初始化

　　系统初始化是在首次使用会计软件系统时,根据企业的实际情况进行参数设置,并录入基础档案与初始数据的过程。

(一)系统初始化的特点和作用

1. 特点

　　系统初始化是会计电算化中一项十分重要的工作,是会计软件运行的基础。初始化操作是根据企业的实际情况进行的设置,这样就使得通用的会计软件转变为满足企业特定需要的会计系统,使手工环境下的会计核算和数据处理工作得以在计算机环境下延续和正常运行。

2. 作用

　　系统初始化是在系统初次运行时一次性完成的,但部分设置可以在系统使用后进行修改。系统初始化将对系统的后续运行产生重要影响,因此系统的初始化工作必须完整且尽量满足企业的需求。

（二）系统初始化的内容

系统初始化的内容包括系统级初始化和模块级初始化。

1. 系统级初始化

系统级初始化是设置会计软件所公用的数据、参数和系统公用基础信息，其初始化的内容涉及多个模块的运行，不特定专属于某个模块。系统级初始化内容主要包括：

（1）创建账套并设置相关信息。

（2）增加操作员并设置权限。

（3）设置公用基础信息。

2. 模块级初始化

模块级初始化是设置特定模块运行过程中所需要的参数、数据和本模块的基础信息，以保证模块按照企业的要求正常运行。模块级初始化内容主要包括：

（1）设置系统控制参数。

（2）设置基础信息。

（3）录入初始数据。

【知识拓展】

会计软件的模块包括账务处理模块、固定资产管理模块、工资管理模块、应收管理模块、应付管理模块以及报表管理模块。

二、日常处理

（一）日常处理的含义

日常处理是指在每个会计期间内，企业日常运营过程中重复、频繁发生的业务处理过程。

【举例说明】

凭证录入、出纳签字、凭证审核、凭证记账等业务属于会计软件的日常处理业务。

（二）日常处理的特点

（1）日常业务频繁发生，需要输入的数据量大。

（2）日常业务在每个会计期间内重复发生，所涉及金额不尽相同。

三、期末处理

（一）期末处理的含义

期末处理是指在每个会计期间的期末所要完成的特定业务。

【举例说明】

期末转账、对账、结账以及编制报表等业务属于会计软件的期末处理业务。

（二）期末处理的特点

（1）有较为固定的处理流程。

（2）业务可以由计算机自动完成。

四、数据管理

在会计软件应用的各个环节均应注意对数据的管理。

(一) 数据备份

数据备份是指将会计软件的数据输出保存在其他存储介质上,以备后续使用。数据备份主要包括账套备份、年度账备份等。

(二) 数据还原

数据还原又称数据恢复,是指将备份的数据使用会计软件恢复到计算机硬盘上。它与数据备份是一个相反的过程。数据还原主要包括账套还原、年度账还原等。

第二节　系统级初始化

【学习指导】
　　学习本节内容,读者需要理解系统级初始化的内容与程序,掌握账套的创建操作和相关信息的设置方法、用户管理和权限的设置方法、系统公用基础信息的设置方法。

所谓系统初始化是指企业财务、工资、固定资产以及购销存等业务的基础资料设置,内容包括创建账套并设置相关信息、增加操作员并设置权限、设置系统公用基础信息等。

一、创建账套并设置相关信息

账套是指存放会计核算对象的所有会计业务数据文件的总称,账套中包含的文件有会计科目、记账凭证、会计账簿、会计报表等。

一个账套只能保存一个会计核算对象的业务资料,这个核算对象可以是企业的一个分部,也可以是整个企业集团。

(一) 创建账套

建立账套是指在会计软件中为企业建立一套符合核算要求的账簿体系。

【特别提示】
　　建立账套是所有会计业务处理的前提,通常它是由系统管理员完成的。在同一会计软件中可以建立一个或多个账套。

(二) 设置账套相关信息

建立账套时,需要根据企业的具体情况和核算要求设置相关信息,账套信息主要包括:账套号、企业名称、企业性质、会计期间、记账本位币(即本外币代码和本外币名称)等。

案例 3.2.1

在系统管理中,按照以下信息建立账套:
1. 账套信息
账套号:001;账套名称:山东博兴科技有限公司;采用默认账套路径;启用会计期:2017

年1月(会计期间设置:1月1日至12月31日)。

2. 单位信息

单位名称:山东博兴科技有限公司;单位简称:博兴科技。

3. 核算类型

记账本位币为人民币(RMB);企业类型为工业;行业性质为2007年新会计准则;账套主管为 demo;按行业性质预置科目。

4. 基础信息

对存货、客户、供应商进行分类核算,有外币核算。

5. 业务流程

采购流程、销售流程均选用标准流程。

6. 分类编码方案

科目编码级次:4222;客户分类编码级次:222;存货分类编码级次:222;供应商分类编码级次:222。

7. 数据精度定义

存货数量、存货单价、开票单价、件数、换算率小数位均设定为2。

8. 系统启用

总账、固定资产、工资管理、购销存管理的启用会计期间均设为2017年1月1日。

具体操作如下。

(1) 双击桌面上的"系统管理"快捷方式,打开系统管理界面,在该界面执行"系统-注册"命令,如图3-2-1所示。

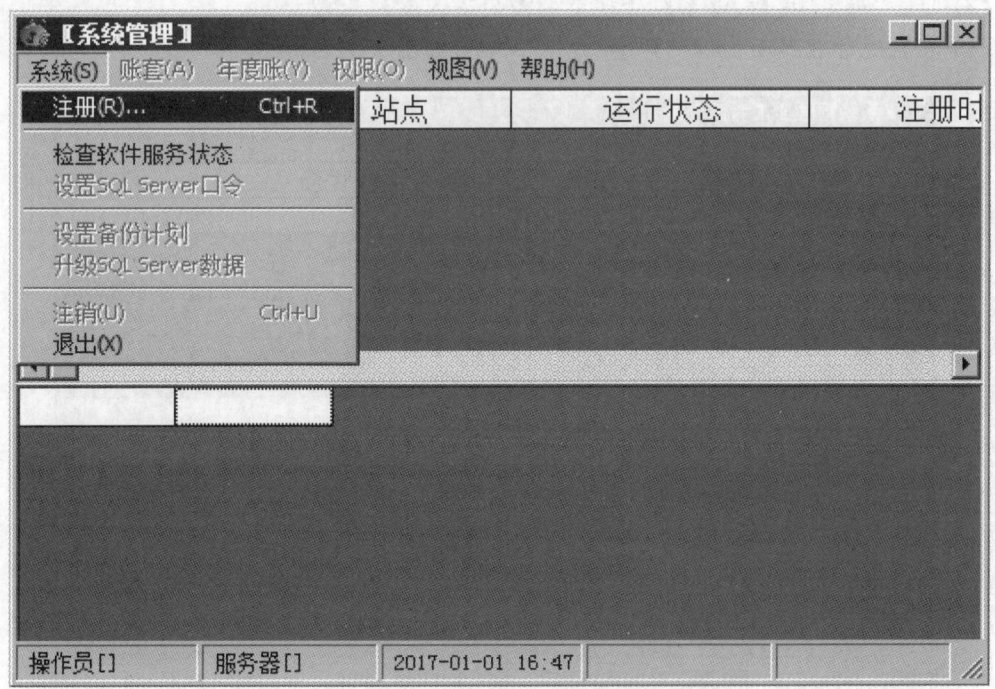

图3-2-1 "系统-注册"命令

（2）在打开的"注册【控制台】"窗口"用户名"处输入"admin"，密码为空，如图3-2-2所示。

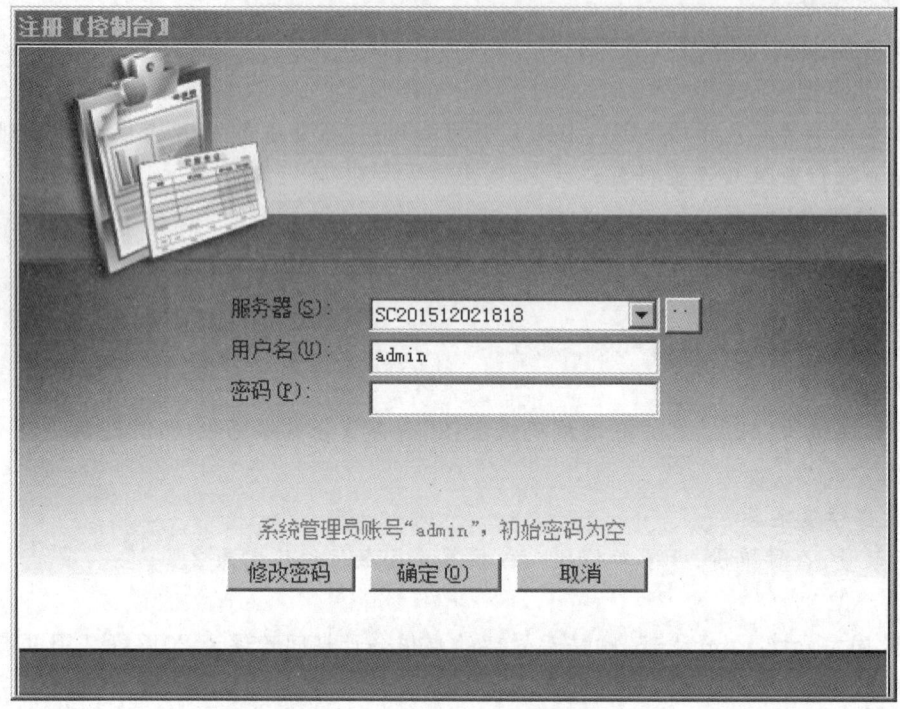

图3-2-2　"注册【控制台】"窗口

（3）单击"确定"按钮，以系统管理员的身份进入系统管理。

（4）在系统管理界面，执行"账套-建立"命令，如图3-2-3所示。

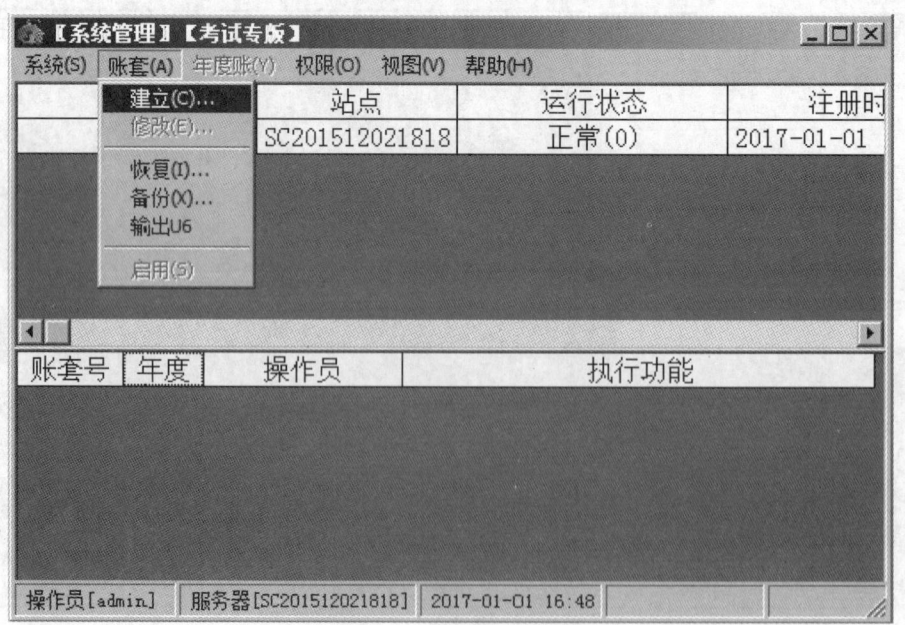

图3-2-3　"账套-建立"命令

（5）在打开的"创建账套-账套信息"窗口中，根据要求输入账套信息，如图3-2-4所示。

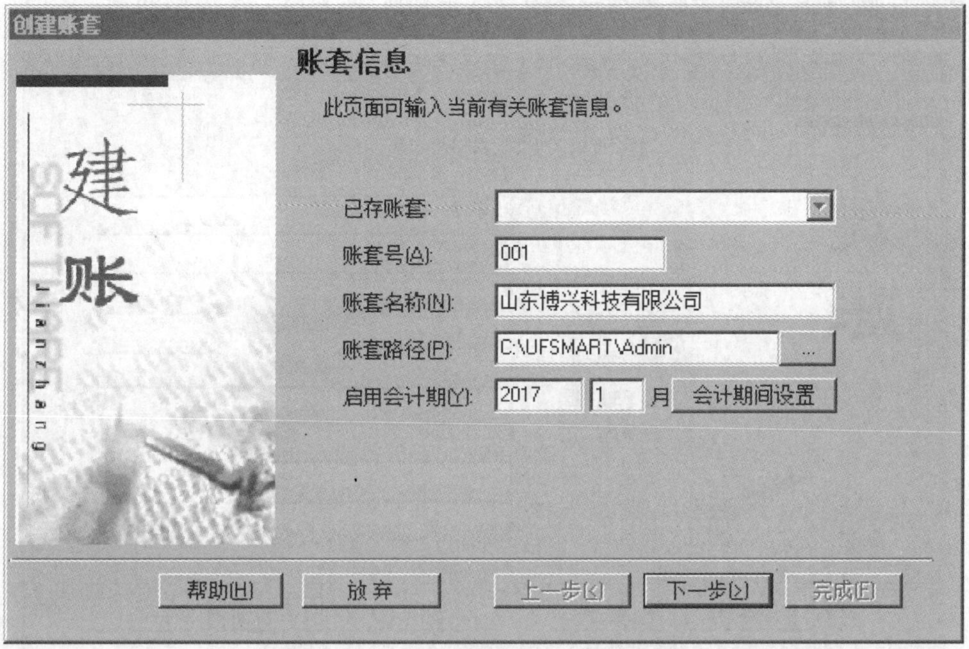

图 3-2-4 "创建账套-账套信息"窗口

（6）单击"会计期间设置"按钮，进入"会计月历-建账"窗口，设置会计期间为1月1日至12月31日，如图3-2-5所示。

图 3-2-5 "会计月历-建账"窗口

(7)单击"确定"按钮,返回"会计月历-账套信息"窗口,单击"下一步"按钮,进入"创建账套-单位信息"窗口,根据要求输入单位名称和单位简称,如图3-2-6所示。

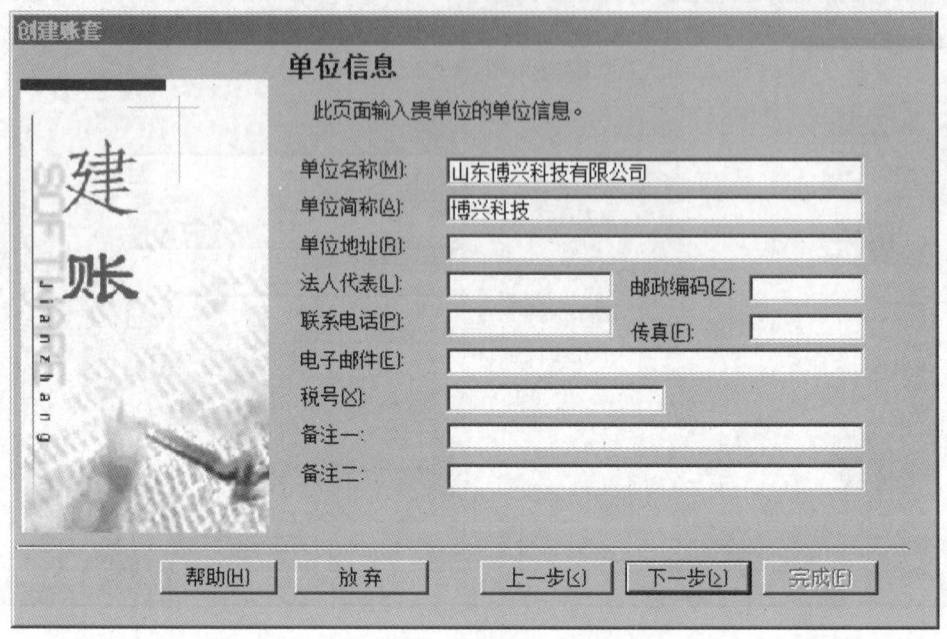

图3-2-6 "创建账套-单位信息"窗口

(8)单击"下一步"按钮,进入"创建账套-核算类型"窗口,根据要求设置本位币、企业类型等(一般情况下,选择默认),如图3-2-7所示。

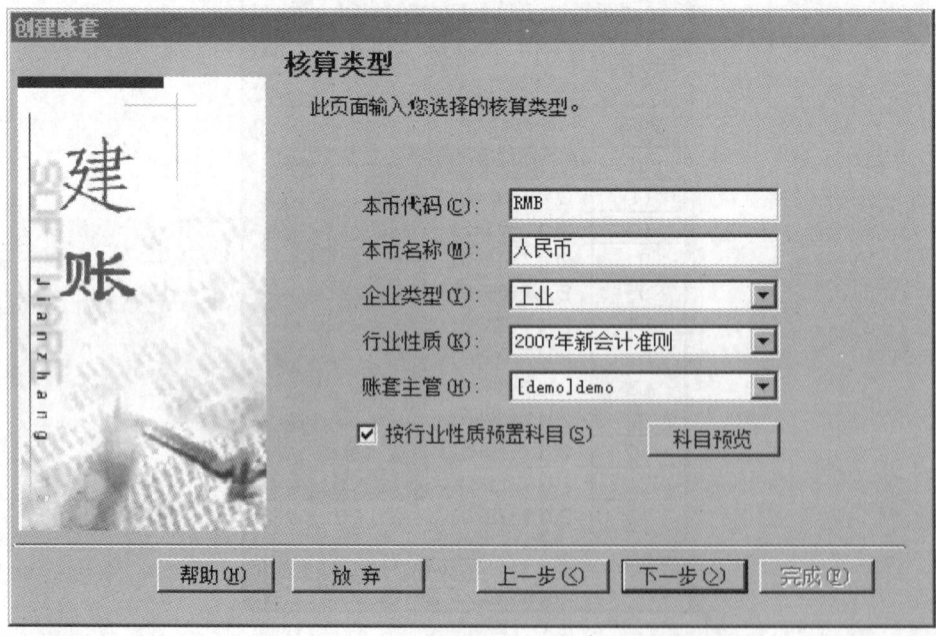

图3-2-7 "创建账套-核算类型"窗口

（9）单击"下一步"按钮，进入"创建账套-基础信息"窗口，根据要求在相应的复选框作出选择，如图 3-2-8 所示。

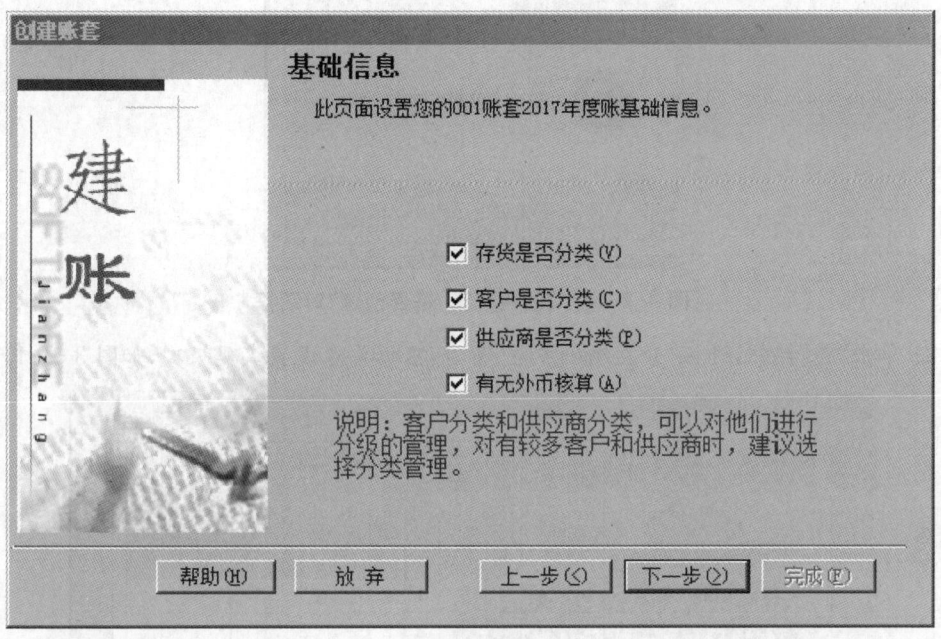

图 3-2-8 "创建账套-基础信息"窗口

（10）单击"下一步"按钮，进入"创建账套-业务流程"窗口，根据要求选择"标准流程"，如图 3-2-9 所示。

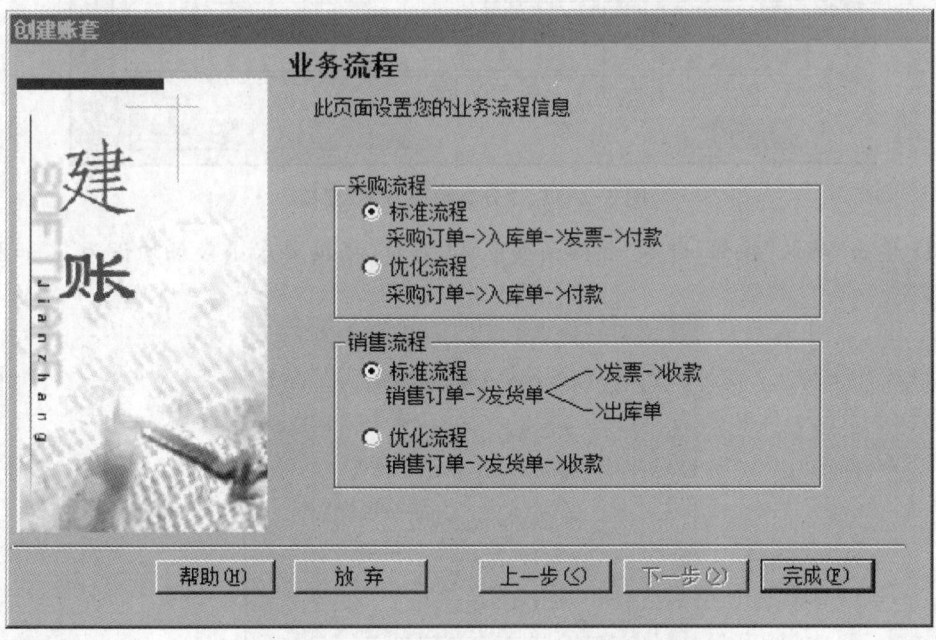

图 3-2-9 "创建账套-业务流程"窗口

（11）单击"完成"按钮,系统弹出"创建账套-是否创建"对话框,提示"可以创建账套了么?",如图3-2-10所示。

图 3-2-10 "创建账套-是否创建"对话框

（12）单击"是"按钮,进入"分类编码方案"窗口,根据要求设置编码级次,如图 3-2-11 所示。

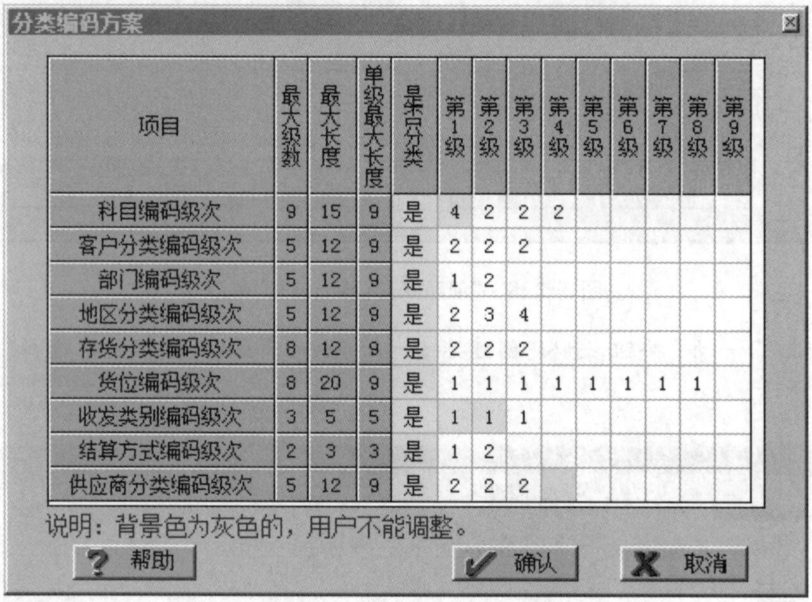

项目	最大级数	最大长度	单级最大长度	是否分类	第1级	第2级	第3级	第4级	第5级	第6级	第7级	第8级	第9级
科目编码级次	9	15	9	是	4	2	2	2					
客户分类编码级次	5	12	9	是	2	2	2						
部门编码级次	5	12	9	是	1	2							
地区分类编码级次	5	12	9	是	2	3	4						
存货分类编码级次	8	12	9	是	2	2	2						
货位编码级次	8	20	9	是	1	1	1	1	1	1	1		
收发类别编码级次	3	5	5	是	1	1	1						
结算方式编码级次	2	3	3	是	1	2							
供应商分类编码级次	5	12	9	是	2	2	2						

说明:背景色为灰色的,用户不能调整。

图 3-2-11 "分类编码方案"窗口

（13）单击"确认"按钮,进入"数据精度定义"窗口,根据要求小数位均设为2,如图 3-2-12 所示。

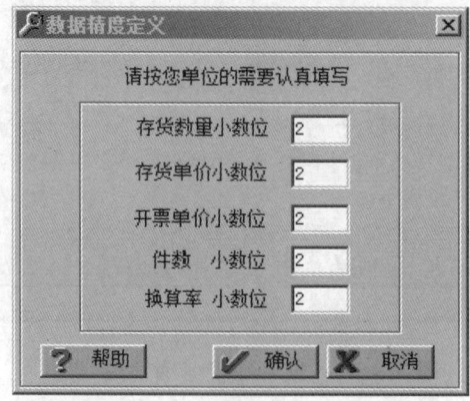

图 3-2-12 "数据精度定义"窗口

(14) 单击"确认"按钮,系统弹出"创建账套-创建成功"对话框,提示账套创建成功,如图 3-2-13 所示。

(15) 单击"确定"按钮,系统弹出"创建账套-启用账套"对话框,提示"是否立即启用账套",如图 3-2-14 所示。

图 3-2-13 "创建账套-创建成功"对话框　　　图 3-2-14 "创建账套-启用账套"对话框

(16) 单击"是"按钮,进入"系统启用"窗口,在该窗口中,选择相应的复选框,在弹出的"日历"窗口中设置日期"2017 年 1 月 1 日",如图 3-2-15 所示。

图 3-2-15 "系统启用"窗口

(17) 同样操作方法设置总账、工资管理、购销存的系统启用日期,设置完成后,单击"退出"按钮。

【点拨指导】

对于系统管理中显示的用户名,系统只允许以两种身份注册进入:一是系统管理员(admin),二是账套主管(默认的是 demo,一般是按照账套所设置的)。这两种身份的区别在于:

(1)系统管理员负责整个系统的总体控制和数据维护,管理系统中的所有账套,可进行账套的建立、恢复、备份和输出;设置操作员和权限(包括账套主管);监控系统运行过程;清除异常任务等。

(2)账套主管负责对所选账套的维护工作,具体包括:对所选账套参数修改;对年度账的管理;对各系统(总账、工资、固定资产、购销存)的启用;设置该账套操作员权限等。

由于第一次运行该软件时还没有建立核算单位的账套,因此,在建立账套前应由系统默认的管理员 admin 登录。

【知识拓展】

账套建立完毕后,账套号、会计期间、记账本位币不允许修改。

(三)账套参数的修改

账套建立后,企业可以根据业务需要对某些已经设定的参数内容进行修改。如果账套参数内容已经被使用,进行修改可能会造成数据的紊乱,因此,对账套参数的修改应当谨慎。

修改账套参数的具体操作:由账套主管登录系统管理界面,执行"账套-修改"命令,打开"修改账套"窗口,单击"下一步"按钮,可以依次进入"账套信息""单位信息""核算类型""基础信息"界面,根据要求修改有关信息。

【特别提示】

会计软件的操作员是有操作权限限制的,账套参数的修改操作只有账套主管有权限进行。

二、管理用户并设置权限

(一)管理用户

用户是指有权登录系统,对会计软件进行操作的人员,通常用户的设置和密码的设置是联系在一起的。给用户设置权限,一方面避免其他人员进入系统,另一方面也使不相容职务岗位人员做好相互牵制工作。

1. 新增用户

新增用户是指将合法的用户增加到系统中,设置其用户名和初始密码。

2. 修改或删除用户

当已有的用户信息出现错误或不再使用该用户时,可以对用户进行修改或删除操作。

(二)设置权限

在增加用户后,一般应根据该用户在企业核算工作中所担任的职务、分工来设置、修改其在各功能模块的操作权限,该操作可以通过系统管理员或账套主管进行。通过设置权限,用户不能进行没有权限的操作,也不能查看没有权限的数据。

案例 3.2.2

根据表 3-2-1 资料设置操作员及权限。

表 3-2-1　　　　　　　　　　　操作员资料

编号	姓名	部门	口令	权　限
201	王平	财务部	001	账套主管
202	李萍	财务部	002	总账系统
203	张浩	财务部	003	总账:出纳签字
204	周娟	财务部	004	工资管理、固定资产
205	赵云	财务部	005	公用目录设置、采购管理、销售管理、应收管理、应付管理、库存管理

具体操作如下。

(1) 在系统管理界面,执行"权限-操作员"命令,进入"操作员管理"窗口,如图 3-2-16 所示。

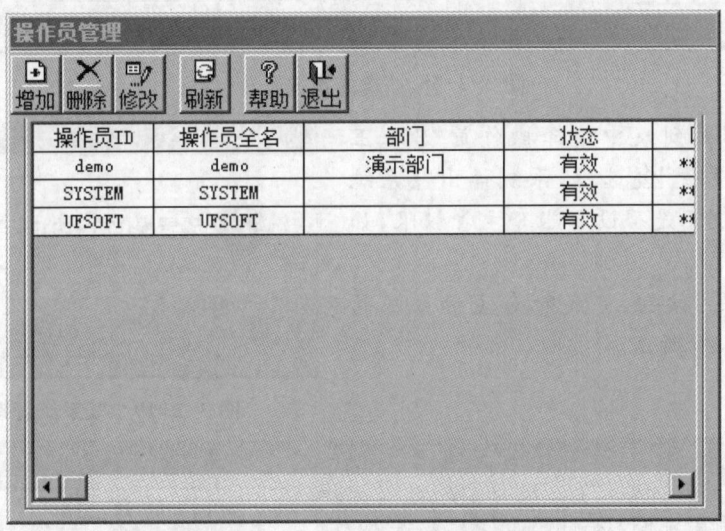

图 3-2-16　"操作员管理"窗口

(2) 单击"增加"按钮,进入"增加操作员"窗口,根据要求输入编号、姓名、口令、确认口令和所属部门,如图 3-2-17 所示。

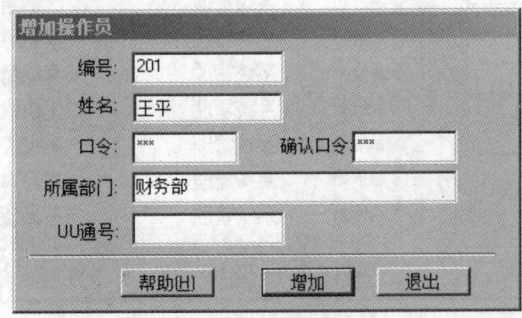

图 3-2-17　"增加操作员"窗口

(3) 同样操作输入其他用户信息,输入完成单击"退出"按钮。

(4) 在系统管理界面,执行"权限-权限"命令,进入"操作员权限"窗口,如图 3-2-18 所示。

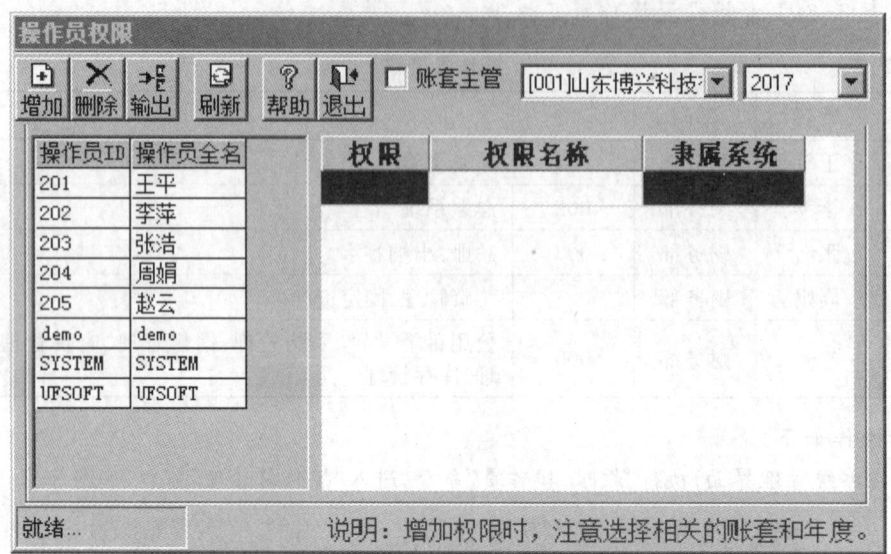

图 3-2-18 "操作员权限"窗口

(5) 从操作员列表中选择操作员"201 王平",选中"账套主管"复选框,系统弹出"【系统管理】"对话框,提示是否设置账套主管权限,如图 3-2-19 所示。

(6) 单击"是"按钮,完成账套主管权限的设置,如图 3-2-20 所示。

图 3-2-19 "【系统管理】"对话框

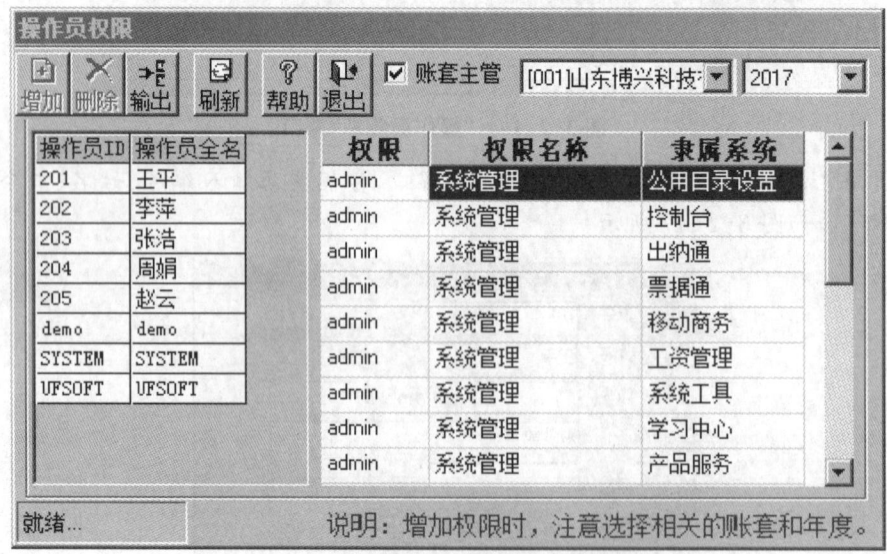

图 3-2-20 "操作员权限-账套主管"窗口

（7）从操作员列表中选择操作员"202 李萍"，单击"增加"按钮，进入"增加权限-[202]"窗口，从"产品分类选择"中双击"GL 总账"，如图 3-2-21 所示。

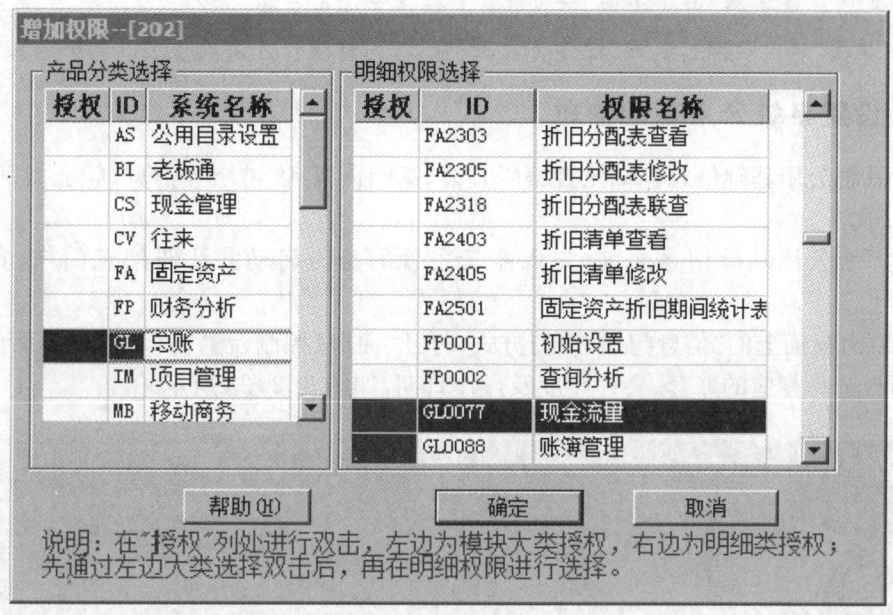

图 3-2-21 "增加权限-[202]"窗口

（8）单击"确定"按钮，返回"操作员权限"窗口。

（9）从操作员列表中选择操作员"203 张浩"，单击"增加"按钮，进入"增加权限-[203]"窗口，从"产品分类选择"中选择"GL 总账"，从"明细权限选择"中双击"GL0203 出纳签字"，如图 3-2-22 所示。

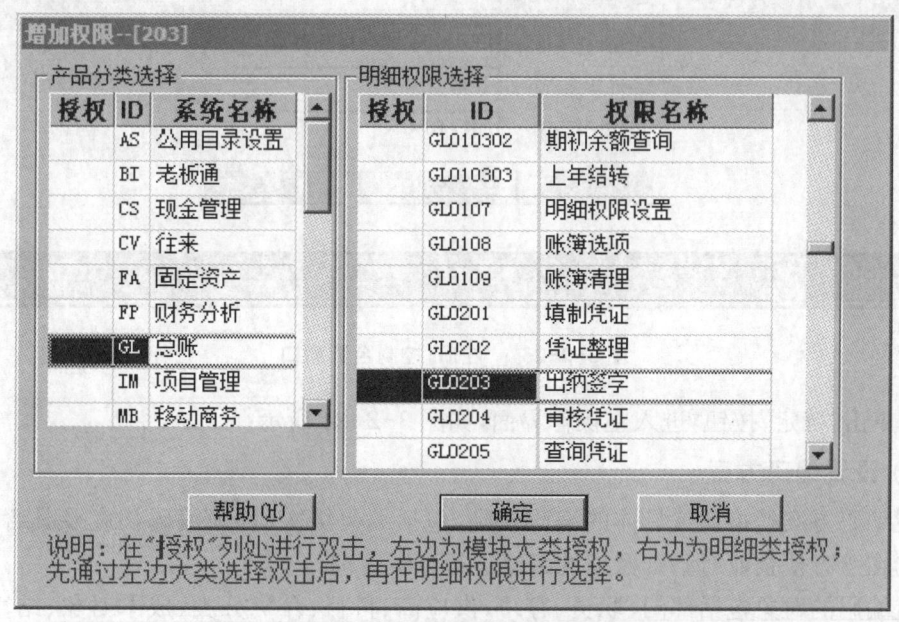

图 3-2-22 "增加权限-[203]"窗口

(10)单击"确定"按钮,返回"操作员权限"窗口。

(11)从操作员列表中选择操作员"204周娟",单击"增加"按钮,进入"增加权限-[204]"窗口,从"产品分类选择"中依次双击"FA固定资产""WA工资管理"。

(12)单击"确定"按钮,返回"操作员权限"窗口,同样操作方法设置205赵云的操作权限。

三、设置系统公用基础信息

设置系统公用基础信息包括设置编码方案、基础档案、收付结算信息、凭证类别、外币和会计科目等。

设置系统公用基础信息之前,先以账套主管的身份启动并注册信息门户,具体操作如下。

(1)双击桌面上的"信息门户"快捷方式,打开"注册【控制台】"窗口,在该界面中输入用户名、密码,选择相应的账套、会计年度及操作日期,如图3-2-23所示。

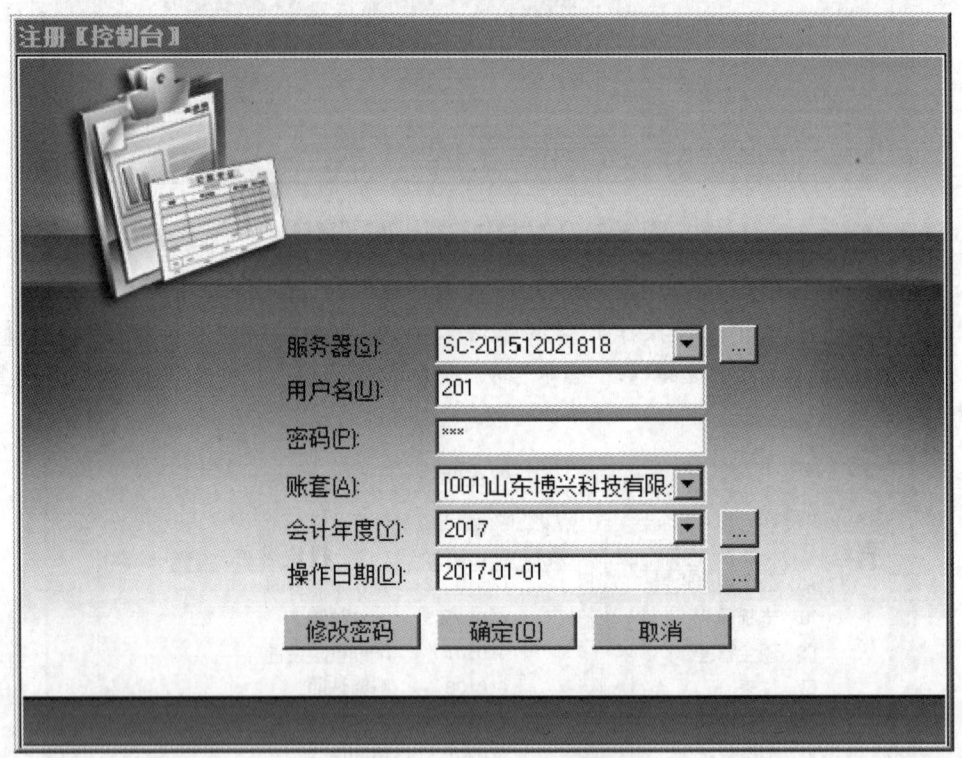

图3-2-23 "注册【控制台】"窗口

(2)单击"确定"按钮,进入主操作界面,如图3-2-24所示。

(一)设置编码方案

设置编码方案是指设置具体的编码规则,包括编码级次、各级编码长度及其含义,其设置的目的在于方便企业对基础数据的编码进行分级管理。

设置编码的对象包括部门、职员、客户、供应商、科目、存货分类、成本对象、结算方式和地区分类等。编码符号能唯一地确定被标识的对象。

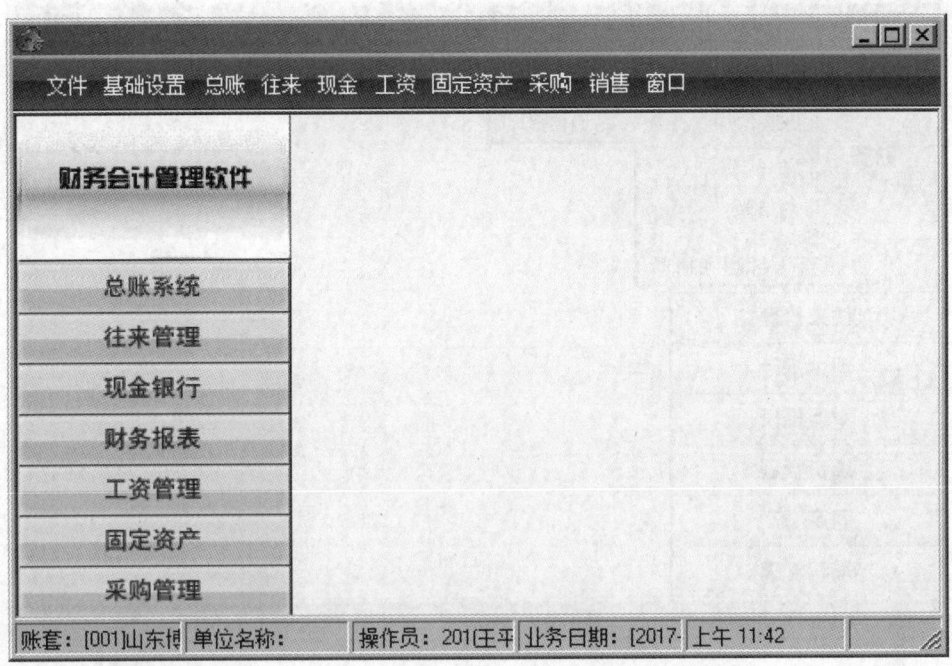

图 3-2-24 主操作界面

（二）设置基础档案

设置基础档案是后续进行具体核算、数据分类、汇总的基础，其内容一般包括设置部门档案、职员信息、往来单位信息、项目信息、收付结算方式、外币设置、会计科目、凭证类别等。

1. 设置企业部门档案

企业部门档案包括部门编码、名称、属性、负责人、电话、传真等，其目的是方便会计数据按照部门进行分类汇总和会计核算。

【特别提示】

部门编码、部门名称必须输入，部门编码必须唯一。

案例 3.2.3

由操作员王平根据表 3-2-2 设置部门档案。

表 3-2-2　　　　　　　　　　　部门档案资料

部门编码	部门名称	部门编码	部门名称
1	行政部	3	采购部
2	财务部	4	销售部

具体操作如下。

（1）在"基础设置"菜单条下执行"机构设置-部门档案"命令，如图 3-2-25 所示。

（2）在打开的"部门档案"窗口中，根据要求输入部门编码和部门名称，如图 3-2-26 所示。

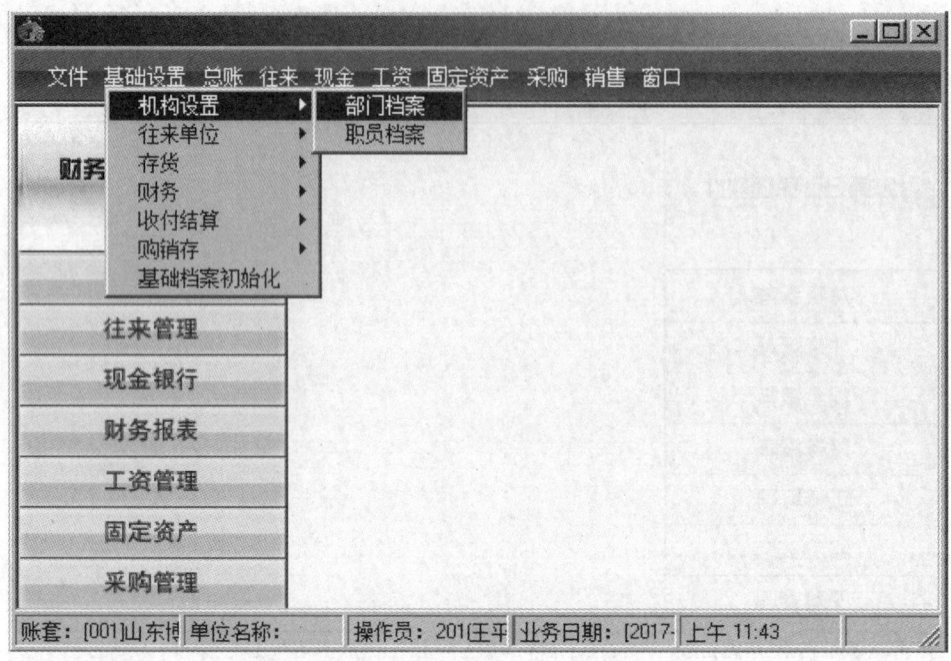

图 3-2-25 "机构设置-部门档案"命令

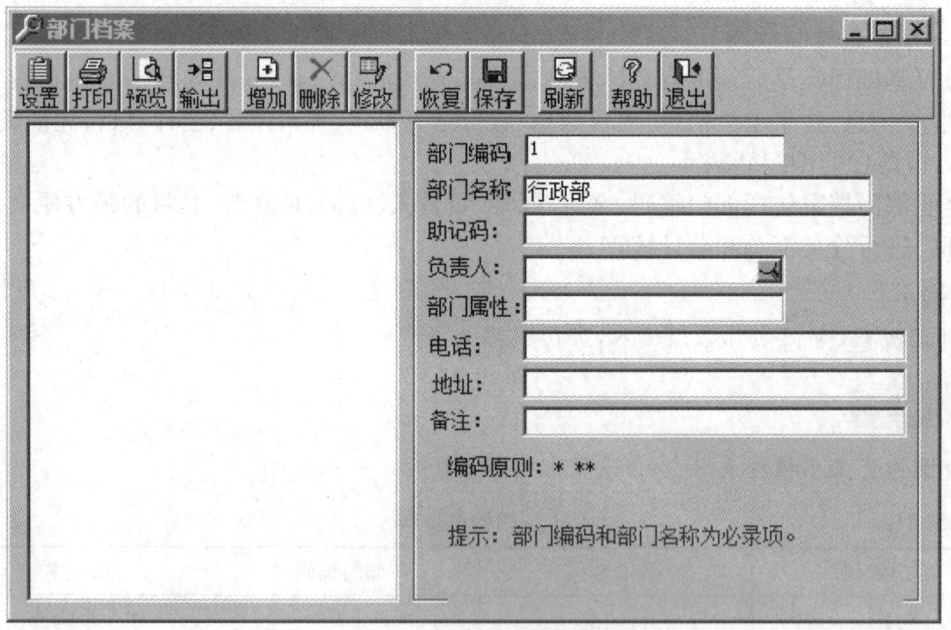

图 3-2-26 "部门档案"窗口

（3）单击"保存"按钮。用同样的操作方法设置其他部门信息。

2. 设置职员档案

职员档案包括职员编码、职员姓名、职员助记码、所属部门、职员属性、手机、Email 等信息，其目的在于方便进行个人往来核算和管理等操作。

案例 3.2.4

由操作员王平根据表 3-2-3 设置职员档案。

表 3-2-3　　　　　　　　　　职员档案资料

职员编码	职员姓名	所属部门	职员编码	职员姓名	所属部门
101	陈燕	行政部	204	周娟	财务部
102	许力	行政部	205	赵云	财务部
103	刘霞	行政部	301	江洋	采购部
201	王平	财务部	302	黄丽	采购部
202	李萍	财务部	401	宋建	销售部
203	张浩	财务部	402	马子山	销售部

具体操作如下。

（1）在"基础设置"菜单条下执行"机构设置-职员档案"命令，打开"职员档案"窗口，如图 3-2-27 所示。

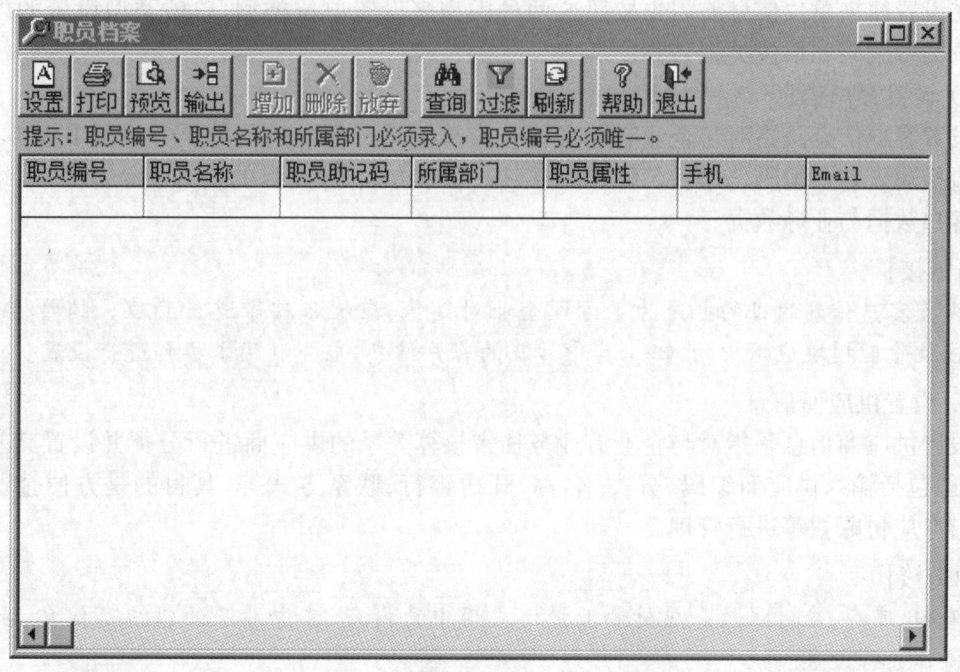

图 3-2-27　"职员档案"窗口

（2）根据要求输入职员编号、职员名称，所属部门可以直接录入，也可以点击右边的放大镜按钮，在打开的"部门参照"窗口中双击选择，如图 3-2-28 所示。

（3）设置完成后单击"增加"按钮。用同样操作方法设置其他职员档案。

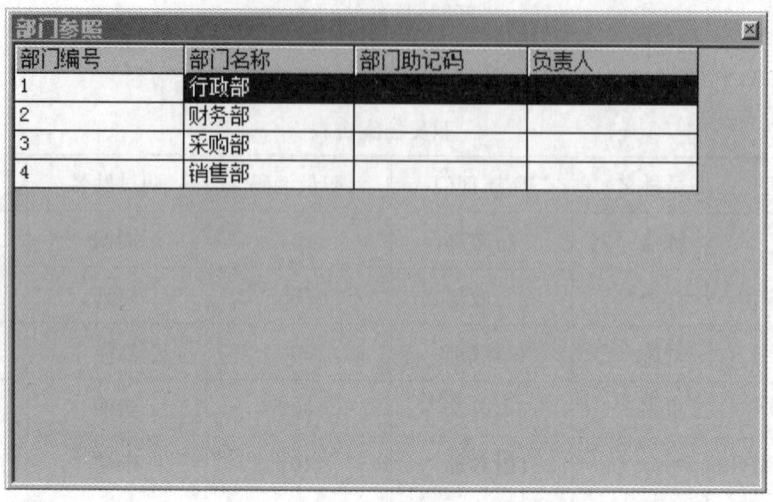

图 3-2-28 "部门参照"窗口

3. 设置往来单位信息

往来单位包括供应商和客户两种类型。

1）设置单位类型

在设置往来单位信息前需先按照这两种类型来设置单位类型,单位类型设置的内容包括单位类型编码和单位类型名称。

2）设置客户信息

设置客户信息是指对与企业有业务往来核算关系的客户进行分类并设置其基本信息,一般包括输入客户编码、分类、名称、开户银行、联系方式等,其目的是方便企业录入、统计和分析客户数据与业务数据。

【知识链接】

设置客户信息的目的也是为了方便企业对销售、应收账款等进行管理。销售、应收账款是应收管理模块应用中的内容,其中涉及的客户信息,应先利用本操作进行设置。

3）设置供应商信息

设置供应商信息是指对与企业有业务往来核算关系的供应商进行分类并设置其基本信息,一般包括输入供应商编码、分类、名称、开户银行、联系方式等,其目的是方便企业对采购、库存、应付账款等进行管理。

【知识链接】

采购、库存、应付账款是应付管理模块应用中的内容,其中涉及的供应商信息,应先利用本操作进行设置。

案例 3.2.5

由操作员王平根据表 3-2-4、表 3-2-5 和表 3-2-6 设置往来单位信息。

（1）单位类型,见表 3-2-4。

表 3-2-4　　　　　　　　　　客户、供应商分类

单位类型编码	单位类型名称	单位类型编码	单位类型名称
01	国有企业	02	私营企业

(2) 客户,见表 3-2-5。

表 3-2-5　　　　　　　　　　　客户资料

客户编号	客户名称	客户简称	所属类型
01	新达公司	新达	国有企业
02	宏宇公司	宏宇	私营企业
03	利丰公司	利丰	私营企业

(3) 供应商,见表 3-2-6。

表 3-2-6　　　　　　　　　　供应商资料

供应商编号	供应商名称	供应商简称	所属类型
01	天元公司	天元	国有企业
02	新星公司	新星	国有企业
03	顺昌公司	顺昌	私营企业
04	恒通公司	恒通	私营企业
05	中盛公司	中盛	私营企业

设置客户分类的具体操作如下。

(1) 在"基础设置"菜单条下执行"往来单位-客户分类"命令,如图 3-2-29 所示。

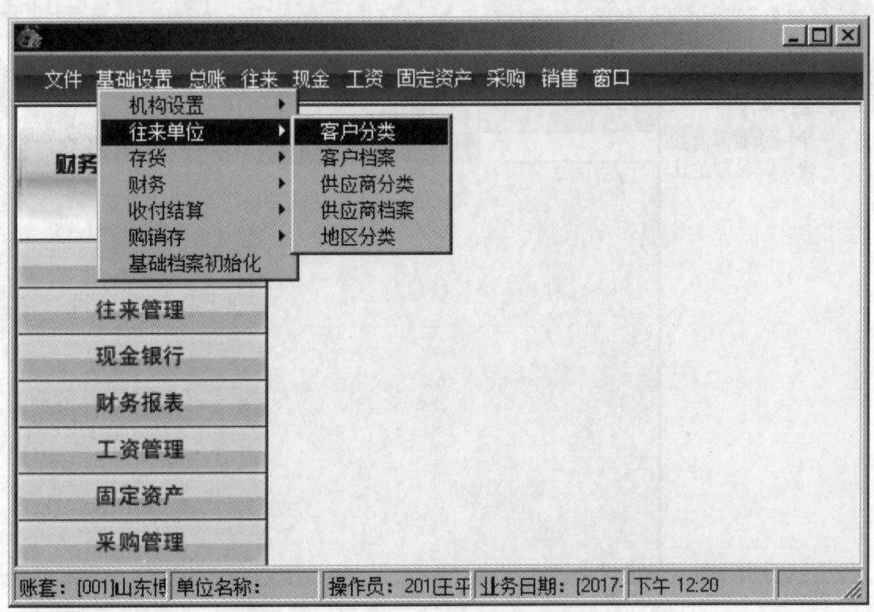

图 3-2-29　"往来单位-客户分类"命令

(2)在打开的"客户分类"窗口中,根据要求输入类别编码、类别名称,如图 3-2-30 所示。

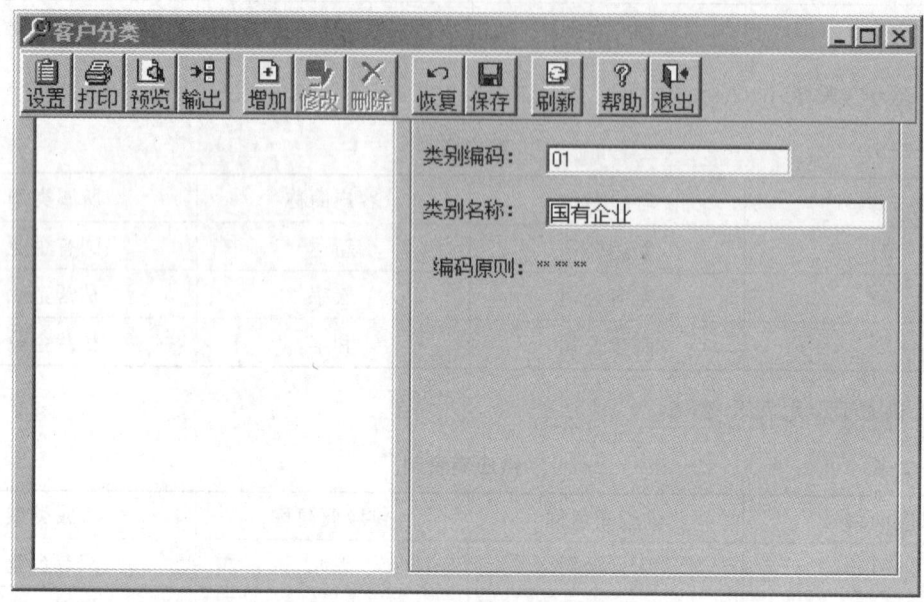

图 3-2-30 "客户分类"窗口

(3)单击"保存"按钮。用同样操作方法输入其他客户类型。

设置客户信息的具体操作如下。

(1)在"基础设置"菜单条下执行"往来单位-客户档案"命令,打开"客户档案"窗口,如图 3-2-31 所示。

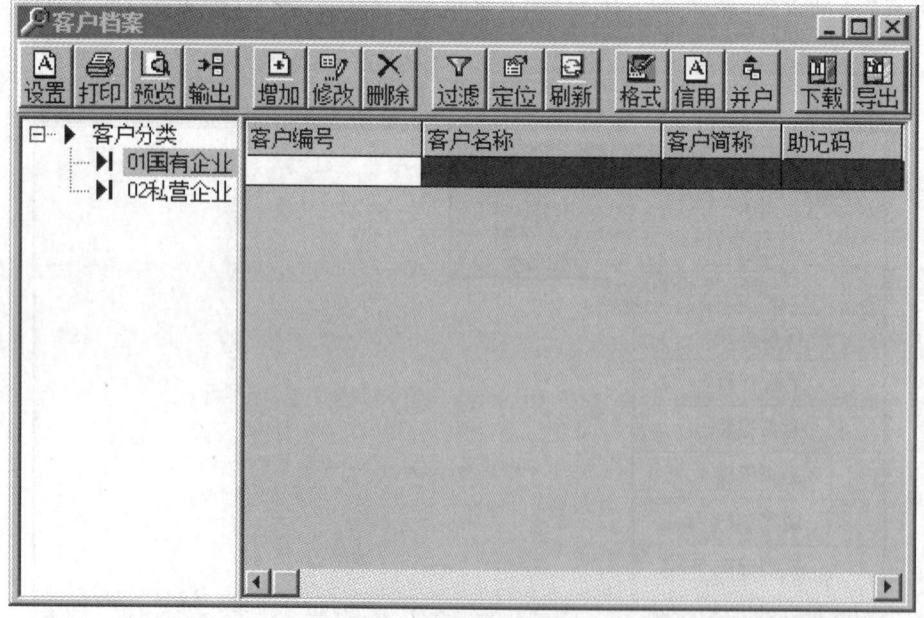

图 3-2-31 "客户档案"窗口

(2)单击"增加"按钮,打开"客户档案卡片"窗口,根据要求输入客户编号、客户名称、客户简称和所属分类码,如图3-2-32所示。

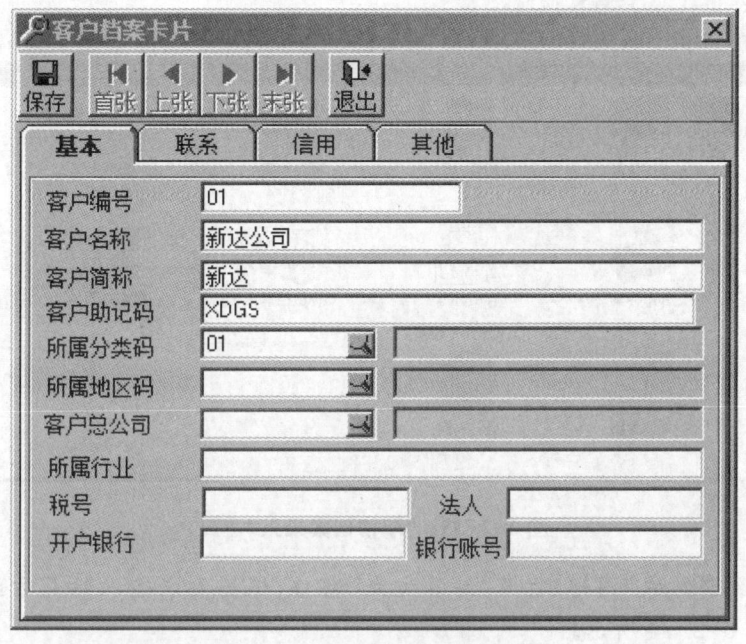

图3-2-32 "客户档案卡片"窗口

(3)单击"保存"按钮。用同样操作方法输入其他客户信息。

设置供应商信息的操作可参照客户信息设置的操作进行。

4.设置项目信息

项目是指一个特定的核算对象或成本归集对象。企业需要对涉及该项目的所有收入、费用、支出进行专项核算和管理。设置项目信息,一般包括定义核算项目,建立项目档案,输入其名称、代码等。

(三)设置收付结算方式

设置收付结算方式包括设置结算方式编码、结算方式名称,其目的是建立和管理企业在经营活动中所涉及的货币结算方式,方便银行对账、票据管理和结算票据的使用。

案例3.2.6

由操作员王平根据表3-2-7设置收付结算方式。

表3-2-7 收付结算方式资料

结算方式编码	结算方式名称	票据管理
1	现金	不需要
2	支票	需要
3	商业汇票	需要
4	汇兑	不需要

具体操作如下。

(1) 在"基础设置"菜单条下执行"基础档案初始化"命令,打开"期初档案录入"窗口,如图 3-2-33 所示。

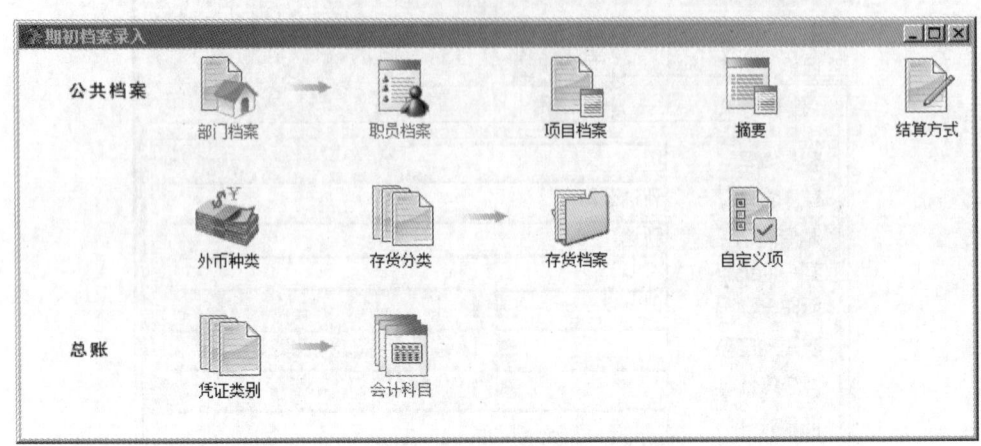

图 3-2-33 "期初档案录入"窗口

(2) 单击"结算方式"图标,打开"结算方式"窗口,根据要求输入结算方式编码、结算方式名称等,如图 3-2-34 所示。

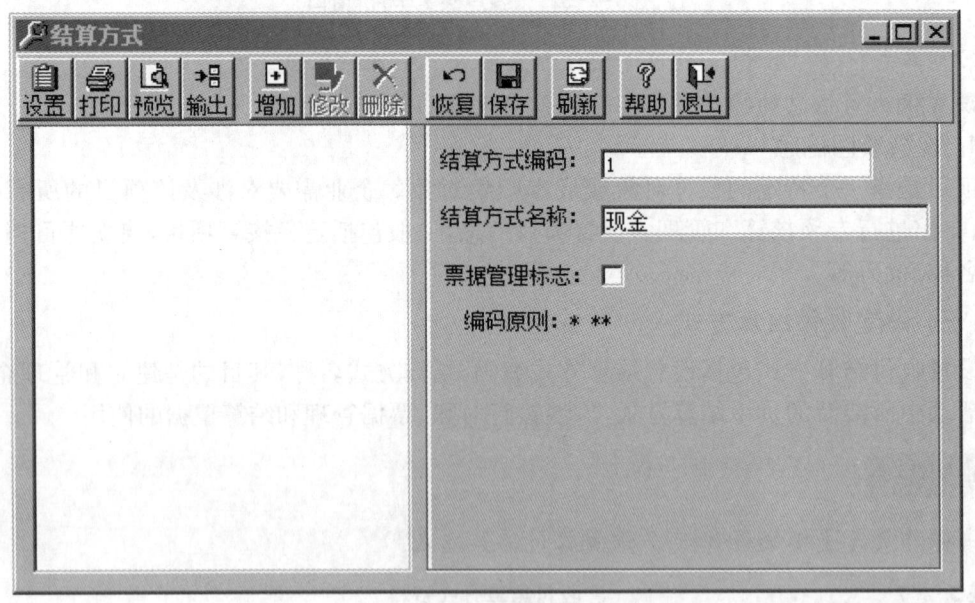

图 3-2-34 "结算方式"窗口

(3) 单击"保存"按钮。用同样操作方法设置其他结算方式。

(四) 设置凭证类别

企业在进行经济核算时,所编制的会计凭证需要设置凭证类别。设置凭证类别是指对记账凭证进行分类编制,内容包括凭证类型编码、凭证类型名称、限制类型及限制科目等。

在会计软件中,系统通常提供的限制条件包括借方必有、贷方必有、凭证必有、凭证必无、无限制等。

（1）借方必有:制单时,此类凭证的借方至少有一个限制科目有发生额。
（2）贷方必有:制单时,此类凭证的贷方至少有一个限制科目有发生额。
（3）凭证必有:制单时,此类凭证无论借方还是贷方至少有一个限制科目有发生额。
（4）凭证必无:制单时,此类凭证无论借方还是贷方不可有一个限制科目有发生额。
（5）无限制:制单时,此类凭证可使用所有合法的科目。

凭证类型的限制科目是指限制该凭证类型所包含的科目。限制科目和限制类型组成凭证类别校验的标准,供系统对录入的记账凭证进行输入校验,以便检查录入的凭证信息和选择的凭证类别是否相符。如果录入的记账凭证不符合用户设置的限制条件或限制科目,系统会提示错误,要求修改,直至符合为止。

案例 3.2.7

由操作员王平根据表3-2-8设置凭证类别。

表 3-2-8　　　　　　　　凭证类别资料

类别字	类别名称	限制类型	限制科目
收	收款凭证	借方必有	1001,1002
付	付款凭证	贷方必有	1001,1002
转	转账凭证	凭证必无	1001,1002

具体操作如下。

（1）在"基础设置"菜单条下执行"财务-凭证类别"命令,如图3-2-35所示。

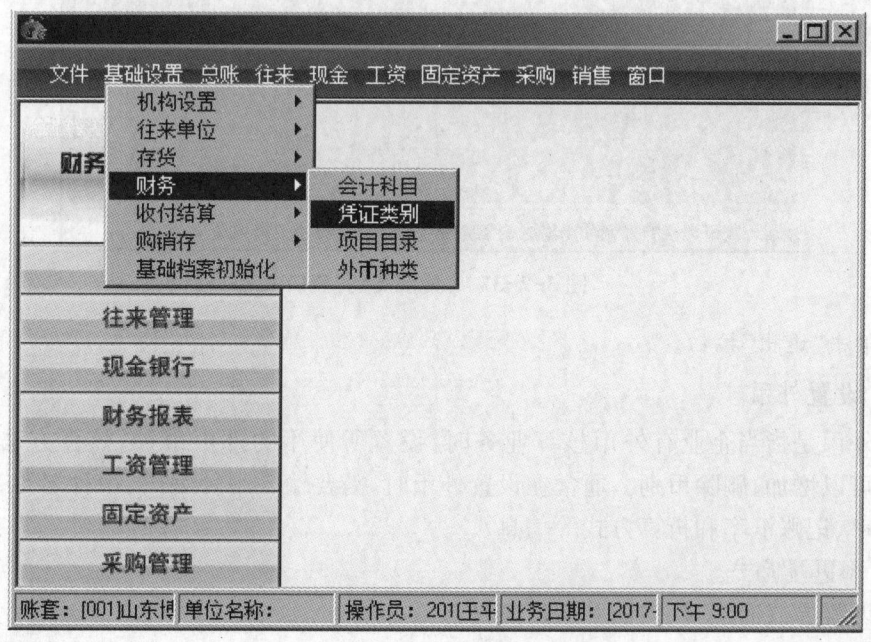

图 3-2-35　"财务-凭证类别"命令

（2）在打开的"凭证类别预置"窗口中选择"收款凭证 付款凭证 转账凭证",如图3-2-36所示。

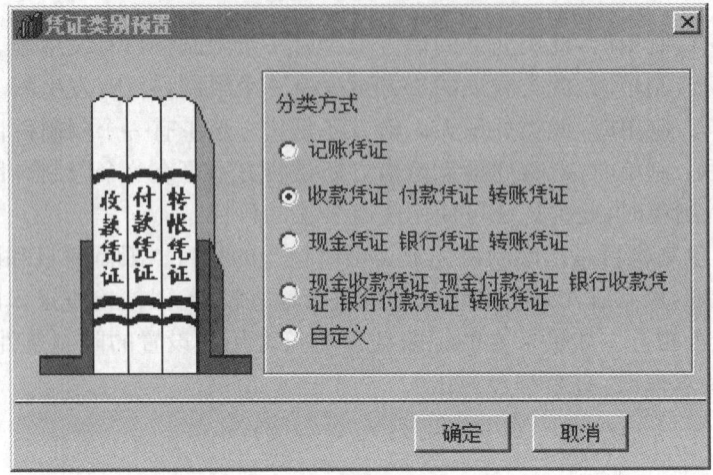

图3-2-36 "凭证类别预置"窗口

（3）单击"确定"按钮,打开"凭证类别"窗口,根据要求设置限制类型和限制科目,如图3-2-37所示。

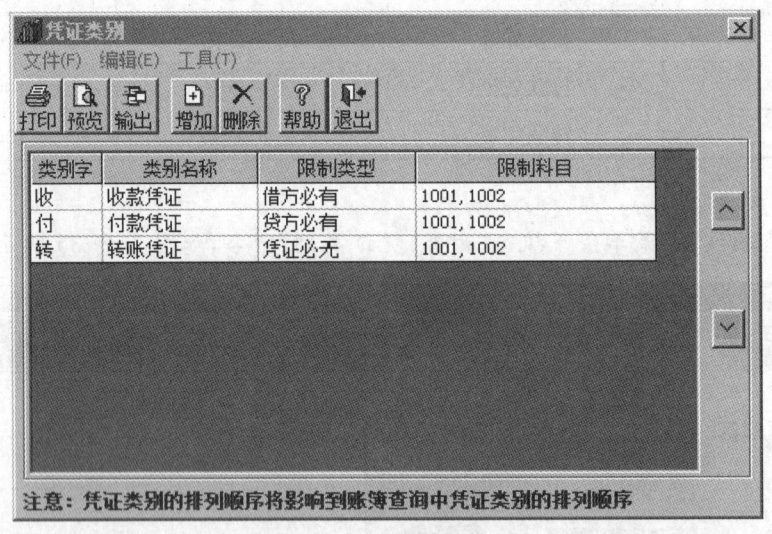

图3-2-37 "凭证类别"窗口

（4）单击"退出"按钮。

（五）设置外币

设置外币是指当企业有外币核算业务时,设置所使用的外币币种、核算方法和具体汇率。用户可以增加、删除币别。通常在设置外币时,需要输入币种编码、币种名称、固定汇率或浮动汇率、记账汇率和折算方式等信息。

1. 汇率匹配方式

汇率匹配方式有当日、向前和向后三种。

（1）当日:当录入凭证的日期是汇率设置的日期时,系统自动显示所设定的汇率。

(2) 向前：当录入凭证的日期在汇率设置的日期之后时，系统自动显示所设定的汇率。

(3) 向后：当录入凭证的日期在汇率设置的日期之前时，系统自动显示所设定的汇率。

【举例说明】

如果单位是每月录入一次汇率，则可在每月1日录入汇率，将"汇率匹配方式"设置为"向前"；如果单位每天的汇率都在变，则可每天录入汇率，将"汇率匹配方式"设置为"向后"。

2. 折算方式

折算方式包括直接汇率法和间接汇率法两种。

(1) 直接汇率法是以一个单位的外国货币为标准来计算应付多少单位本国货币。计算公式为：

$$原币 \times 汇率 = 本位币$$

(2) 间接汇率法是以一定单位的本国货币为标准来计算应收多少单位的外国货币。计算公式为：

$$原币 \div 汇率 = 本位币$$

【举例说明】

2017年6月14日，直接汇率法表示：1美元＝6.795人民币，间接汇率法表示：1人民币＝0.147 2美元。

案例 3.2.8

由操作员王平根据以下资料设置外币。

币符：USD；币名：美元；汇率小数位：2；外币最大误差：0.00001；折算方式：外币×汇率＝本位币；2017年1月1日固定汇率：6.87。

具体操作如下。

(1) 在"基础设置"菜单条下执行"财务-外币种类"命令，如图3-2-38所示。

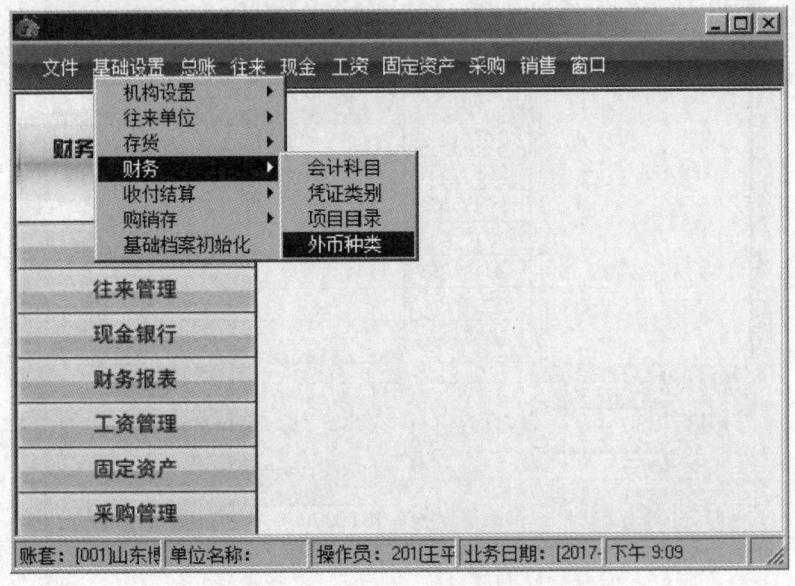

图 3-2-38 "财务-外币种类"命令

（2）在打开的"外币设置"窗口中，根据要求输入币符、币名、汇率小数位和外币最大误差，选择折算方式，如图3-2-39所示。

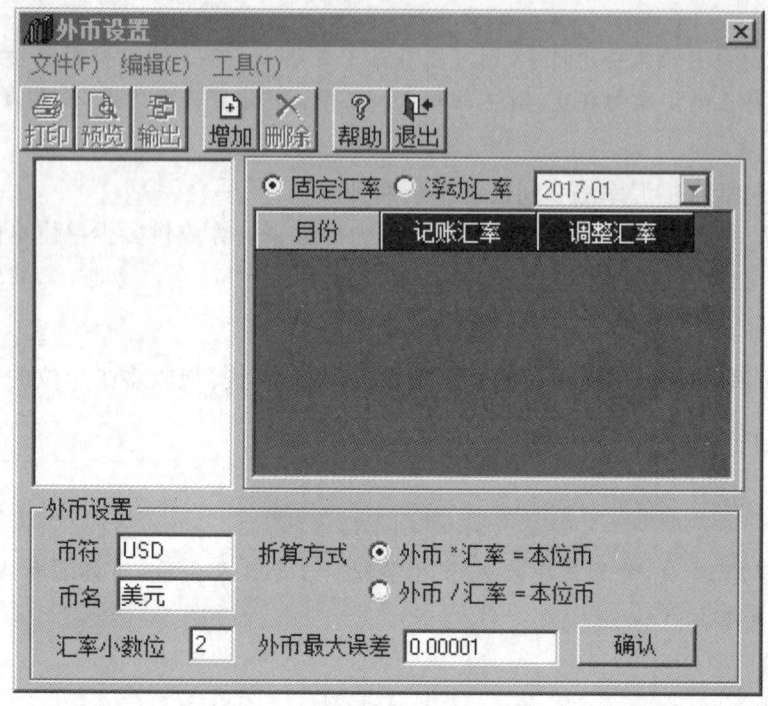

图3-2-39　"外币设置"窗口

（3）单击"确认"按钮，选择默认"固定汇率"，输入记账汇率"6.87"，如图3-2-40所示。

图3-2-40　"外币设置-汇率"窗口

(4)单击"退出"按钮。

(六)设置会计科目

设置会计科目就是将企业进行会计核算所需要使用的会计科目录入到系统中,并按照企业核算要求和业务要求,对每个科目的核算属性进行设置。设置会计科目是填制会计凭证、记账、编制报表等各项工作的基础。

1. 增加、修改或删除会计科目

系统通常会提供预置的会计科目。用户可以直接引入系统提供的预置会计科目,在此基础上根据需要,增加、修改、删除会计科目。如果企业所使用的会计科目与预置的会计科目相差较多,用户也可以根据需要自行设置全部会计科目。

在"基础设置"菜单条下执行"财务-会计科目"命令,打开"会计科目"窗口,在该窗口中可以单击"增加""修改""删除"按钮来进行相关操作,如图3-2-41所示。

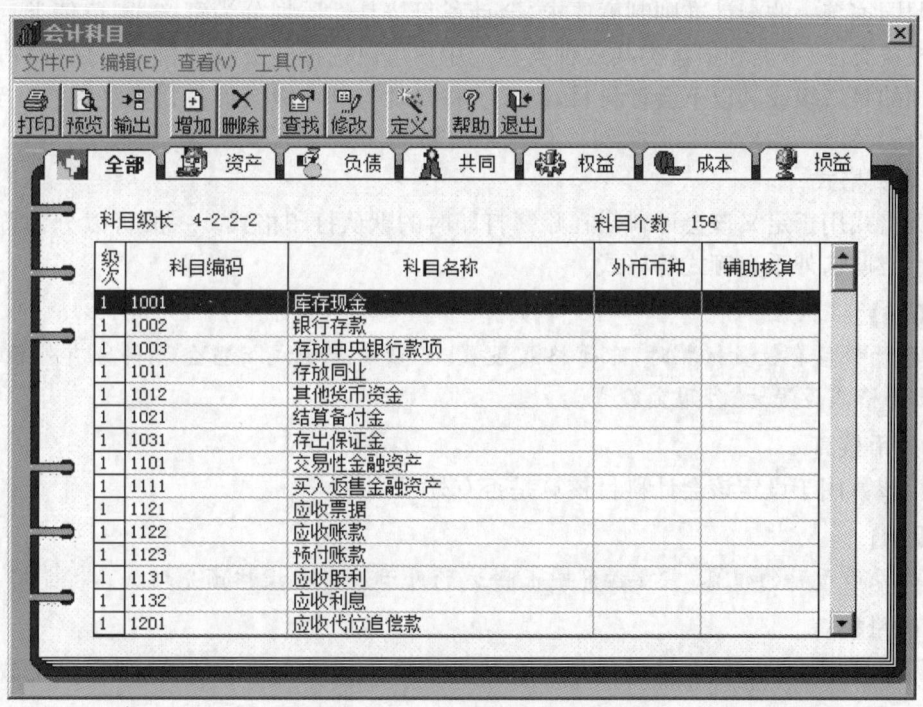

图3-2-41 "会计科目"窗口

1)增加会计科目

增加会计科目时,应遵循先设置上级会计科目,再设置下级会计科目的顺序。会计科目编码、会计科目名称不能为空。增加的会计科目编码必须遵循会计科目编码方案。

2)修改会计科目

通过修改功能,可以对原有科目的某些项目进行修改,如科目编码、科目名称、科目类别、多币种核算、辅助核算等。

3)删除会计科目

删除会计科目时,必须先从末级会计科目删除。删除的会计科目不能为已经使用的会计科目。

【特别提示】

已有发生额或余额的会计科目,应先将会计科目及其下级科目金额清零后再进行修改或删除操作。

2. 设置科目属性

1) 会计科目编码

会计科目编码按照会计科目编码规则进行。在对会计科目编码时,一般应遵守唯一性、统一性和扩展性原则。

2) 会计科目名称

从会计软件的要求来看,企业所使用的会计科目的名称可以是汉字、英文字母、数字等符号,但不能为空。

3) 会计科目类型

按照国家统一的会计准则制度要求,会计科目按其性质划分为资产类、负债类、共同类、所有者权益类、成本类和损益类共六种类型。用户可以选择一级会计科目所属的科目类型。如果增加的是二级或其以下会计科目,则系统将自动与其一级会计科目类型保持一致,用户不能更改。

4) 账页格式

账页格式用于定义该会计科目在账簿打印时的默认打印格式。一般可以分为普通三栏式、数量金额式、外币金额式等格式。

【知识拓展】

当会计科目有数量核算时,账簿格式设置为"数量金额式";当会计科目有外币核算要求时,账簿格式设置为"外币金额式"。

5) 外币核算

外币核算用于设定该会计科目核算是否有外币核算。

【特别提示】

有关外币币种的信息,需要按照前面讲述的外币设置的操作预先增加。

6) 数量核算

数量核算用于设定该会计科目是否有数量核算。如果有数量核算,则需设定数量计量单位。

7) 余额方向

余额方向用于定义该会计科目余额默认的方向。一般情况下,资产类、成本类、费用类会计科目的余额方向为借方,负债类、权益类、收入类会计科目的余额方向为贷方。

8) 辅助核算性质

辅助核算性质用于设置会计科目是否有辅助核算。辅助核算的目的是实现对会计数据的多元分类核算,为企业提供多样化的信息。辅助核算一般包括部门核算、个人往来核算、客户往来核算、供应商往来核算、项目核算等。辅助核算一般设置在末级科目上。某一会计科目可以同时设置多种相容的辅助核算。

9) 日记账和银行账

日记账和银行账用于设置会计科目是否有日记账、银行账核算要求。

案例 3.2.9

由操作员王平指定"1001 库存现金"为现金总账科目、"1002 银行存款"为银行总账科目,并根据表 3-2-9 设置会计科目。

表 3-2-9　　　　　　　　　　会计科目资料

科目编码	科目名称	科目类别	多币种核算	辅助核算
100201	工行	资产	人民币	无
100202	建行	资产	美元	无
1122	应收账款	资产	人民币	客户往来
2202	应付账款	负债	人民币	供应商往来
660201	办公费	损益	人民币	部门核算
660202	差旅费	损益	人民币	部门核算
660203	折旧费	损益	人民币	部门核算
660204	工资	损益	人民币	部门核算

指定会计科目的具体操作如下。

(1) 在"会计科目"窗口中执行"编辑-指定科目"命令,打开"指定科目"窗口,如图 3-2-42 所示。

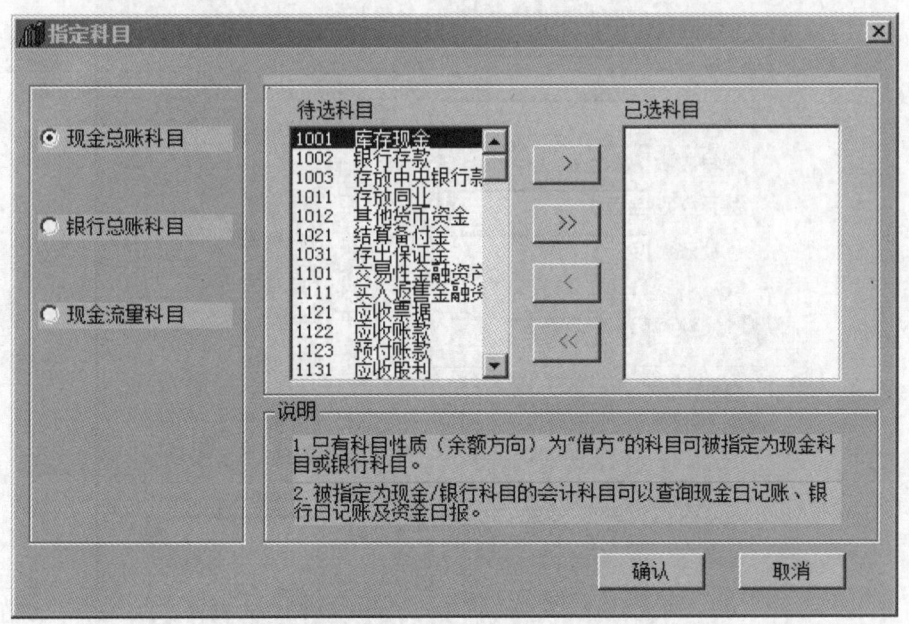

图 3-2-42　"指定科目"窗口

(2) 选择"现金总账科目",从"待选科目"栏选择"1001 库存现金",单击向右的单箭头,或者双击"1001 库存现金",使"1001 库存现金"到"已选科目"栏,如图 3-2-43 所示。

(3) 同样操作方法指定银行总账科目,设置完成后单击"确认"按钮。

新增会计科目的具体操作如下。

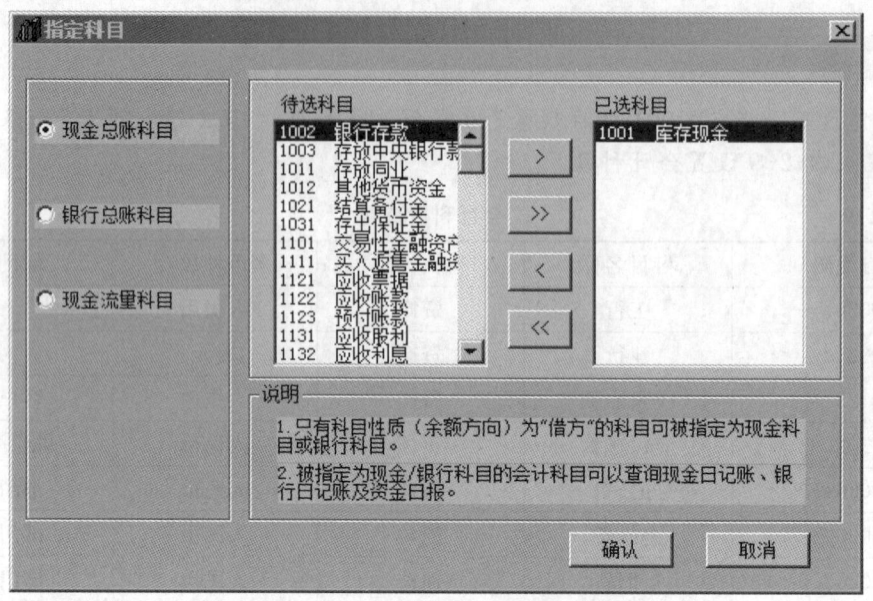

图 3-2-43 "指定科目-选择科目"窗口

(1) 在"会计科目"窗口中单击"增加"按钮,打开"会计科目_新增"窗口,根据要求输入新增会计科目的相关信息,如图 3-2-44 所示。

图 3-2-44 "会计科目_新增"窗口

(2) 用同样的操作方法增加其他五个会计科目:"100202 建行""660201 办公费""660202 差旅费""660203 折旧费""660204 工资",注意币别核算和辅助核算有所区别。

修改会计科目的操作如下。

（1）在"会计科目"窗口中选择"应收账款"科目，单击"修改"按钮，打开"会计科目_修改"窗口，如图3-2-45所示。

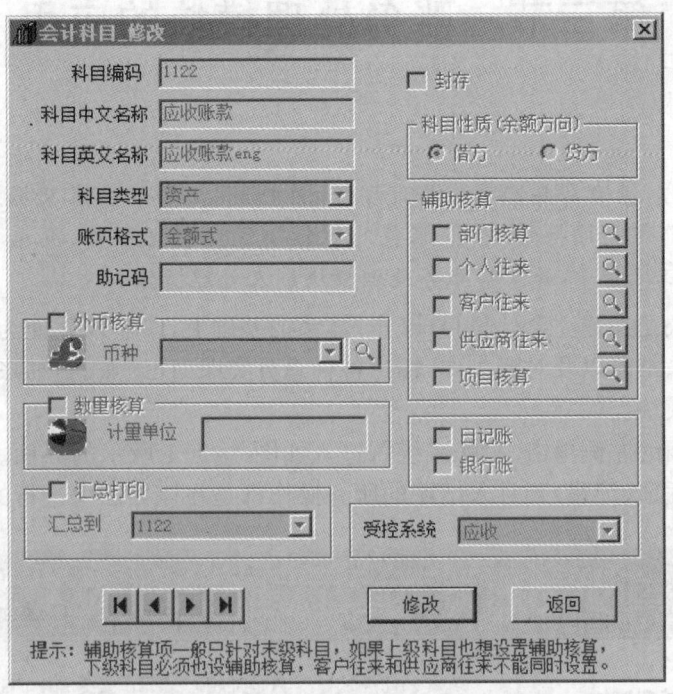

图 3-2-45 "会计科目_修改"窗口

（2）单击"修改"按钮，根据要求在"辅助核算"栏选中"客户往来"复选框，如图3-2-46所示。

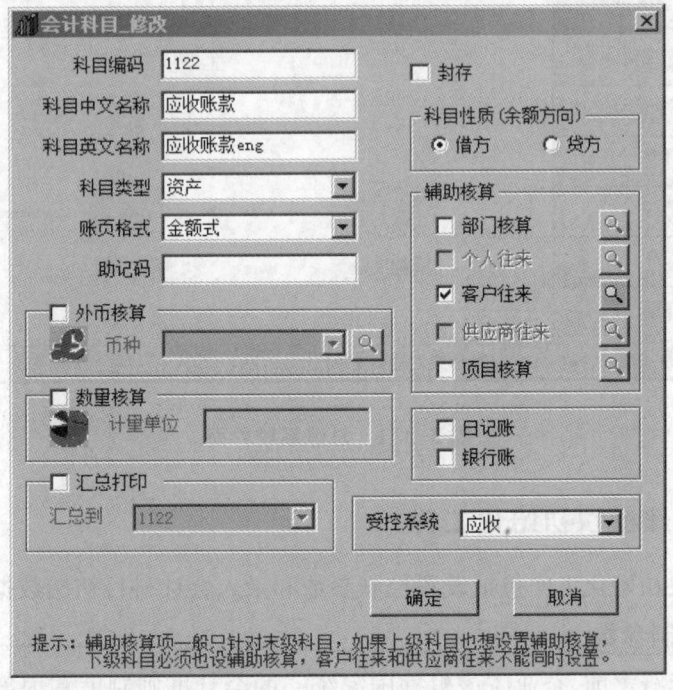

图 3-2-46 "会计科目_修改"窗口

(3) 单击"确定"按钮。用同样的操作方法修改"应付账款"科目。

第三节　账务处理模块的应用

【学习指导】

　　学习本节内容，读者需要熟悉账务处理模块初始化工作的内容及操作方法、账务处理模块出纳管理和账簿查询操作，掌握账务处理模块凭证管理操作，包括凭证录入、出纳签字、凭证审核、凭证记账等，并掌握账务处理模块期末处理操作。

　　账务处理模块是在建立会计科目（账户）体系的基础上，以输入凭证为起点，经过系列加工处理，完成记账、结账以及对账工作，输出各种总分类账、日记账、明细账和有关辅助账，通常又被称为总账模块。

　　在主操作界面的左侧单击"总账系统"，进入如图3-3-1所示的界面。从凭证日常处理（填制凭证、审核凭证、记账）到月末结账的所有操作都是在该界面中进行的。

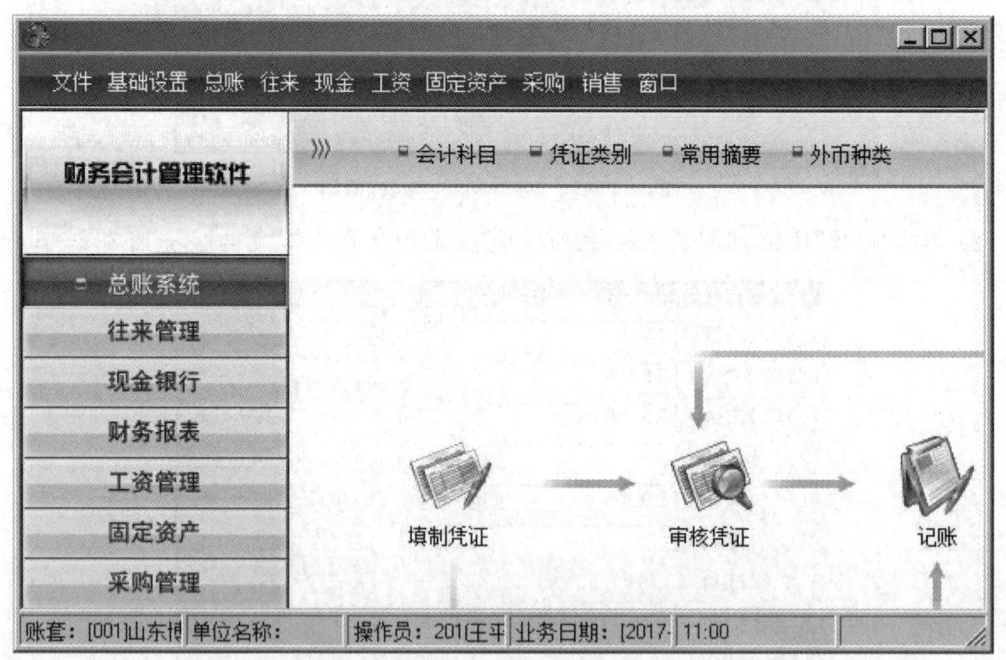

图3-3-1　总账系统界面

一、账务处理模块初始化工作

账务处理模块初始化工作包括设置控制参数和录入会计科目初始数据两部分。

（一）设置控制参数

在会计软件运行之前，企业应该根据国家统一的会计准则制度和内部控制制度来选择相应的运行控制参数,以符合企业核算的要求。

在账务处理模块中,常见的参数设置包括:凭证编号方式、是否允许操作人员修改他人凭证、凭证是否必须输入结算方式和结算号、现金流量科目是否必须输入现金流量项目、出纳凭证是否必须经过出纳签字、是否对资金及往来科目实行赤字提示等。

(二) 录入会计科目初始数据

会计科目初始数据录入是指第一次使用账务处理模块时,用户需要在开始日常核算工作前将会计科目的初始余额以及发生额等相关数据输入到系统中。

1. 录入会计科目期初余额

在系统中,一般只需要对末级科目录入期初余额,系统会根据下级会计科目自动汇总生成上级会计科目的期初余额。但如果遇到以下三种情况,应按照以下原则进行:

(1) 如果会计科目设置了数量核算,用户还应该输入相应的数量和单价。

(2) 如果会计科目设置了外币核算,用户应该先录入本币余额,再录入外币余额。

(3) 如果会计科目设置了辅助核算,用户应该从辅助账录入期初明细数据,系统会自动汇总并生成会计科目的期初余额。

期初余额录入完毕后,用户应该进行试算平衡,以检查期初余额的录入是否正确。一般情况下,由于初始化的工作量较大,在日常业务发生时可能初始化工作仍然没有完成,因此即使试算报告提示有误,仍可以输入记账凭证,但是不能记账。

【知识链接】

> 试算平衡是指在借贷记账法下,利用借贷发生额和期末余额(期初余额)的平衡原理,检查账户记录是否正确的一种方法。其理论基础就是会计恒等式,即"资产=负债+所有者权益"。

案例 3.3.1

由操作员王平根据下表录入期初余额并进行试算平衡,其中应收账款为 2016 年 12 月 16 日宏宇公司所欠货款(转字 12 号凭证,经手人马子山)。

表 3-3-1　　　　　　　　　　　期初数据资料　　　　　　　　　　单位:元

科目名称	方向	期初余额	科目名称	方向	期初余额
库存现金	借	13 500	固定资产	借	95 200
工行	借	367 920	累计折旧	贷	1 309
建行	借	439 680(64 000 美元)	短期借款	贷	166 400
应收账款	借	135 600	应付职工薪酬	贷	23 600
库存商品	借	13 600	实收资本	贷	874 191

(1) 在"总账"菜单条下执行"设置-期初余额"命令,如图 3-3-2 所示。

(2) 在打开的"期初余额录入"窗口中,库存现金等会计科目的金额可以直接在"期初余额"栏录入,如图 3-3-3 所示。

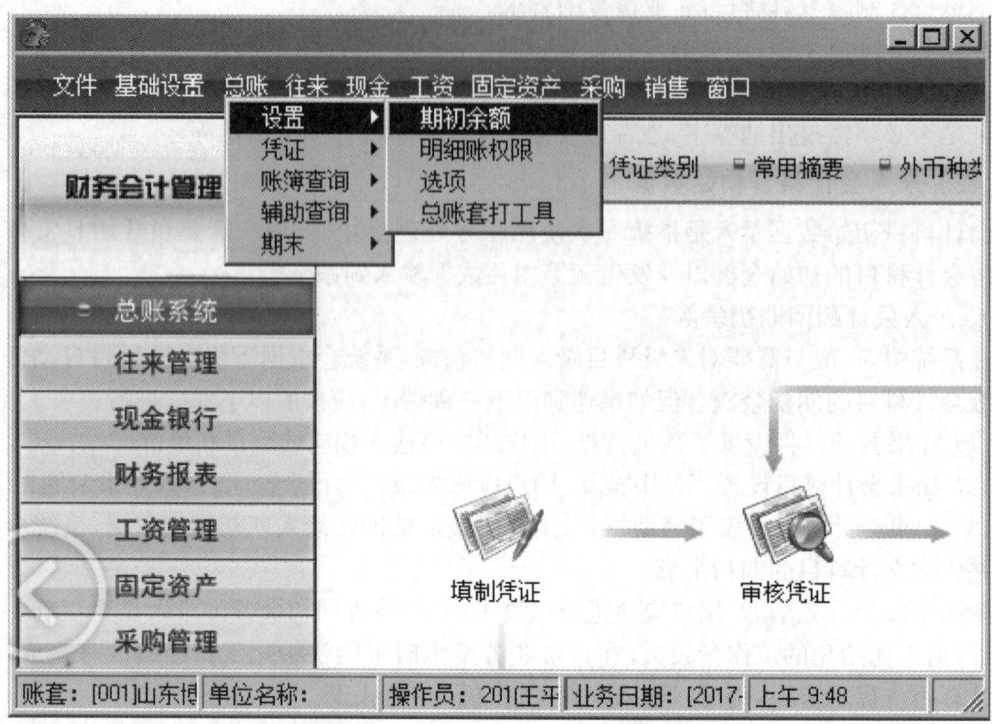

图 3-3-2 "设置-期初余额"命令

图 3-3-3 "期初余额录入"窗口

（3）对于应收账款等有辅助核算的会计科目，双击其对应的"期初余额"栏，打开"客户往来期初"窗口，单击"增加"按钮，在增加的空白行处输入相关信息，如图 3-3-4 所示。

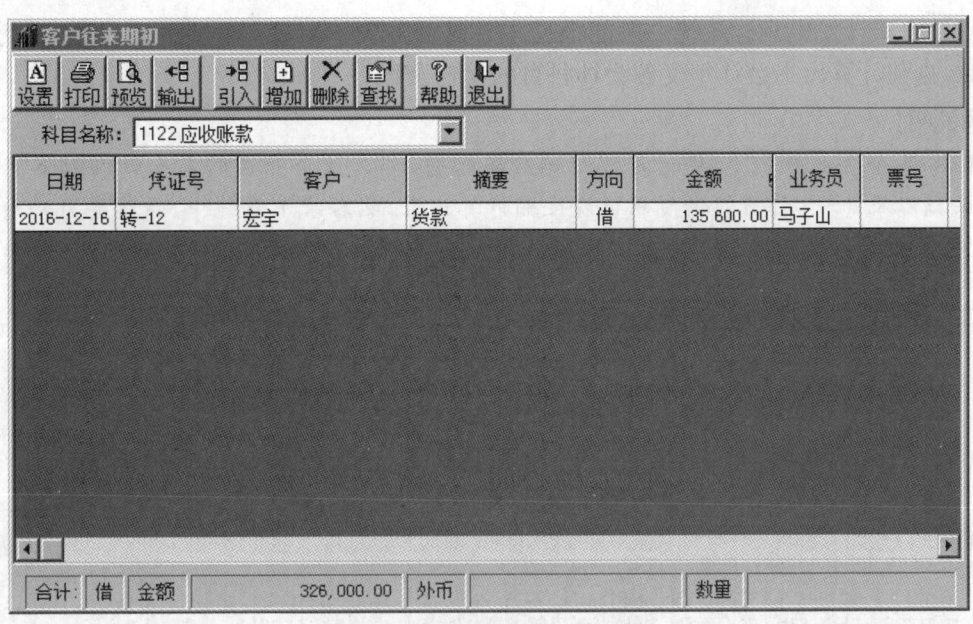

图 3-3-4 "客户往来期初"窗口

（4）单击"退出"按钮，返回"期初余额录入"窗口，期初余额数据自动显示在"期初余额"栏。

（5）所有数据录入完成之后，在"期初余额录入"窗口中单击"试算"按钮，打开"期初余额试算平衡表"窗口，如图 3-3-5 所示。

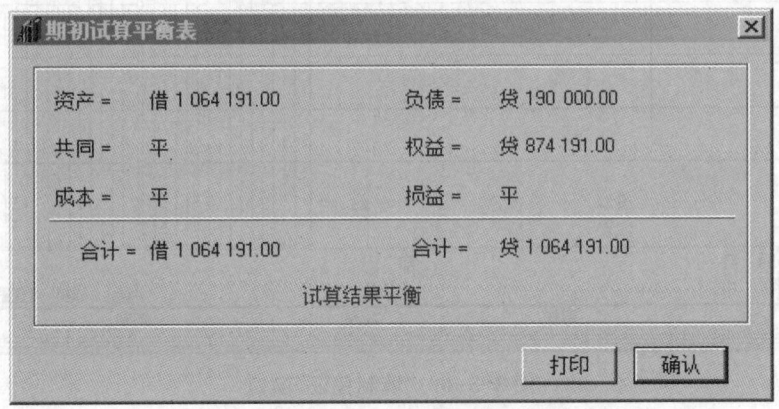

图 3-3-5 "期初余额试算平衡表"窗口

【特别提示】

单击"试算"按钮之后，如果试算平衡，单击"确认"按钮可以进入下一步的操作；如果试算不平衡，需要检查输入的期初数据，直至试算平衡为止。

2. 录入会计科目本年累计发生额

用户如在会计年度初建账，只需将各个会计科目的期初余额录入到系统中即可；用户如在会计年度中建账，则除了需要录入启用月份的月初余额外，还需录入本年度各会计科目截止上月份的累计发生额。系统一般能根据本月月初数和本年度截止上月份的借、贷方累计发生数,自动计算出本会计年度各会计科目的年初余额。

【举例说明】

假如某个企业从2014年7月份开始启用账套,那么该企业应将各会计科目6月份的期末余额以及1~6月份的借贷累计发生额计算出来,然后录入系统中,系统会自动计算出2014年年初的科目余额。

二、账务处理模块日常处理

(一)凭证管理

1. 凭证录入

在总账系统界面,单击"填制凭证"命令,进入"填制凭证"窗口,如图3-3-6所示。

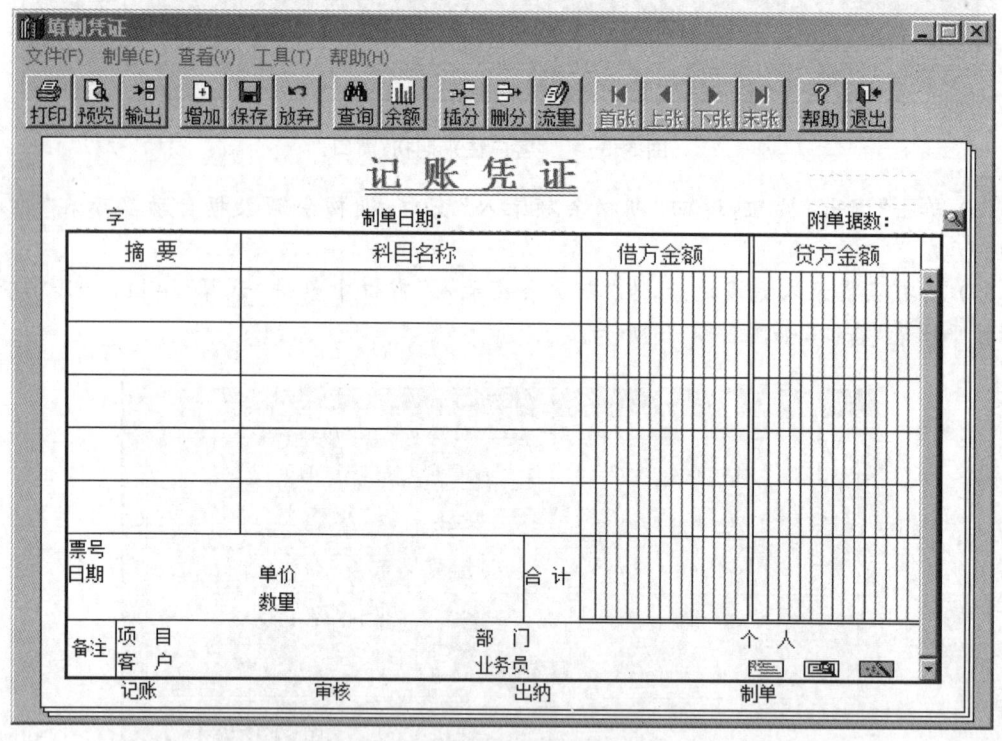

图3-3-6 "填制凭证"窗口

1)凭证录入的内容

从图3-3-6中可以看出,记账凭证所包含的内容有:凭证类别、凭证编号、制单日期、附件张数、摘要、会计科目、发生金额、制单人等。

(1)凭证类别:该操作和系统初始化操作中设置的凭证类别有关,需从中进行选择。

(2)凭证编号:一般情况下,系统会按月自动编号,不同类别的凭证从1号开始连续编号,凭证号不能为空且必须唯一。

(3)制单日期:指编制凭证时的日期,默认为填制凭证当天的计算机系统日期,凭证日期应大于或等于系统启用日期,但不能超过计算机系统日期,如果日期不对,可以进行修改或者参照输入。

(4) 附件张数:附在记账凭证后面的原始凭证的张数。

(5) 摘要:描述经济业务的文字说明,要求简洁明了,不同行的摘要可以相同,也可以不相同,但不能为空。

(6) 会计科目:可以手工录入,也可以参照输入,但必须录入最末级科目。

(7) 发生金额:借贷方金额满足会计记账规则"有借必有贷,借贷必相等",出现红字余额用负号输入。

(8) 制单人:填制记账凭证的操作员,系统会自动根据填制凭证的人员进行显示,不需要手工输入。

【特别提示】
　　用户应该确保凭证录入的完整、准确。另外,注意以下三种情况:
　　(1) 辅助核算信息。对于系统初始设置时已经设置为辅助核算的会计科目,在填制凭证时,系统会弹出相应的窗口,要求根据会计科目属性录入相应的辅助信息。如果一个会计科目同时兼有多种辅助核算,则要求输入各种辅助核算的有关内容。
　　(2) 外币核算信息。对于设置为外币核算的会计科目,系统会要求输入外币金额和汇率,输入并选择发生额方向后,系统自动按照公式"外币金额×汇率"计算出本会计科目的发生额,填入相应栏目。
　　(3) 数量核算信息。对于设置为数量核算的会计科目,系统会要求输入该会计科目发生的数量和交易的单价,输入并选择发生额方向后,系统自动按照公式"数量×单价"计算出本会计科目的发生额,填入相应栏目。

2) 凭证录入的输入校验

在凭证实时校验时,系统会对凭证内容的合法性进行校验。校验的内容包括:

(1) 会计科目是否存在,即会计科目是否是初始化时设置的会计科目。

(2) 会计科目是否为末级科目。

(3) 会计科目是否符合凭证的类别限制条件。

(4) 发生额是否满足"有借必有贷,借贷必相等"的记账凭证要求。

(5) 凭证必填内容是否填写完整。

(6) 手工填制凭证号的情况下还需校验凭证号的合理性。

【案例 3.3.2】

由操作员李萍根据以下经济业务编制记账凭证:

(1) 1月5日,行政部许力出差预借现金3 000元,附单据1张。

(2) 1月14日,从银行提取现金25 000元准备发放工资,附单据1张。

(3) 1月15日,用现金支付工资23 600元,附单据1张。

(4) 1月25日,许力出差报销差旅费2 700元,余款300元归还财务部,附单据2张。

具体操作如下。

(1) 在主操作界面,执行"文件-重新注册"命令,如图3-3-7所示。

(2) 在打开的"注册【控制台】"窗口中,更换用户名"202",密码"002",选择账套,修改操作日期,如图3-3-8所示。

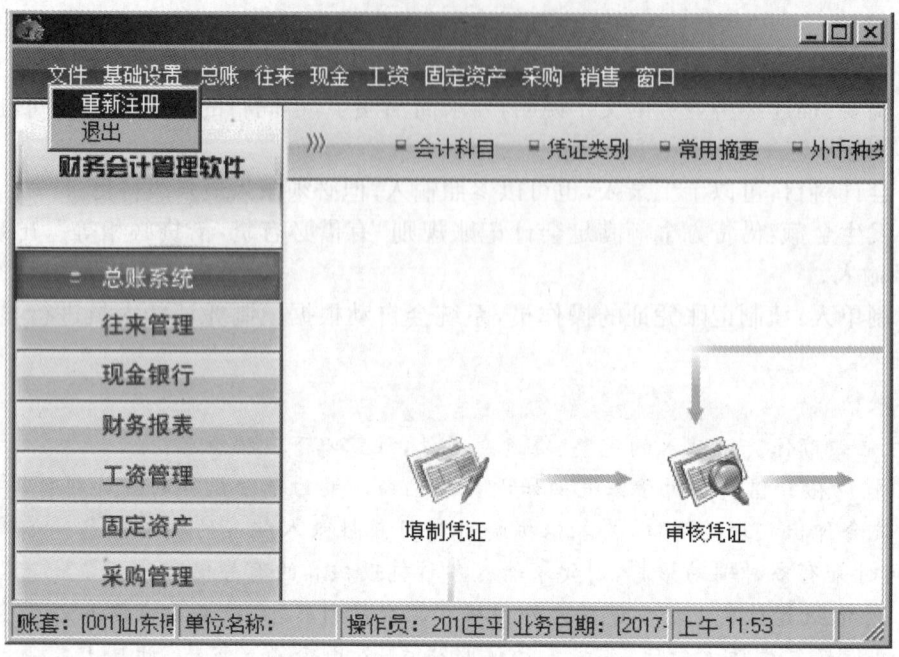

图 3-3-7 "文件-重新注册"命令

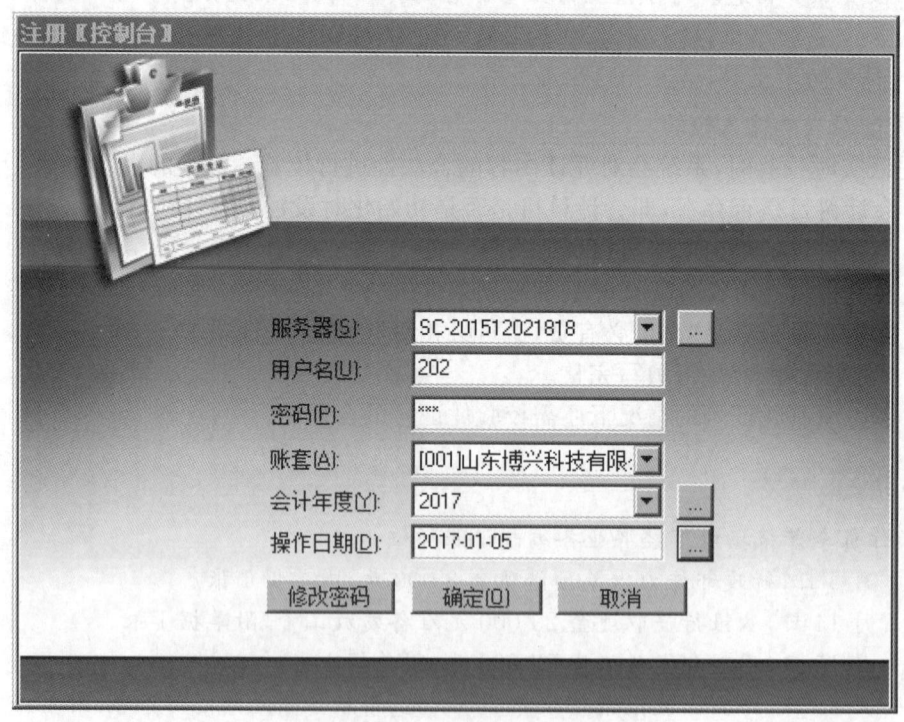

图 3-3-8 "注册【控制台】"窗口

（3）单击"确定"按钮，以李萍的身份登录系统。

根据经济业务，编制会计分录，以第一笔业务为例：

借：其他应收款　　　　　　　　　　　　　　　　　　　　　　　　　3 000
　　贷：库存现金　　　　　　　　　　　　　　　　　　　　　　　　　　　3 000

（4）在总账系统界面，单击"填制凭证"图标或在"总账"菜单条下执行"凭证-填制凭证"命令，如图3-3-9所示。

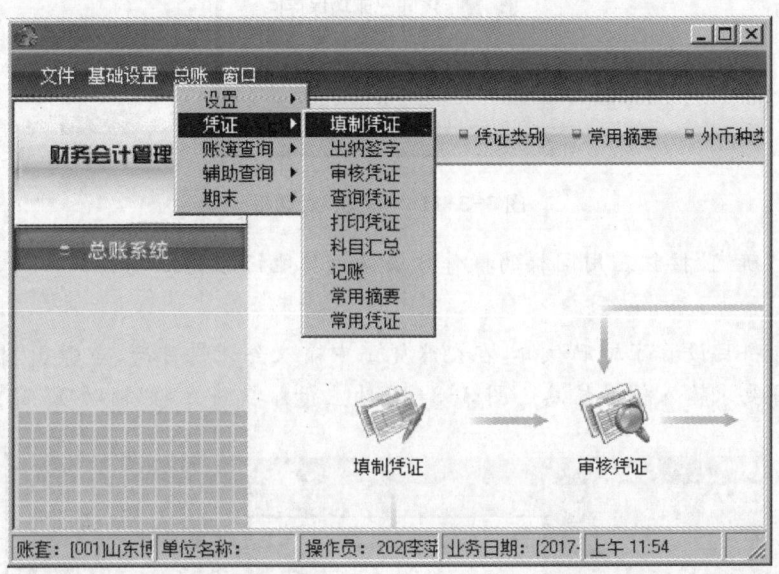

图3-3-9　"凭证-填制凭证"命令

（5）在打开的"填制凭证"窗口中，单击"增加"按钮或按"F5"键，增加一张空白凭证，根据第一笔业务在该窗口中输入相关内容，如图3-3-10所示。

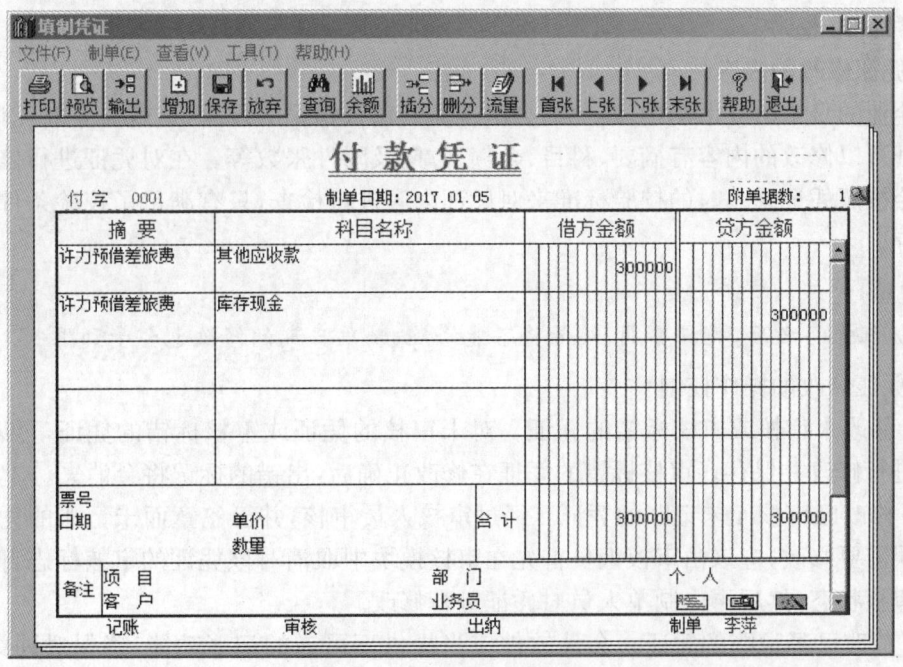

图3-3-10　"填制凭证"窗口

（6）单击"保存"按钮，系统弹出"凭证"对话框，提示凭证已保存成功，如图 3-3-11 所示。

图 3-3-11 "凭证"对话框

（7）单击"确定"按钮。用同样的操作方法输入其他记账凭证。

【特别提示】
　　如果会计科目设置了辅助核算，在记账凭证中输入会计科目后，会弹出"辅助项"窗口，需要根据题目要求输入辅助信息。图 3-3-12 为应付账款科目的"辅助项"窗口。

图 3-3-12 "应付账款-辅助项"窗口

2. 凭证修改
1) 凭证修改的内容

在企业的日常财务活动中，难免的会出现凭证输入错误的现象，这就需要对凭证进行修改。凭证可以修改的内容有摘要、科目、金额、方向及附件张数等。在对凭证进行修改后，系统仍然会按照凭证录入时的校验标准来对凭证内容进行检查，只有满足了校验条件后，才能进行保存。

【特别提示】
　　在凭证保存之后，凭证类别、编号将不能修改，制单日期的修改也会受到限制。

2) 凭证修改的操作控制

（1）修改未审核或审核标错的凭证。对未审核的凭证或审核标错的凭证，可以由填制人直接进行修改并保存。审核标错的凭证在修改正确后，出错的标记将会消失。

（2）修改已审核而未记账的凭证。经过审核人员审核，并已签章而未记账的凭证，如果存在错误需要修改，应该由审核人员首先在审核模块中取消对该凭证的审核标志，使凭证恢复到未审核状态，然后再由制单人员对凭证进行修改。

（3）修改已经记账的凭证。会计软件应当提供不可逆的记账功能，确保对同类已记账凭证的连续编号，不得提供对已记账凭证的删除和插入功能，不得提供对已记账凭证日期、金额、会计科目和操作人的修改功能。

【点拨指导】

对已记账凭证的修改方法分为无痕迹修改和有痕迹修改;无痕迹修改可以通过"取消记账"操作,参照"已审核未记账"凭证的修改方法进行修改;有痕迹修改是采用红字冲销法或补充登记法来进行修改。

(4) 修改他人制作的凭证。如果需要修改他人制作的凭证,在账务处理模块参数设置中需要勾选允许修改他人凭证的选项,修改后凭证的制单人将显示为修改凭证的操作人员。如果参数设置中选择不允许修改他人凭证,该功能将不能被执行。

案例 3.3.3

由操作员李萍把"付字 0003"凭证的金额修改为 24 600 元。

具体操作如下。

(1) 在"填制凭证"窗口中,单击"首张""上张""下张""末张"按钮或者通过凭证查询功能查找到"付字 0003"凭证,将光标定位在要修改的位置上直接进行修改,把借贷方金额修改为"24 600",如图 3-3-13 所示。

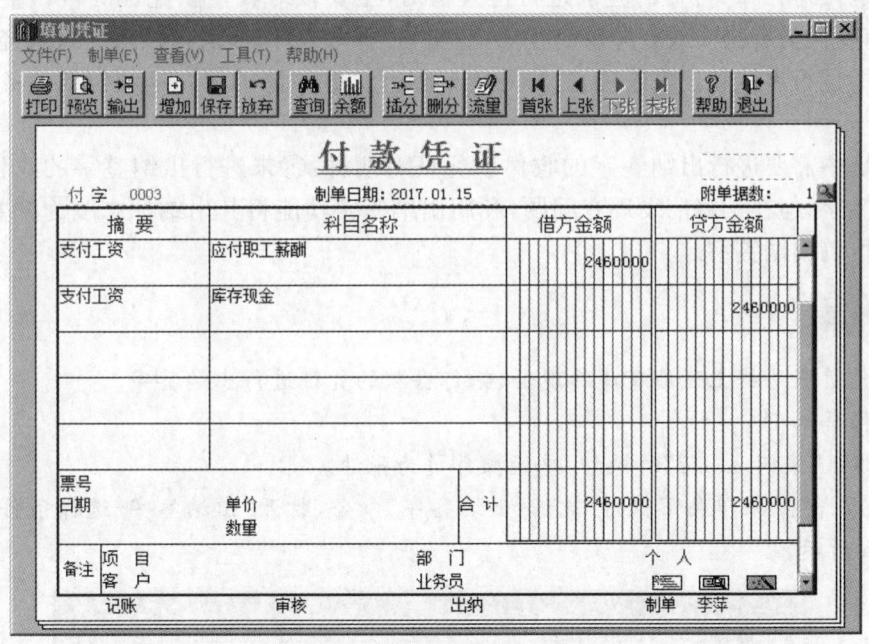

图 3-3-13 "填制凭证"窗口

(2) 单击"保存"按钮,系统弹出"凭证"对话框,提示凭证已保存成功。

(3) 单击"确定"按钮。

3. 凭证删除与作废

当凭证不需要保留或者出现不方便修改的错误时,可以将凭证进行删除或作废操作。

1) 凭证作废

作废凭证仍保留在会计软件系统中,只是在凭证左上角显示"作废"字样,其可以通过取消作废恢复为有效凭证。具体操作如下：在"填制凭证"窗口，查找到要作废的凭证，在"制单"菜单条下执行"作废/恢复"命令，在凭证的左上角显示红色"作废"字样；再次执行该操作，可以取消"作废"字样，凭证恢复为有效凭证。

2）凭证删除

对于作废的凭证仍占用凭证编号，如果不想保留，可以通过凭证整理功能将作废的凭证彻底删除，同时对凭证重新编号。

具体操作如下。

（1）在"填制凭证"窗口，查找到要删除的凭证，在"制单"菜单条下执行"整理凭证"命令，系统弹出如图 3-3-14 所示的窗口。

（2）单击"确定"按钮，打开"作废凭证表"窗口，选择要删除的凭证，单击"确定"按钮，系统弹出对话框，提示"是否还需整理凭证断号"，单击"是"按钮。

图 3-3-14 "选择凭证期间"窗口

4. 出纳签字

为加强企业现金收支的管理，出纳人员可通过凭证处理功能对制单人员填制的带有"库存现金"或"银行存款"科目的凭证进行检查核对，主要核对收付款凭证的科目金额是否正确，对于审查认为有错误或有异议的凭证，应交与制单人员修改后再核对。只有经出纳签字的凭证才能进行审核和记账处理，这样才能确保登记到账簿的每一笔收付款业务的准确和可靠。

在系统中需要进行出纳签字的收付款凭证有两种：①未进行出纳签字的收付款凭证；②经出纳签字，但在记账前发现有问题，利用出纳签字功能将其出纳标志改为未签字，也就是所谓的取消出纳签字。

案例 3.3.4

由操作员张浩将上述涉及库存现金、银行存款的凭证进行出纳签字。

具体操作如下。

（1）参照"案例 3.3.2"的操作，更换操作员为张浩。

（2）在"总账"菜单条下执行"凭证-出纳签字"命令，打开"出纳签字-选择条件"窗口，如图 3-3-15 所示。

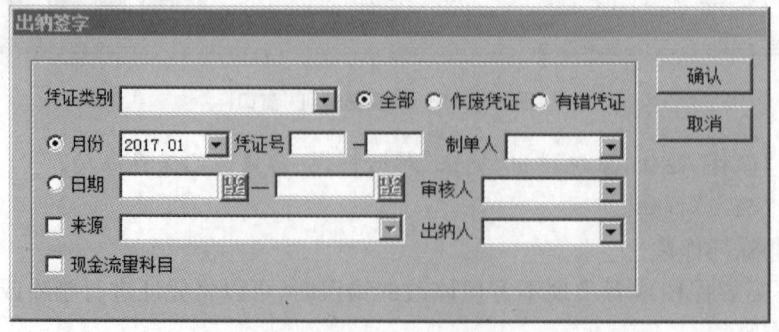

图 3-3-15 "出纳签字-选择条件"窗口

(3) 单击"确认"按钮,进入"出纳签字-凭证一览表"窗口,选择要出纳签字的凭证,如图 3-3-16 所示。

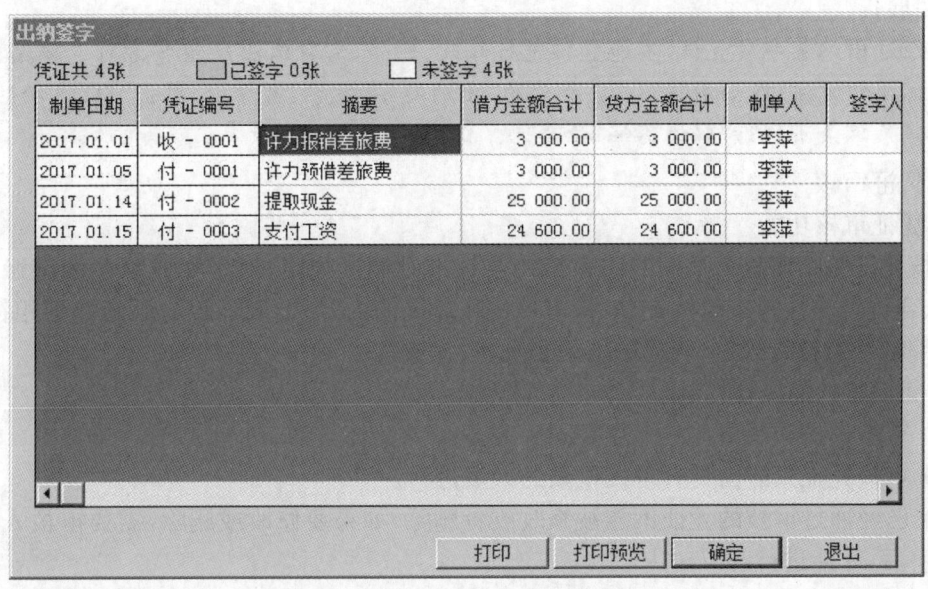

图 3-3-16 "出纳签字-凭证一览表"窗口

(4) 单击"确定"按钮,进入"出纳签字-签字"窗口,单击"签字"按钮,或者在"出纳"菜单条下执行"签字"命令,凭证底部的"出纳"处自动签上"张浩"名字,如图 3-3-17 所示。

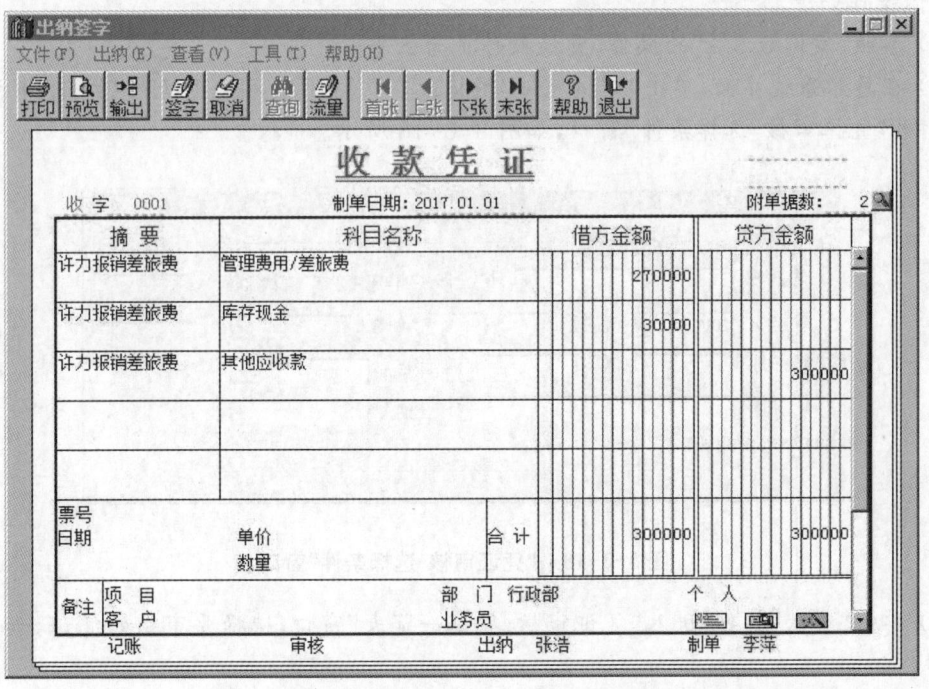

图 3-3-17 "出纳签字-签字"窗口

(5) 单击"下张"按钮,用同样操作方法对其他记账凭证进行出纳签字。也可以利用"出纳-成批出纳签字"命令对涉及库存现金和银行存款的所有凭证统一进行出纳签字。

【知识拓展】

已经过出纳签字的凭证,不能直接进行修改、删除,需取消出纳签字方可。取消出纳签字的具体操作方法:在如图3-3-17所示的"出纳签字-签字"窗口中,单击"取消"按钮,或者在"出纳"菜单条下执行"取消签字"命令。

5. 凭证审核

1) 凭证审核功能

审核凭证是指审核人员按照国家统一会计准则制度规定,对于完成制单的记账凭证的正确性、合规合法性等进行检查核对,审核记账凭证的内容、金额是否与原始凭证相符,记账凭证的编制是否符合规定,所附单据是否真实、完整等。

2) 凭证审核的操作控制

(1) 审核人员和制单人员不能是同一人。

(2) 审核凭证只能由具有审核权限的人员进行。

(3) 已经通过审核的凭证不能被修改或者删除,如果要修改或删除,需要审核人员取消审核签字后,才能进行。

(4) 审核未通过的凭证必须进行修改,并通过审核后方可被记账。

案例3.3.5

由操作员王平将上述凭证进行凭证审核操作。

具体操作如下。

(1) 参照"案例3.3.2"的操作,更换操作员为王平。

(2) 在总账系统界面,单击"审核凭证"图标或在"总账"菜单条下执行"凭证-审核凭证"命令,打开"凭证审核-选择条件"窗口,如图3-3-18所示。

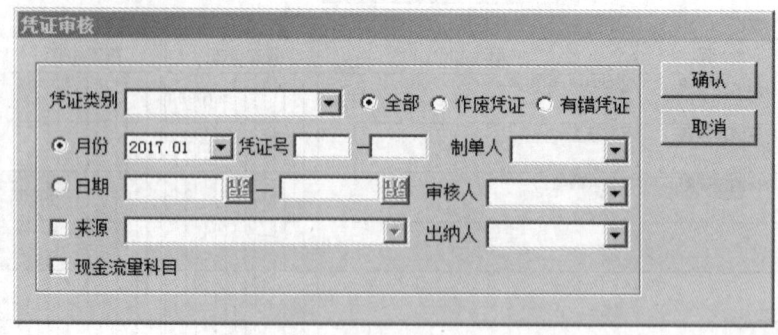

图3-3-18 "凭证审核-选择条件"窗口

(3) 单击"确认"按钮,进入"凭证审核-凭证一览表"窗口,选择要审核的凭证,如图3-3-19所示。

(4) 单击"确定"按钮,进入"审核凭证"窗口,单击"审核"按钮,或者在"审核"菜单条下执行"审核凭证"命令,凭证底部的"审核"处自动签上"王平"名字,如图3-3-20所示。

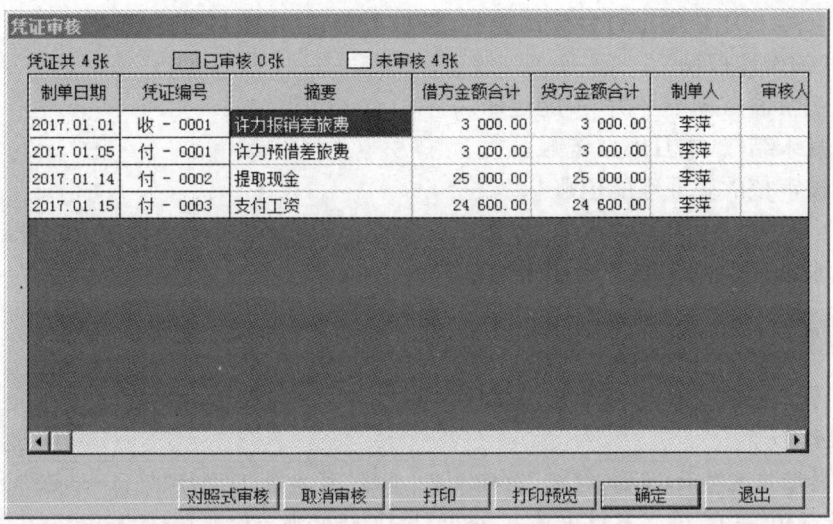

图 3-3-19 "凭证审核-凭证一览表"窗口

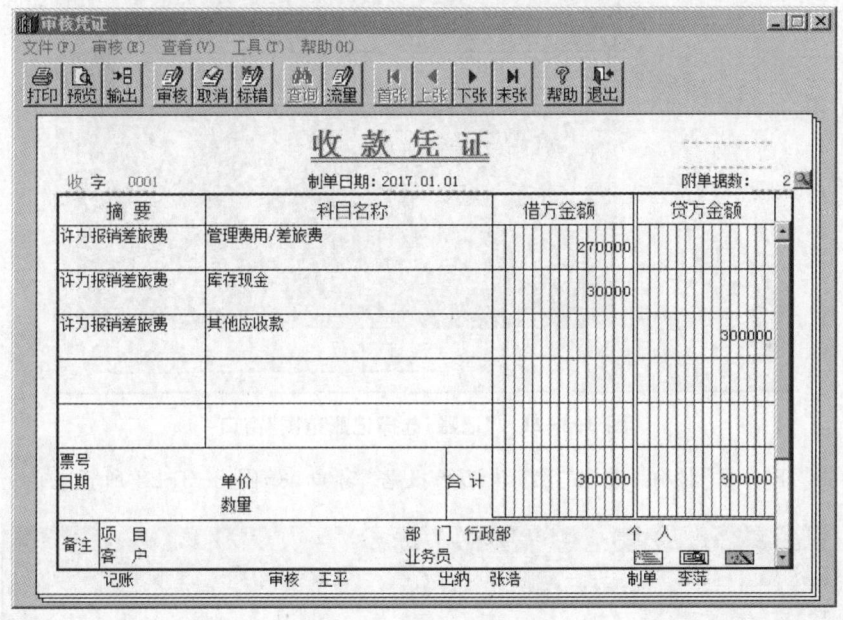

图 3-3-20 "审核凭证"窗口

（5）单击"下张"按钮，同样操作方法对其他记账凭证进行审核。也可以利用"审核-成批审核凭证"命令对所有凭证统一进行审核操作。

【知识拓展】

取消审核的具体操作方法：在如图 3-3-20 所示的"审核凭证"窗口中，单击"取消"按钮，或者在"审核"菜单条下执行"取消审核"命令。

6．凭证记账

1）记账功能

凭证记账是指由具有记账权限的人员，通过记账功能发出指令，由计算机按照会计软件预先设计的记账程序自动进行合法性校验、科目汇总、登记账目等操作。

2）记账的操作控制

（1）期初余额试算不平衡，不能记账。

（2）上月未结账，本月不可记账。

（3）未被审核的凭证不能记账。

（4）一个月可以一天记一次账，也可以一天记多次账，还可以多天记一次账。

（5）记账过程中，不应人为终止记账。

案例3.3.6

由操作员王平将上述凭证进行记账操作。

具体操作如下。

（1）在总账系统界面，单击"记账"图标或在"总账"菜单条下执行"凭证-记账"命令，打开"记账-选择记账范围"窗口，在该窗口中单击"全选"按钮，选择所有记账凭证，如图3-3-21所示。

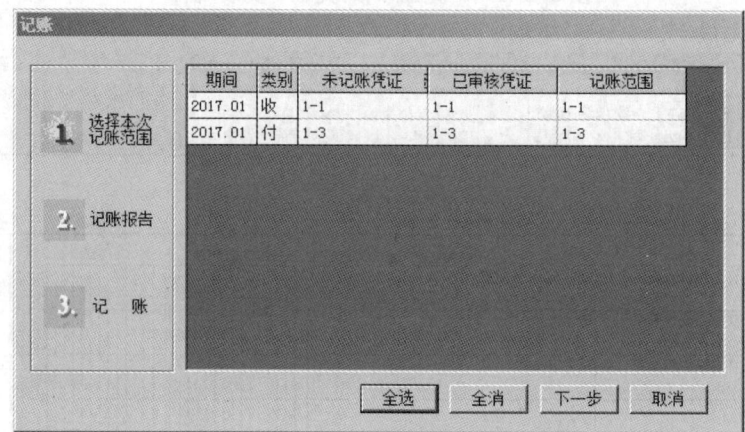

图3-3-21　"记账-选择记账范围"窗口

（2）单击"下一步"按钮，进入"记账-记账报告"窗口，如图3-3-22所示。

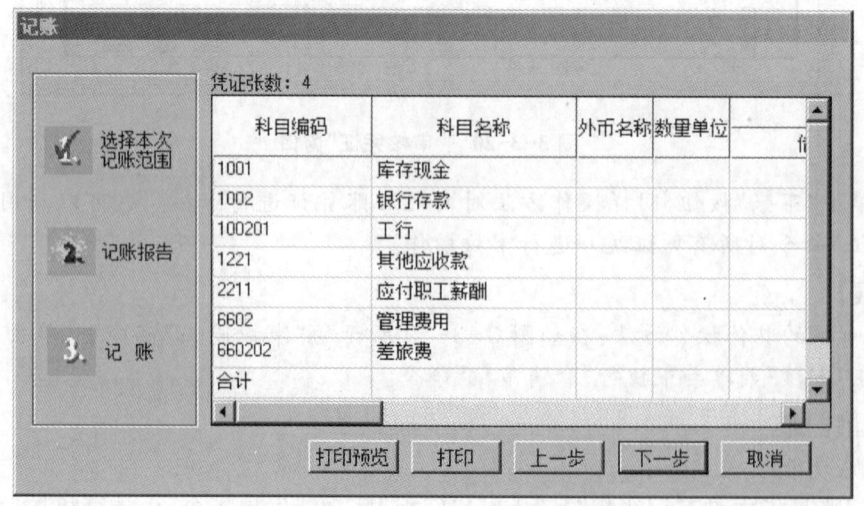

图3-3-22　"记账-记账报告"窗口

(3)单击"下一步"按钮,进入"记账-记账"窗口,如图3-3-23所示。

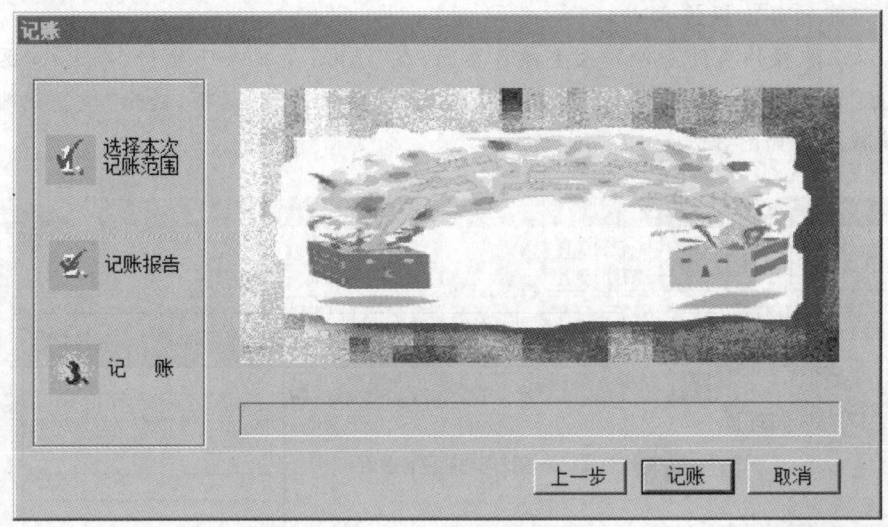

图3-3-23 "记账-记账"窗口

(4)单击"记账"按钮,打开"期初试算平衡表"窗口,如图3-3-24所示。

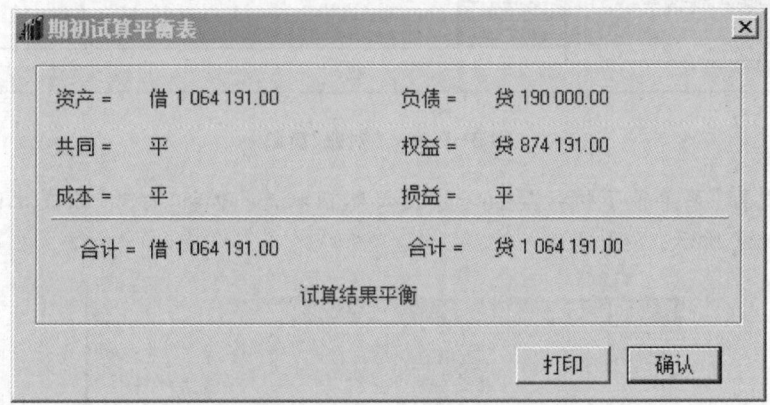

图3-3-24 "期初试算平衡表"窗口

(5)单击"确认"按钮,系统弹出"提示信息"对话框,提示记账完毕,如图3-3-25所示。

图3-3-25 "提示信息"对话框

(6)单击"确定"按钮。

【知识拓展】

取消记账的具体操作方法如下：

(1) 以记账操作员的身份登录主操作界面，在"总账"菜单条下执行"期末-对账"命令，打开"对账"窗口，同时按下"Ctrl"+"H"键，弹出"提示信息"对话框，提示"恢复记账前状态功能已被激活"，如图 3-3-26 所示。

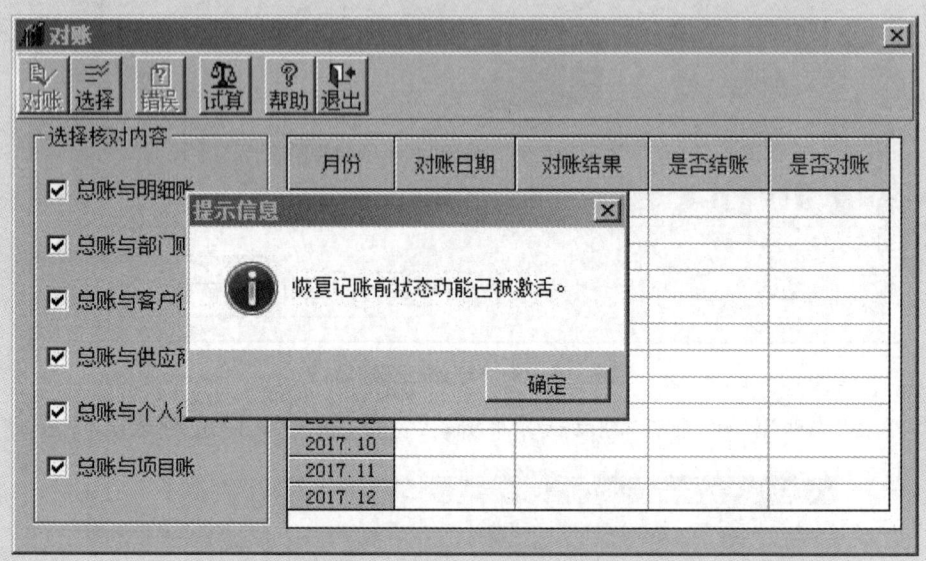

图 3-3-26 "对账"窗口

(2) 在"总账"菜单条下执行"凭证-恢复记账前状态"命令，打开"恢复记账前状态"窗口，如图 3-3-27 所示。

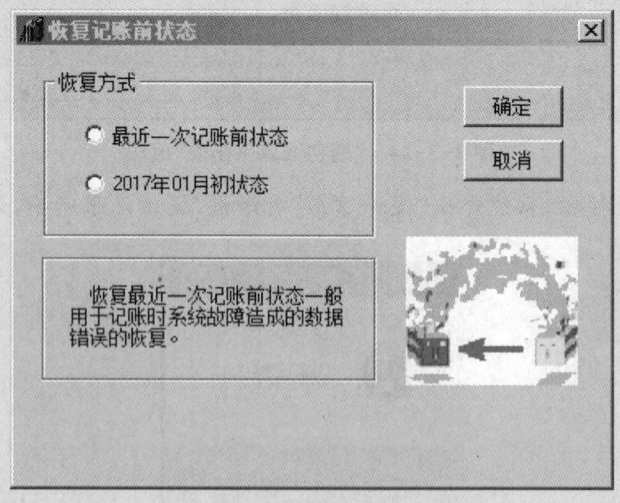

图 3-3-27 "恢复记账前状态"窗口

(3) 选择恢复方式，单击"确定"按钮，输入账套主管的密码，单击"确认"按钮。

7. 凭证查询

在会计业务处理过程中,用户可以查询符合条件的凭证,以便随时了解经济业务发生的情况。

在"总账"菜单条下执行"凭证-查询凭证"命令,打开"凭证查询"窗口,在该窗口中,可以通过设置有关的关键字,如凭证类别、月份、凭证号、制单人、日期等,来查询符合条件的凭证,如图 3-3-28 所示。

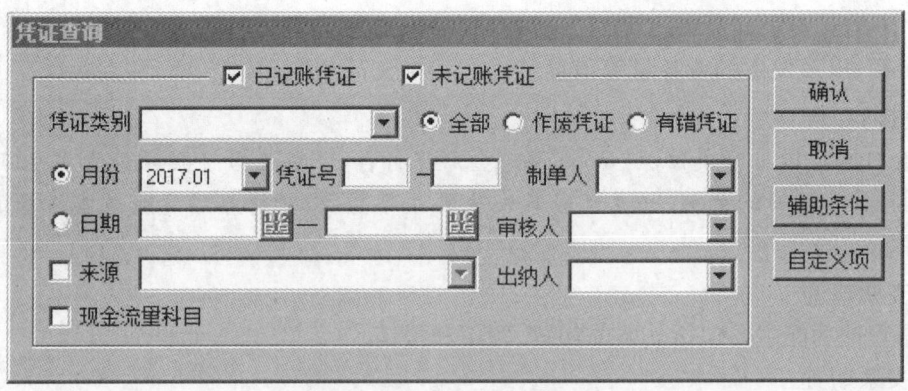

图 3-3-28 "凭证查询"窗口

在"凭证查询"窗口中单击"辅助条件"按钮,可以设置更多的辅助查询条件,如摘要、科目、金额、外币、客户、供应商等,如图 3-3-29 所示。

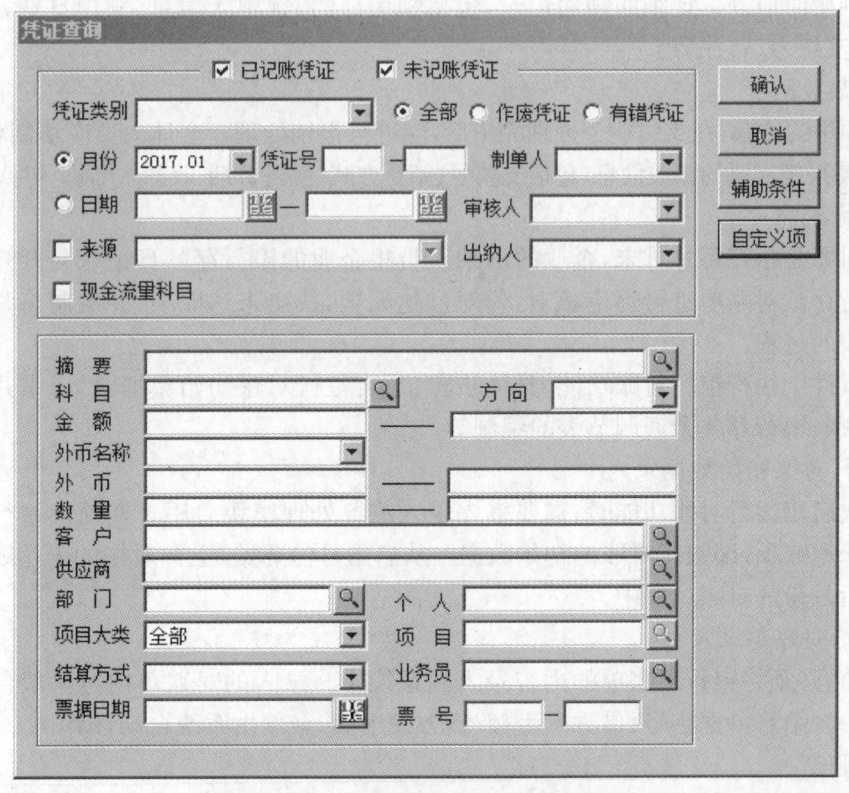

图 3-3-29 "凭证查询-辅助条件"窗口

(二) 出纳管理

出纳主要负责现金和银行存款的管理。出纳管理的主要工作包括：现金日记账、银行存款日记账和资金日报表的管理，支票管理，进行银行对账并输出银行存款余额调节表。

1. 现金日记账、银行存款日记账及资金日报表的管理

（1）出纳对现金日记账和银行存款日记账的管理包括查询和输出现金及银行存款日记账。

（2）出纳对资金日报表的管理包括查询、输出或打印资金日报表，提供当日借、贷金额合计和余额，以及发生的业务量等信息。

【知识链接】

资金日报表以日为单位，列示"库存现金""银行存款"科目当日累计借方发生额和贷方发生额，计算出当日的余额，并累计当日发生的业务笔数，对每日的资金收支业务、金额进行详细汇报。

2. 支票管理

支票管理功能主要包括支票的购置、领用和报销。

1）支票购置

支票购置是指对从银行新购置的空白支票进行登记操作。登记的内容包括购置支票的银行账号、购置支票的支票规则、购置的支票类型、购置日期等。

2）支票领用

支票领用时应登记详细的领用记录，包括领用部门、领用人信息、领用日期、支票用途、支票金额、支票号、备注等。

3）支票报销

对已领用的支票，在支付业务处理完毕后，应进行报销处理。会计人员应填制相关记账凭证，并填入待报销支票的相关信息，包括支票号、结算方式、签发日期、收款人名称、付款金额等。

3. 银行对账

银行对账是指在每月月末，企业的出纳人员将企业的银行存款日记账与开户银行发来的当月银行存款对账单进行逐笔核对，勾对已达账项，找出未达账项，并编制每月银行存款余额调节表的过程。

会计软件中执行银行对账功能，具体步骤包括：银行对账初始数据录入、本月银行对账单录入、对账、银行存款余额调节表的编制等。

1）银行对账初始数据录入

在首次启用银行对账功能时，需要事先录入账务处理模块启用日期前的银行和企业账户余额及未达账项，即银行对账的初始数据。从启用月份开始，上月对账的未达账项将自动加入到以后月份的对账过程中。

2）银行对账单录入

对账前，必须将银行对账单的内容录入到系统中。录入的对账单内容一般包括入账日期、结算方式、结算单据字号、借方发生额、贷方发生额，余额由系统自动计算。

3）对账

在会计电算化环境下，系统提供自动对账功能，即系统根据用户设置的对账条件进行逐

笔检查，对达到对账标准的记录进行勾对，未勾对的即为未达账项。

系统进行自动对账的条件一般包括：业务发生的日期、结算方式、结算票号、发生金额相同等。其中，发生金额相同是对账的基本条件，对于其他条件，用户可以根据需要自定义选择。

【知识拓展】

除了自动对账外，系统一般还提供手工对账功能。特殊情况下，有些已达账项通过设置的对账条件系统无法识别，这就需要出纳人员通过人工识别进行勾对。

4）余额调节表的编制

对账完成后，系统根据本期期末的银行存款日记账的余额、银行对账单的余额对未达账项进行调整，自动生成银行存款余额调节表。调整后，银行存款日记账和银行对账单的余额应该相等。用户可以在系统中查询余额调节表，但不能对其进行修改。

5）核销已达账项

对账平衡后，核销银行日记账已达账项和银行对账单已达账项。

（三）账簿查询

1．科目账查询

科目账查询包括总账查询、明细账查询、余额表查询、多栏账查询以及日记账查询。

1）总账查询

总账查询用于查询各总账科目的年初余额、各月期初余额、发生额合计和期末余额。总账查询可以根据需要设置查询条件，如会计科目代码、会计科目范围、会计科目级次、是否包含未记账凭证等。

【点拨指导】

在总账查询窗口下，系统一般允许联查当前会计科目当前月份的明细账。

2）明细账查询

明细账查询用于查询各账户的明细发生情况，用户可以设置多种查询条件查询明细账，包括会计科目范围、查询月份、会计科目代码、是否包括未记账凭证等。

【点拨指导】

在明细账查询窗口下，系统一般允许联查所选明细事项的记账凭证及联查总账。

3）余额表查询

余额表查询用于查询统计各级会计科目的期初余额、本期发生额、累计发生额和期末余额等。用户可以设置多种查询条件，实现以下查询功能：

（1）可以查询和输出总账科目、明细科目在某一时期内的期初余额、本期发生额、累计发生额和期末余额。

（2）可以查询和输出某会计科目范围在某一时期内的期初余额、本期发生额、累计发生额和期末余额。

（3）可以查询和输出包含未记账凭证在内的最新发生额及期初余额和期末余额。

4）多栏账查询

多栏账即多栏式明细账，用户可以预先设计企业需要的多栏式明细账，然后按照明细科目保存为不同名称的多栏账。查询多栏账时，用户可以设置多种查询条件，包括多栏账名称、月份、是否包含未记账凭证等。

5）日记账

日记账用于查询除现金日记账、银行日记账之外的其他日记账。用户可以查询输出某日所有会计科目（不包括"库存现金""银行存款"科目）的发生额及余额情况。用户可以设置多种查询条件，包括查询日期、会计科目级次、会计科目代码、币别、是否包含未记账凭证等。

案例 3.3.7

由操作员王平查询管理费用总账，并联查明细账。

具体操作如下。

（1）在"总账"菜单条下执行"账簿查询-总账"命令，打开"总账查询条件"窗口，在科目处直接输入"6602"或者参照输入，如图 3-3-30 所示。

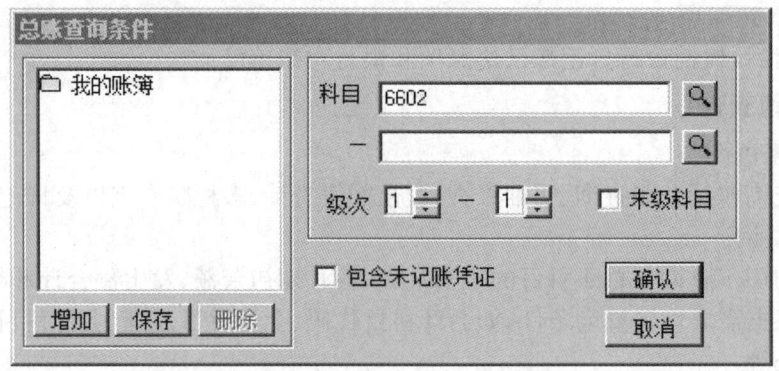

图 3-3-30 "总账查询条件"窗口

（2）单击"确认"按钮，进入"总账"窗口，查询管理费用的总账，如图 3-3-31 所示。

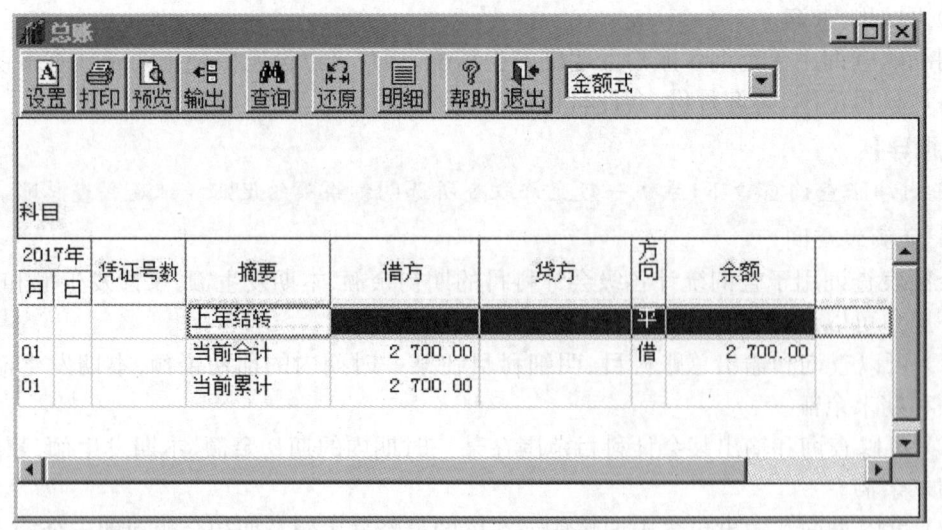

图 3-3-31 "总账"窗口

（3）选择"当前合计"行，单击"明细"按钮，进入"明细账"窗口，查询管理费用的明细账，如图 3-3-32 所示。

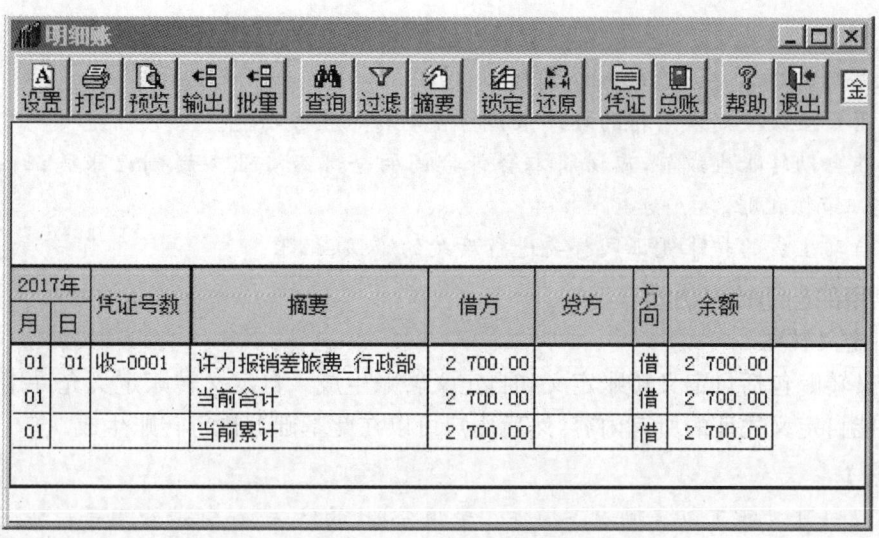

图 3-3-32 "明细账"窗口

2. 辅助账查询

辅助账查询一般包括客户往来、供应商往来、个人往来、部门核算、项目核算的辅助总账、辅助明细账查询。在会计科目设置时,如果某一会计科目设置多个辅助核算,则在输出时会提供多种辅助账簿信息。

三、账务处理模块期末处理

账务处理模块的期末处理是指会计人员在每个会计期间的期末所要完成的特定业务,主要包括会计期末的转账、对账、结账等。

(一) 自动转账

自动转账是指对于期末那些摘要、借贷方会计科目固定不变,发生金额的来源或计算方法基本相同,相应凭证处理基本固定的会计业务,将其既定模式事先录入并保存到系统中,在需要的时候,让系统按照既定模式,根据对应会计期间的数据自动生成相应的记账凭证。

自动转账的目的在于减少工作量,避免会计人员重复录入此类凭证,提高记账凭证录入的速度和准确度。

1. 自动转账的步骤

1) 自动转账定义

自动转账定义是指对需要系统自动生成凭证的相关内容进行定义。在系统中事先进行自动转账定义,设置的内容一般包括:编号、凭证类别、摘要、发生会计科目、辅助项目、发生方向、发生额计算公式等。

2) 自动转账生成

自动转账生成是指在自动转账定义完成后,用户每月月末只需要执行转账生成功能,即可快速生成转账凭证,并被保存到未记账凭证中。

保存系统自动生成的转账凭证时,系统同样会对凭证进行校验,只有通过了系统校验的凭证才能进行保存。生成后的转账凭证将被保存到记账凭证文件中,制单人为执行自动转账生成的操作员。

【特别提示】
　　自动转账操作需要注意的几个问题：
　　（1）用户应该按期末结转的顺序来执行自动转账生成功能。
　　（2）在自动转账生成前，应该将本会计期间的全部经济业务填制记账凭证，并将所有未记账凭证审核记账。
　　（3）自动生成的转账凭证同样要进行后续的审核、记账。

2．常用的自动转账功能

1）自定义转账

自定义转账包括自定义转账定义和自定义转账生成。自定义转账定义允许用户通过自动转账功能自定义凭证的所有内容，然后用户可以在此基础上执行转账生成。

【点拨指导】
　　自定义转账功能可以实现以下操作："费用分摊"的结转，如制造费用等；"费用分配"的结转，如工资分配等；"税金计算"的结转，如增值税等；"提取各项费用"的结转，如提取福利费等；"部门核算"的结转；"项目核算"的结转等。

2）汇兑损益

对于外币核算的账户在期末自动计算汇兑损益，生成汇兑损益转账凭证。

案例 3.3.8

由操作员李萍进行期末汇兑损益操作并生成凭证，期末汇率6.90，附单据1张。

具体操作如下。

（1）由操作员王平登录主操作界面，在"基础设置"菜单条下执行"财务-外币种类"命令，打开"外币设置"窗口，在"2017.01 调整汇率"处输入"6.90"，如图3-3-33所示。

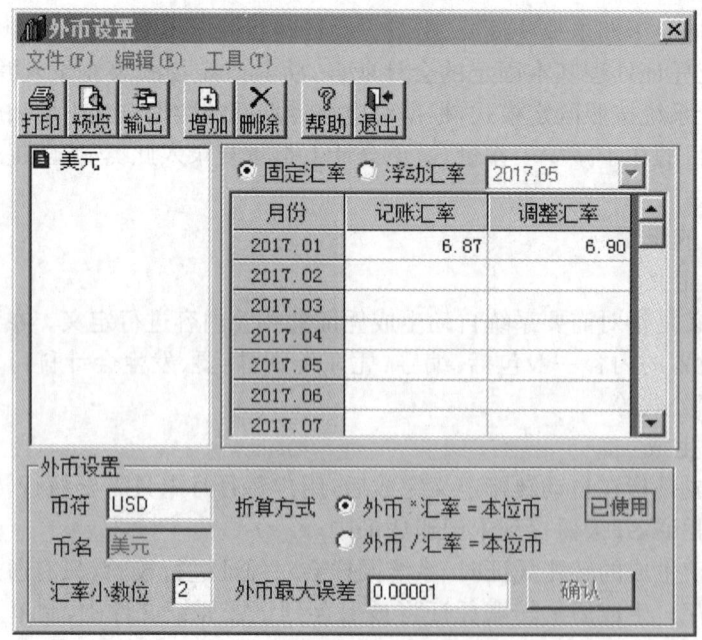

图3-3-33　"外币设置"窗口

(2)单击右上角关闭按钮退出"外币设置"窗口。

(3)由操作员李萍登录主操作界面,在"总账"菜单条下执行"期末-转账定义-汇兑损益"命令,如图 3-3-34 所示。

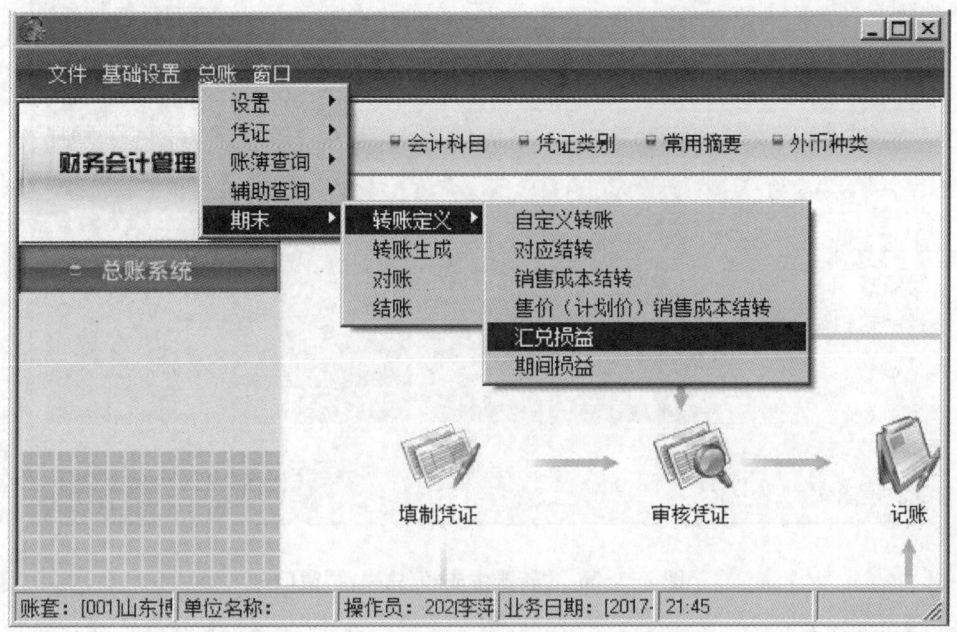

图 3-3-34 "期末-转账定义-汇兑损益"命令

(4)在打开的"汇兑损益结转设置"窗口中,汇兑损益入账科目设为"6603 财务费用",在"是否计算汇兑损益"处双击,使其显示"Y",如图 3-3-35 所示。

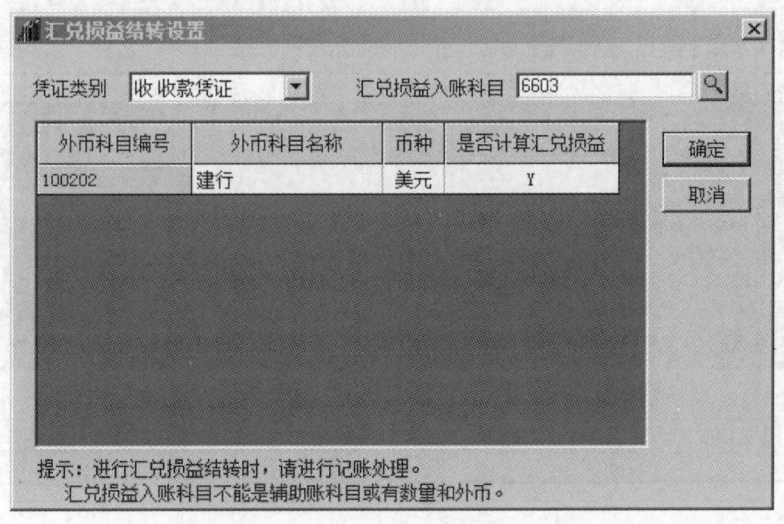

图 3-3-35 "汇兑损益结转设置"窗口

(5)单击"确定"按钮退出"汇兑损益结转设置"窗口。

(6)在"总账"菜单条下执行"期末-转账生成"命令,打开"转账生成"窗口,选择"汇兑损益结转",在"是否结转"处双击或单击"全选"按钮,如图3-3-36所示。

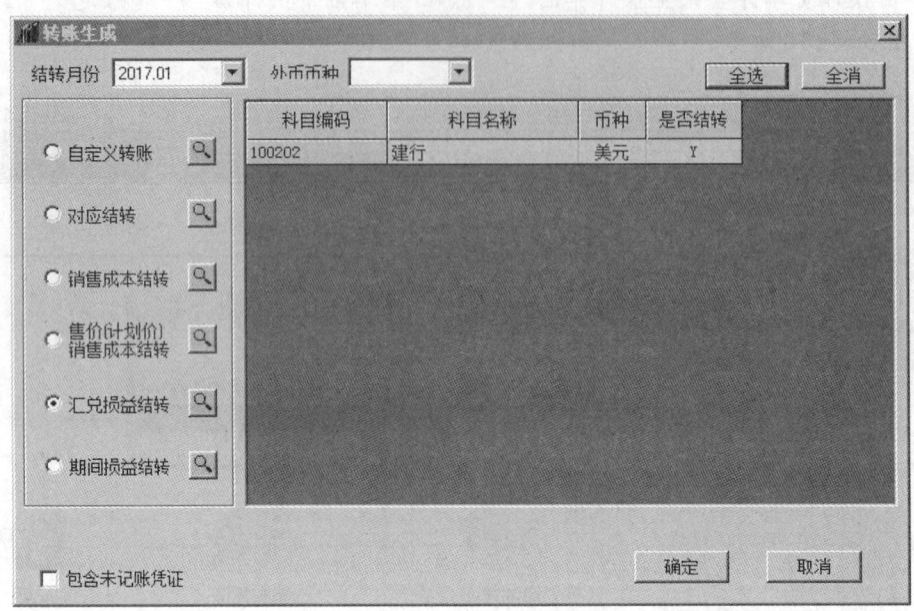

图 3-3-36 "转账生成-汇兑损益"窗口

(7)单击"确定"按钮,打开"汇兑损益试算表"窗口,如图3-3-37所示。

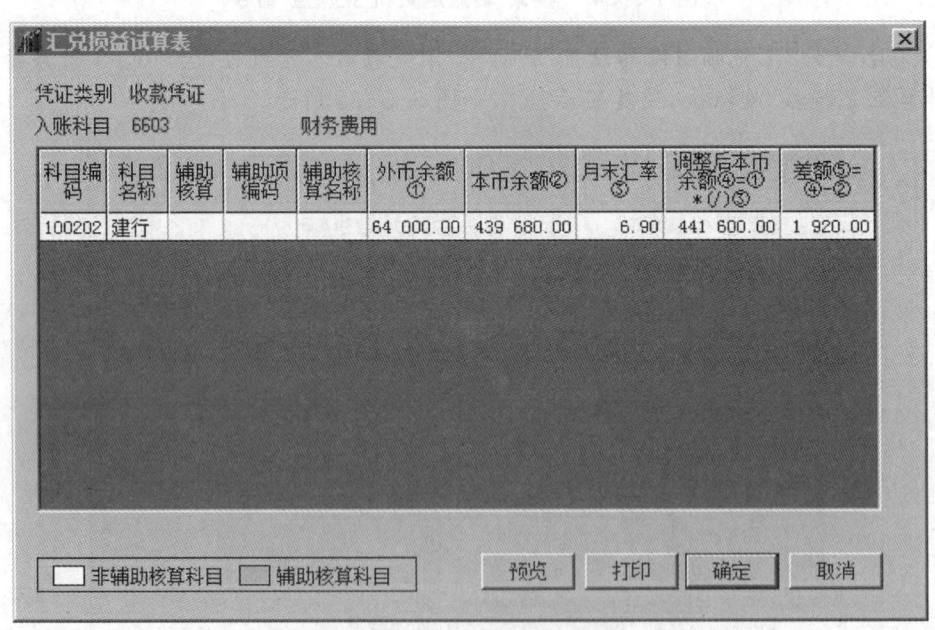

图 3-3-37 "汇兑损益试算表"窗口

(8)单击"确定"按钮,打开"转账生成"窗口,根据要求修改单据张数,如图3-3-38所示。

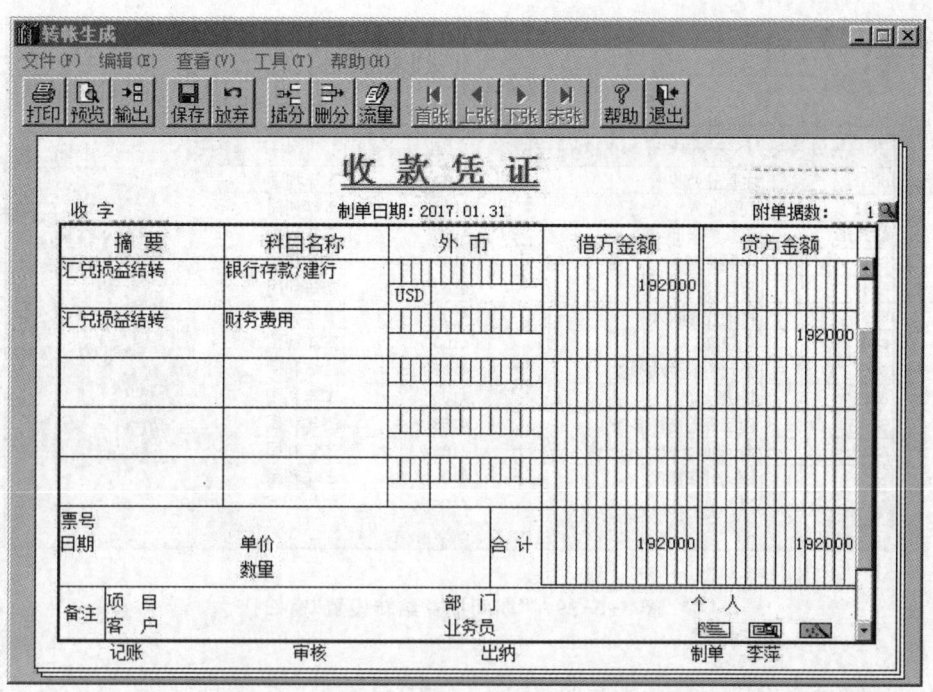

图 3-3-38 "转账生成-汇兑损益凭证"窗口

(9) 单击"保存"按钮。

【点拨指导】

通过汇兑损益生成的凭证如同手动填制的凭证一样,需要经过出纳签字、审核和记账操作。

3) 期间损益结转

期间损益结转包括期间损益定义和期间损益生成,期间损益结转用于在一个会计期间结束时,将损益类科目的余额结转到"本年利润"科目中,从而及时反映企业利润的盈亏情况。

执行期末结转操作后,系统一般能够自动搜索和识别需要进行损益结转的所有科目(即损益类科目),并将它们的期末余额(即发生净额)转到"本年利润"科目中。对于生成的凭证需要设置凭证类别,一般凭证类别为转账凭证。

【特别提示】

用户应该将所有未记账凭证审核记账后,再进行期间损益结转。

案例 3.3.9

由操作员李萍进行期末损益结转操作并生成凭证。

具体操作如下。

(1) 在"总账"菜单条下执行"期末-转账定义-期间损益"命令,打开"期间损益结转设置"窗口,设置凭证类别"转 转账凭证",本年利润科目设为"4103 本年利润",如图 3-3-39 所示。

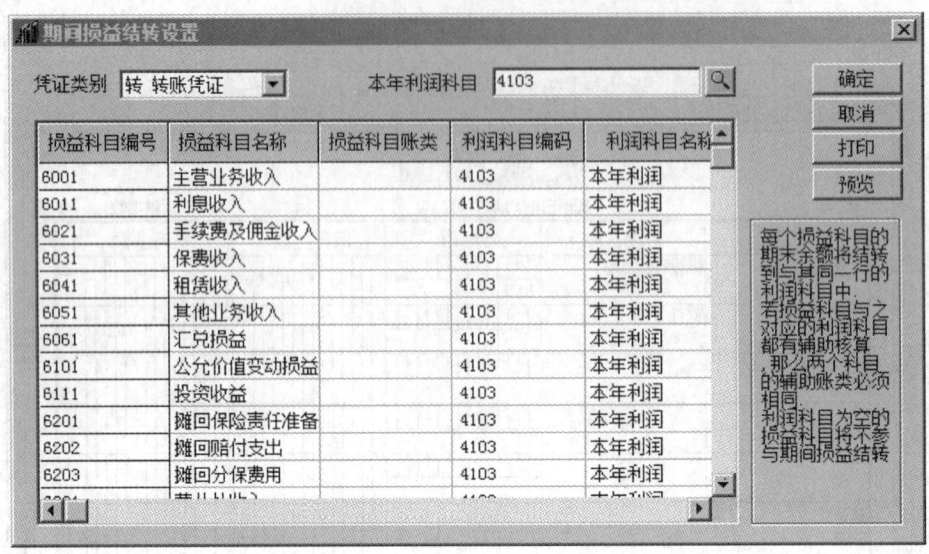

图 3-3-39 "期间损益结转设置"窗口

(2) 单击"确定"按钮退出"期间损益结转设置"窗口。

(3) 在"总账"菜单条下执行"期末-转账生成"命令,打开"转账生成"窗口,选择"期间损益结转",单击"全选"按钮,如图 3-3-40 所示。

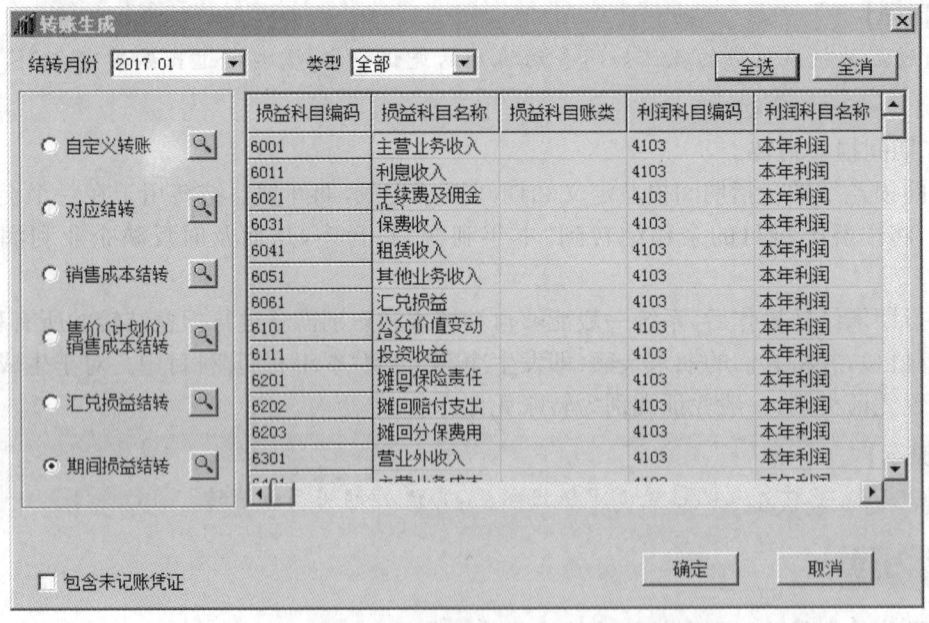

图 3-3-40 "转账生成-期间损益结转"窗口

(4) 单击"确定"按钮,打开"转账生成-期间损益结转凭证"窗口,如图 3-3-41 所示。

(5) 单击"保存"按钮。

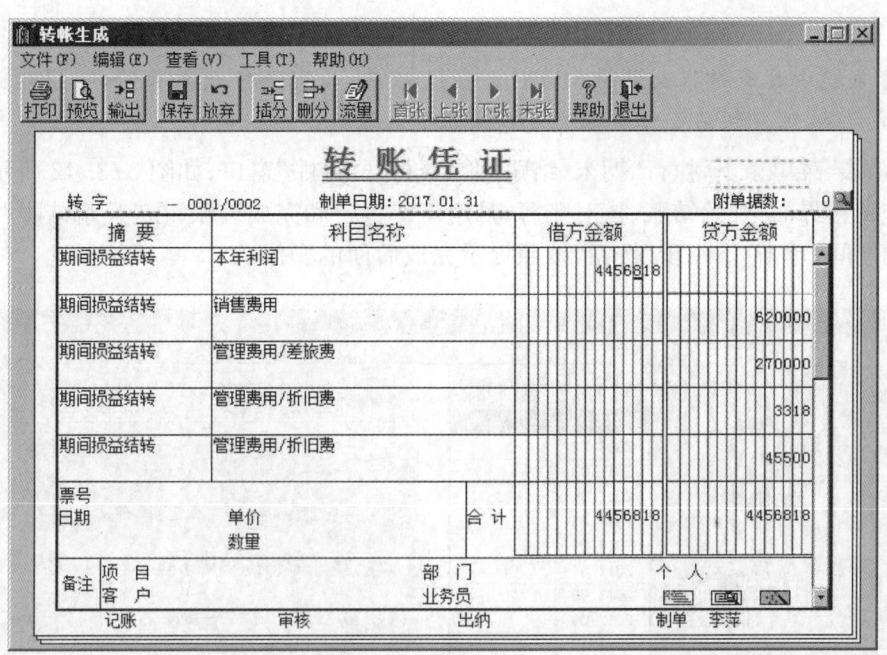

图 3-3-41 "转账生成-期间损益结转凭证"窗口

【特别提示】
期间损益结转操作要在固定资产、工资、应收应付等模块业务完成的基础上进行,生成的凭证如同手动填制的凭证一样,需要经过审核和记账操作。

(二) 对账

对账是指为保证账簿记录正确可靠,对账簿数据进行检查核对。对账主要包括总账和明细账、总账和辅助账、明细账和辅助账的核对。为了保证账证相符、账账相符,用户应该经常进行对账,至少一个月一次,一般可在月末结账前进行。只有对账正确,才能进行结账操作。

(三) 月末结账

1. 月末结账功能

结账主要包括计算和结转各账簿的本期发生额和期末余额,终止本期的账务处理工作,并将会计科目余额结转至下月作为月初余额。结账每个月只能进行一次。

2. 月末结账操作的控制

结账工作必须在本月的核算工作都已完成,系统中数据状态正确的情况下才能进行。因此,结账工作执行时,系统会检查相关工作的完成情况,主要包括:

(1) 检查本月记账凭证是否已经全部记账,如有未记账凭证,则不能结账。
(2) 检查上月是否已经结账,如上月未结账,则本月不能结账。
(3) 检查总账与明细账、总账与辅助账是否对账正确,如果对账不正确则不能结账。
(4) 对会计科目余额进行试算平衡,如试算不平衡将不能结账。
(5) 检查损益类账户是否已经结转到本年利润,如损益类科目还有余额,则不能结账。
(6) 当其他各模块也已经启用时,账务处理模块必须在其他各模块都结账后,才能结账。

【特别提示】

结账只能由具有结账权限的人进行。在结账前,最好进行数据备份,一旦结账后发现业务处理有误,可以利用备份数据恢复到结账前的状态。

在"总账"菜单条下,执行"期末-结账"命令,打开"结账"窗口,如图 3-3-42 所示,该窗口包括四个设置界面:开始结账、核对账簿、月度工作报告和完成结账,在"开始结账"窗口选择要结账的期间,单击"下一步"按钮,按照提示完成后面的操作。

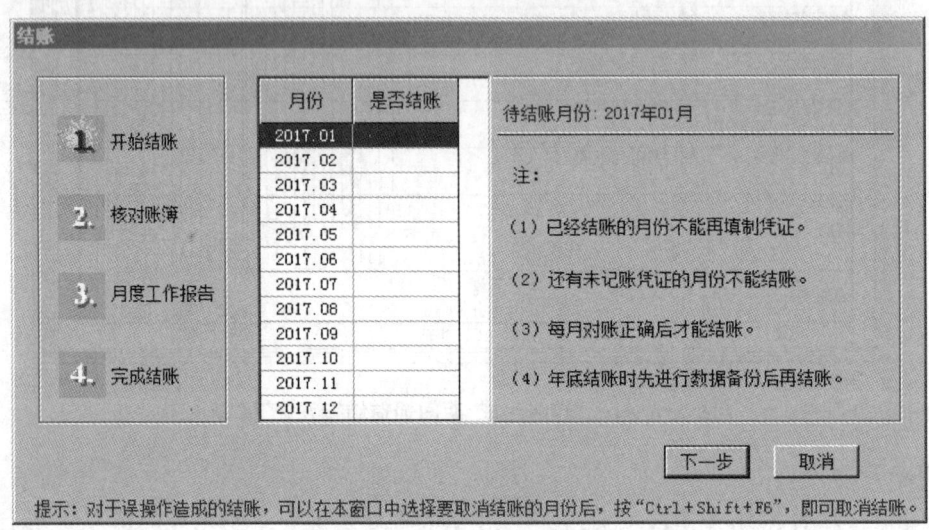

图 3-3-42 "结账"窗口

如果总账结账后需要恢复到结账前状态,可以进行取消结账操作,具体操作方法如下:以账套主管的身份登录主操作界面,在"总账"菜单条下执行"期末-结账"命令,打开"结账"窗口,选择需要反结账的月份,同时按下"Ctrl"+"Shift"+"F6"键,在弹出的窗口中输入账套主管的密码,单击"确认"按钮。

【特别提示】

总账月末结账操作需要在固定资产、工资、应收应付等模块业务完成的基础上进行。

第四节 固定资产管理模块的应用

【学习指导】

学习本节内容,读者需要熟悉固定资产管理模块期末处理操作,掌握固定资产管理模块初始化工作的内容及操作方法、固定资产计提折旧的操作方法,掌握固定资产管理模块日常处理操作,包括固定资产增减、变动以及记账凭证的生成等。

固定资产的管理和核算主要采用固定资产卡片的形式。为了保证固定资产数据的连续性,我们首先要进行固定资产的初始化设置,将账套启用期初的有关数据录入到系统中,在此基础上进行固定资产的日常业务处理,包括固定资产增减变动的处理、固定资产折旧的计提以及凭证的生成。

一、固定资产管理模块初始化工作

固定资产初始化设置包括设置控制参数、设置基础信息以及录入原始卡片等内容。初始化主要工作是录入原始卡片,在正式启用固定资产系统进行核算前,将企业现有固定资产卡片资料录入系统中,以保持历史资料的连续性。

(一)设置控制参数

1. 设置启用会计期间

启用会计期间是指固定资产管理模块开始使用的时间。

【特别提示】
　　在此注意两个问题:①固定资产管理模块的启用会计期间不得早于系统中该账套建立的期间;②设置启用会计期间在第一次进入固定资产管理模块时进行。

2. 设置折旧相关内容

设置折旧相关内容包括是否计提折旧、折旧率小数位数等。如果确定不计提折旧,则不能操作账套内与折旧有关的功能。

3. 设置固定资产编码

录入固定资产卡片时需要设置固定资产编码,这是区分每一项固定资产的唯一标识。

案例 3.4.1

由操作员周娟根据表 3-4-1 进行固定资产控制参数的设置。

表 3-4-1　　　　　　　　　　固定资产控制参数资料

控制参数	参 数 设 置
约定与说明	同意
启用月份	2017.01
折旧信息	本账套计提折旧;折旧方法:平均年限法;折旧汇总分配周期:1 个月 当(月初已计提月份=可使用月份-1)时,将剩余折旧全部提足
编码方式	资产类别编码方式:2112 固定资产编码方式:按"部门编码+类别编码+序号"自动编码 卡片序号长度为 2
账务接口	与账务系统进行对账;对账科目:固定资产、1601 固定资产 累计折旧对账科目:1602 累计折旧 在对账不平情况下允许固定资产月末结转

具体操作如下。

(1)由操作员周娟登录主操作界面,单击"固定资产"图标,系统弹出"固定资产"对话框,提示是否进行初始化,如图 3-4-1 所示。

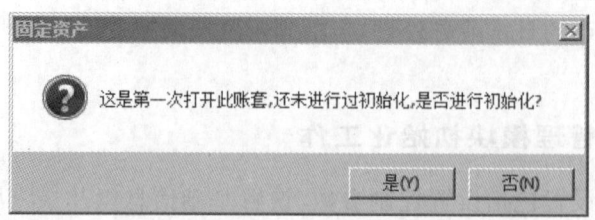

图 3-4-1 "固定资产-是否进行初始化"对话框

(2)单击"是"按钮,进入"固定资产初始化向导-约定及说明"窗口,选择"我同意",如图 3-4-2 所示。

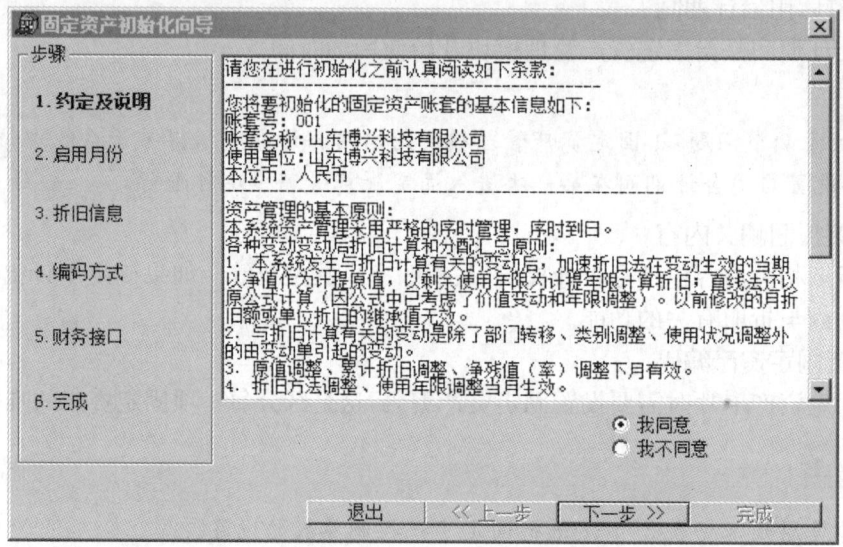

图 3-4-2 "固定资产初始化向导-约定及说明"窗口

(3)单击"下一步"按钮,进入"固定资产初始化向导-启用月份"窗口,默认"2017.01",如图 3-4-3 所示。

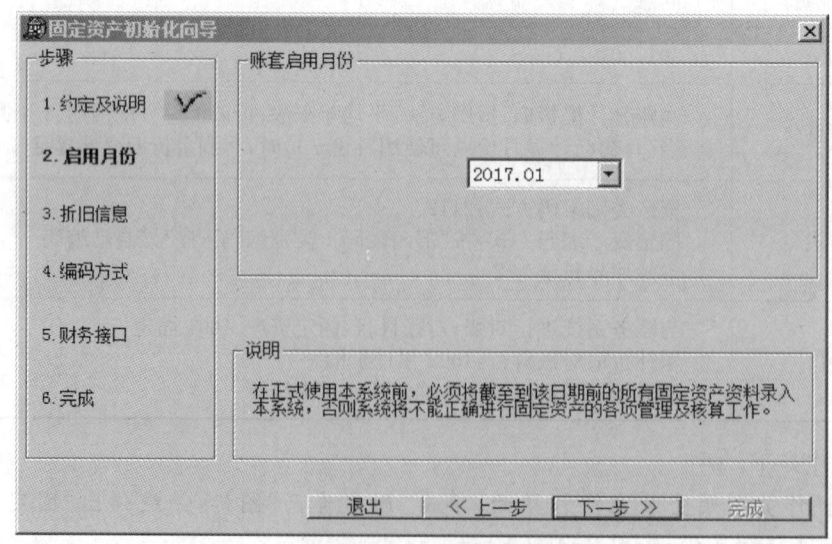

图 3-4-3 "固定资产初始化向导-启用月份"窗口

(4)单击"下一步"按钮,进入"固定资产初始化向导-折旧信息"窗口,默认折旧方法等信息,如图 3-4-4 所示。

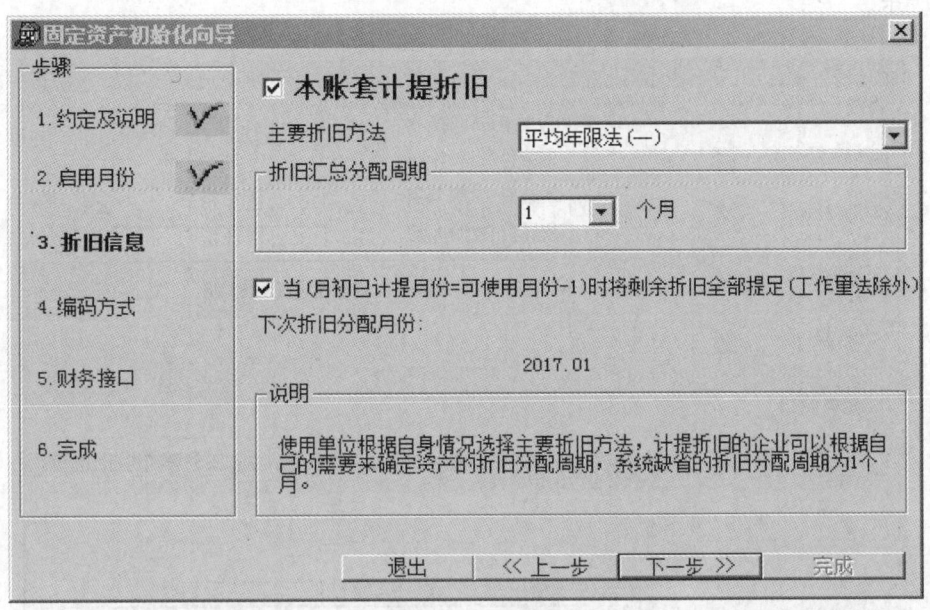

图 3-4-4 "固定资产初始化向导-折旧信息"窗口

(5)单击"下一步"按钮,进入"固定资产初始化向导-编码方式"窗口,"资产类别编码方式"采用默认方式,"固定资产编码方式"选择"自动编码-部门编码＋类别编码＋序号","序号长度"设为"2",如图 3-4-5 所示。

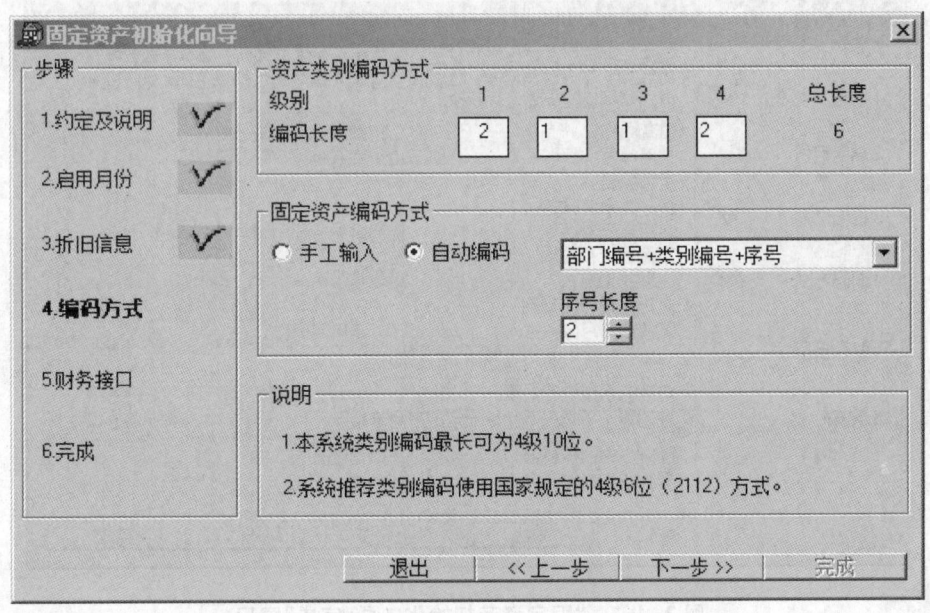

图 3-4-5 "固定资产初始化向导-编码方式"窗口

(6)单击"下一步"按钮,进入"固定资产初始化向导-财务接口"窗口,"固定资产对账科目"设为"1601,固定资产","累计折旧对账科目"设为"1602,累计折旧",其他选择默认,如图3-4-6所示。

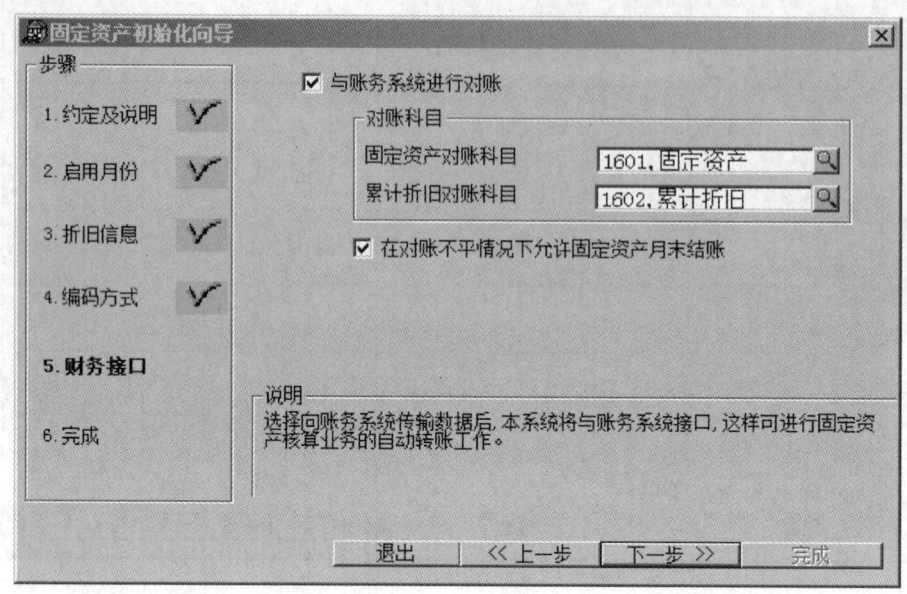

图 3-4-6 "固定资产初始化向导-财务接口"窗口

(7)单击"下一步"按钮,进入"固定资产初始化向导-完成"窗口,显示前面操作中设置的有关信息,如图3-4-7所示。

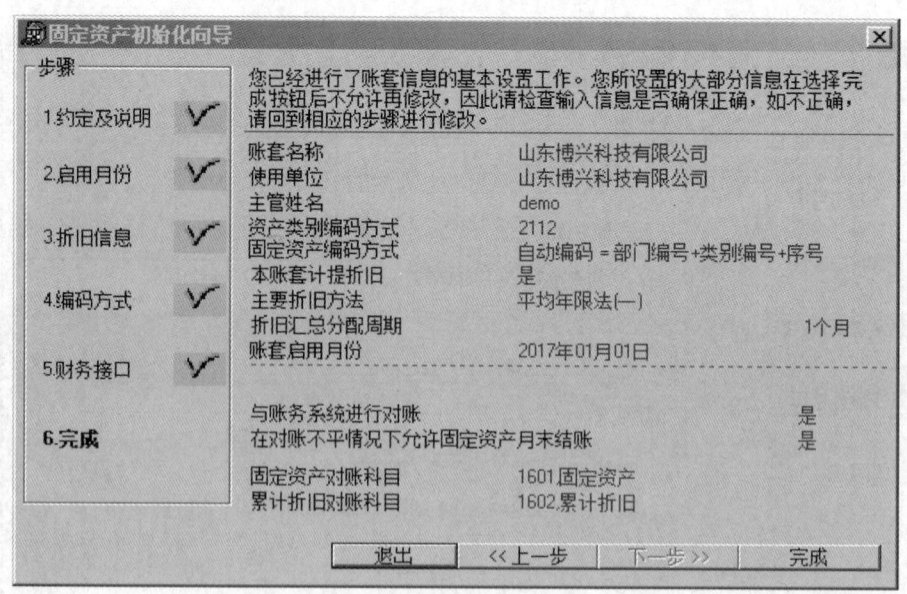

图 3-4-7 "固定资产初始化向导-完成"窗口

(8)核对无误,单击"完成"按钮,系统弹出"固定资产"对话框,如图3-4-8所示。

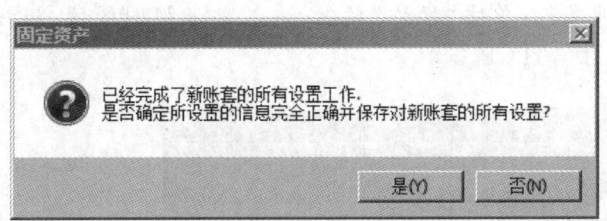

图 3-4-8 "固定资产-保存设置"对话框

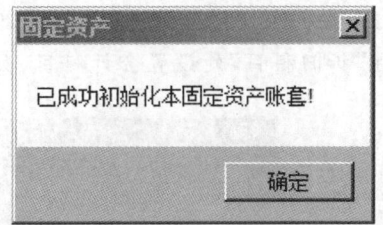

图 3-4-9 "固定资产-成功初始化"对话框

(9) 单击"是"按钮,系统弹出"固定资产"对话框,提示已成功初始化,如图 3-4-9 所示。

(10) 单击"确定"按钮。

(二)设置基础信息

1. 设置折旧对应科目

折旧对应科目是指折旧费用的入账科目。固定资产计提折旧后必须设定折旧数据应归入哪个成本或费用科目。根据固定资产的使用状况,某一部门的固定资产折旧费用可以归入一个固定的会计科目,便于系统根据部门生成记账凭证。

【举例说明】

在企业核算中,管理部门的固定资产折旧费用计入管理费用,生产车间的固定资产折旧费用计入制造费用。

案例 3.4.2

由操作员周娟根据表 3-4-2 设置部门对应折旧科目。

表 3-4-2 　　　　　　　　部门对应折旧科目资料

部门名称	折旧科目	部门名称	折旧科目
行政部	管理费用——折旧费	采购部	管理费用——折旧费
财务部	管理费用——折旧费	销售部	销售费用

具体操作如下。

(1) 在"固定资产"菜单条下执行"设置-部门对应折旧科目"命令,进入"部门编码表-列表视图"窗口,如图 3-4-10 所示。

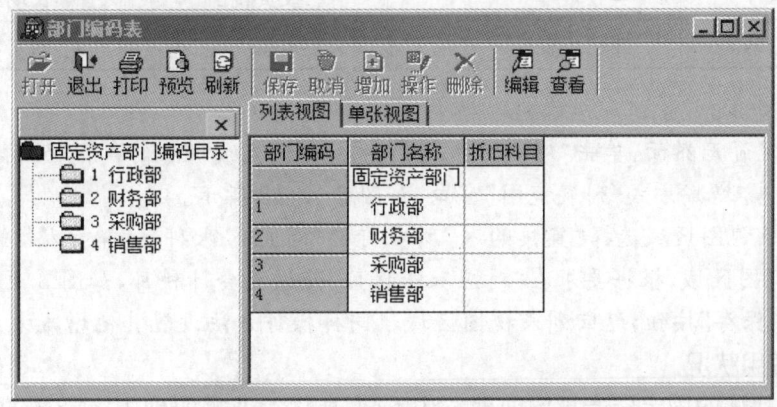

图 3-4-10 "部门编码表-列表视图"窗口

（2）在列表视图区域选择"行政部"所在行，单击"操作"按钮，进入单张视图区域，根据要求在"折旧科目"处设置会计科目，如图3-4-11所示。

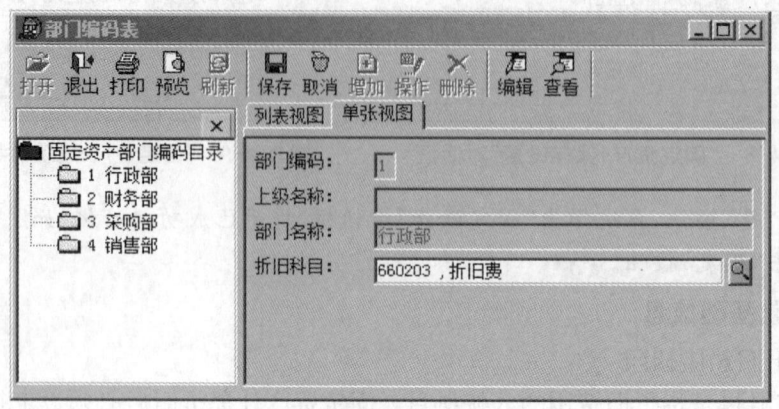

图3-4-11 "部门编码表-单张视图"窗口

（3）单击"保存"按钮，返回列表视图区域。同样操作方法设置其他部门对应折旧科目。

2．设置增减方式

企业固定资产增加或减少的具体方式不同，其固定资产的确认和计量方法也不同。记录和汇总固定资产具体增减方式的数据是为了满足企业加强固定资产管理的需要。固定资产增减变动的主要方式如下：

（1）增加方式：直接购买、投资者投入、捐赠、盘盈、在建工程转入、融资租入等。

（2）减少方式：出售、盘亏、投资转出、捐赠转出、报废、毁损、融资租出等。

案例3.4.3

由操作员周娟根据表3-4-3设置固定资产增减方式。

表3-4-3　　　　　　　　固定资产增减资料

增减方式名称	对应入账科目	增减方式名称	对应入账科目
直接购入	银行存款——工行	出售	固定资产清理
投资者投入	实收资本	投资转出	长期股权投资
在建工程转入	在建工程	报废	固定资产清理

具体操作如下。

（1）在固定资产界面，单击"增减方式"图标或在"固定资产"菜单条下执行"设置-增减方式"命令，进入"增减方式-列表视图"窗口，如图3-4-12所示。

（2）在列表视图区域选择"直接购入"所在行的"对应入账科目"单元格，单击"操作"按钮，进入单张视图区域，根据要求在"对应入账科目"处设置会计科目，如图3-4-13所示。

（3）单击"保存"按钮，返回列表视图区域。同样操作方法设置其他增减方式。

3．设置使用状况

不同使用状况的固定资产折旧处理方法不同，所以企业需明确固定资产的使用状况，根

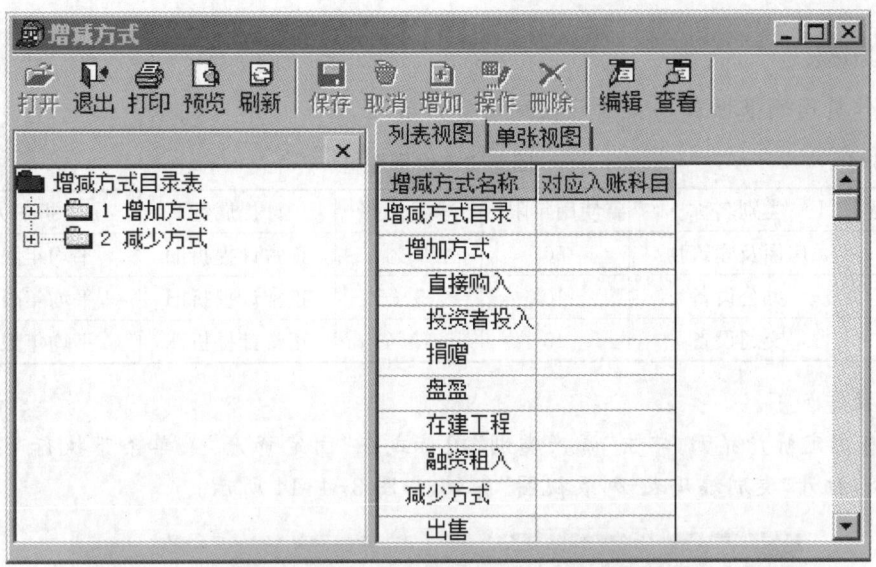

图 3-4-12 "增减方式-列表视图"窗口

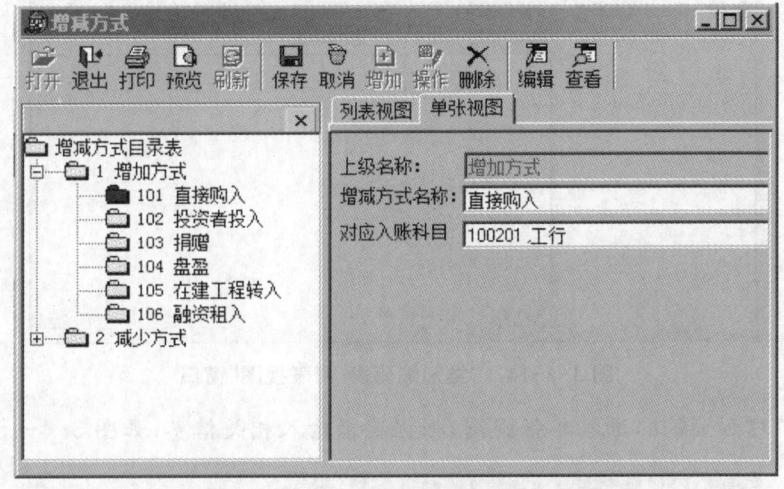

图 3-4-13 "增减方式-单张视图"窗口

据使用状况设置相应的折旧规则。

固定资产的使用状况包括：在用、经营性出租、大修理停用、季节性停用、不需要和未使用。

4. 设置折旧方法

设置折旧方法是系统自动计算折旧的基础。固定资产计提折旧的方法包括：不提折旧、平均年限法、工作量法、年数总和法和双倍余额递减法等。系统一般会列出每种折旧方法的默认折旧计算公式，企业也可以根据需要，定义适合自己的折旧方法的名称和计算公式。

5. 设置固定资产类别

固定资产种类繁多，规格不一，需建立科学的固定资产分类体系。为加强固定资产管理，企业可根据自身的特点和管理方法，确定一个较为合理的固定资产分类方法。

案例 3.4.4

由操作员周娟根据表 3-4-4 设置固定资产类别。

表 3-4-4　　　　　　　　　　固定资产类别资料

类别编码	类别名称	使用年限	净残值率	计提属性	折旧方法
01	房屋及建筑物	50	10%	正常计提折旧	平均年限法（一）
02	办公设备	10	5%	正常计提折旧	平均年限法（一）
03	交通设备	15	10%	正常计提折旧	平均年限法（一）

具体操作如下。

(1) 在固定资产界面，单击"资产类别"图标或在"固定资产"菜单条下执行"设置-资产类别"命令，打开"类别编码表-列表视图"窗口，如图 3-4-14 所示。

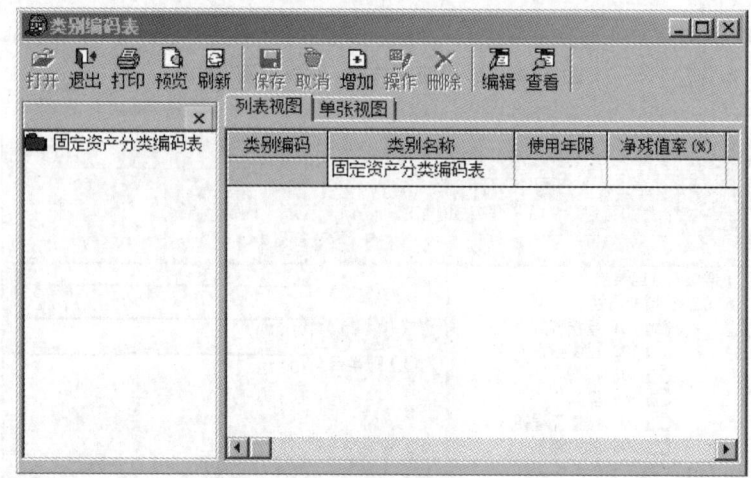

图 3-4-14　"类别编码表-列表视图"窗口

(2) 单击"增加"按钮，进入单张视图，根据要求输入相关信息，如图 3-4-15 所示。

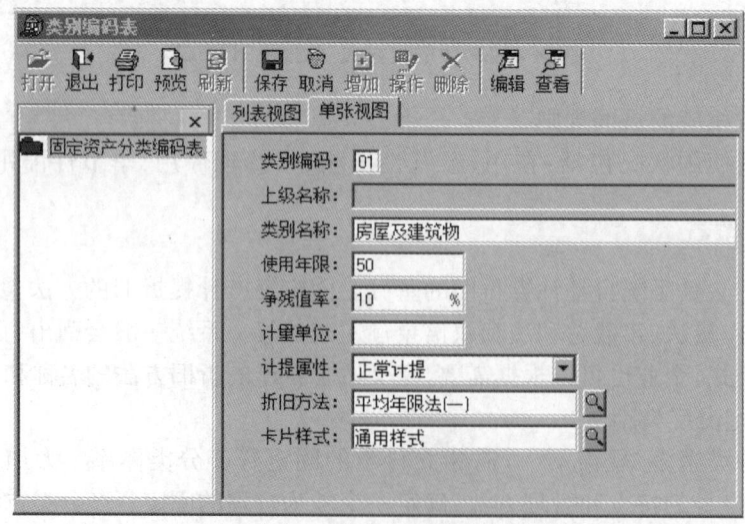

图 3-4-15　"类别编码表-单张视图"窗口

(3) 单击"保存"按钮。同样操作方法设置其他固定资产类别。

(三) 录入原始卡片

固定资产卡片是固定资产核算和管理的数据基础。在初始使用固定资产模块时,应该录入当期期初(即为上期期末)的固定资产数据,作为后续固定资产核算和管理的起始基础。固定资产卡片记录每项固定资产的详细信息,一般包括:固定资产编号、名称、类别、规格型号、使用部门、增加方式、使用状态、预计使用年限、残值率、折旧方法、开始使用日期、原值、累计折旧等。

【举例说明】
固定资产原始卡片的数据要和账务处理模块中有关固定资产的初始数据保持一致,否则就会出现错误。

案例 3.4.5

由操作员周娟根据表 3-4-5 设置固定资产原始卡片。

表 3-4-5　　固定资产原始卡片资料

卡片编号	资产编号	固定资产名称	固定资产类别	部门名称	增加方式	使用状况	使用年限	折旧方法	开始使用日期	原值	净残值率	净残值	累计折旧
00001	20201	电脑	办公设备	财务部	直接购入	在用	10	平均年限法	2015.12.10	4 200	5%	210	399
00002	30301	轿车	交通设备	采购部	直接购入	在用	15	平均年限法	2016.10.25	91 000	10%	9 100	910

具体操作如下。

(1) 在固定资产界面,单击"原始卡片录入"图标或者在"固定资产"菜单条下执行"卡片-录入原始卡片"命令,打开"资产类别参照"窗口,选择"02 办公设备",如图 3-4-16 所示。

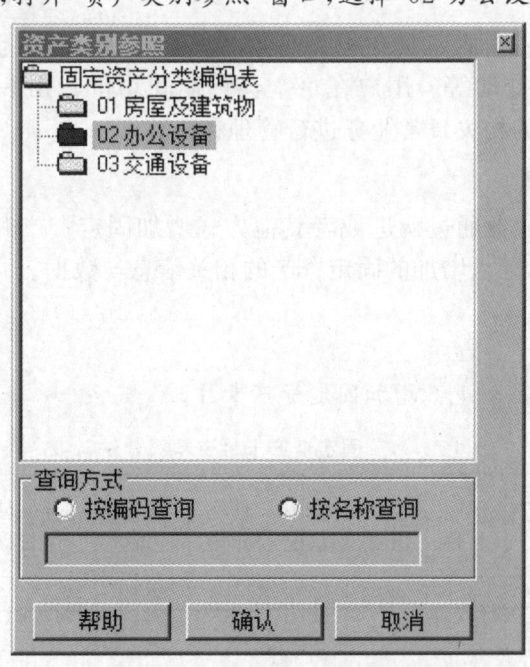

图 3-4-16　"资产类别参照"窗口

（2）单击"确认"按钮，打开"录入原始卡片"窗口，根据要求输入相关信息，如图3-4-17所示。

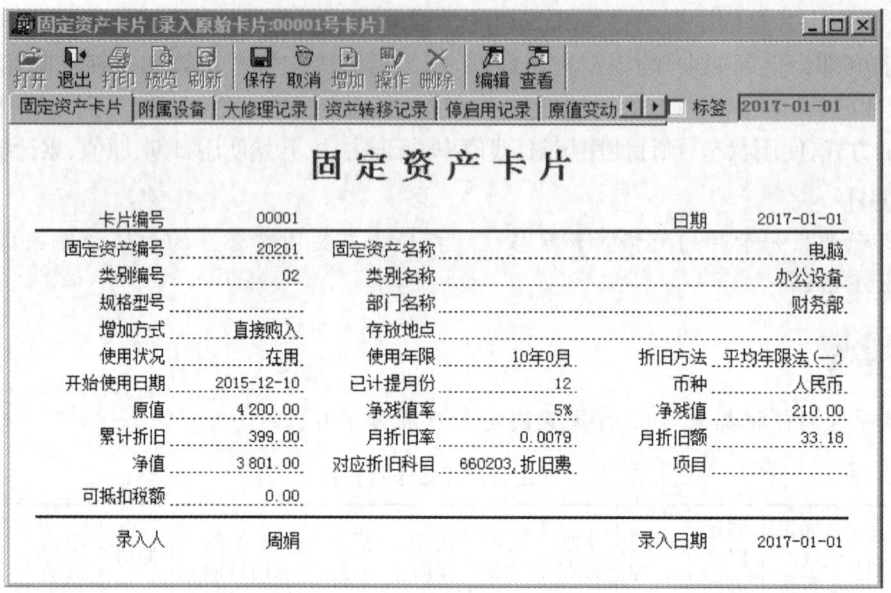

图3-4-17 "录入原始卡片"窗口

（3）单击"保存"按钮，系统弹出"固定资产"对话框，提示数据成功保存，如图3-4-18所示。

（4）单击"确定"按钮。同样操作方法输入其他固定资产卡片。

二、固定资产管理模块日常处理

企业日常运营中会发生固定资产相关业务，包括固定资产增加、减少、固定资产变动等。用户在每个会计期间均可对固定资产管理模块中的相关日常业务进行管理和核算。

图3-4-18 "固定资产-数据成功保存"对话框

（一）固定资产增加

固定资产增加是指企业通过购进或者其他方式增加固定资产时，应为增加的固定资产建立一张固定资产卡片，录入增加的固定资产的相关信息与数据。

案例3.4.6

由操作员周娟根据表3-4-6增加固定资产卡片。

表3-4-6　　　　　　　　　　　固定资产卡片资料

卡片编号	资产编号	固定资产名称	固定资产类别	部门名称	增加方式	使用状况	使用年限	折旧方法	开始使用日期	原值	净残值率	净残值
00003	10201	打印机	办公设备	行政部	直接购入	在用	10	平均年限法	2017.01.26	2 300	5%	115

具体操作如下。

(1) 在固定资产界面,单击"资产增加"图标或者在"固定资产"菜单条下执行"卡片-资产增加"命令,打开"资产类别参照"窗口,选择"02 办公设备",单击"确认"按钮,打开"新增资产"窗口,根据要求输入相关信息,如图3-4-19所示。

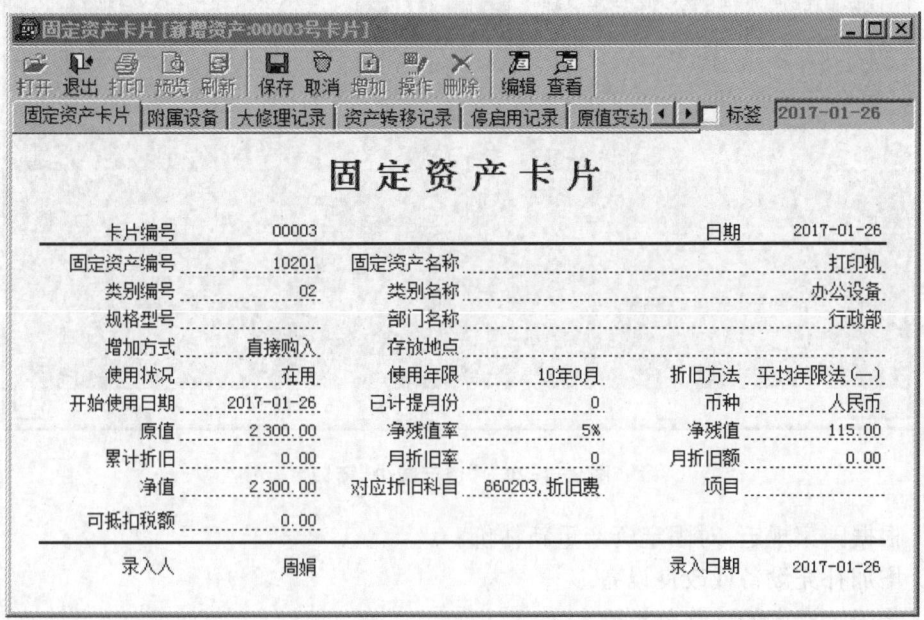

图 3-4-19 "新增资产"窗口

(2) 单击"保存"按钮,系统弹出"固定资产"对话框,提示数据成功保存,单击"确定"按钮。

(二) 固定资产减少

固定资产减少是指企业在生产经营过程中,对不需要用的固定资产进行出售或对外投资、对固定资产进行清理报废、清理注销等。在系统操作中,固定资产减少业务的核算不是直接减少固定资产的价值,而是需要输入固定资产减少卡片,并说明减少原因,记录业务的具体信息和过程,保留审计线索。

固定资产减少的具体操作方法如下。

(1) 在固定资产界面,单击"资产减少"图标或者在"固定资产"菜单条下执行"卡片-资产减少"命令,打开"资产减少"窗口,如图3-4-20所示。

(2) 根据要求设置要减少的卡片信息。

【特别提示】

固定资产减少操作要在本月计提折旧之后才可以进行。

(三) 固定资产变动

固定资产变动业务包括价值信息变更和非价值信息变更两部分内容。

1. 价值信息的变更

1) 固定资产原值变动

固定资产在使用过程中,其原值变动的原因一般包括以下几种情况:

图 3-4-20 "资产减少"窗口

（1）根据国家规定，对固定资产重新估价。
（2）增加补充设备或改良设备。
（3）将固定资产的一部分拆除。
（4）根据实际价值调整原来的暂估价值。
（5）发现原记录固定资产的价值有误等几种情况。
2）折旧要素的变更
折旧要素的变更包括使用年限调整、折旧方法调整、净残值（率）调整、累计折旧调整等。

2. 非价值信息变更
固定资产非价值信息变更包括固定资产的使用部门变动、使用状况变动、存放地点变动等。

固定资产变动的具体操作方法如下：
（1）在固定资产界面，单击"资产变动"图标或者在"固定资产"菜单条下执行"卡片-变动单"命令，根据变动情况选择相应命令，如图 3-4-21 所示。
（2）在打开的"新建变动单"窗口中，根据要求输入相关信息，输入完成后单击"保存"按钮。

（四）计提折旧
固定资产管理模块提供自动计提折旧的功能，计提折旧的操作流程如下：
（1）初始录入固定资产原始卡片：将固定资产的原值、使用年限、残值（率）以及折旧计提方法等相关信息录入系统。
（2）期末处理：系统利用自动计提折旧功能，对各项固定资产按照定义的折旧方法进行计提。
（3）折旧额处理：将当期的折旧额自动累计到每项资产的累计折旧项目中，减少固定资

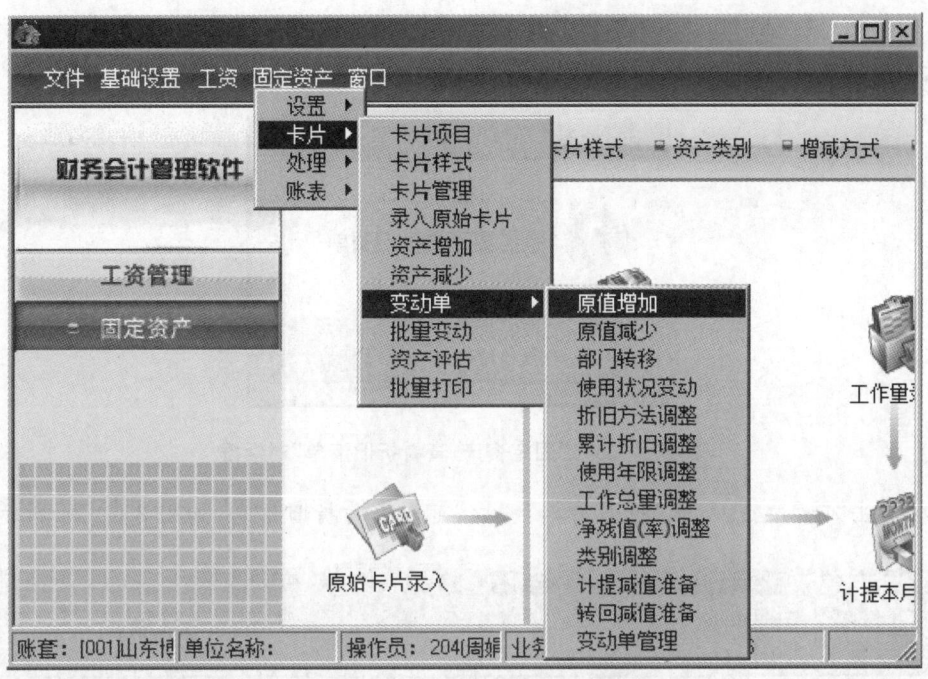

图 3-4-21　固定资产变动列表

产账面价值。

（4）成本费用分配：系统将计提的折旧金额依据每项固定资产的用途归属到对应的成本、费用项目中，生成折旧分配表。

（5）生成记账凭证：以折旧分配表为依据，制作相应的记账凭证，并传递给账务处理模块。

案例 3.4.7

由操作员周娟对固定资产计提折旧并生成记账凭证。

具体操作如下。

（1）在固定资产界面，单击"计提本月折旧"图标或者在"固定资产"菜单条下执行"处理-计提本月折旧"命令，系统弹出"固定资产"对话框，提示是否要继续，如图 3-4-22 所示。

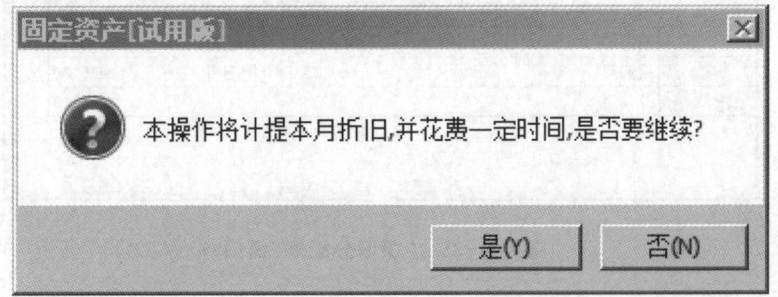

图 3-4-22　"固定资产-是否继续"对话框

(2)单击"是"按钮,系统弹出"固定资产"对话框,提示是否要查看折旧清单,如图 3-4-23 所示。

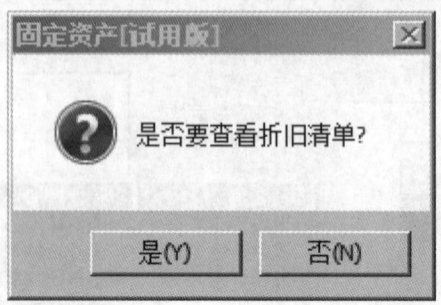

图 3-4-23 "固定资产-查看折旧清单"对话框

(3)单击"是"按钮,打开"折旧清单"窗口,可以查看折旧信息,如图 3-4-24 所示。

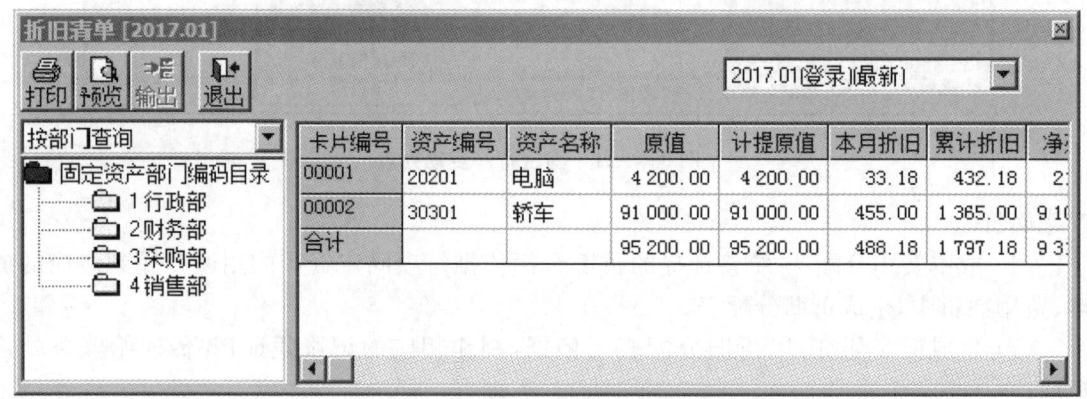

图 3-4-24 "折旧清单"窗口

(4)单击"退出"按钮,打开"折旧分配表"窗口,如图 3-4-25 所示。

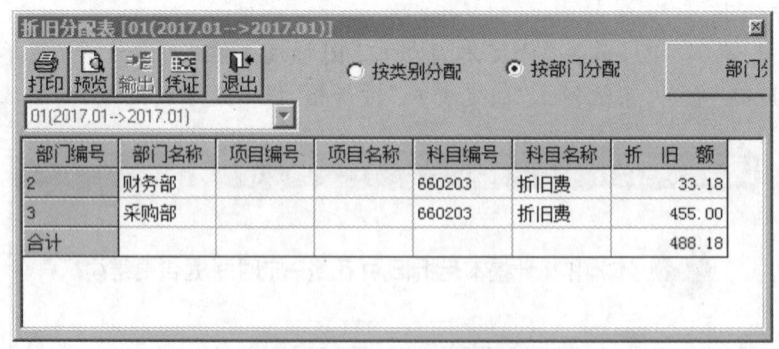

图 3-4-25 "折旧分配表"窗口

(5)单击"凭证"按钮,打开"填制凭证"窗口,在该窗口中,修改凭证类别,输入贷方折旧科目,如图 3-4-26 所示。

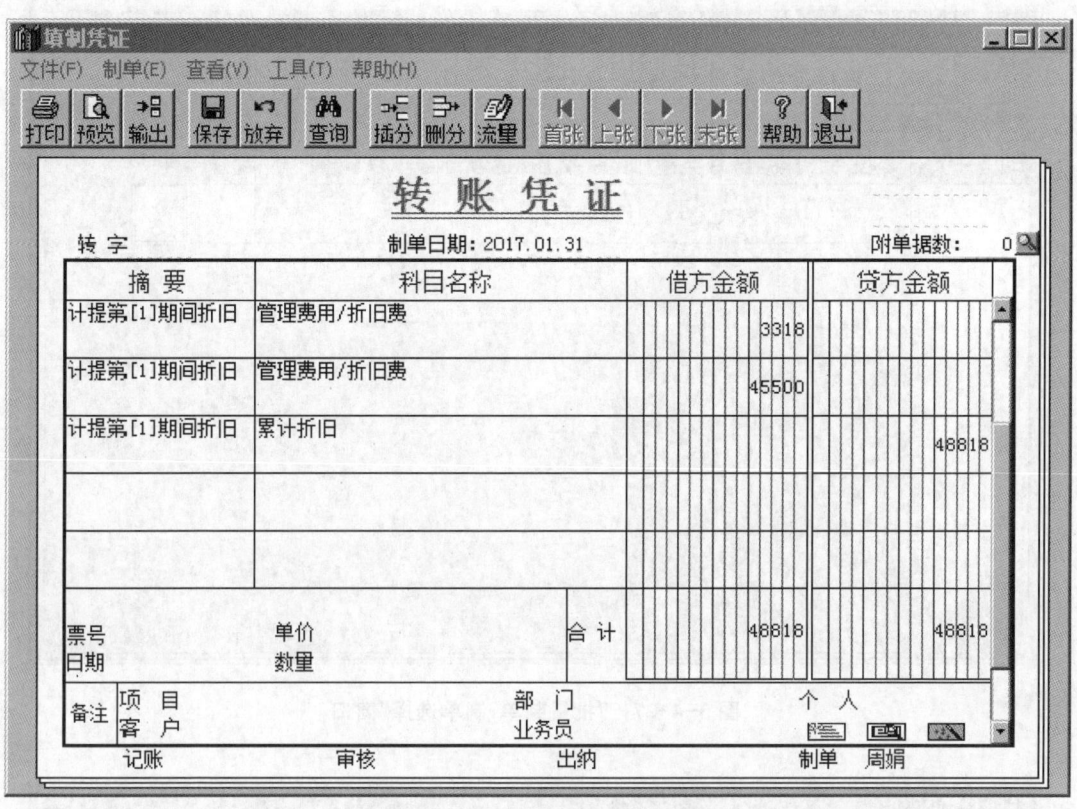

图 3-4-26 "填制凭证"窗口

(6) 单击"保存"按钮。

【点拨指导】
影响折旧的因素主要包括固定资产原值、预计使用期间、净残值率等因素。如果在本月计提折旧后,进行了影响折旧计算或分配的操作,则需要重新计提折旧。重新计提折旧不能直接进行,需要把之前已生成并保存的折旧凭证删除后方可。

(五) 生成记账凭证

设置固定资产凭证处理选项之后,固定资产管理模块对于需要填制记账凭证的业务能够自动完成记账凭证填制工作,并传递给账务处理模块。

案例 3.4.8

由操作员周娟对本月增加的固定资产业务进行批量制单,附单据3张。
具体操作如下。

(1) 在固定资产界面,单击"批量制单"图标或者在"固定资产"菜单条下执行"处理-批量制单"命令,打开"批量制单"窗口,在"制单选择"标签页中,单击"全选"按钮或者在业务的"制单"栏双击,使"制单"栏显示"Y"字标记,如图3-4-27所示。

(2) 单击"制单设置"标签页,在"科目"栏设置会计科目,如图3-4-28所示。

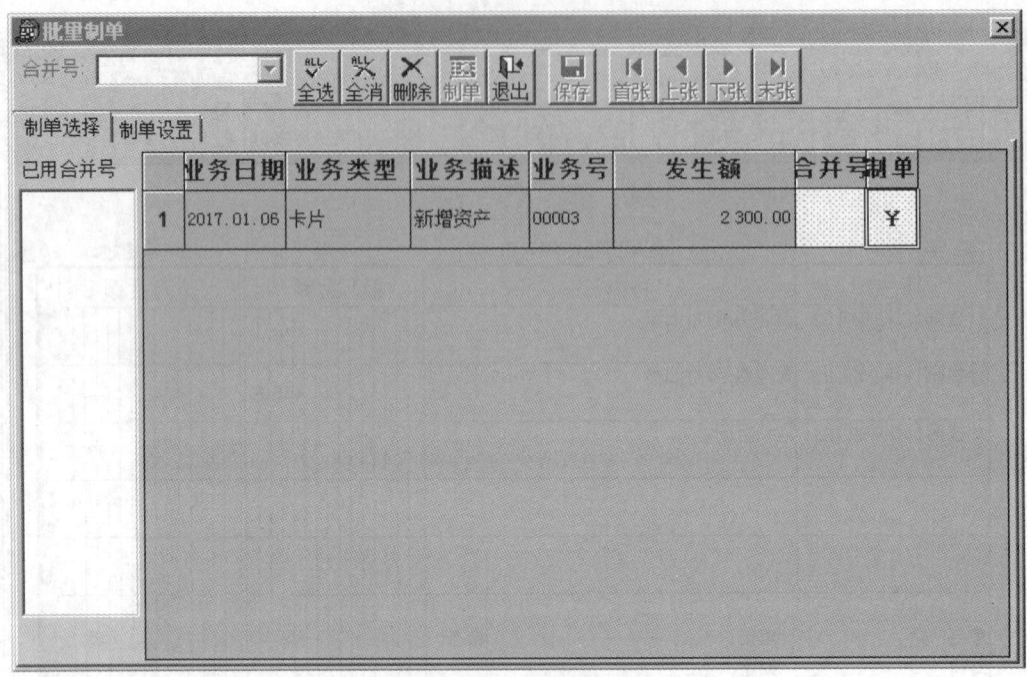

图 3-4-27 "批量制单-制单选择"窗口

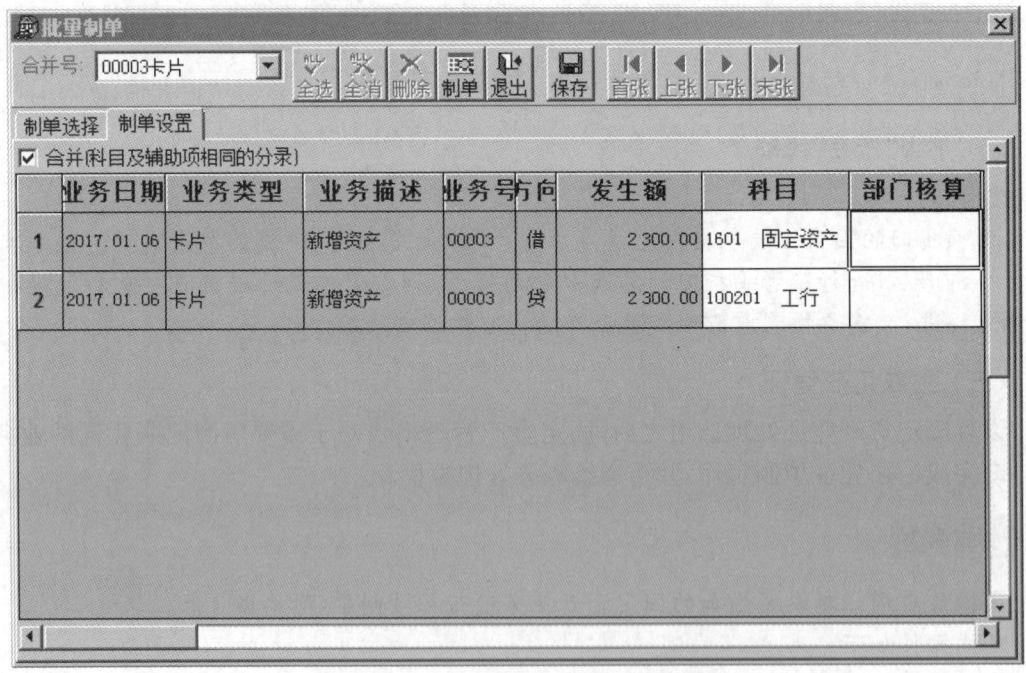

图 3-4-28 "批量制单-制单设置"窗口

（3）单击"制单"按钮，打开"填制凭证"窗口，修改凭证类别，制单日期，附单据张数，输入摘要，如图 3-4-29 所示。

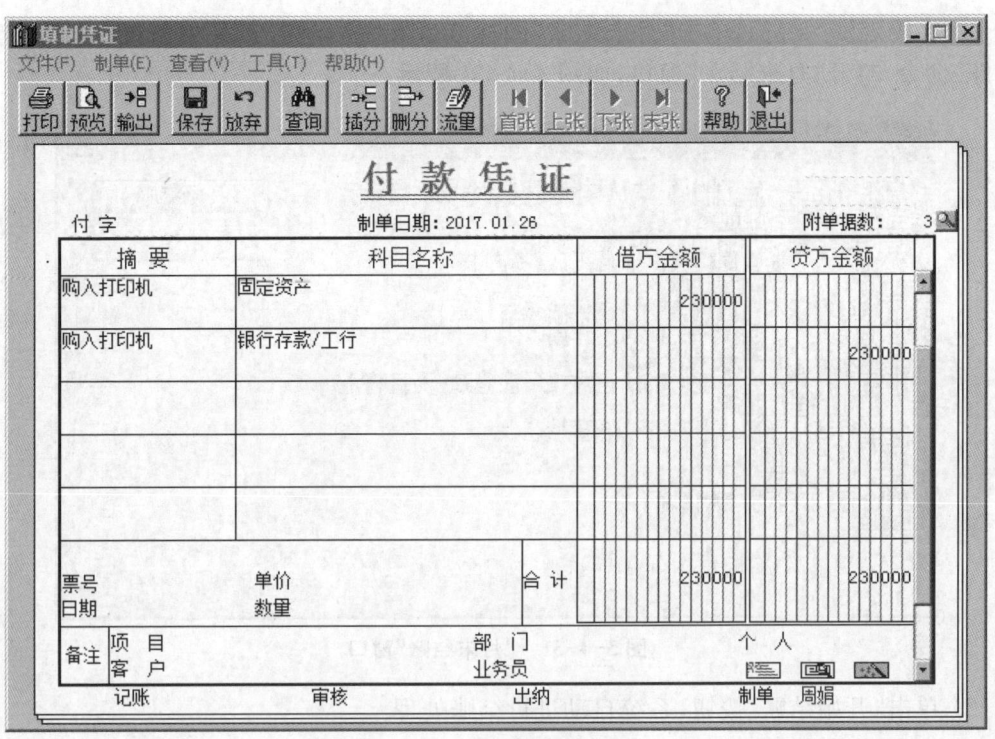

图 3-4-29 "填制凭证"窗口

(4) 单击"保存"按钮。

【特别提示】

在固定资产系统下生成的记账凭证,与账务处理模块中手动填制的凭证一样,需要进行出纳签字、审核和记账操作。

三、固定资产管理模块期末处理

(一) 对账

固定资产管理模块对账功能主要是指与账务处理模块进行对账。对账工作主要是为了保证固定资产管理模块的资产价值、折旧、减值准备等与账务处理模块中对应科目的金额相一致。

对账的具体操作如下:在"固定资产"菜单条下执行"处理-对账"命令,系统弹出"与账务对账结果"对话框,显示固定资产账套与账务账套的有关数据,如图 3-4-30 所示。

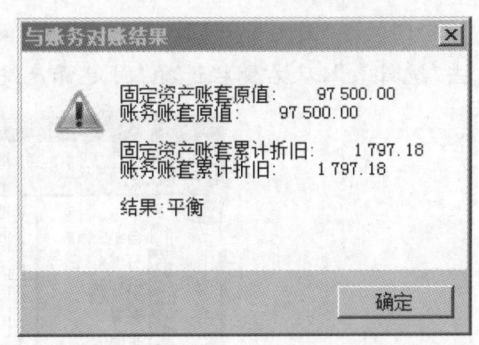

图 3-4-30 "与账务对账结果"对话框

(二) 月末结账

用户在固定资产管理模块中完成本月全部业务和生成记账凭证并对账正确后,可以进行月末结账。结账每月进行一次,结账后,本月不能再录入和修改数据。

月末结账的具体操作如下。

(1) 在固定资产界面,单击"月末结账"图标或者在"固定资产"菜单条下执行"处理-月末结账"命令,打开"月末结账"窗口,如图 3-4-31 所示。

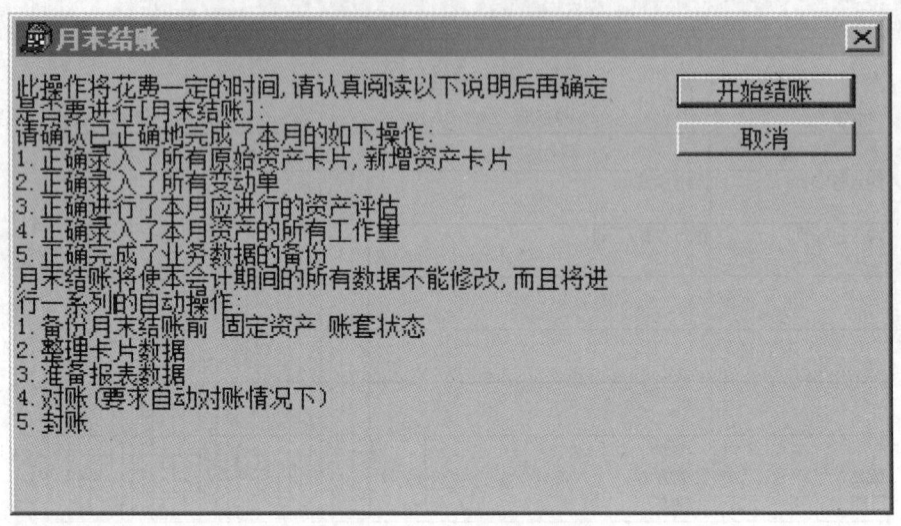

图 3-4-31 "月末结账"窗口

(2) 单击"开始结账"按钮,系统自动进行结账处理。

(三) 相关数据查询

固定资产报表包括固定资产明细账、固定资产折旧表、固定资产变动情况表、折旧费用分配表等。固定资产管理模块提供了对这些账表的查询功能,用户可以对固定资产相关信息按照不同标准进行分类、汇总、分析和输出,以满足各方面管理决策的需要。

案例 3.4.9

由操作员周娟查询固定资产统计表。

具体操作如下。

(1) 在"固定资产"菜单条下执行"账表-我的账表"命令,打开"报表"窗口,从左侧栏单击"统计表",从右侧栏选择"固定资产统计表",如图 3-4-32 所示。

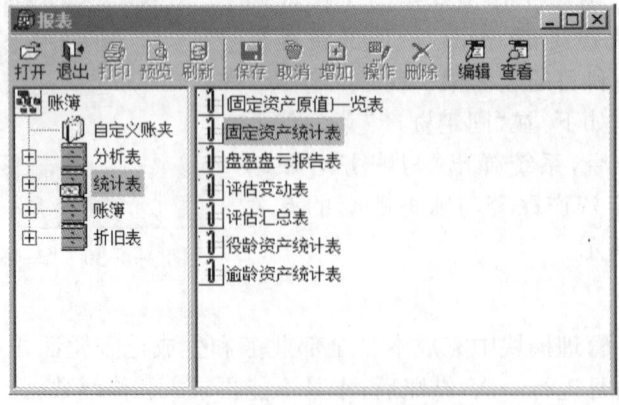

图 3-4-32 "报表"窗口

（2）单击"打开"按钮，打开"条件-[固定资产统计表]"窗口，可以选择统计方式，如图3-4-33所示。

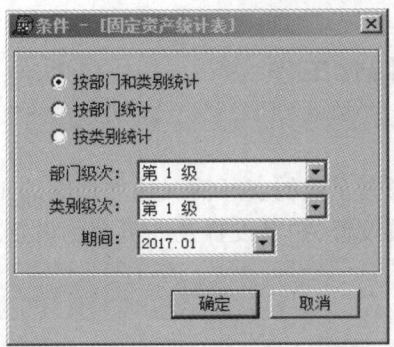

图 3-4-33 "条件-[固定资产统计表]"窗口

（3）单击"确定"按钮，打开"固定资产统计表"窗口，可以查看固定资产统计状况，如图3-4-34所示。

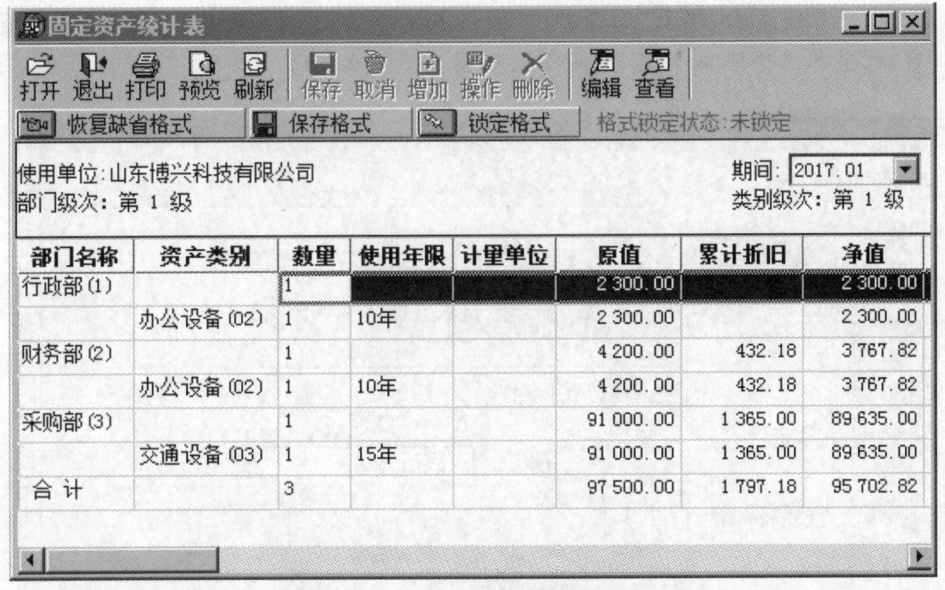

图 3-4-34 "固定资产统计表"窗口

第五节 工资管理模块的应用

【学习指导】

学习本节内容，读者需要熟悉工资管理模块期末处理操作，掌握工资管理模块初始化工作的操作方法，包括设置工资类别、工资项目、计算公式及录入工资基础数据等，并掌握工资管理模块日常处理操作，包括工资计算、工资分摊以及记账凭证的生成等。

工资管理模块主要用来进行工资的核算和发放,它提供了简单易用的计算公式、灵活多样的项目设置、快速简便的数据录入、及时准确的工资分配以及丰富多样的工资报表。

一、工资管理模块初始化工作

(一)建立工资账套

初次进入工资系统后应根据企业的实际情况建立相应的工资账套。工资账套的建立分为四个步骤,即参数设置、扣税设置、扣零设置及人员编码设置。

案例 3.5.1

由操作员周娟建立工资账套。

工资类别个数:多个;扣税设置:从工资中代扣个人所得税;不进行扣零处理;人员编码长度:3;启用日期:2017年1月1日。

具体操作如下。

(1) 在工资管理界面,单击"工资管理"图标或者单击"工资"菜单,打开"建立工资套-参数设置"窗口,选择工资类别个数为"多个",如图 3-5-1 所示。

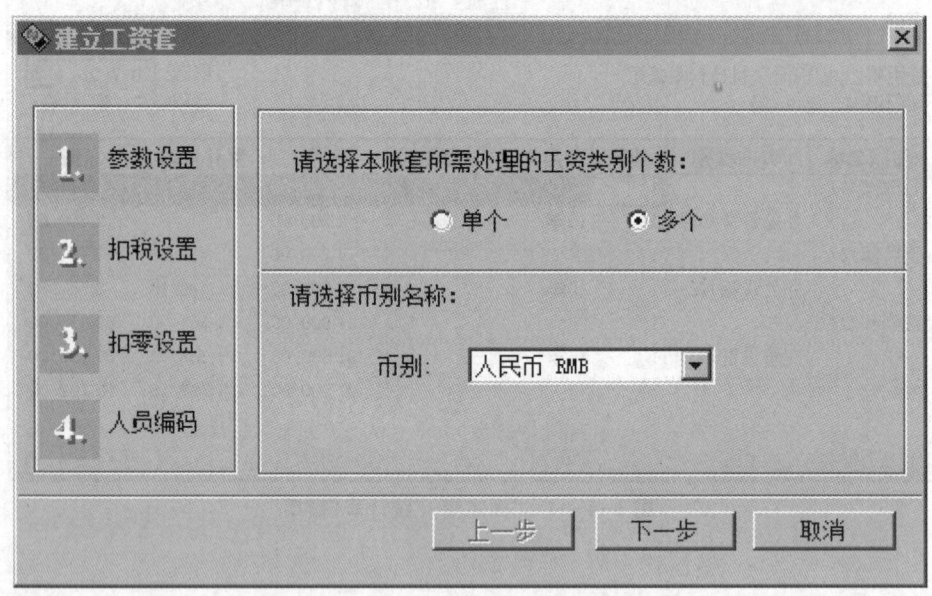

图 3-5-1 "建立工资套-参数设置"窗口

(2) 单击"下一步"按钮,进入"建立工资套-扣税设置"窗口,选择"是否从工资中代扣个人所得税",如图 3-5-2 所示。

(3) 单击"下一步"按钮,进入"建立工资套-扣零设置"窗口,不做选择,如图 3-5-3 所示。

(4) 单击"下一步"按钮,进入"建立工资套-人员编码"窗口,设置人员编码长度为"3",如图 3-5-4 所示。

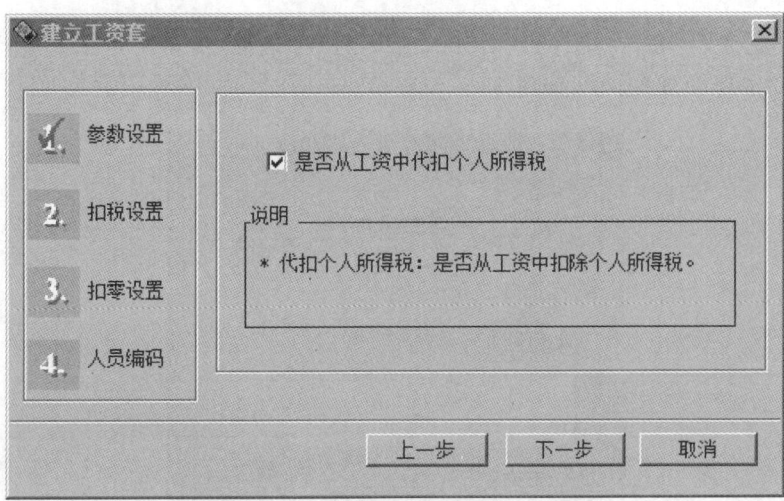

图 3-5-2 "建立工资套-扣税设置"窗口

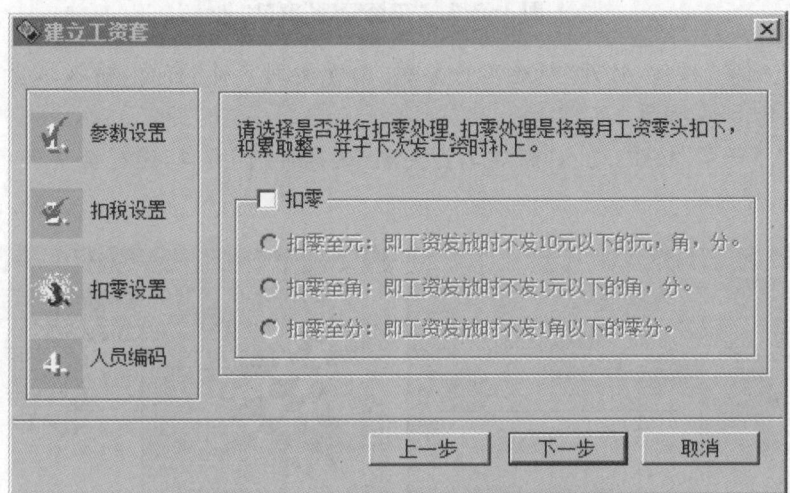

图 3-5-3 "建立工资套-扣零设置"窗口

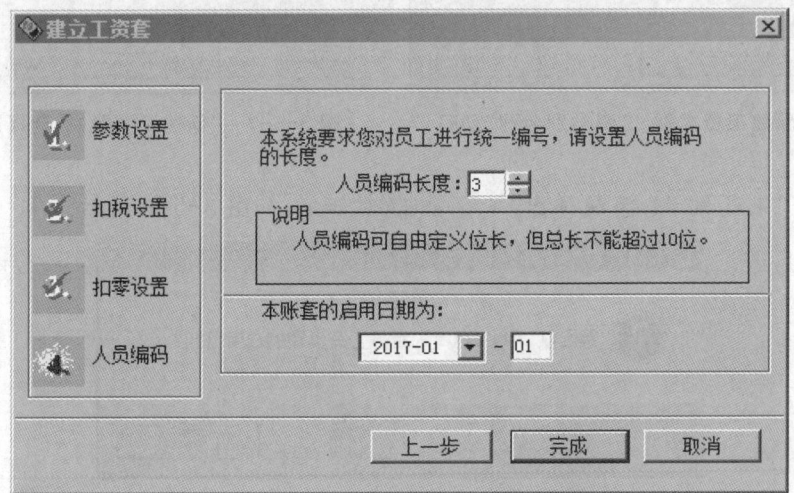

图 3-5-4 "建立工资套-人员编码"窗口

(5)单击"完成"按钮,系统弹出"打开工资类别"对话框,提示未建立工资类别,单击"确定"按钮,打开"工资管理"窗口,如图3-5-5所示。

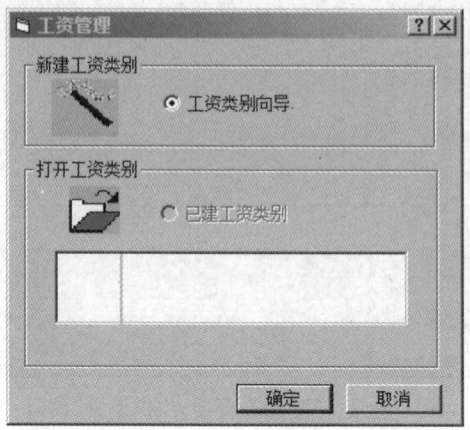

图 3-5-5 "工资管理"窗口

(6)单击"确定"按钮,打开"新建工资类别-工资类别名称"窗口,输入工资类别名称"正式员工",如图3-5-6所示。

(7)单击"下一步"按钮,进入"新建工资类别-选择部门"窗口,选择全部部门,如图3-5-7所示。

图 3-5-6 "新建工资类别-工资类别名称"窗口

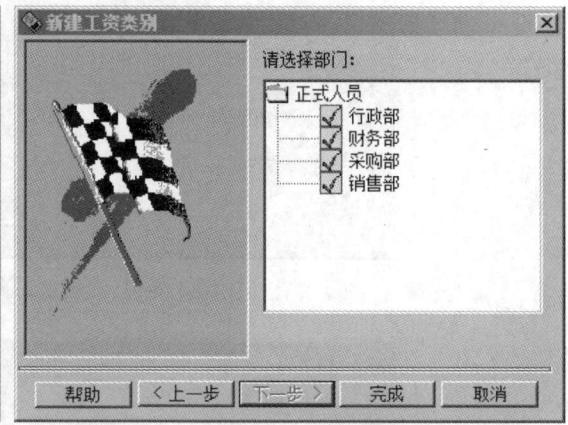

图 3-5-7 "新建工资类别-选择部门"窗口

(8)单击"完成"按钮,系统弹出"工资管理"对话框,如图3-5-8所示。

图 3-5-8 "工资管理"对话框

(9) 单击"是"按钮。

(二) 设置基础信息

1. 设置工资类别

工资类别用于对工资核算范围进行分类。企业一般可按人员、部门或时间等设置多个工资类别。不同工资类别的工资项目可以不相同,计算公式也可以不相同。

案例 3.5.2

由操作员周娟新建工资类别,工资类别名称:临时员工,对应部门:销售部。

具体操作如下。

(1) 在"工资"菜单条下执行"工资类别-关闭工资类别"命令,再执行"工资类别-新建工资类别"命令,如图 3-5-9 所示。

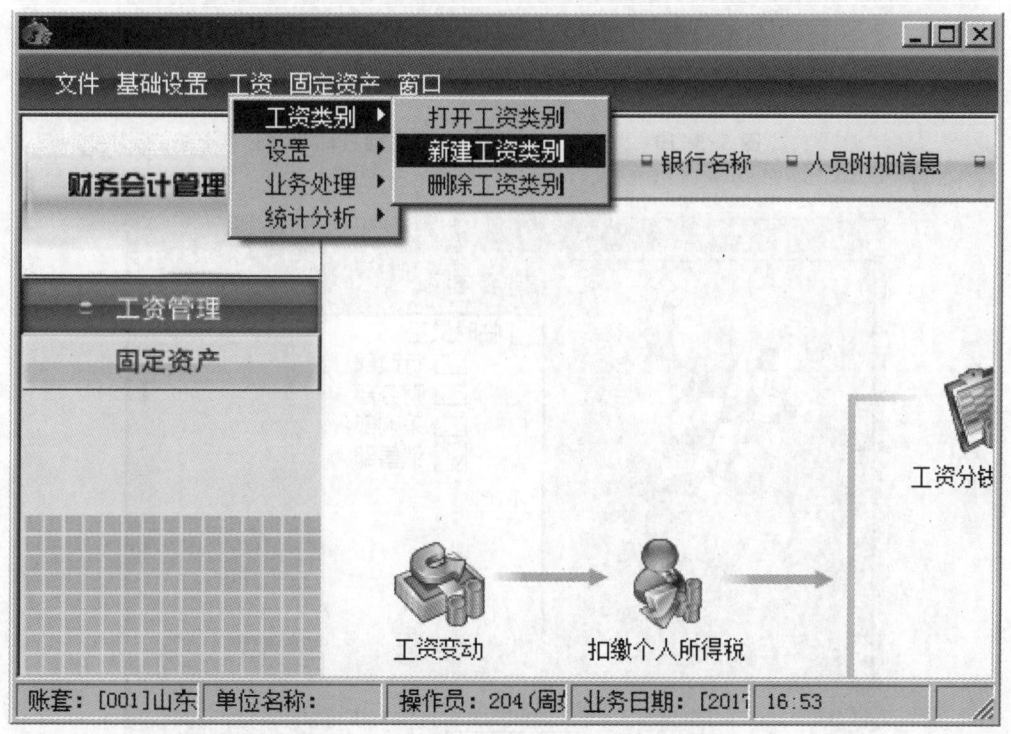

图 3-5-9 "工资类别-新建工资类别"命令

(2) 在打开的"新建工资类别-工资类别名称"窗口中,输入工资类别名称"临时员工",如图 3-5-10 所示。

(3) 单击"下一步"按钮,进入"新建工资类别-选择部门"窗口,选择"销售部",如图 3-5-11所示。

(4) 单击"完成"按钮,系统弹出"工资管理"对话框,单击"是"按钮。

2. 设置银行名称

同一工资类别中的人员由于在不同的工作地点,需要由不同的银行代发工资,或者不同的工资类别由不同的银行代发工资。银行名称设置中可以设置多个发放工资的银行,以适

图 3-5-10 "新建工资类别-工资类别名称"窗口

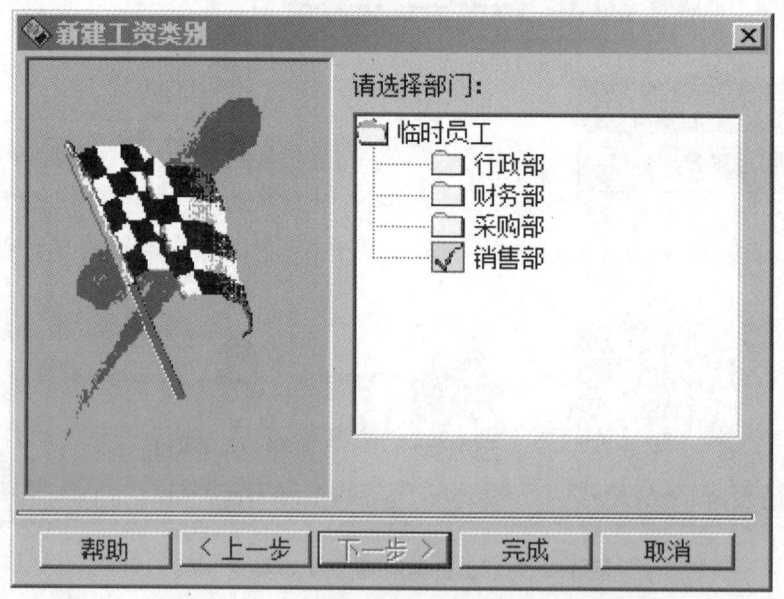

图 3-5-11 "新建工资类别-选择部门"窗口

应不同的需要。

案例 3.5.3

由操作员周娟设置银行名称:工商银行,账号定长,账号长度11,录入时需要自动带出的账号长度为8。

具体操作如下。

(1)在工资管理界面,单击"银行名称"图标或者在"工资"菜单条下执行"设置-银行名称设置"命令,打开"银行名称设置"窗口,如图 3-5-12 所示。

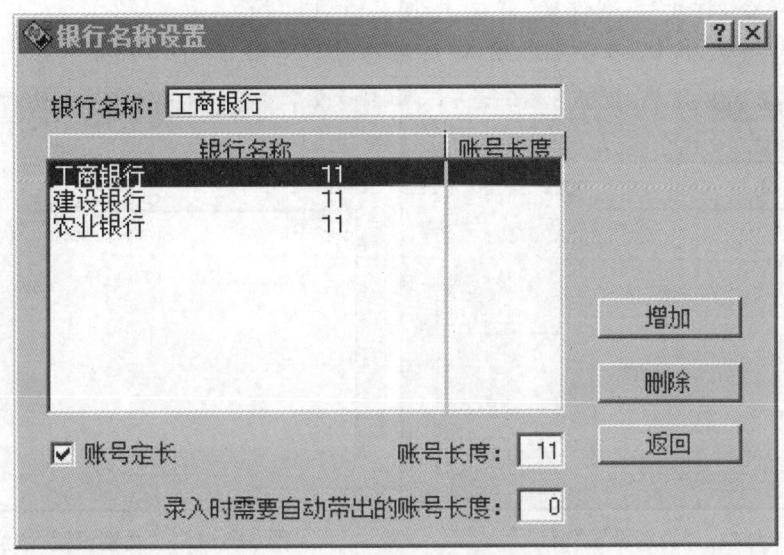

图 3-5-12 "银行名称设置"窗口

(2)选择"工商银行",在"录入时需要自动带出的账号长度"处输入"8",如图 3-5-13 所示。

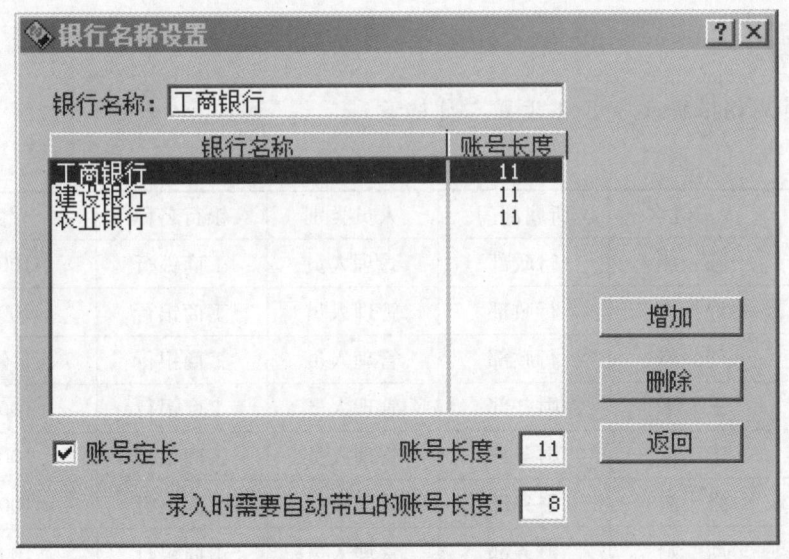

图 3-5-13 "银行名称设置-修改"窗口

3. 设置人员类别

设置人员类别的名称,便于按人员类别进行工资汇总计算。

案例 3.5.4

由操作员周娟设置人员类别:管理人员、市场人员。

具体操作如下。

(1) 在工资管理界面,单击"人员类别设置"图标或者在"工资"菜单条下执行"设置-人员类别设置"命令,打开"类别设置"窗口,如图 3-5-14 所示。

(2) 单击"增加"按钮,在类别处输入"管理人员",如图 3-5-15 所示。

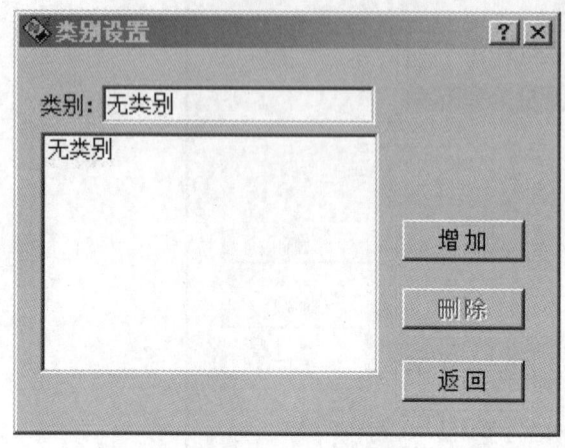
图 3-5-14 "类别设置"窗口

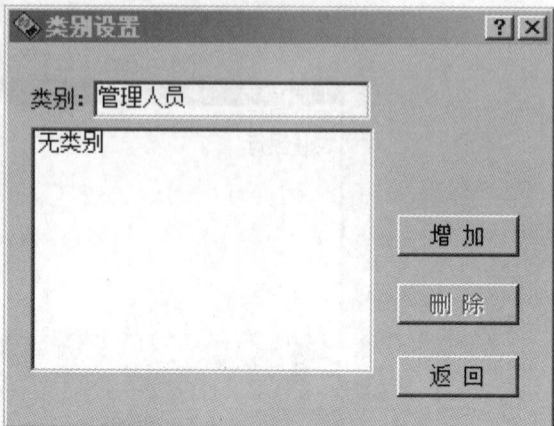
图 3-5-15 "类别设置-增加"窗口

(3) 同样操作方法设置其他人员类别。

4. 设置人员档案

人员档案的设置用于登记工资发放人员的编号、姓名、所在部门、人员类别等信息。

案例 3.5.5

由操作员周娟根据表 3-5-1 设置人员档案。

表 3-5-1　　　　　　　　人员档案资料

人员编号	人员姓名	所属部门	人员类别	银行名称	银行账号
101	陈 燕	行政部	管理人员	工商银行	10008880001
102	许 力	行政部	管理人员	工商银行	10008880002
103	刘 霞	行政部	管理人员	工商银行	10008880003
201	王 平	财务部	管理人员	工商银行	10008880004
202	李 萍	财务部	管理人员	工商银行	10008880005
203	张 浩	财务部	管理人员	工商银行	10008880006
204	周 娟	财务部	管理人员	工商银行	10008880007
205	赵 云	财务部	管理人员	工商银行	10008880008
301	江 洋	采购部	管理人员	工商银行	10008880009
302	黄 丽	采购部	管理人员	工商银行	10008880010
401	宋 建	销售部	市场人员	工商银行	10008880011
402	马子山	销售部	市场人员	工商银行	10008880012

具体操作如下。

(1) 在"工资"菜单条下执行"工资类别-打开工资类别"命令,打开"打开工资类别"窗口,如图 3-5-16 所示。

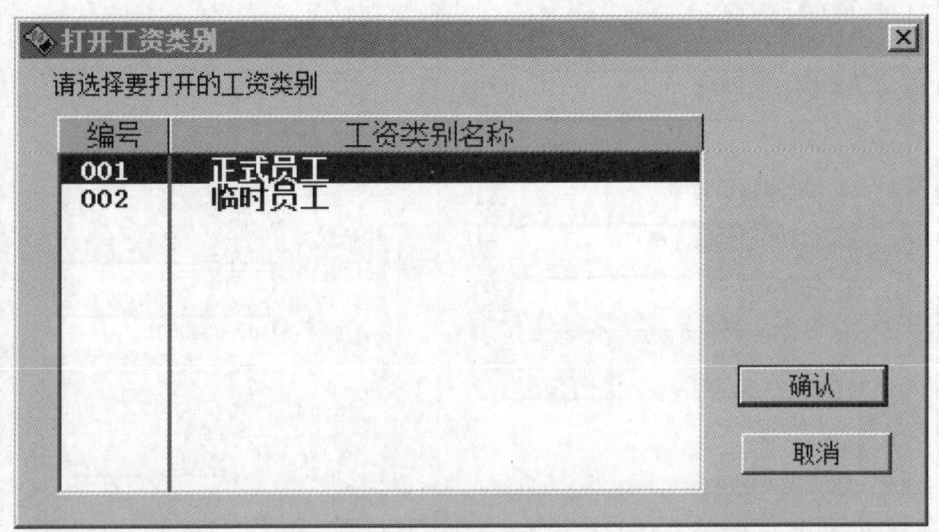

图 3-5-16 "打开工资类别"窗口

(2) 选择"001 正式员工",单击"确认"按钮。
(3) 在工资管理界面,单击"人员档案"图标或者在"工资"菜单条下执行"设置-人员档案"命令,打开"人员档案"窗口,如图 3-5-17 所示。

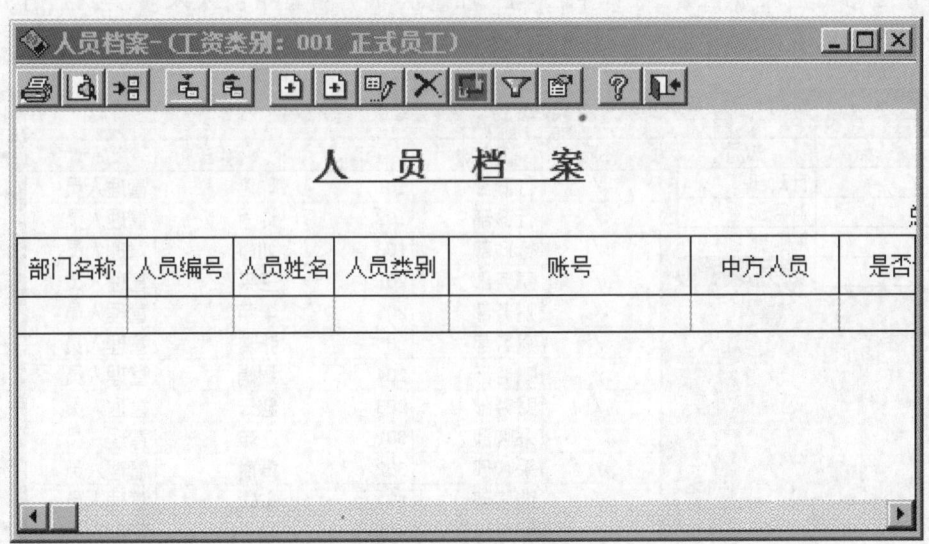

图 3-5-17 "人员档案"窗口

(4) 单击"增加"按钮,打开"人员档案-增加"窗口,在该窗口中输入人员编号、人员姓名等信息,如图 3-5-18 所示。
(5) 单击"确认"按钮。同样操作方法输入其他人员档案。

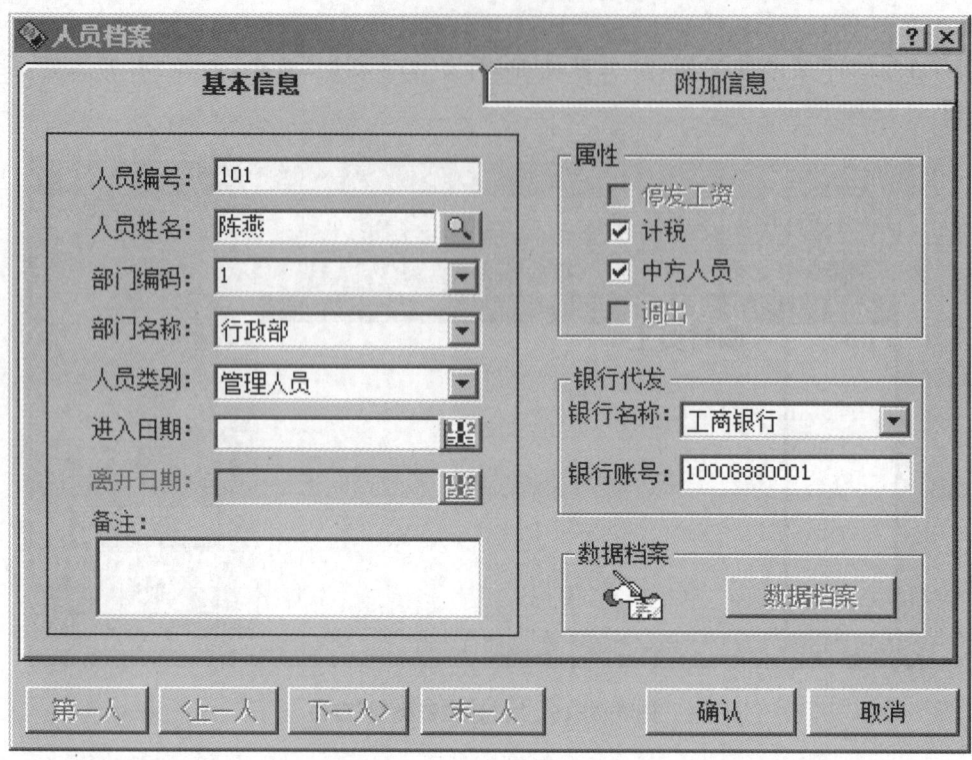

图 3-5-18 "人员档案-增加"窗口

【点拨指导】

在图 3-5-17"人员档案"窗口中,单击"批量从职员档案中引入人员"按钮,打开"人员批量增加"窗口,在"选择"栏进行选择,如图 3-5-19 所示。

选择	部门	选择	薪资部门	编码	姓名	人员类别
√	行政部	√	行政部	101	陈燕	管理人员
√	财务部	√	行政部	102	许力	管理人员
√	采购部	√	行政部	103	刘霞	管理人员
√	销售部	√	财务部	201	王平	管理人员
		√	财务部	202	李萍	管理人员
		√	财务部	203	张浩	管理人员
		√	财务部	204	周娟	管理人员
		√	财务部	205	赵云	管理人员
		√	采购部	301	江洋	管理人员
		√	采购部	302	黄丽	管理人员
		√	销售部	401	宋建	管理人员
		√	销售部	402	马子山	管理人员

图 3-5-19 "人员批量增加"窗口

单击"确定"按钮,返回"人员档案"窗口,只需要设置人员类别和账号即可。

5. 设置工资项目

设置工资项目是计算工资的基础,包括工资项目名称、类型、数据长度、小数位数等。工资项目的类型有三种选择:数字型、文字型和日期型。工资项目可以在新建工资账套时设置,也可以在日后进行增加、修改或删除操作。

案例 3.5.6

由操作员周娟根据表 3-5-2 设置工资项目。

表 3-5-2　　　　　　　　　　　工资项目资料

工资项目名称	类型	长度	小数	增减项
基本工资	数字	8	2	增项
奖金	数字	8	2	增项
请假扣款	数字	8	2	减项
请假天数	字符	8	2	其他

具体操作如下。

(1) 在"工资"菜单条下执行"工资类别-关闭工资类别"命令。

(2) 在工资管理界面,单击"工资项目"图标或者在"工资"菜单条下执行"设置-工资项目设置"命令,打开"工资项目设置"窗口;单击"增加"按钮,工资项目列表中增加一空白行;单击"名称参照"下拉列表框选择"基本工资"或者直接输入"基本工资";双击"类型"栏,从下拉列表框中选择"数字";双击"小数"栏,利用增减器的上三角按钮将小数设为"2";双击"增减项"栏,从下拉列表框中选择"增项",如图 3-5-20 所示。

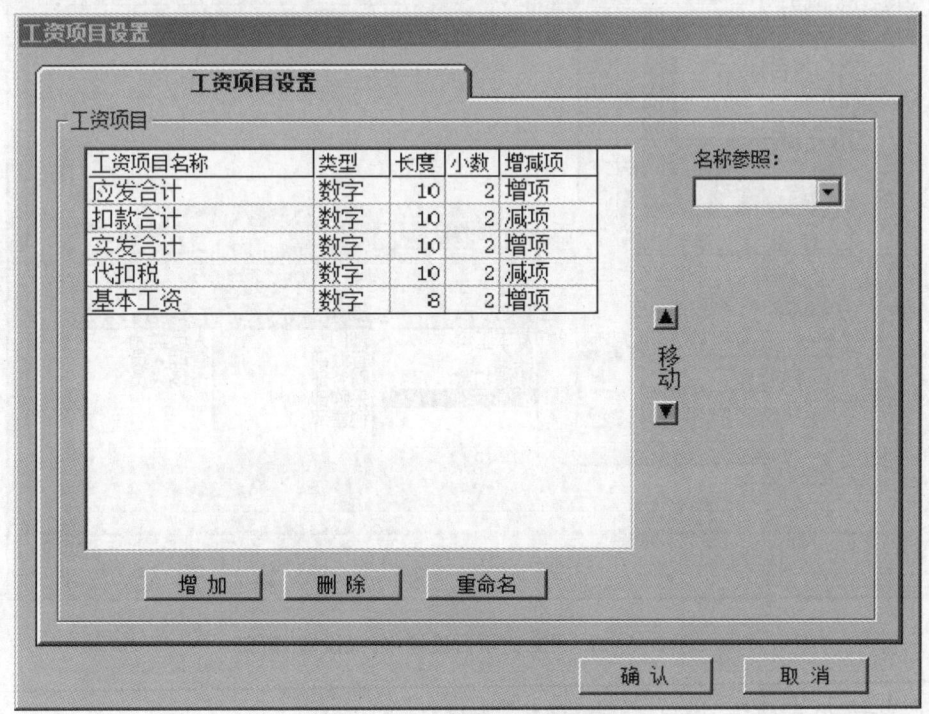

图 3-5-20　"工资项目设置"窗口

(3) 同样操作方法设置其他工资项目。

【点拨指导】
在"工资项目设置"窗口中,利用"▲"和"▼"箭头可以调整工资项目的排列位置。

6. 设置工资项目计算公式

设置工资项目计算公式是指企业根据其财务制度,设置某一工资类别下的工资计算公式。计算公式由工资项目、运算符、关系符、函数等组成。

案例 3.5.7

由操作员周娟设置计算公式:请假扣款＝(基本工资＋奖金)/22＊请假天数

具体操作如下。

(1) 在"工资"菜单条下执行"工资类别-打开工资类别"命令,打开"打开工资类别"窗口,选择"001 正式员工",单击"确认"按钮。

(2) 在工资管理界面,单击"工资项目"图标或者在"工资"菜单条下执行"设置-工资项目设置"命令,打开"工资项目设置"窗口,在"工资项目设置"选项卡中,单击"增加"按钮,工资项目列表中增加一空白行,单击"名称参照"下拉列表框选择"基本工资",同样操作方法增加"奖金""请假扣款"和"请假天数"。

(3) 单击"公式设置"选项卡,单击"增加"按钮,在弹出的下拉列表框中选择"请假扣款",在"请假扣款公式定义"处设置公式,如图 3-5-21 所示。

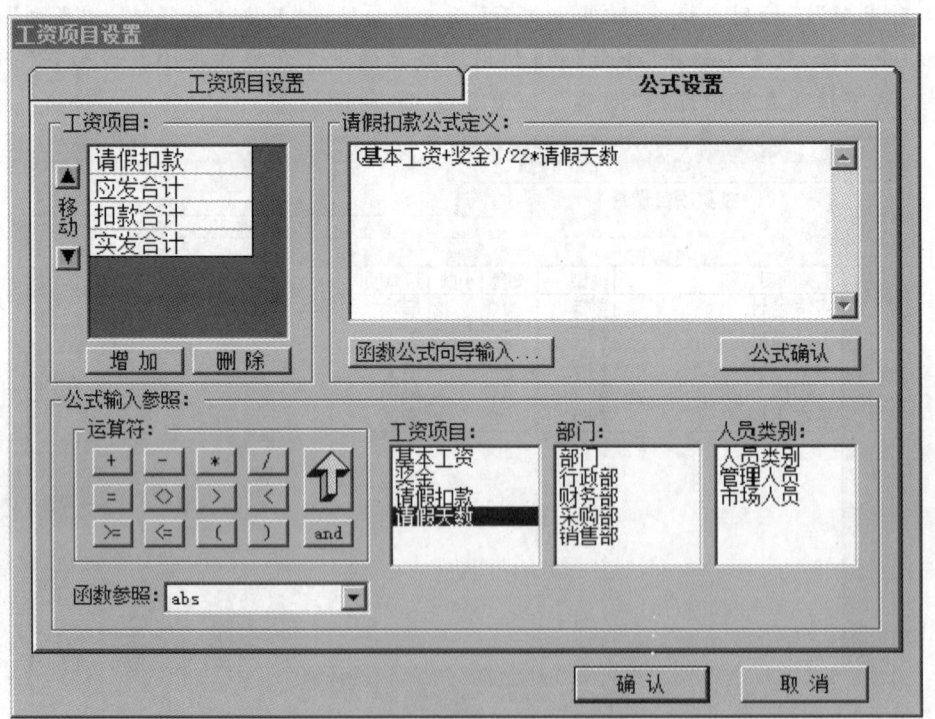

图 3-5-21 "工资项目设置-公式设置"窗口

(4) 单击"公式确认"按钮,单击"确认"按钮。

（三）录入工资基础数据

第一次使用工资管理模块必须将所有人员的基本工资数据录入计算机。

由于工资数据具有来源分散等特点，工资管理模块一般提供以下数据输入方式：

(1) 单个记录录入。选定某一特定员工，输入或修改其工资数据。

(2) 成组数据录入。先将工资项目分组，然后按组输入。

(3) 按条件成批替换。对符合条件的某些工资项，统一替换为一个相同的数据。

(4) 公式计算。适用于有确定取数关系的数据项。

(5) 从外部直接导入数据。这是指通过数据接口将工资数据从车间、人事、后勤等外部系统导入工资管理模块。

案例 3.5.8

由操作员王平根据表 3-5-3 设置职员工资。

表 3-5-3　　　　　　　　　　　职员工资数据

职员编码	职员姓名	所属部门	人员类别	基本工资	奖金	请假天数
101	陈燕	行政部	管理人员	5 500	200	
102	许力	行政部	管理人员	5 000	100	
103	刘霞	行政部	管理人员	4 000	100	2
201	王平	财务部	管理人员	4 000	200	
202	李萍	财务部	管理人员	3 000	150	
203	张浩	财务部	管理人员	3 000	150	
204	周娟	财务部	管理人员	2 600	150	
205	赵云	财务部	管理人员	2 600	150	1
301	江洋	采购部	管理人员	2 800	400	
302	黄丽	采购部	管理人员	2 600	400	
401	宋建	销售部	市场人员	2 800	400	1
402	马子山	销售部	市场人员	2 600	400	

具体操作如下。

(1) 在工资管理界面，单击"工资变动"图标或者在"工资"菜单条下执行"业务处理-工资变动"命令，打开"工资变动"窗口，根据要求输入基本工资、奖金和请假天数，如图 3-5-22 所示。

(2) 单击"退出"按钮，系统弹出"工资管理"对话框，如图 3-5-23 所示。

(3) 单击"是"按钮。

图 3-5-22 "工资变动"窗口

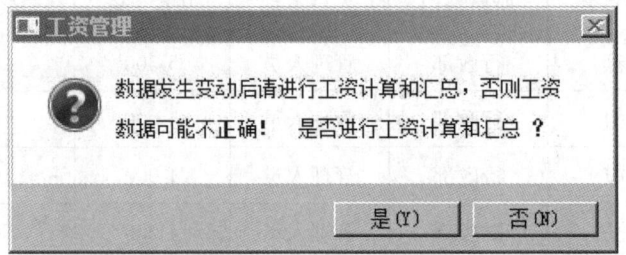

图 3-5-23 "工资管理"对话框

二、工资管理模块日常处理

（一）工资计算

1. 工资变动数据录入

工资变动是指对工资可变项目的具体数额进行修改，以及对个人的工资数据进行修改、增删。工资变动数据录入是指输入某个期间内工资项目中相对变动的数据，如奖金、请假扣款等。

【点拨指导】

工资变动数据录入与基础工资数据录入方法一致。

2. 工资数据计算

工资数据计算是指按照所设置的公式计算每位员工的工资数据。

【特别提示】

如果修改了某些工资数据或重新设置了工资计算公式，需利用此功能对工资数据进行重新计算，以保证工资数据的准确性。

（二）个人所得税计算

工资管理模块提供个人所得税自动计算功能，用户可以根据政策的调整，定义最新的个人所得税税率表,系统可以自动计算个人所得税。设置内容具体包括:基本扣减额、所得项目、累进税率表等。

案例 3.5.9

由操作员周娟设置个人所得税缴纳方法。

具体操作如下。

(1) 在工资管理界面,单击"扣缴个人所得税"图标或者在"工资"菜单条下执行"业务处理-扣缴所得税"命令,打开"栏目选择"窗口,选择对应工资项目"应发合计",如图 3-5-24 所示。

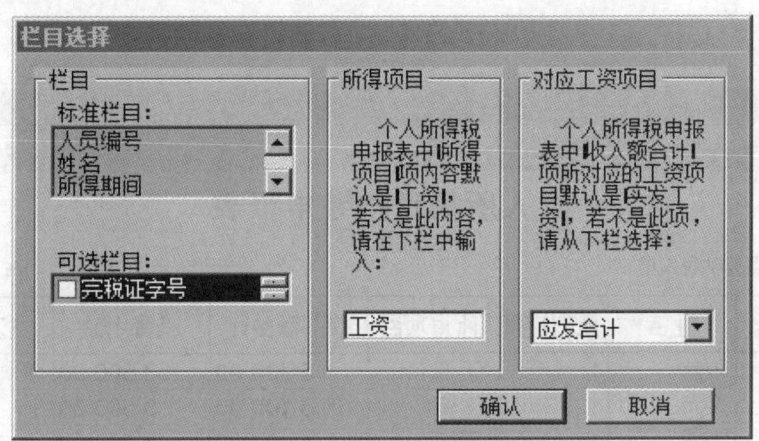

图 3-5-24 "栏目选择"窗口

(2) 单击"确认"按钮,系统弹出"个人所得税"对话框,单击"是"按钮,打开"个人所得税"窗口,单击"税率表"图标,打开"个人所得税申报表-税率表"窗口,修改基数"3 500",附加费用"1 300",如图 3-5-25 所示。

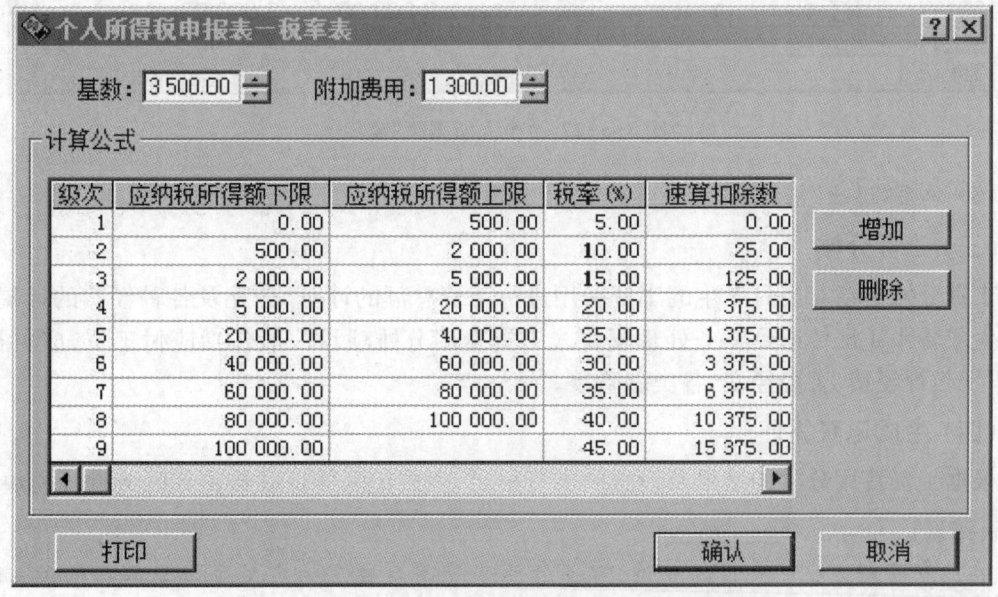

图 3-5-25 "个人所得税申报表-税率表"窗口

(3) 单击“确认”按钮，系统弹出“个人所得税”对话框，提示是否重新计算个人所得税，如图 3-5-26 所示。

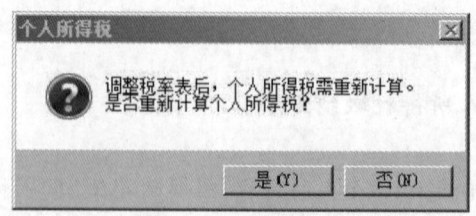

图 3-5-26 “个人所得税”对话框

(4) 单击“是”按钮，返回“个人所得税”窗口，如图 3-5-27 所示。

人员编号	姓名	所得期间	所得项目	收入额合计	减费用额	应纳税所
101	陈燕	1	工资	5 700.00	3 500.00	2,
102	许力	1	工资	5 100.00	3 500.00	1,
103	刘霞	1	工资	4 100.00	3 500.00	
201	王平	1	工资	4 200.00	3 500.00	
202	李萍	1	工资	3 150.00	3 500.00	
203	张浩	1	工资	3 150.00	3 500.00	
204	周娟	1	工资	2 750.00	3 500.00	
205	赵云	1	工资	2 750.00	3 500.00	
301	江洋	1	工资	3 200.00	3 500.00	

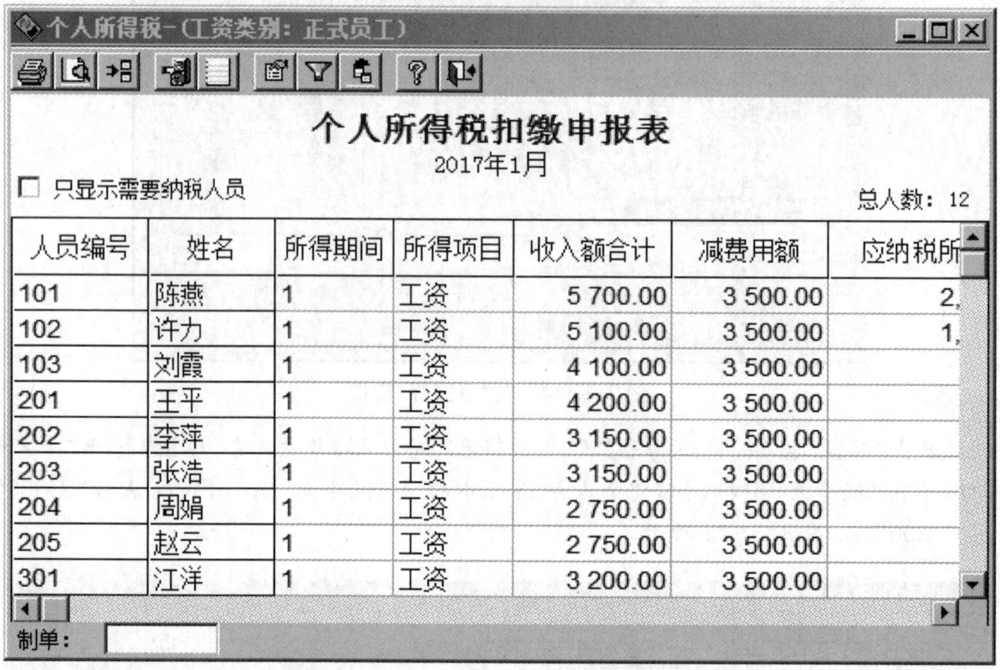

图 3-5-27 “个人所得税”窗口

(5) 单击“退出”图标。

(三) 工资分摊

工资分摊是指对当月发生的工资费用进行工资总额的计算、分配及各种经费的计提，并自动生成转账凭证传递到账务处理模块。工资费用分摊项目一般包括应付工资、应付福利费、职工教育经费、工会经费、各类保险等。

(四) 生成记账凭证

根据工资费用分摊的结果及设置的借贷科目，生成记账凭证并传递到账务处理模块。

【知识拓展】

在工资管理系统下生成的凭证，可通过总账管理系统下的有关命令来进行修改、删除操作。同时，该凭证的审核、记账操作也是在总账管理系统下进行的。

案例 3.5.10

由操作员周娟根据表 3-5-4 生成工资凭证,附单据 1 张。

表 3-5-4　　　　　　　　　　工资凭证资料

部门名称	人员类别	项　目	借方科目	贷方科目
行政部、财务部、采购部	管理人员	应发合计	660204	2211
销售部	市场人员	应发合计	6601	2211

具体操作如下。

(1) 在工资管理界面,单击"工资分摊"图标或者在"工资"菜单条下执行"业务处理-工资分摊"命令,打开"工资分摊"窗口,单击"工资分摊设置"按钮,打开"分摊类型设置"窗口,如图 3-5-28 所示。

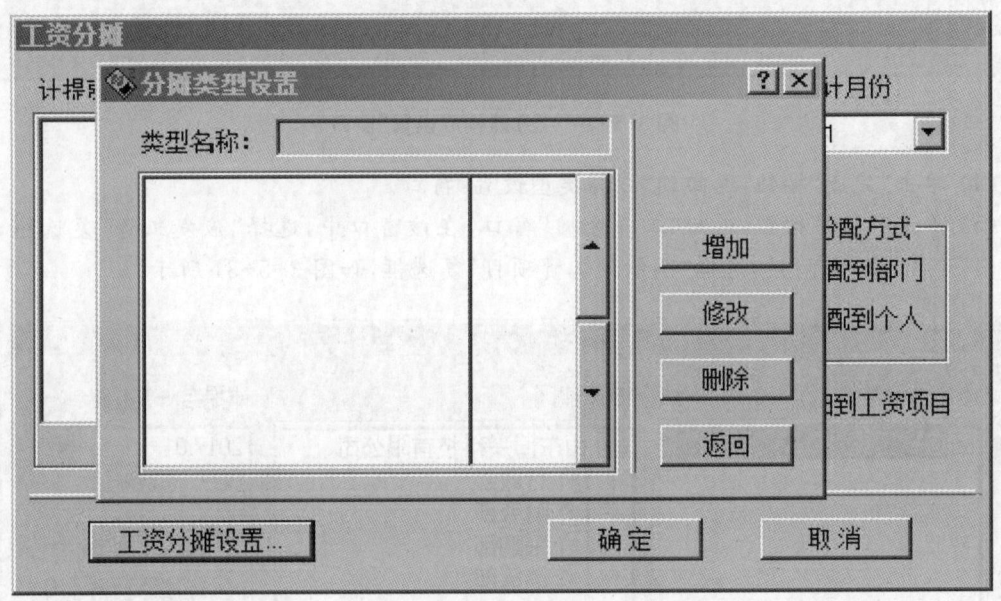

图 3-5-28　"分摊类型设置"窗口

(2) 单击"增加"按钮,打开"分摊计提比例设置"窗口,在"计提类型名称"处输入"应付工资",如图 3-5-29 所示。

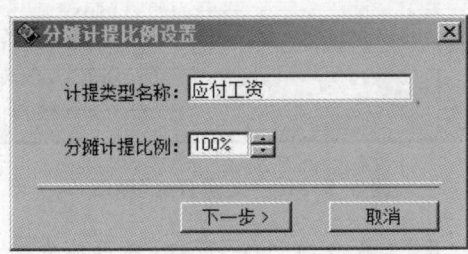

图 3-5-29　"分摊计提比例设置"窗口

(3)单击"下一步"按钮,打开"分摊构成设置"窗口,根据要求设置相关信息,如图3-5-30所示。

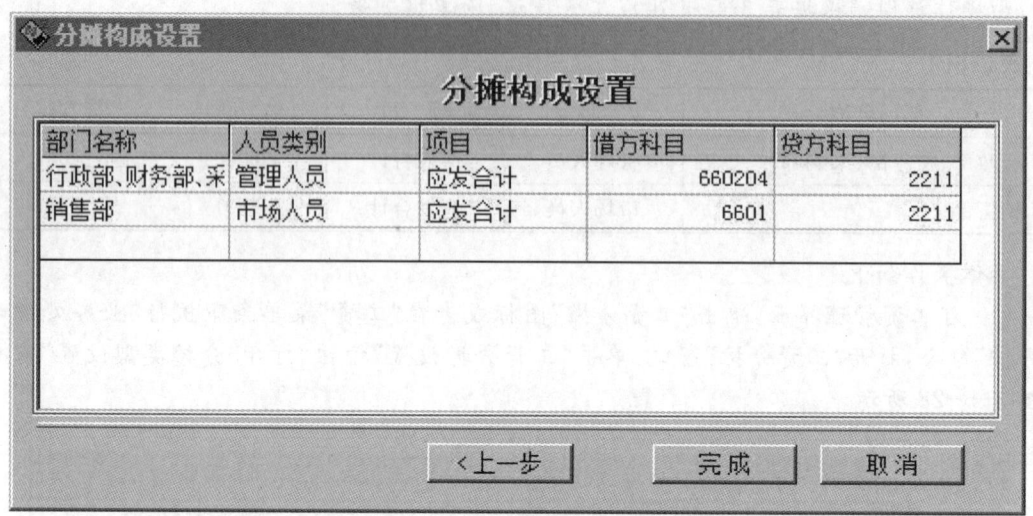

图 3-5-30 "分摊构成设置"窗口

(4)单击"完成"按钮,返回到"分摊类型设置"窗口。

(5)单击"返回"按钮,返回"工资分摊"窗口,在该窗口中,选择"应发工资"复选框,"核算部门"选择"全部部门",选择"明细到工资项目"复选框,如图3-5-31所示。

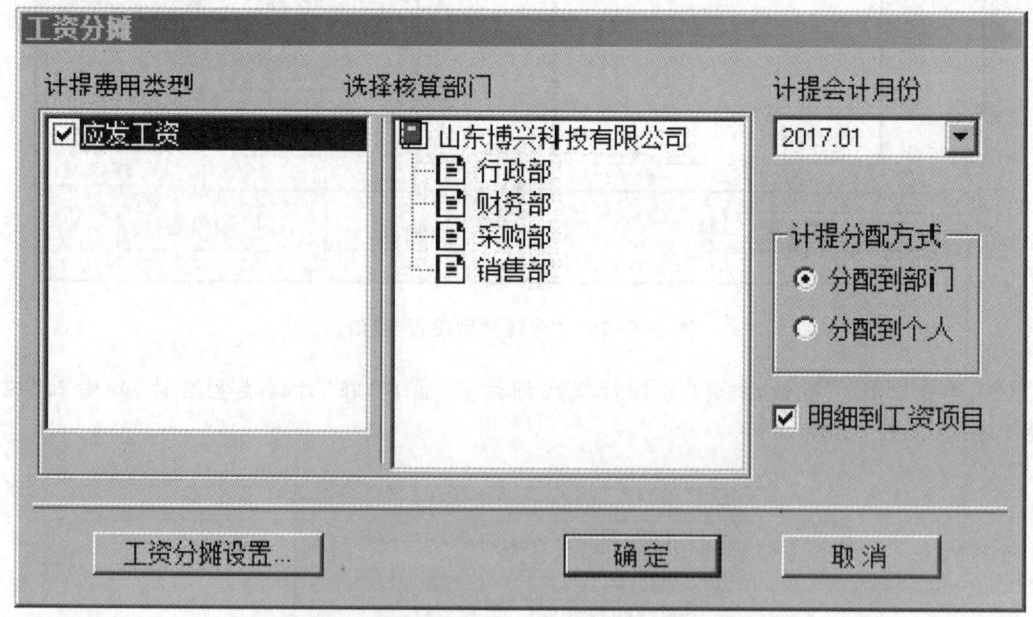

图 3-5-31 "工资分摊"窗口

(6)单击"确定"按钮,打开"工资分摊明细"窗口,显示应发工资一览表,选择"合并科目相同、辅助项相同的分录"复选框,如图3-5-32所示。

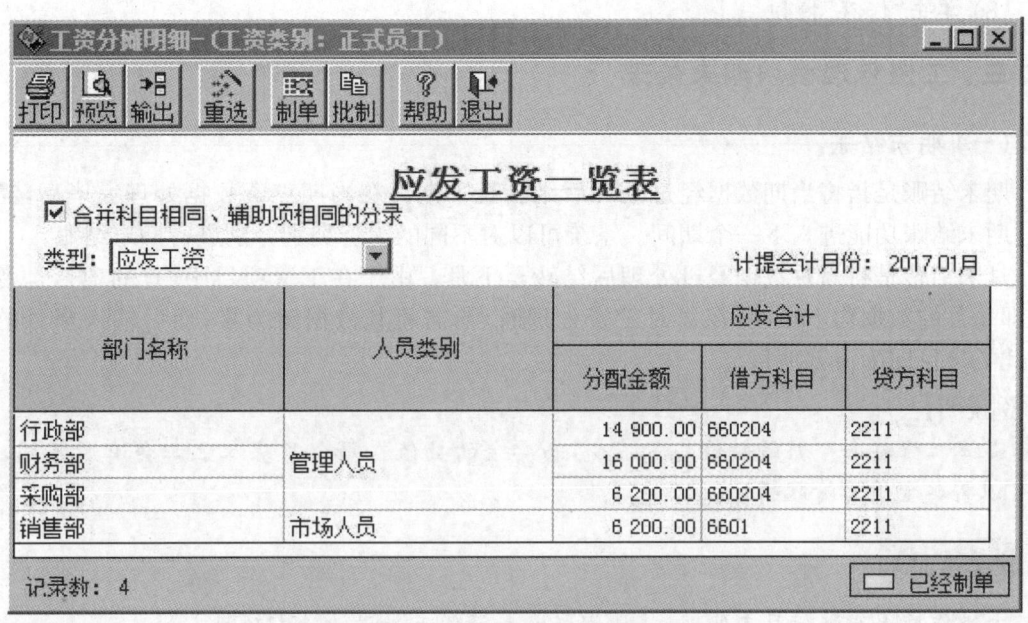

图 3-5-32 "工资分摊明细"窗口

(7) 单击"制单"按钮,打开"填制凭证"窗口,修改凭证类别、附单据数,如图 3-5-33 所示。

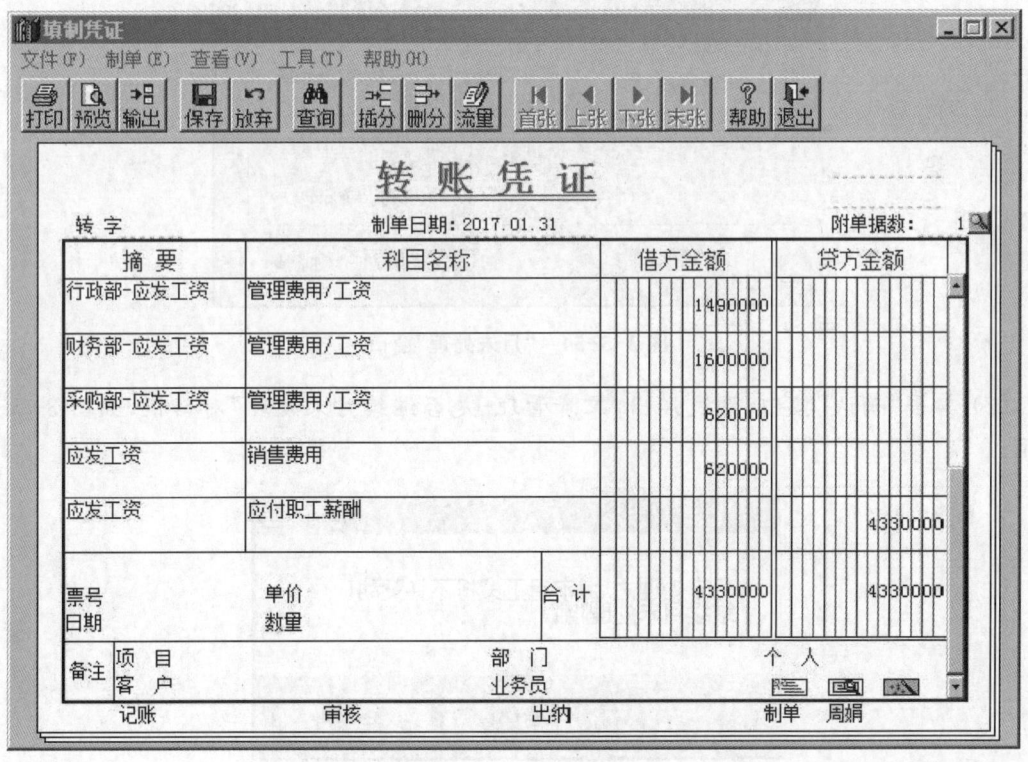

图 3-5-33 "填制凭证"窗口

(8) 单击"保存"按钮。

三、工资管理模块期末处理

(一) 期末结账

期末结账是指将当期数据经过处理后结转至下期。在当期工资数据处理完毕后,需要通过期末结账功能进入下一个期间。系统可以对不同的工资类别分别进行期末结账。

月末结转是将当月数据经过处理后结转至下月。由于在工资项目中,有的项目是变动的,即每月的数据均不相同,在每月工资处理时,均需将其数据清为零,而后输入当月的数据,此类项目即为清零项目。

【举例说明】
基本工资在每个月的数值基本不变,而奖金的数值在每个月基本上都会有所不同,所以可以将奖金设为清零项目。

案例 3.5.11

由操作员周娟进行月末处理,将请假扣款和请假天数设为清零项目。

具体操作如下。

(1) 在工资管理界面,单击"月末处理"图标或者在"工资"菜单条下,执行"业务处理-月末处理"命令,打开"月末处理"窗口,如图 3-5-34 所示。

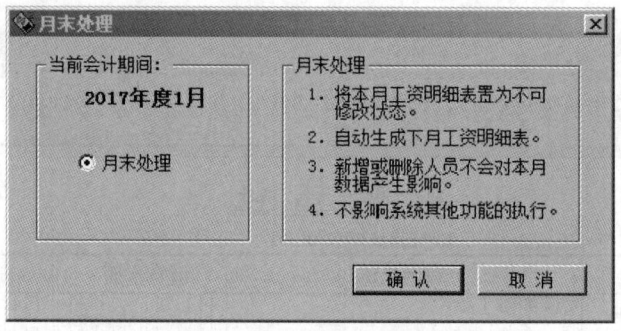

图 3-5-34 "月末处理"窗口

(2) 单击"确认"按钮,系统弹出"工资管理-是否继续月末处理"对话框,如图 3-5-35 所示。

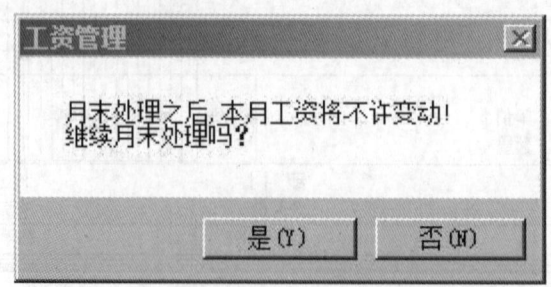

图 3-5-35 "工资管理-是否继续月末处理"对话框

（3）单击"是"按钮，系统弹出"工资管理"对话框，如图3-5-36所示。

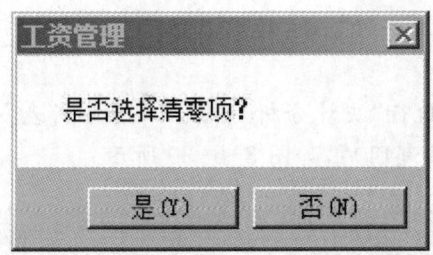

图3-5-36 "工资管理-是否选择清零项"对话框

（4）单击"是"按钮，打开"选择清零项目"窗口，将"请假扣款"和"请假天数"设为清零项目，选择"保存本次选择结果"复选框，如图3-5-37所示。

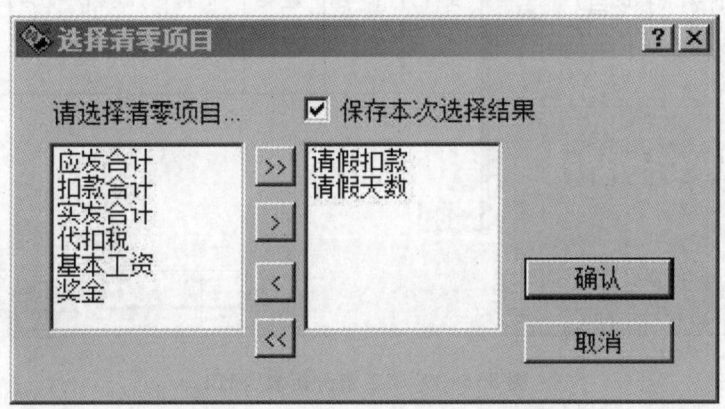

图3-5-37 "选择清零项目"窗口

（5）单击"确认"按钮，系统弹出"工资管理-月末处理完毕"对话框，如图3-5-38所示。

（6）单击"确定"按钮。

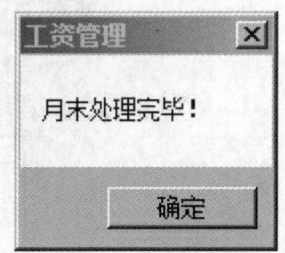

图3-5-38 "工资管理-月末处理完毕"对话框

（二）工资表的查询输出

工资数据处理结果最终通过工资报表的形式反映，工资管理模块提供了主要的工资报表，报表的格式由会计软件提供，如果对报表提供的固定格式不满意，用户也可以自行设计。

1. 工资表

工资表主要用于对本月工资发放和统计，包括工资发放表、工资汇总表等。用户可以对系统提供的工资表进行修改，使报表格式更符合企业的需要。

2. 工资分析表

工资分析表是以工资数据为基础，对按部门、人员等方式分类的工资数据进行分析和比较，产生各种分析表，供决策人员使用。

案例 3.5.12

由操作员周娟查询员工工资汇总表（按部门）。

具体操作如下。

（1）在"工资"菜单条下执行"统计分析-账表-工资分析表"命令，打开"工资分析表"窗口，选择"员工工资汇总表（按部门）"，如图 3-5-39 所示。

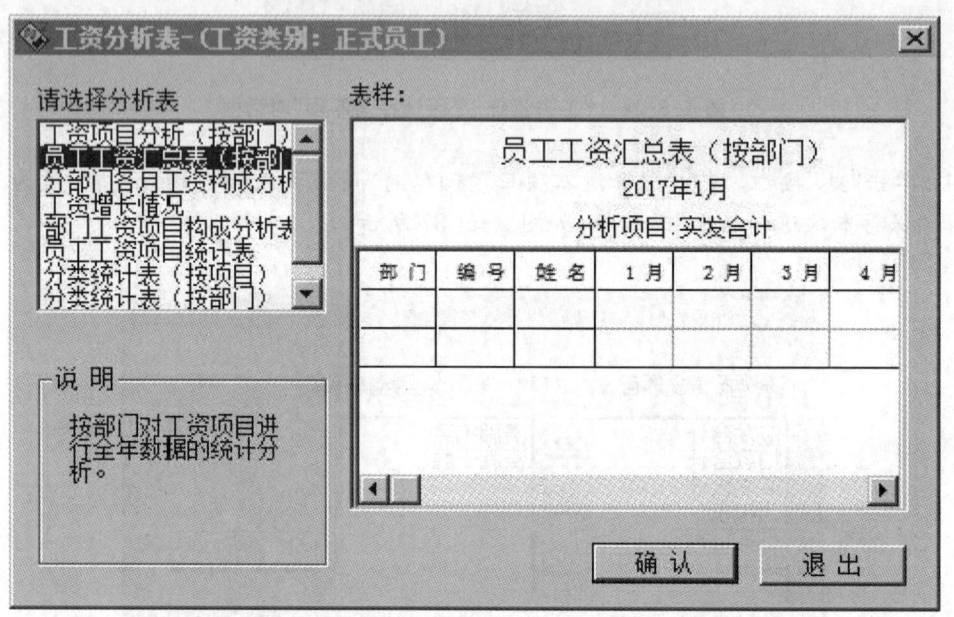

图 3-5-39 "工资分析表"窗口

（2）单击"确认"按钮，打开"选择分析部门"窗口，选择全部部门，如图 3-5-40 所示。

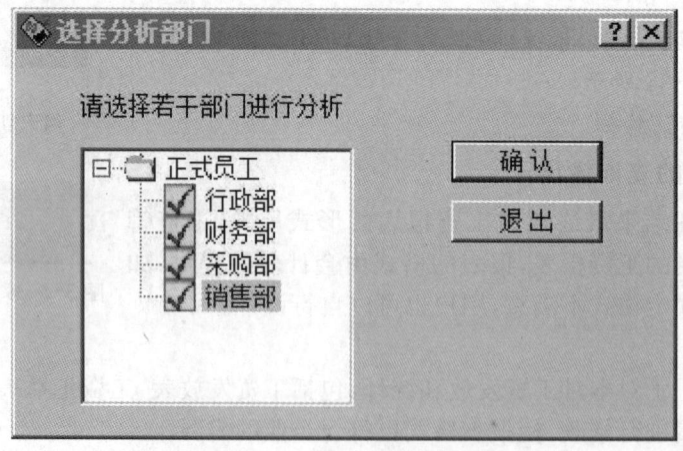

图 3-5-40 "选择分析部门"窗口

（3）单击"确认"按钮，打开"分析表选项"窗口，通过下拉列表框可以选择分析项目，如图 3-5-41 所示。

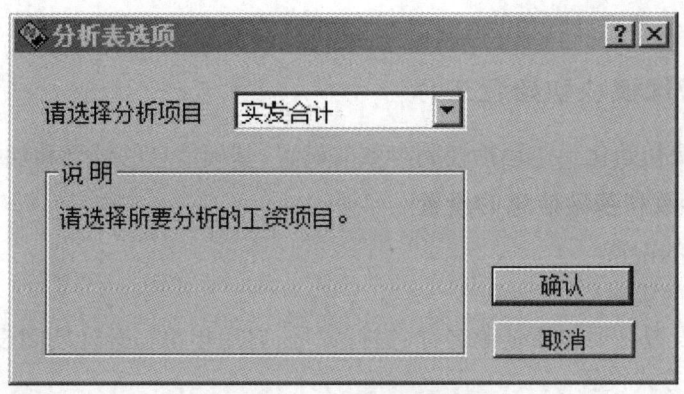

图 3-5-41 "分析表选项"窗口

（4）单击"确认"按钮，打开"员工工资汇总表（按部门）"窗口，显示各个部门及员工工资数据，如图 3-5-42 所示。

图 3-5-42 "员工工资汇总表（按部门）"窗口

第六节 应收管理模块的应用

【学习指导】

学习本节内容，读者需要理解应收管理模块的操作流程，熟悉应收管理模块初始化工作的内容和操作方法，并熟悉应收管理模块期末处理操作，掌握应收管理模块日常处理操作，包括应收单据的录入、审核、作废以及记账凭证的生成等。

应收管理模块主要用于核算和管理客户往来款项，是以发票、费用单、其他应收单等原始单据为依据，记录销售业务及其他业务所形成的往来款项，处理应收账款的收回、坏账、转账等情况,同时提供票据处理功能。

一、应收管理模块初始化工作

应收管理模块初始化工作包括控制参数的设置、基础信息的设置和期初余额的录入。

(一) 控制参数和基础信息的设置

1. 控制参数的设置

1) 基本信息的设置

基本信息的设置主要包括企业名称、银行账号、启用年份与会计期间设置。

2) 坏账处理方式设置

企业应当按期估计坏账损失,计提坏账准备,当某一应收款项全部确认为坏账时,应根据其金额冲减坏账准备,同时转销相应的应收款项金额。

【特别提示】

在账套使用过程中,如果当年已经计提过坏账准备,则坏账处理方式这一参数不能更改;如确需更改的,只能在下一年修改。

3) 应收款核销方式的设置

应收款核销是确定收款与销售发票、应收单据之间对应关系的操作,即指明每一次收款是哪几笔销售业务款项。应收管理模块一般提供按单据、按存货等核销方式。

4) 规则选项

应收管理模块的规则选项一般包括:核销是否自动生成凭证、预收冲应收是否生成转账凭证等。

案例 3.6.1

由操作员赵云设置开户银行:工商银行,银行账号:66666666666。

具体操作如下。

(1) 在主操作界面,执行"基础设置-基础档案初始化"命令,打开"期初档案录入"窗口,单击"下一页",显示购销存界面,如图3-6-1所示。

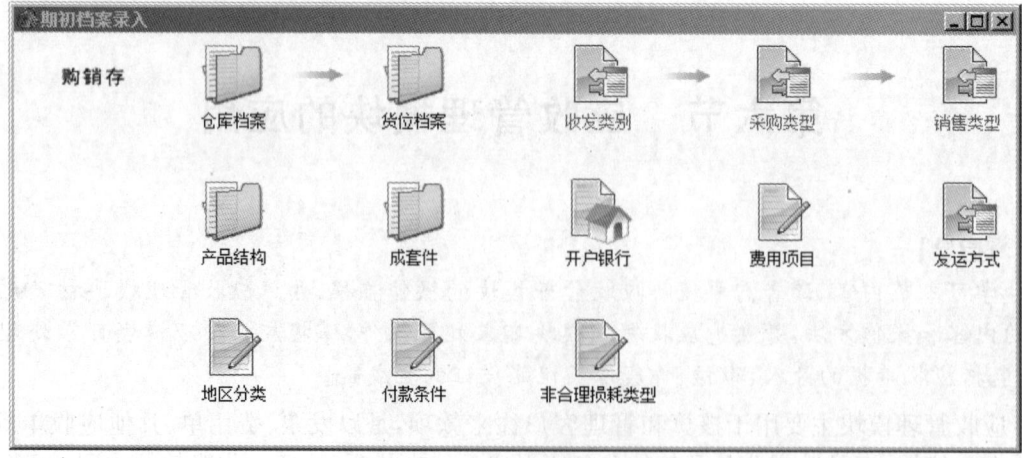

图 3-6-1 "期初档案录入"窗口

（2）单击"开户银行"图标，打开"开户银行"窗口，根据要求输入开户银行、银行账号，如图 3-6-2 所示。

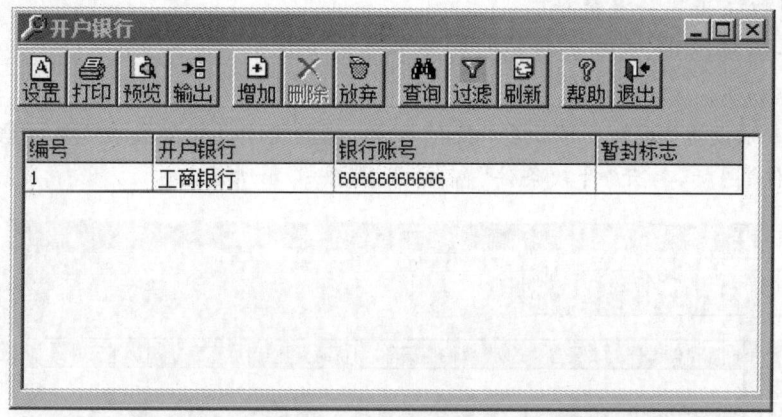

图 3-6-2　"开户银行"窗口

（3）单击"退出"按钮，系统弹出"提示！"对话框，提示是否保存，如图 3-6-3 所示。

图 3-6-3　"提示！"对话框

（4）单击"是"按钮。

2. 基础信息的设置

1）设置会计科目

设置会计科目是指定义应收管理模块凭证制单所需的基本科目。

【点拨指导】

一般情况下，应收科目设置为"应收账款"，预收科目设置为"预收账款"，销售收入科目设置为"主营业务收入"，现金折扣科目设置为"财务费用"等。

2）设置对应科目的结算方式

设置对应科目的结算方式即设置对应科目的收款方式，主要包括现金、支票、汇票等。在后期，一旦发生某种结算公式的业务，生成的凭证中将自动填入与该结算方式对应的会计科目，不需要手工录入。

3）设置账龄区间

设置账龄区间是指为进行应收账款账龄分析，根据欠款时间，将应收账款划分为若干等级，以便掌握客户欠款时间的长短。

案例 3.6.2

由操作员赵云设置付款条件。

付款条件编码：30D，信用天数：30，付款条件：2/10，1/20，n/30。

具体操作如下。

(1) 在"基础设置"菜单条下执行"收付结算-付款条件"命令或在"期初档案录入"窗口单击"付款条件"图标，打开"付款条件"窗口，如图 3-6-4 所示。

图 3-6-4 "付款条件"窗口

(2) 单击"增加"按钮，打开"付款条件-输入信息"窗口，根据要求输入付款条件编码、信用天数、优惠天数和优惠率，如图 3-6-5 所示。

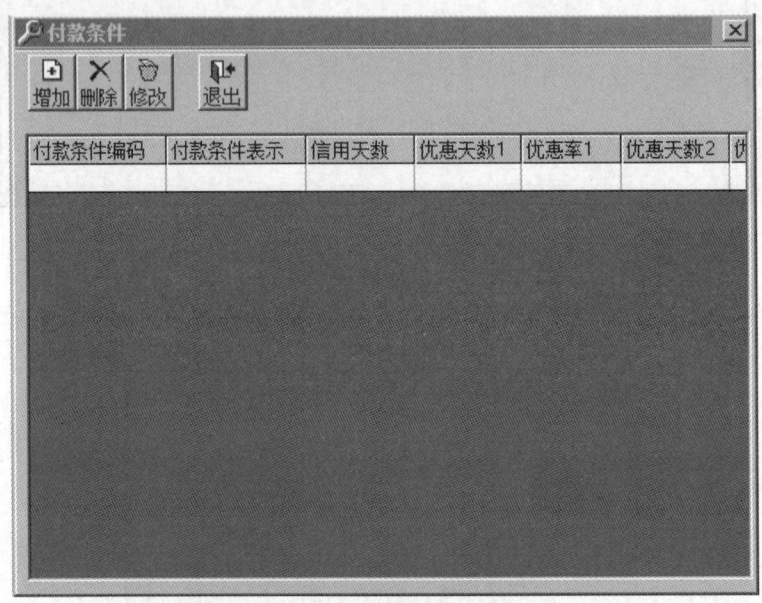

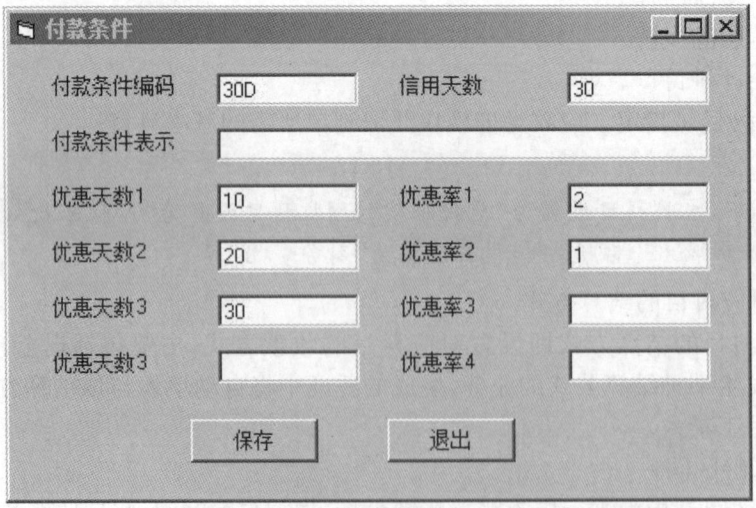

图 3-6-5 "付款条件-输入信息"窗口

(3) 单击"保存"按钮,系统弹出"基础设置"对话框,提示保存成功,单击"确定"按钮。

4) 设置存货信息

设置存货信息包括存货分类和存货档案,其中存货档案一般包括存货编号、存货名称、计量单位、所属分类、存货属性等。

案例 3.6.3

由操作员赵云根据表 3-6-1 和表 3-6-2 设置存货信息。

(1) 存货分类,见表 3-6-1。

表 3-6-1　　　　　　　　　　　　存货分类

类别编码	类别名称	类别编码	类别名称
01	自制产品	02	外购产品

(2) 存货档案,见表 3-6-2。

表 3-6-2　　　　　　　　　　　　存货档案

存货编号	存货名称	计量单位	所属分类	存货属性
01	光盘片	片	外购	销售、外购
02	电子商务讲座	套	外购	销售、外购

设置存货分类的具体操作如下。

(1) 在"基础设置"菜单条下执行"存货-存货分类"命令或在"期初档案录入"窗口单击"存货分类"图标,打开"存货分类"窗口,根据要求输入类别编码和类别名称,如图 3-6-6 所示。

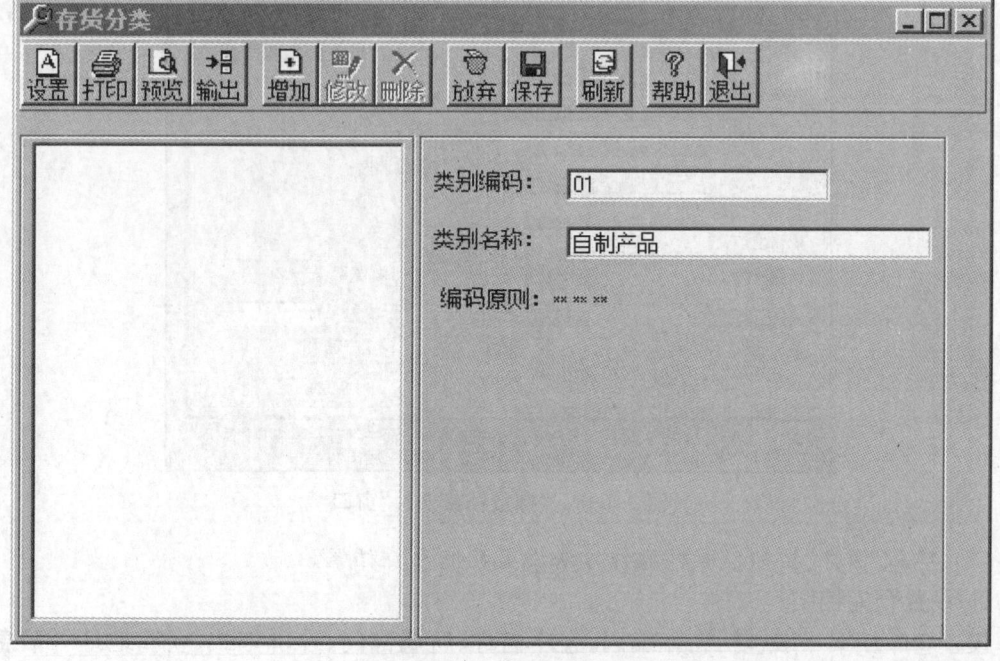

图 3-6-6　"存货分类"窗口

(2)单击"保存"按钮。同样操作方法设置其他存货类别。

设置存货档案的具体操作如下。

(1)在"基础设置"菜单条下执行"存货-存货档案"命令或在"期初档案录入"窗口单击"存货档案"图标,打开"存货档案"窗口,选择"02 外购产品",如图3-6-7所示。

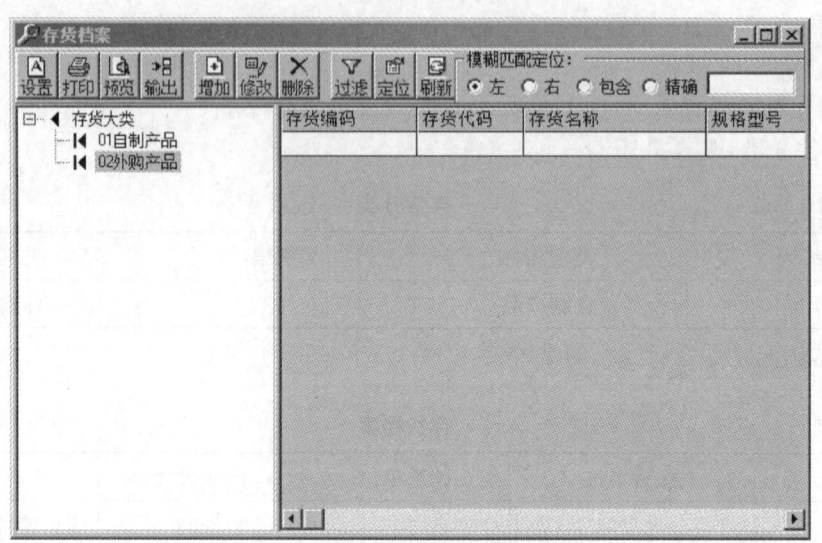

图 3-6-7 "存货档案"窗口

(2)单击"增加"按钮,打开"存货档案卡片"窗口,根据要求输入相关信息,如图3-6-8所示。

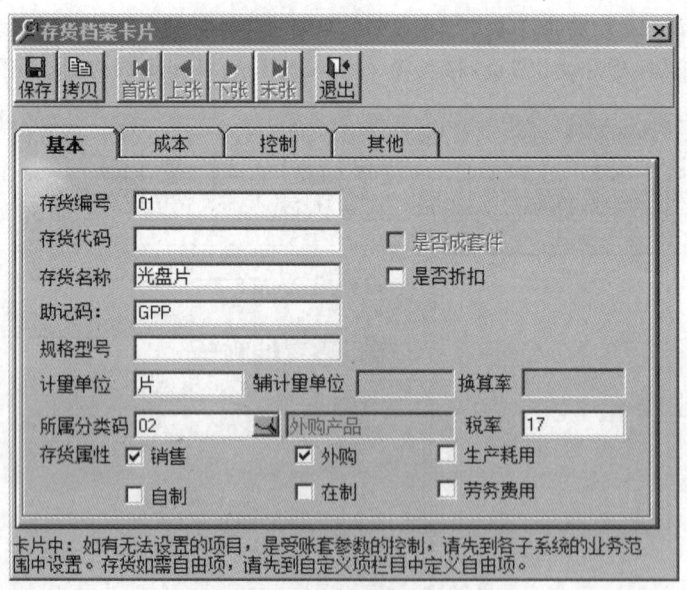

图 3-6-8 "存货档案卡片"窗口

(3)单击"保存"按钮。同样操作方法设置其他存货档案。

5)设置仓库档案

设置仓库档案一般包括仓库编码、仓库名称、所属部门、计价方式、仓库地址等信息,其目的是为了便于库存期初的设置以及存货的核算。

案例 3.6.4

由操作员赵云根据表 3-6-3 设置仓库档案。

表 3-6-3　　　　　　　　　　　仓库档案

仓库编码	仓库名称	仓库编码	仓库名称
01	光盘片仓库	02	电子商务讲座仓库

具体操作如下。

（1）在"基础设置"菜单条下执行"购销存-仓库档案"命令或在"期初档案录入"窗口单击"仓库档案"图标，打开"仓库档案"窗口，如图 3-6-9 所示。

图 3-6-9 "仓库档案"窗口

（2）单击"增加"按钮，打开"仓库档案卡片"窗口，根据要求输入相关信息，如图 3-6-10 所示。

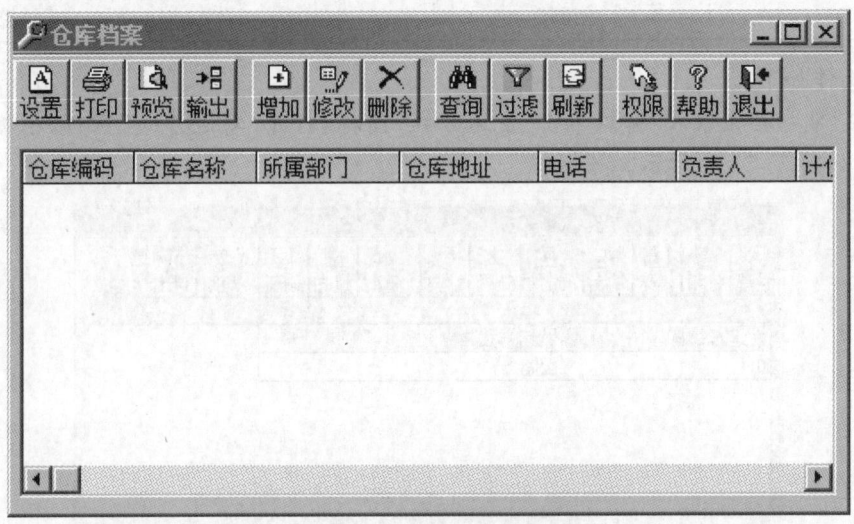

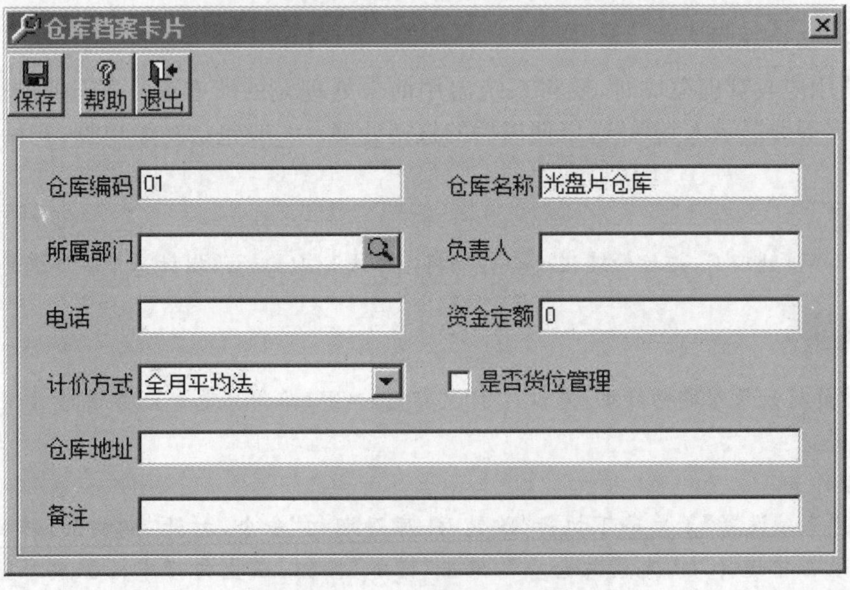

图 3-6-10 "仓库档案卡片"窗口

(3) 单击"保存"按钮。同样操作方法设置其他仓库档案。

6) 设置发运方式

设置发运方式一般包括发运方式编码、发运方式名称,其目的是方便采购订单和销售订单的管理。

案例 3.6.5

由操作员赵云根据表 3-6-4 设置发运方式。

表 3-6-4　　　　　　　　　　发运方式资料

发运方式编码	发运方式名称	发运方式编码	发运方式名称
01	公路	02	铁路

具体操作如下。

(1) 在"期初档案录入"窗口单击"发运方式"图标,打开"发运方式"窗口,根据要求输入相关信息,如图 3-6-11 所示。

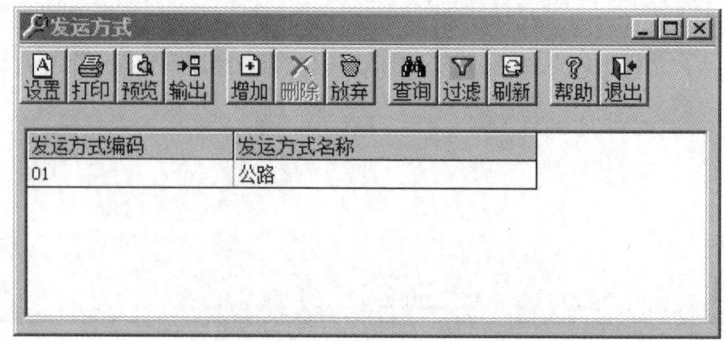

图 3-6-11　"发运方式"窗口

(2) 单击"增加"按钮,同样操作方法设置其他发运方式。

(二) 期初余额录入

初次使用应收管理模块时,要将系统启用前未处理完的所有客户的应收账款、预收账款、应收票据等数据录入到系统,以便以后的核销处理。一般包括初始单据、初始票据、初始坏账的录入。

【点拨指导】

当第二年度处理时,应收管理模块会自动将上年未处理完的单据转为下一年的期初余额。

案例 3.6.6

由操作员赵云录入期初数据:光盘片 100(数量)×25(单价),电子商务讲座 3 000(数量)×40(单价)。

具体操作如下。

(1) 在"基础设置"菜单条下执行"购销存-库存期初"命令,打开"期初余额"窗口,从"仓库"下拉列表框中选择"01 光盘片仓库",单击"增加"按钮,在空白行中根据要求输入相关信息,如图 3-6-12 所示。

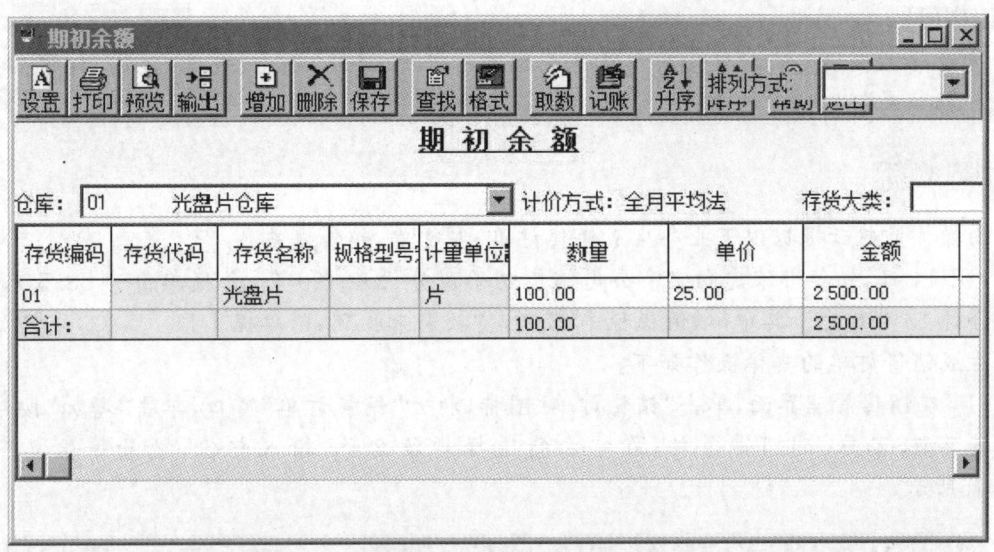

图 3-6-12 "期初余额"窗口

(2) 单击"保存"按钮,系统弹出"期初余额"对话框,如图 3-6-13 所示。
(3) 单击"确定"按钮。同样操作方法输入其他数据。
(4) 单击"记账"按钮,系统弹出"期初记账"对话框,如图 3-6-14 所示。

图 3-6-13 "期初余额"对话框　　　图 3-6-14 "期初记账"对话框

(5) 单击"确定"按钮。

二、应收管理模块日常处理

（一）应收处理

1. 单据处理

1）应收单据处理

企业的应收款来源于销售发票(包括专用发票、普通发票)和其他应收单。处理应收单据时,应遵循以下原则:

(1) 如果应收管理模块与销售管理模块同时使用,则销售发票必须在销售管理模块中填制,并在审核后自动传递给应收管理模块,在应收管理模块中只需录入未计入销售货款和税款的其他应收单数据(如代垫款项、运输装卸费、违约金等)。

(2)企业如果不使用销售管理模块,则全部业务单据都必须在应收管理模块中录入。

【知识拓展】

应收管理模块具有销售发票与其他应收单的新增、修改、删除、查询、预览、打印、制单、审核记账以及其他处理功能。

案例 3.6.7

由操作员赵云根据以下业务生成销售订单、发货单、销售发票。

1月14日,销售部宋建向宏宇公司销售电子商务讲座400套,含税单价为58.5元/套,价税合计23 400元。其中,增值税税率17%,货款尚未收到,附单据1张。

生成销售订单的具体操作如下。

(1)在销售管理界面,单击"销售订单"图标,打开"销售订单"窗口,单击"增加"按钮,选择销售类型、客户、部门等条件,在空白行选择货物名称,输入单价、数量等信息,如图3-6-15所示。

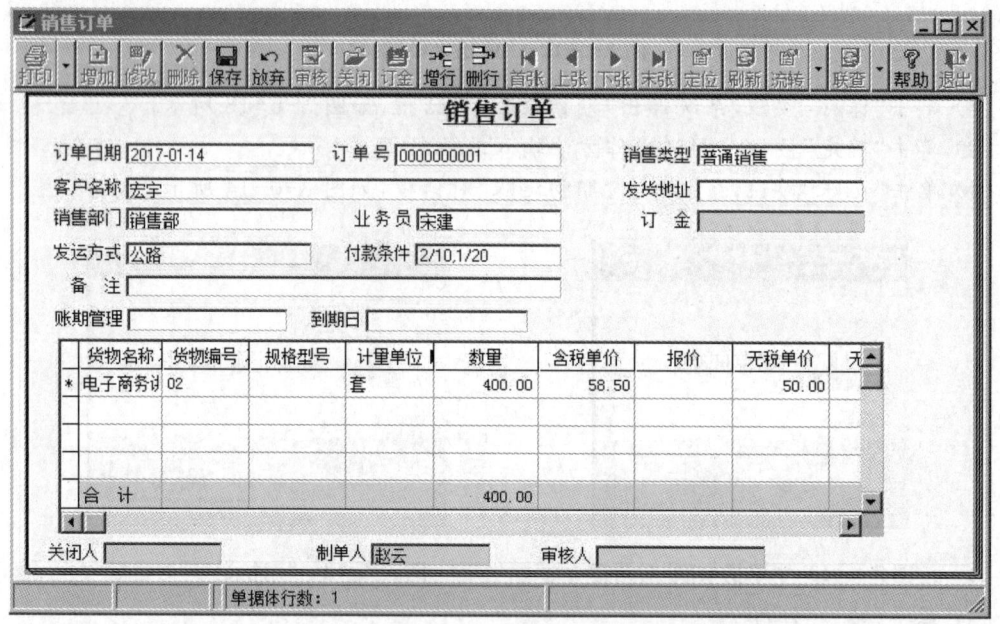

图 3-6-15 "销售订单"窗口

(2)单击"保存"按钮,单击"审核"按钮,系统弹出"销售管理-是否处理"对话框,如图3-6-16所示。

(3)单击"是"按钮,系统弹出"销售管理"对话框,提示审核成功,如图3-6-17所示。

(4)单击"确定"按钮。

生成发货单的具体操作如下。

(1)在销售管理界面,单击"发货单"图标,打开"发货单"窗口,单击"增加"按钮,从下拉菜单中选择"发货单",打开"选择订单"窗口,单击"显示"按钮,选择要生成发货单的存货,如图3-6-18所示。

图 3-6-16 "销售管理-是否处理"对话框　　　图 3-6-17 "销售管理-审核成功"对话框

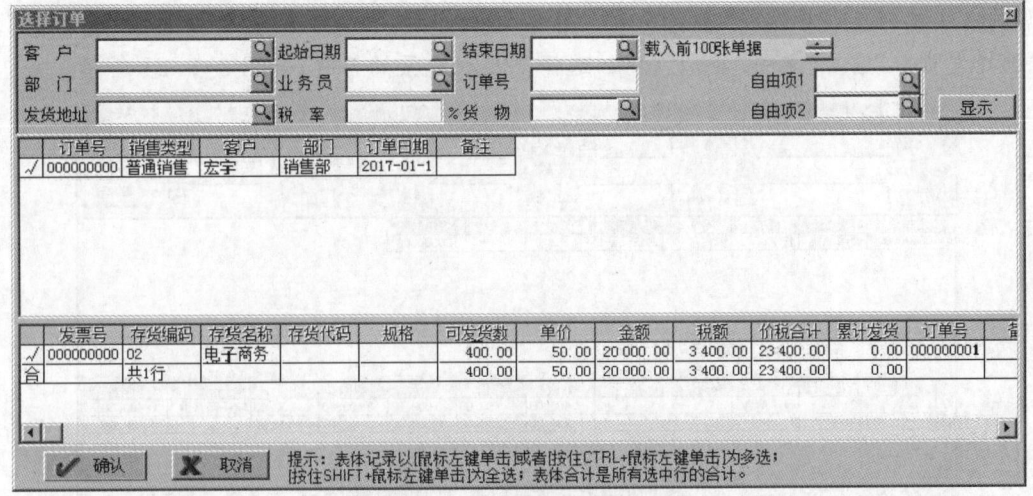

图 3-6-18 "选择订单"窗口

(2) 单击"确认"按钮,返回"一般发货"窗口,双击"仓库"单元格,参照输入"电子商务讲座仓库",如图 3-6-19 所示。

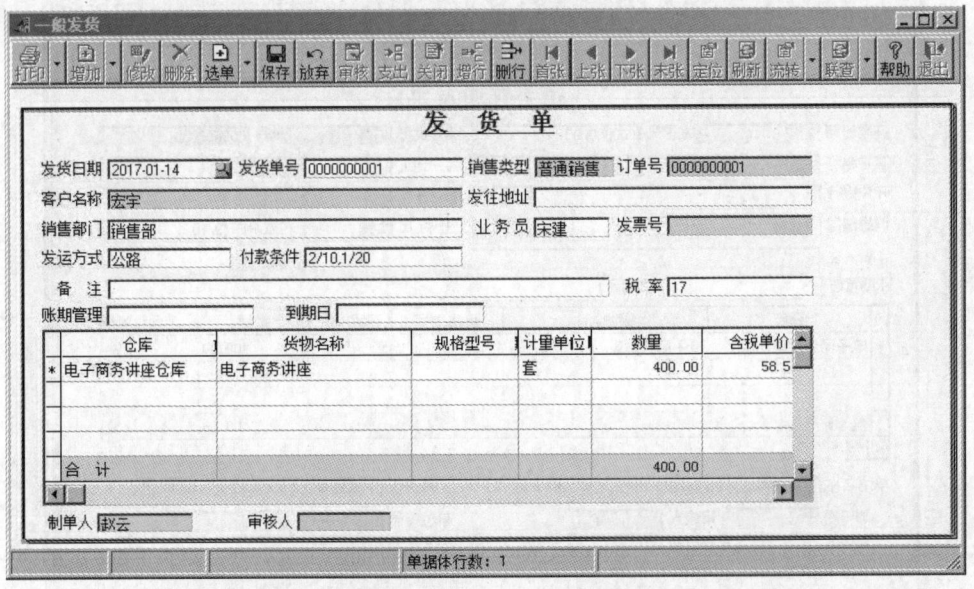

图 3-6-19 "一般发货"窗口

(3)单击"保存"按钮,单击"审核"按钮,系统弹出"销售管理"对话框,如图3-6-20所示。

(4)单击"是"按钮,系统弹出"销售管理"对话框,提示单据复核成功,单击"确定"按钮。

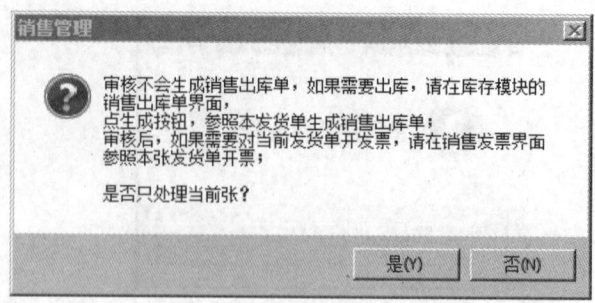

图 3-6-20 "销售管理"对话框

生成销售发票的具体操作如下。

(1)在销售管理界面,单击"销售发票"图标,打开"普通发票"窗口,单击"增加"按钮,从下拉菜单中选择"普通发票",单击"选单"按钮,从下拉菜单中选择"发货单",打开"选择发货单"窗口,单击"显示"按钮,选择要生成发票的存货,如图 3-6-21 所示。

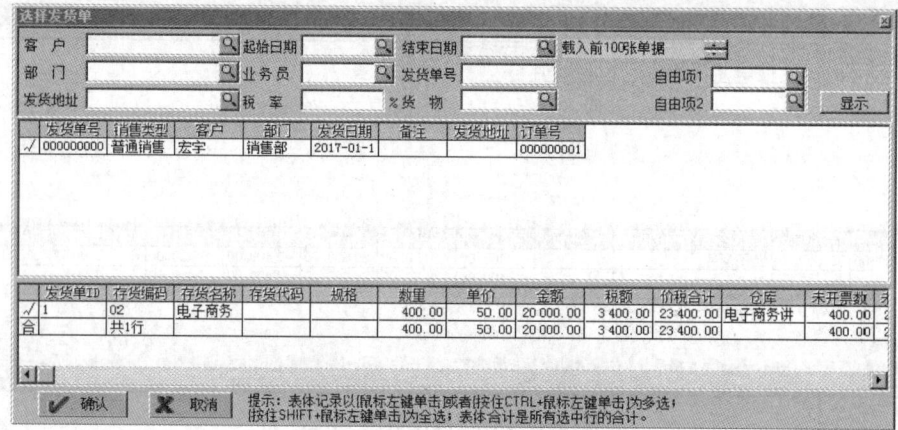

图 3-6-21 "选择发货单"窗口

(2)单击"确认"按钮,返回"普通发票"窗口,如图 3-6-22 所示。

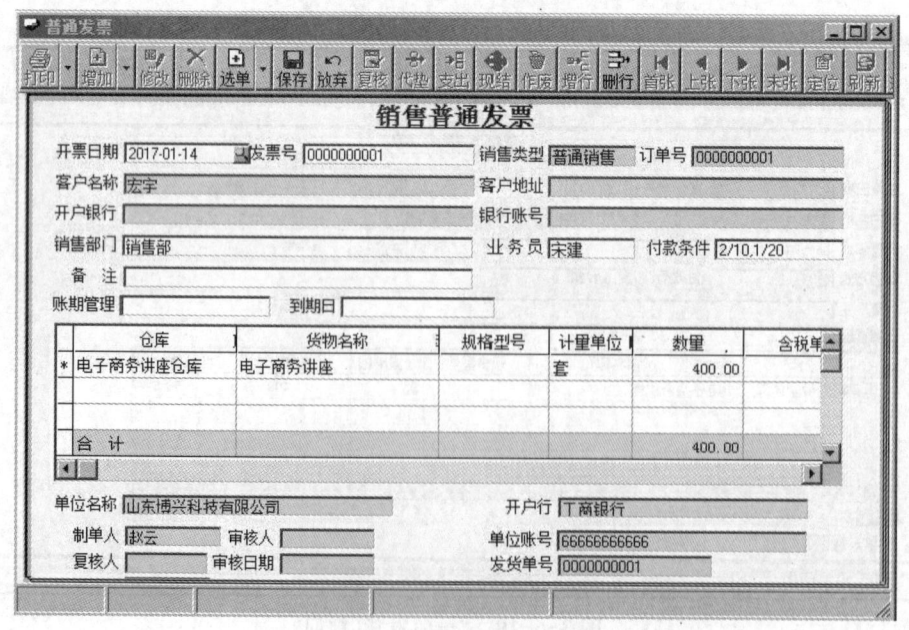

图 3-6-22 "普通发票"窗口

（3）单击"保存"按钮，单击"复核"按钮，系统弹出"销售管理"对话框，如图3-6-23所示。

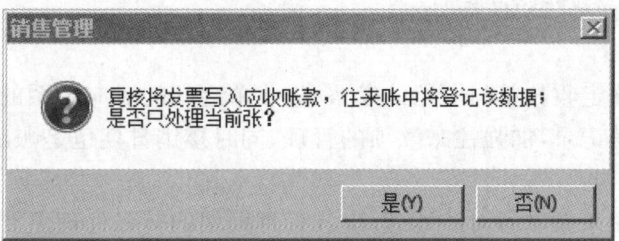

图 3-6-23 "销售管理"对话框

（4）单击"是"按钮，系统弹出"销售管理"对话框，提示单据复核成功，单击"确定"按钮。

2）收款单据处理

收款单据用来记录企业收到的客户款项。收款单据处理主要是对收款单和预收单进行新增、修改、删除等操作。

案例 3.6.8

由操作员赵云进行收款结算。

1月20日，销售部宋建收到宏宇公司支票一张，票号为ZP082，为支付购买电子商务讲座的款项，金额合计为23 400元。

具体操作如下。

（1）在销售管理界面，单击"收款结算"图标或在"销售"菜单条下执行"客户往来-收款结算"命令，打开"单据结算"窗口，在"客户"处参照输入"02 宏宇公司"，单击"增加"按钮，根据要求输入相关信息，如图3-6-24所示。

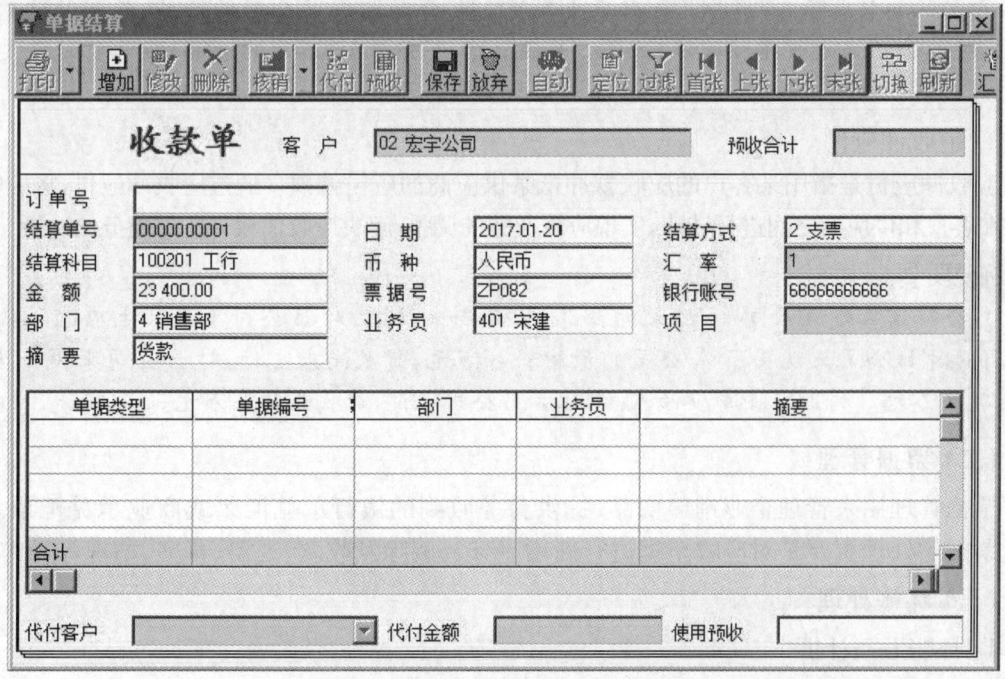

图 3-6-24 "单据结算"窗口

(2) 单击"保存"按钮,单击"核销"按钮,在下面的空白行显示输入的信息。
(3) 依次单击"自动"和"保存"按钮。

3) 单据核销

单据核销是指确定收款单与原始的发票、应收单之间的对应关系的操作,主要用于建立收款与应收款的核销记录,加强往来款项的管理,同时核销日期也是账龄分析的重要依据。

2. 转账处理

转账处理是指往来款项的对冲处理,应收管理模块的转账处理主要包括应收冲应收、预收冲应收和应收冲应付,目的是为了避免往来款项多头挂账现象。

1) 应收冲应收

应收冲应收是指将一家客户的应收款转到另一家客户中,是在不形成收款的同时减少一家客户的应收而增加另一家客户的应收,其中一家的应收减少,增到另一家客户处,并未形成真正的收款,是一个并账的过程。通过将应收款业务在客户之间转入、转出,实现应收业务的调整,解决应收款业务在不同客户间入错户和合并户等问题。

【举例说明】

甲公司分别销售给A公司和B公司12万元的商品,货款均未收回,这样对甲公司而言,产生了应收账款——A公司12万,应收账款——B公司12万。由于A、B公司之间存在业务往来,A公司的12万记在B公司的账上,利用应收冲应收,最终对于甲公司来说,就变成了应收账款——B公司24万。

2) 预收冲应收

预收冲应收用于处理客户的预收款和该客户应收欠款的转账核销业务。

【举例说明】

商品的销售业务,一般都是先付款再发货。A公司购买B公司的商品,先支付货款12万元,对B公司来说就是预收账款;B公司销售给A公司15万元的商品,应收货款就是15万元。利用预收冲应收,最终对于B公司来说,应收账款3万元。

3) 应收冲应付

应收冲应付是指用某客户的应收款冲抵某供应商的应付款项。通过应收冲应付,将应收款业务在客户和供应商之间进行转账,实现应收业务的调整,解决应收债权与应付债务的冲抵。

【举例说明】

B公司销售给A公司10万元的商品,货款尚未收回,对B公司来说产生应收账款10万元;同时B公司又购买了A公司的原材料8万元,货款尚未支付,对B公司来说产生应付账款8万元。利用应收冲应付,最终对于B公司来说,应收账款2万元。

(二) 票据管理

票据管理用来管理企业销售商品、提供劳务收到的银行承兑汇票或商业承兑汇票。对应收票据的处理主要是对应收票据进行新增、修改、删除及收款、退票、背书、贴现等操作。

(三) 坏账处理

1. 坏账准备计提

坏账准备计提是系统根据用户在初始设置中选择的坏账准备计提方法,自动计算坏账准备金额,并按用户设置的坏账准备科目,自动生成一张计提坏账的记账凭证。

【知识链接】
坏账准备计提的方法有应收账款余额百分比法、账龄分析法和销售收入百分比法。

2. 坏账发生

用户选定坏账单据并输入坏账发生的原因、金额后,系统将根据客户单位、单据类型查找业务单据,对所选的单据进行坏账处理,并自动生成一张坏账损失的记账凭证。

3. 坏账收回

坏账收回是指已确认为坏账的应收账款又被收回。当收回一笔坏账时,一般处理方法是:

(1) 填制一张收款单,其金额即为收回坏账的金额。

(2) 根据客户代码查找并选择相应的坏账记录,系统自动生成相应的坏账收回记账凭证。

(四) 生成记账凭证

应收管理模块为每一种类型的收款业务编制相应的记账凭证,并将凭证传递到账务处理模块。

三、应收管理模块期末处理

(一) 期末结账

当月业务全部处理完毕,在销售管理模块月末结账的前提下,可执行应收管理模块的月末结账功能。

【特别提示】
上月未结账,本月不能结账。已结账的月份,不能再进行录入单据操作。

案例 3.6.9

由操作员赵云进行月末结账。

(1) 在销售管理界面,单击"月末结账"图标,打开"月末结账"窗口,选择要结账的月份,如图 3-6-25 所示。

(2) 单击"月末结账"按钮,完成月末结账操作,在结账月份的"是否结账"栏显示"是"。

(二) 应收账款查询

应收账款查询包括单据查询和账表查询。

1) 单据查询

单据查询主要是对销售发票和收款单等单据的查询。

2) 账表查询

账表查询主要是对往来总账、往来明细账、往来余额表的查询,以及总账、明细账、单据之间的联查。

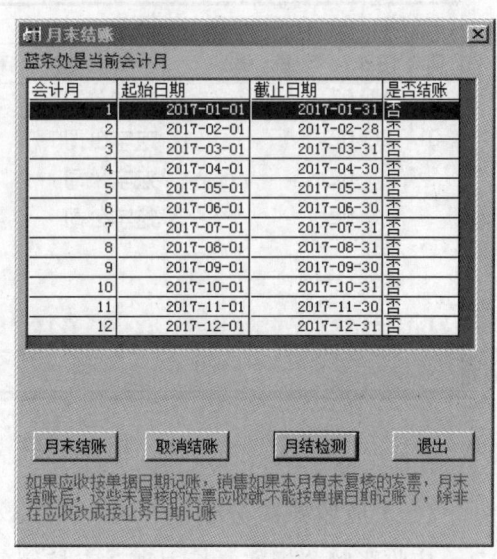

图 3-6-25 "月末结账"窗口

案例 3.6.10

由操作员赵云查询宏宇公司客户往来明细账。

(1) 在"销售"菜单条下执行"客户往来账表-客户往来明细账"命令,打开"应收查询条件"窗口,根据要求设置查询对象,如图 3-6-26 所示。

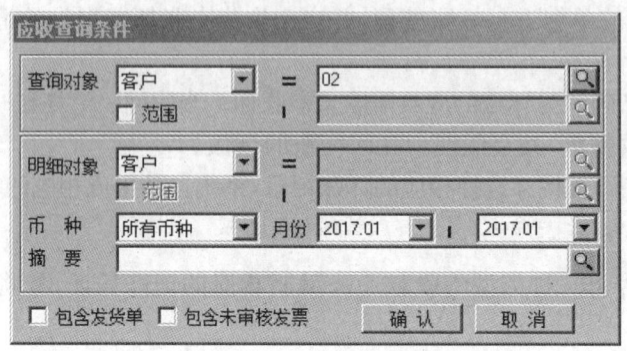

图 3-6-26 "应收查询条件"窗口

(2) 单击"确认"按钮,打开"客户业务明细账"窗口,如图 3-6-27 所示。

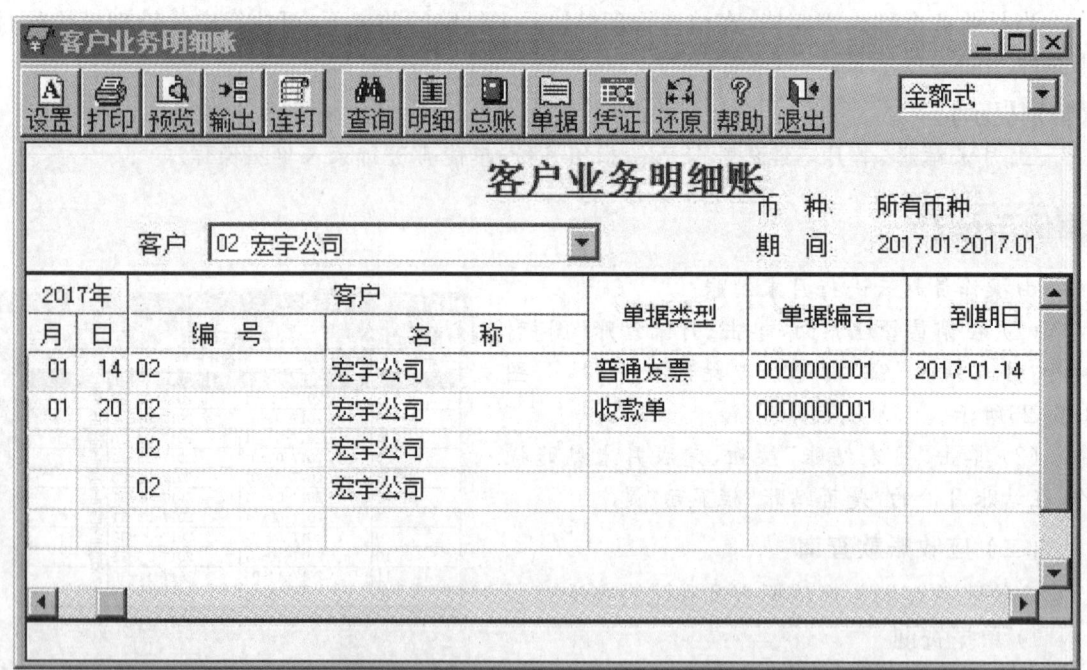

图 3-6-27 "客户业务明细账"窗口

(三) 应收账龄分析

应收账龄分析主要是用来对未核销的往来账余额、账龄进行分析,及时发现问题,加强对往来款项动态的监督管理。

第七节　应付管理模块的应用

> 【学习指导】
> 学习本节内容，读者需要理解应付管理模块的操作流程，熟悉应付管理模块初始化工作的内容及操作方法、应付管理模块期末处理操作，掌握应付管理模块日常处理操作，包括应付单据的录入、审核、作废以及记账凭证的生成等。

应付管理模块主要用于核算和管理供应商往来款项，通过发票、其他应付单、付款单等单据的录入，对企业的往来账款进行综合管理，及时、准确地提供供应商的往来账款余额资料，提供各种分析报表。

一、应付管理模块初始化工作

应付管理模块初始化工作包括控制参数的设置、基础信息的设置和期初余额的录入。

（一）控制参数和基础信息的设置

1. 控制参数设置

1）基本信息的设置

基本信息的设置主要包括企业名称、银行账号、启用年份与会计期间设置。

2）应付款核销的设置

应付款核销是确定付款与采购发票、应付单据之间对应关系的操作，即指明每一次付款是哪几笔采购业务款项。应付管理模块一般提供按单据、按存货等核销方式。

3）规则选项

应付管理模块规则选项一般包括：核销是否自动生成凭证、预付冲应付是否生成转账凭证等。

2. 基础信息设置

1）设置会计科目

设置会计科目是指定义应付管理模块凭证制单所需的基本科目，如应付科目、预付科目、采购科目、税金科目等。

> 【点拨指导】
> 一般情况下，应付科目设置为"应付账款"，预付科目设置为"预付账款"，税金折扣科目设置为"应交税费——应交增值税（进项税额）"等。

2）设置对应科目的结算方式

设置对应科目的结算方式即设置对应科目的付款方式，主要包括现金、支票、汇票等。

3）设置账龄区间

设置账龄区间是指为进行应付账款账龄分析，根据欠款时间，将应付账款划分为若干等级，以便掌握对供应商的欠款时间长短。

（二）期初余额录入

初次使用应付管理模块时,要将系统启用前未处理完的所有供应商的应付账款、预付账款、应付票据等数据录入到系统中,以便以后进行核销处理。

【点拨指导】

当第二年度处理时,应收管理模块会自动将上年未处理完的单据转为下一年的期初余额。

应付管理模块在录入本期数据前要进行期初记账操作,具体操作如下：

(1) 在"采购"菜单条下执行"期初记账"命令,打开"期初记账"窗口,如图3-7-1所示。

(2) 单击"记账"按钮,系统弹出"采购管理"对话框,如图3-7-2所示。

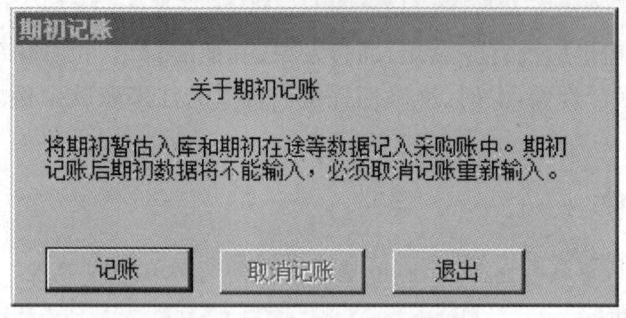

图 3-7-1 "期初记账"窗口

图 3-7-2 "采购管理"对话框

(3) 单击"确定"按钮。

【特别提示】

没有期初数据时,也必须执行期初记账操作,以便输入日常采购单据数据。

二、应付管理模块日常处理

（一）应付处理

1. 单据处理

1) 应付单据处理

企业的应付款来源于采购发票（包括专用发票、普通发票）和其他应付单。处理应付单据时,应遵循以下原则：

(1) 如果应付管理模块与采购管理模块同时使用,采购发票必须在采购管理模块中填制,并在审核后自动传递给应付管理模块,应付管理模块中只需录入未计入采购货款和税款的其他应付单数据。

(2) 企业如果不使用采购管理模块,则全部业务单据都必须在应付管理模块中录入。

【知识拓展】

应付管理模块具有对采购发票与其他应付单的新增、修改、删除、查询、预览、打印、制单、审核记账以及其他处理功能。

案例 3.7.1

由操作员赵云根据以下业务生成采购订单、采购入库单、采购普通发票。

1月20日,采购部江洋向恒通公司购买光盘片400片,单价25元/片,共计10 000元,增值税税率17%,货款尚未支付,附单据1张。

生成采购订单的具体操作如下。

(1) 在采购管理界面,单击"采购订单"图标,打开"采购订单"窗口,单击"增加"按钮,选择供货单位、部门、业务员等条件,在空白行选择存货编号,输入单价、数量等信息,如图3-7-3所示。

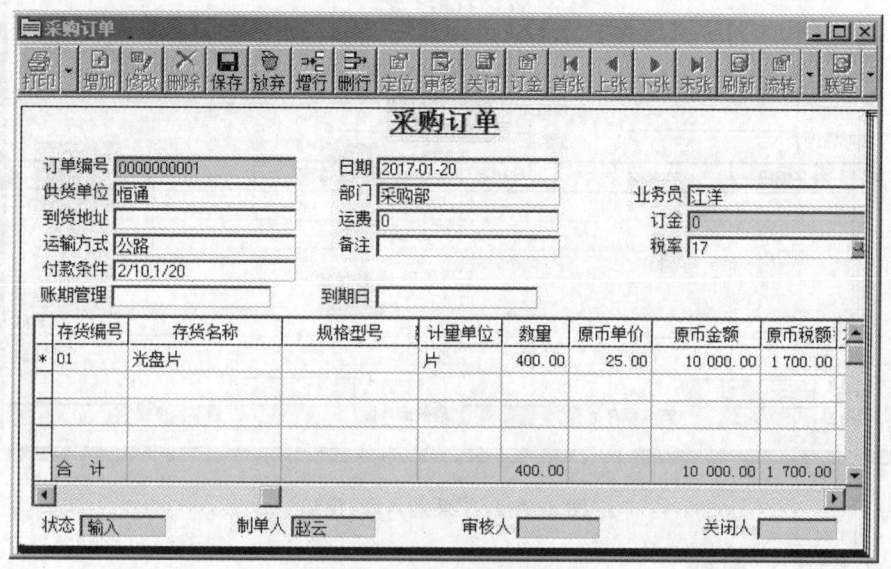

图3-7-3 "采购订单"窗口

(2) 单击"保存"按钮,单击"审核"按钮。

生成采购入库单的具体操作如下。

(1) 在采购管理界面,单击"采购入库单"图标,打开"采购入库"窗口,单击"增加"按钮,从下拉菜单中选择"采购入库单",选择仓库"光盘片仓库",单击"选单"按钮,从下拉菜单中选择"采购订单",打开"单据拷贝"窗口,单击"过滤"按钮,窗口显示为"订单列表"窗口,选择要生成采购入库单的存货,如图3-7-4所示。

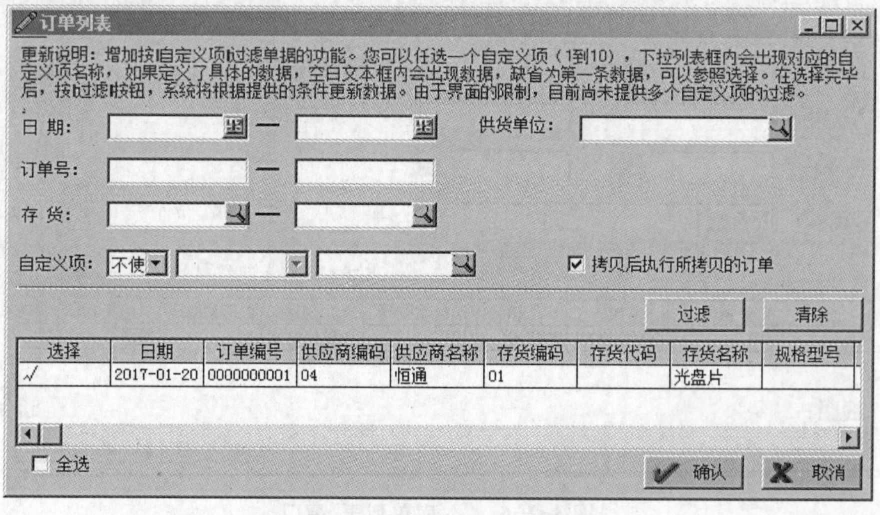

图3-7-4 "订单列表"窗口

(2) 单击"确认"按钮,返回"采购入库"窗口,如图 3-7-5 所示。

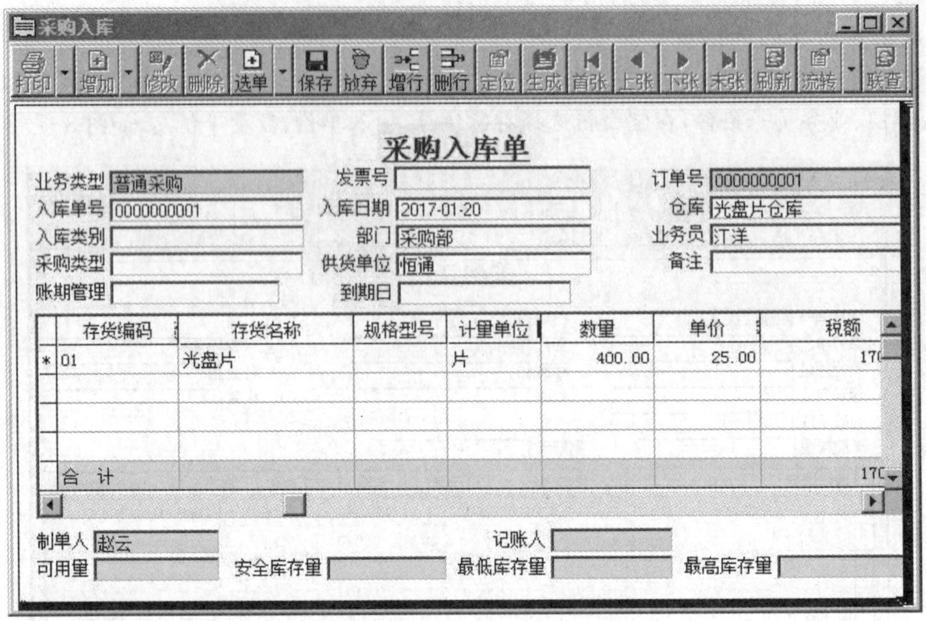

图 3-7-5 "采购入库"窗口

(3) 单击"保存"按钮。

生成采购发票的具体操作如下。

(1) 在采购管理界面,单击"采购发票"图标,打开"采购发票"窗口,单击"增加"按钮,从下拉菜单中选择"普通发票",单击"选单"按钮,从下拉菜单中选择"采购入库单",打开"单据拷贝"窗口,单击"过滤"按钮,窗口显示为"入库单列表"窗口,选择要生成采购发票的存货,如图 3-7-6 所示。

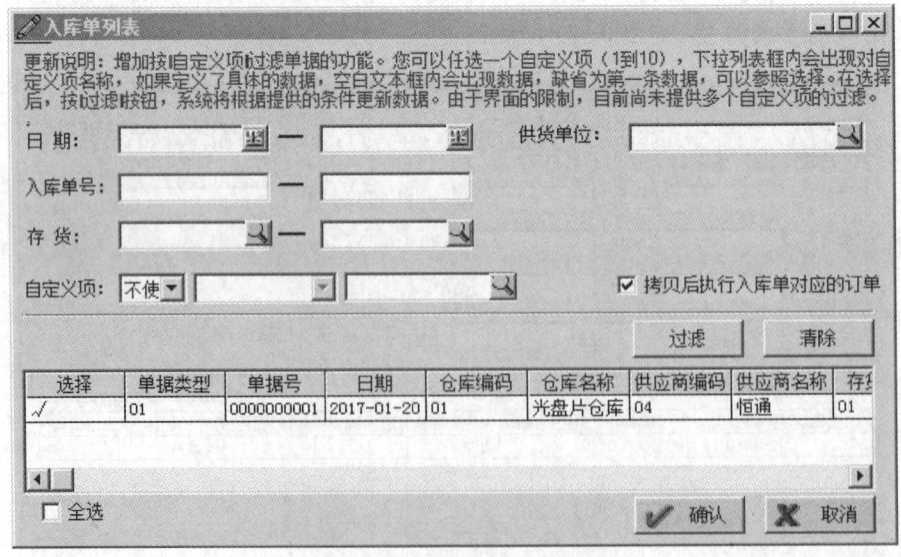

图 3-7-6 "入库单列表"窗口

（2）单击"确认"按钮，返回"采购发票"窗口，输入发票号"01"，如图 3-7-7 所示。

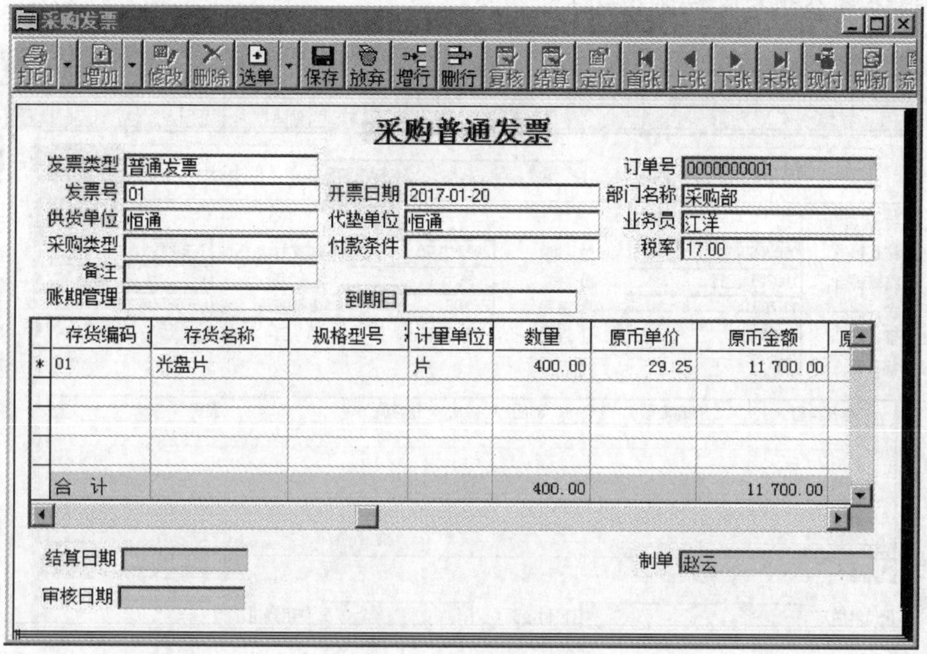

图 3-7-7 "采购发票"窗口

（3）单击"保存"按钮，单击"复核"按钮，系统弹出"采购管理"对话框，如图 3-7-8 所示。

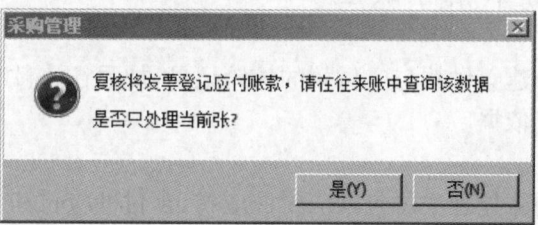

图 3-7-8 "采购管理"对话框

（4）单击"是"按钮。

2）付款单据处理

付款单据用来记录企业支付给供应商的款项。付款单据处理主要包括对付款单和预付单进行新增、修改、删除等操作。

案例 3.7.2

由操作员赵云根据以下业务进行付款结算。

1 月 25 日，签发支票一张，支付恒通公司货款，支票号 ZP103，为支付购买光盘片的款项，金额合计为 11 700 元。

具体操作如下。

（1）在采购管理界面，单击"付款结算"图标或在"采购"菜单条下执行"供应商往来-付款结算"命令,打开"单据结算"窗口,在"供应商"处参照输入"04 恒通公司",单击"增加"按钮,根据要求输入相关信息,如图3-7-9所示。

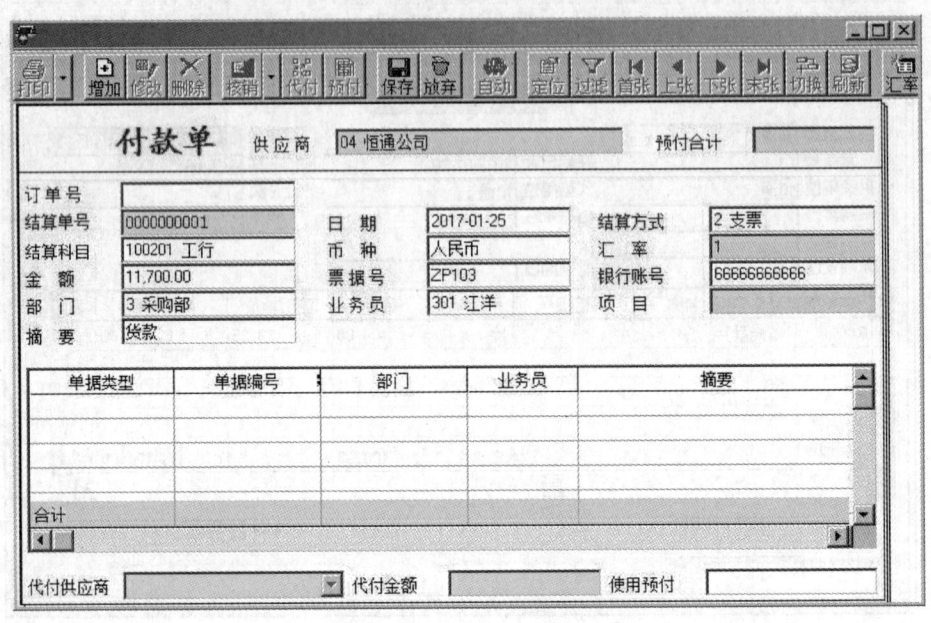

图 3-7-9 "单据结算"窗口

(2) 单击"保存"按钮,单击"核销"按钮,在下面的空白行显示输入的信息。
(3) 依次单击"自动"和"保存"按钮。

3) 单据核销

单据核销主要用于建立付款与应付款的核销记录,加强往来款项的管理。同时,核销日期也是账龄分析的重要依据。

2. 转账处理

应付管理模块的转账处理主要包括应付冲应付、预付冲应付和应付冲应收。

1) 应付冲应付

应付冲应付是指将一家供应商的应付款转到另一家供应商中,是在不形成付款的同时减少一家供应商的应付而增加另一家供应商的应付,其中一家的应付减少,增到另一家供应商处,并未形成真正的付款,是一个并账的过程。通过将应付款业务在供应商之间转入、转出,实现应付业务的调整,解决应付款业务在不同供应商间入错户和合并户等问题。

2) 预付冲应付

预付冲应付用于处理供应商的预付款和对该供应商应付欠款的转账核销业务。

3) 应付冲应收

应付冲应收是指用某供应商的应付款,冲抵某客户的应收款项。通过应付冲应收,将应付款业务在供应商和客户之间进行转账,实现应付业务的调整,解决应付债务与应收债权的冲抵。

(二) 票据管理

票据管理用来管理企业因采购商品、接受劳务等而开出的商业汇票,包括银行承兑汇票和商业承兑汇票。对应付票据的处理主要是对应付票据进行新增、修改、删除及付款、退票等操作。

(三) 生成记账凭证

应付管理模块为每一种类型的付款业务编制相应的记账凭证,并将记账凭证传递到账务处理模块。

三、应付管理模块期末处理

(一) 期末结账

当月业务全部处理完毕,在采购管理模块月末结账的前提下,可执行应付管理模块的月末结账功能。

【特别提示】

上月未结账,本月不能结账。已结账的月份,不能再进行录入单据操作。

案例 3.7.3

由操作员赵云进行月末结账。

(1) 在采购管理界面,单击"月末结账"图标,打开"月末结账"窗口,选择要结账的月份,如图 3-7-10 所示。

(2) 单击"结账"按钮,系统弹出"采购管理"对话框,如图 3-7-11 所示。

图 3-7-10 "月末结账"窗口

图 3-7-11 "采购管理"对话框

(3) 单击"确定"按钮,完成月末结账操作,在结账月份的"是否结账"栏显示"已结账"。

（二）应付账款查询

应付账款查询包括单据查询和账表查询。

1）单据查询

单据查询主要是对采购发票和付款单等单据的查询。

2）账表查询

账表查询主要是对往来总账、往来明细账、往来余额表的查询，以及总账、明细账、单据之间的联查。

案例 3.7.4

由操作员赵云查询恒通公司供应商往来对账单。

具体操作如下。

（1）在"采购"菜单条下执行"供应商往来账表-供应商往来对账单"命令，打开"对账单查询条件"窗口，设置查询对象，如图 3-7-12 所示。

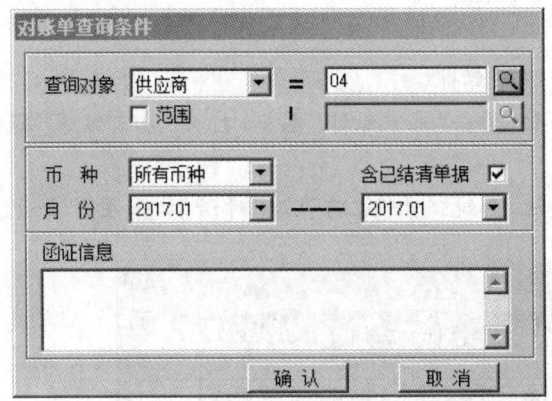

图 3-7-12 "对账单查询条件"窗口

（2）单击"确认"按钮，打开"供应商往来对账单"窗口，如图 3-7-13 所示。

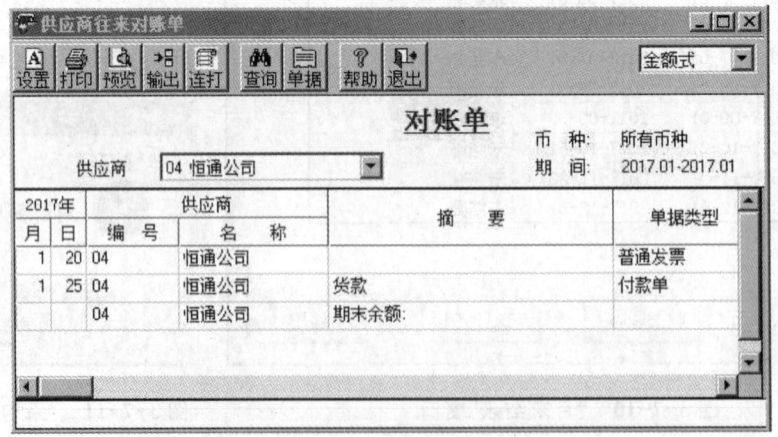

图 3-7-13 "供应商往来对账单"窗口

（三）应付账龄分析

应付账龄分析主要是用来对未核销的往来账余额、账龄进行分析，及时发现问题，加强对往来款项动态的监督管理。

第八节　报表管理模块的应用

【学习指导】

学习本节内容，读者需要理解报表的数据来源，熟悉报表管理模块应用的基本流程，掌握自定义报表的生成方法，包括格式设置、公式设置、数据生成及文件的保存等。

报表管理系统可以为账务处理模块、工资模块、固定资产模块、应收管理模块以及应付管理模块提供数据输出功能。利用报表处理软件可以完成会计报表的自动编制工作。

一、报表数据来源

（一）手工录入

报表中有些数据需要手工输入，例如资产负债表中"一年内到期的非流动资产"和"一年内到期的非流动负债"需要直接输入数据。

（二）来源于报表管理模块其他报表

在会计报表中，某些数据可能取自某会计期间同一会计报表的数据，也可能取自某会计期间其他会计报表的数据。

（三）来源于系统内其他模块

会计报表数据也可以来源于系统内的其他模块，包括账务处理模块、固定资产管理模块等。

二、报表管理模块应用的基本流程

一般情况下，自定义报表操作需要首先生成一张系统默认格式的空白表，空白报表建立起来后，内部没有任何内容，所有单元的类型均默认为常规型，具体操作如下：

（1）在财务报表界面，在"文件"菜单条下执行"新建"命令，打开"新建"窗口，选择"常用"模板下的"空白表"，如图3-8-1所示。

（2）单击"确定"按钮，建立一张空白报表，报表名默认为"report1"，如图3-8-2所示。

（3）在"report1"中，可以完成自定义报表设计的全部操作，主要操作流程如图3-8-3所示。

【知识拓展】

如果对系统中已有的报表文件进行格式设计，需要先引入已有的文件，具体操作方法为：在财务报表界面，在"文件"菜单条下执行"打开"命令，打开"打开"窗口，如图3-8-4所示。

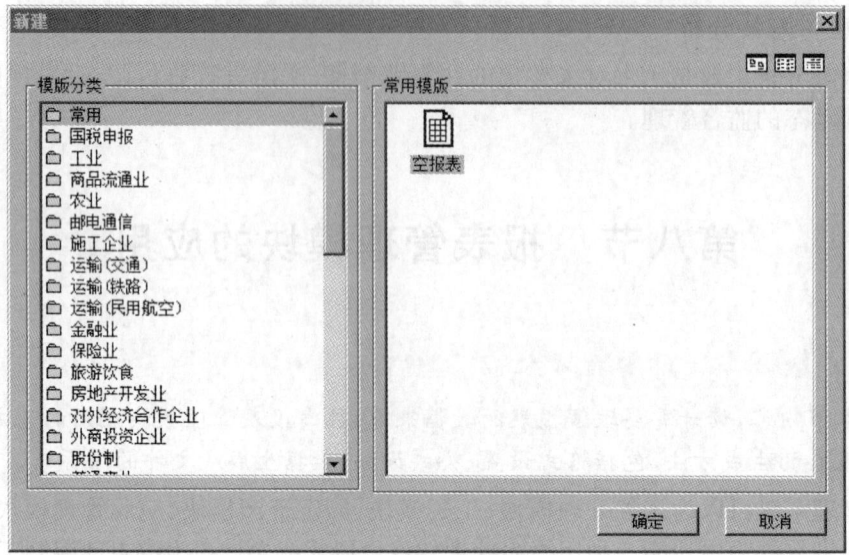

图 3-8-1 "新建"窗口

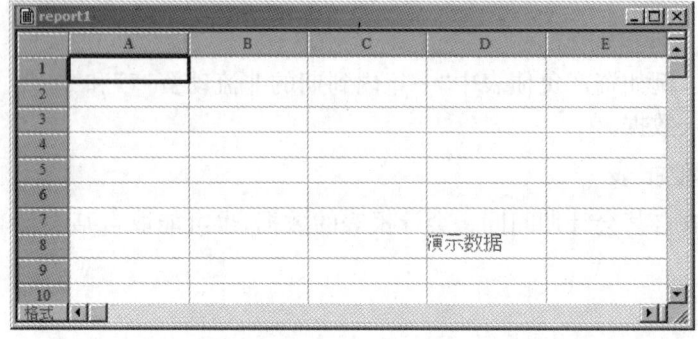

图 3-8-2 空白报表

图 3-8-3 编制会计报表操作流程

图 3-8-4 "打开"窗口

在"查找范围"下拉列表框中选择目标文件夹,然后在下方选择要打开的文件,单击"打开"按钮即可。

(一) 输入报表文字项目

报表文字项目是指报表单元格中的文字内容。我们可以在"自定义报表"窗口的空白表体处输入报表行、列项目以及各个单元内容。只有活动单元才能输入内容。因此,在输入项目内容前,必须先选定某一单元或单元区域,使其成为活动单元。

案例 3.8.1

根据表 3-8-1,录入再定义报表各个单元的文字项目。

表 3-8-1　　　　　　　　　　固定资产状况表
　　　　　　　　　　　××年××月××日　　　　　　　　　　　　　单位:元

项　目	期初数	期末数
固定资产		
累计折旧		
固定资产减值准备		
账面价值		

具体操作如下。

在财务报表界面,在"文件"菜单条下执行"新建"命令,打开"新建"窗口,选择"常用"模板下的"空报表",打开一张空白报表,在表格界面的空白表体处,根据要求正确输入报表行、列项目及各个单元内容,如图 3-8-5 所示。

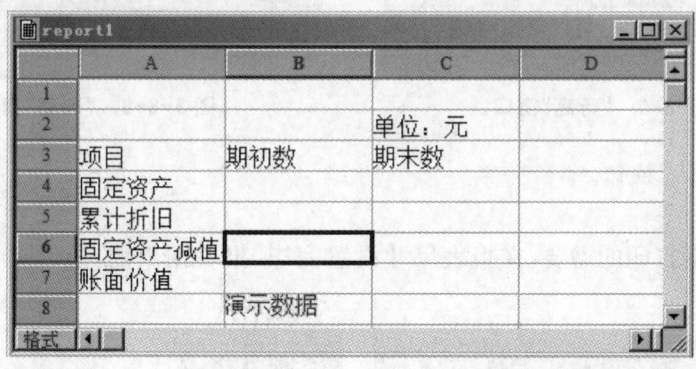

图 3-8-5　报表-输入文字项目

(二) 报表单元格式设计

报表格式设置的具体内容一般包括:定义报表尺寸、定义报表行高列宽、画表格线、定义单元属性、定义组合单元、设置关键字等。

1. 定义报表尺寸

定义报表尺寸是指设置报表的行数和列数。可事先根据要定义的报表大小,计算该表所需的行列,然后再进行设置。

2. 定义行高和列宽

设置行高、列宽应以能够放下本表中最高数字和最宽数据为原则，否则在生成报表时，会产生数据溢出的错误。

案例 3.8.2

根据要求设置报表格式：行数 7，列数 3；第一行行高设置为 8 毫米，其余各行行高默认；列宽设置为 35 毫米。

设置行数、列数的具体操作如下。

（1）在财务报表界面，在"格式"菜单条下执行"表尺寸"命令，打开"表尺寸"窗口，输入行数"7"、列数"3"，如图 3-8-6 所示。

（2）单击"确认"按钮。

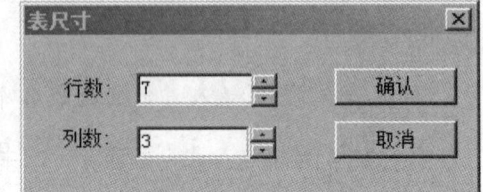

图 3-8-6 "表尺寸"窗口

设置行高的具体操作如下。

（1）在财务报表界面，选中第一行，在"格式"菜单条下执行"行高"命令，打开"行高"窗口，输入行高"8"，如图 3-8-7 所示。

（2）单击"确认"按钮。

设置列宽的具体操作如下。

（1）在财务报表界面，选中 A～C 三列，在"格式"菜单条下执行"列宽"命令，打开"列宽"窗口，输入列宽"35"，如图 3-8-8 所示。

图 3-8-7 "行高"窗口

图 3-8-8 "列宽"窗口

（2）单击"确认"按钮。

3. 画表格线

为了满足查询打印的需要，在报表尺寸设置完毕、报表输出前，还需要在适当的位置上画表格线。

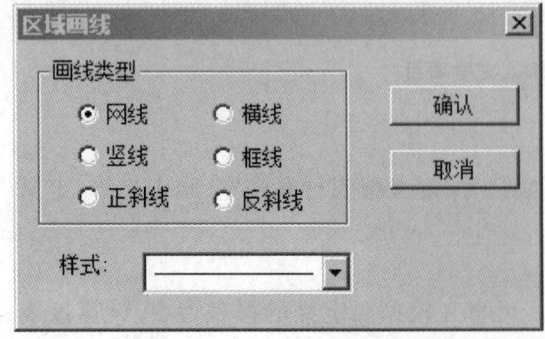

图 3-8-9 "区域划线"窗口

案例 3.8.3

根据要求设置报表格式：A3:C7 单元格区域设置内外均为细实线的边框。

具体操作如下。

（1）在财务报表界面，选中 A3:C7 单元格区域，在"格式"菜单条下执行"区域划线"命令，打开"区域划线"窗口，如图 3-8-9 所示。

(2)单击"确认"按钮。

4. 定义组合单元

把几个单元作为一个单元来使用即为组合单元。所有针对单元的操作对组合单元同样有效。

案例 3.8.4

根据要求设置报表格式:合并 A1:C1 单元格区域,并在第一行输入文字项目。

具体操作如下。

(1)在财务报表界面,选中 A1:C1 单元格区域,在"格式"菜单条下执行"组合单元"命令,打开"组合单元"窗口,如图 3-8-10 所示。

(2)单击"按行组合"按钮。

(3)在第一行输入报表文字项目"固定资产状况表"。

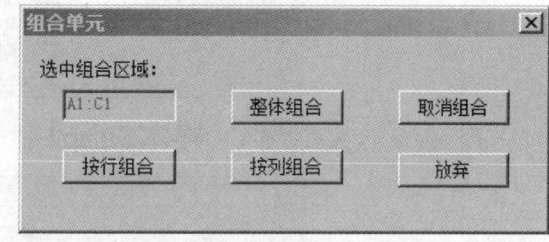

图 3-8-10 "组合单元"窗口

5. 定义单元属性

定义单元属性包括设置单元类型及数据格式、数据类型、对齐方式、字型、字体、字号及颜色、边框样式等内容。

案例 3.8.5

根据要求设置报表格式:单元格对齐方式均设为居中;第一行字体设置为宋体,粗体,16号字,其余各行字体设置为宋体,12号字。

设置单元格对齐方式的具体操作如下。

(1)在财务报表界面,选中 A1:C7 单元格区域,在"格式"菜单条下执行"单元属性"命令,打开"单元格属性"窗口,选择"对齐"选项卡,根据要求设置对齐方式,如图 3-8-11 所示。

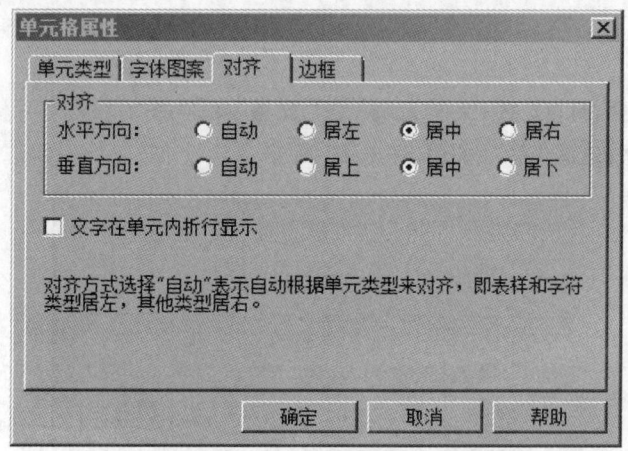

图 3-8-11 "单元格属性-对齐"窗口

(2)单击"确定"按钮。

设置字体的具体操作如下。

(1) 在财务报表界面,选中第一行,在"格式"菜单条下执行"单元属性"命令,打开"单元格属性"窗口,选择"字体图案"选项卡,根据要求设置相关信息,如图 3-8-12 所示。

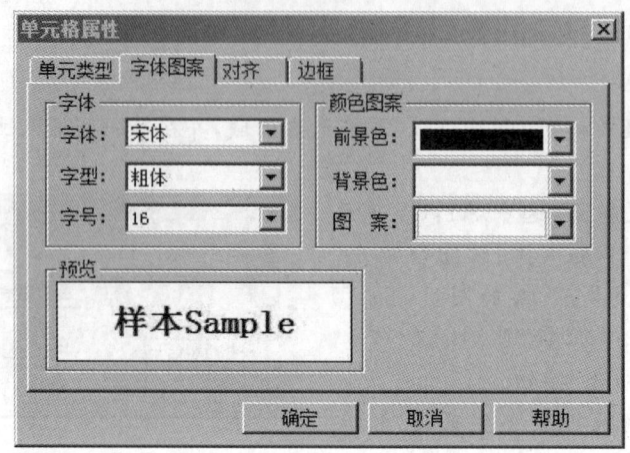

图 3-8-12 "单元格属性-字体图案"窗口

(2) 单击"确定"按钮。同样操作设置其他各行的字体。

6. 设置关键字

关键字主要有六种,即"单位名称""单位编号""年""季""月""日",另外还可以自定义关键字。

关键字的位置可以用偏移量来表示,偏移单位为像素,负数表示向左移,正数表示向右移。如果关键字的位置不合适,可通过调整偏移量的方式,即通过输入正或负的数值来调整关键字的位置。

案例 3.8.6

根据要求设置报表格式:B2 单元格设置关键字,设置年、月关键字的偏移量分别为 —70,—35。

具体操作如下。

(1) 在财务报表界面,选中 B2 单元格,在"数据"菜单条下执行"关键字-设置"命令,打开"设置关键字"窗口,选择"年",如图 3-8-13 所示。

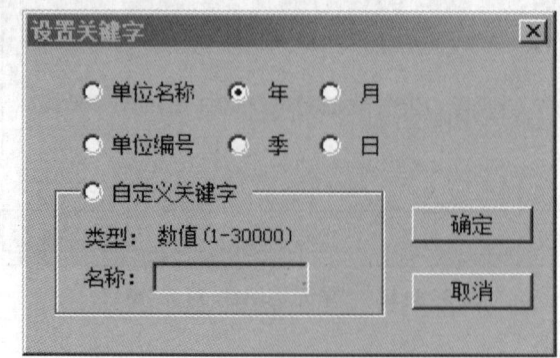

图 3-8-13 "设置关键字"窗口

(2) 单击"确定"按钮。同样操作设置"月"和"日"关键字。

(3) 选中 B2 单元格,在"数据"菜单条下执行"关键字-偏移"命令,打开"定义关键字偏移"窗口,根据要求设置信息,如图 3-8-14 所示。

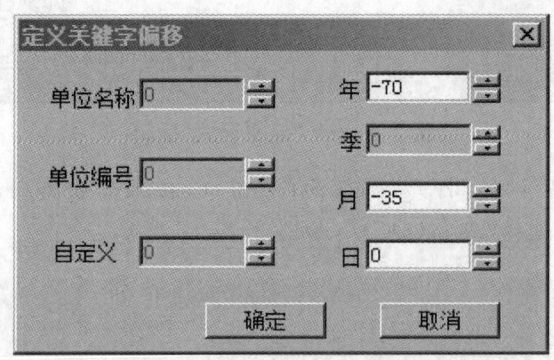

图 3-8-14 "定义关键字偏移"窗口

(4) 单击"确定"按钮。

(三) 编辑取数公式

在报表中,由于各报表的数据间存在着密切的逻辑关系,所以报表中各数据的采集、运算需要使用不同的公式,主要有计算公式、审核公式和舍位平衡公式。

1. 计算公式

计算公式是指对报表数据单元进行赋值的公式,是必须定义的公式。计算公式的作用是从账簿、凭证、本表或他表等处调用、运算所需要的数据,并填入相关的单元格中。

2. 审核公式

审核公式用于审核报表内或报表间的数据勾稽关系是否正确。审核公式不是必须定义的。审核公式由关系公式和提示信息组成。审核公式把报表中某一单元或某一区域与另外某一单元或某一区域或其他字符之间用逻辑运算符连接起来。

3. 舍位平衡公式

舍位平衡公式用于报表数据进行进位或小数取整后调整数据,如将以"元"为单位的报表数据变成以"万元"为单位的报表数据,表中的平衡关系仍然成立。舍位平衡公式不是必须定义的。

案例 3.8.7

按照如下资料定义报表公式:

固定资产期初数=QC("1601",月),固定资产期末数=QM("1601",月)

累计折旧期初数=QC("1602",月),累计折旧期末数=QM("1602",月)

固定资产减值准备期初数=QC("1603",月),固定资产减值准备期末数=QM("1603",月)

账面价值期初数=固定资产期初数-累计折旧期初数-固定资产减值准备期初数

账面价值期末数=固定资产期末数-累计折旧期末数-固定资产减值准备期末数

具体操作如下。

(1) 在财务报表界面,选中 B4 单元格,单击"fx"按钮或者在"数据"菜单条下执行"编辑公式-单元公式"命令或者按"="键,打开"定义公式"窗口,如图 3-8-15 所示。

图 3-8-15 "定义公式"窗口

（2）单击"函数向导"按钮,打开"函数向导"窗口,在函数分类列表中选择"账务函数",在右边的函数名列表中选择"期初(QC)",如图 3-8-16 所示。

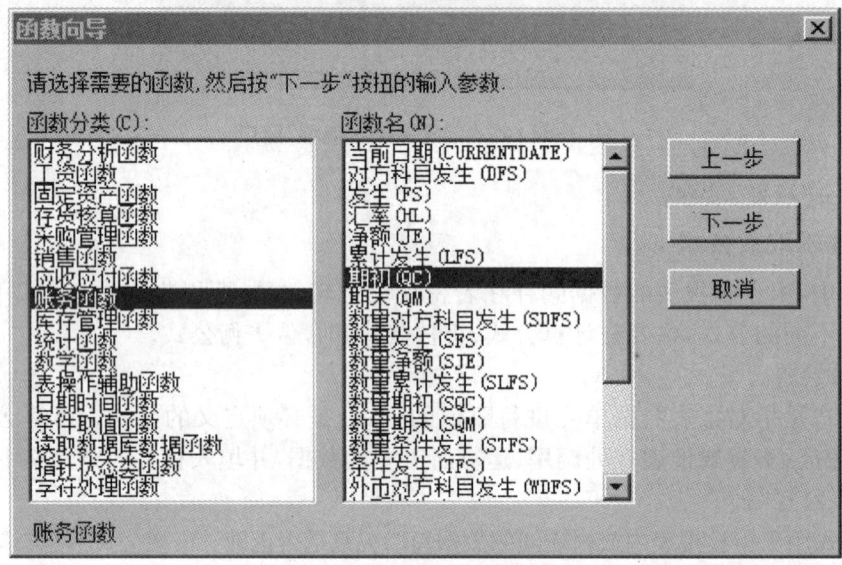

图 3-8-16 "函数向导"窗口

（3）单击"下一步"按钮,打开"账务函数-函数录入"窗口,如图 3-8-17 所示。

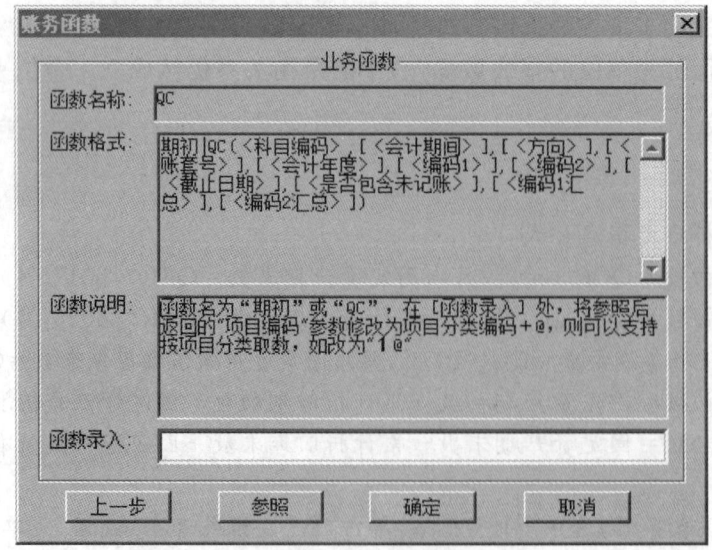

图 3-8-17 "账务函数-函数录入"窗口

（4）单击"参照"按钮，打开"账务函数-设置条件"窗口，修改科目编码为"1601"，如图3-8-18所示。

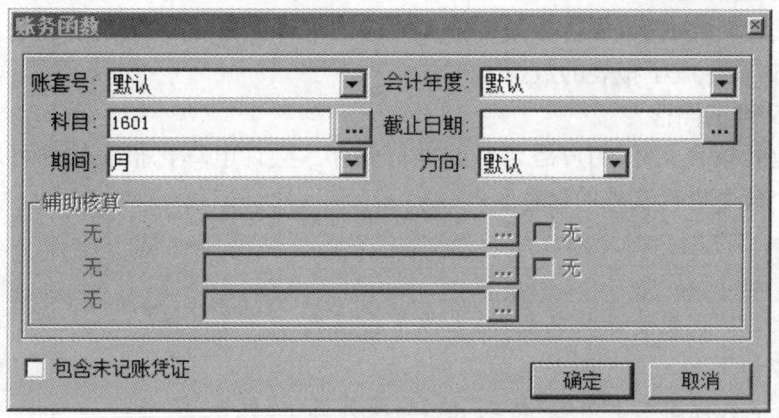

图3-8-18 "账务函数-设置条件"窗口

（5）单击"确定"按钮，返回"账务函数-函数录入"窗口。
（6）单击"确定"按钮，返回"定义公式"窗口。
（7）单击"确认"按钮。同样操作设置B5、B6、C4、C5、C6单元格公式。
（8）选中B7单元格，单击"fx"按钮或者在"数据"菜单条下执行"编辑公式-单元公式"命令或者按"="键，打开"定义公式"窗口，输入公式"B4－B5－B6"，如图3-8-19所示。

图3-8-19 "定义公式-B7"窗口

（9）单击"确认"按钮。同样操作设置C7单元格公式。设置完成之后，在"格式"状态下显示如图3-8-20所示。

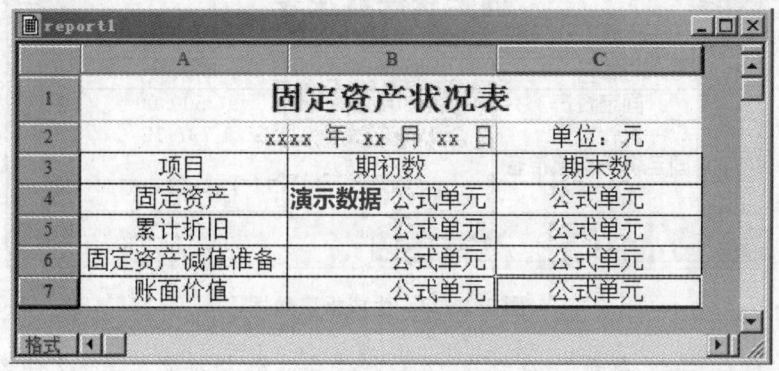

图3-8-20 "格式"状态下窗口

(四)生成并保存报表

1. 报表数据的生成

报表公式定义完成后,或者在报表公式未定义完需要查看报表数据时,将报表切换到显示数据的状态,就生成了报表的数据。

2. 报表文件的保存

对于新建的报表文件,用户需要对其进行保存。会计电算化报表软件可通过"保存"或"另存为"两个命令进行文件的保存。

案例 3.8.8

生成报表,以"固定资产状况表"的名称保存报表。

具体操作如下。

(1)单击报表视图左下角的"格式"按钮,使其显示"数据"状态。

(2)在"数据"菜单条下执行"关键字-录入"命令,打开"录入关键字"窗口,设置年月日,如图 3-8-21 所示。

(3)单击"确认"按钮,系统弹出对话框,如图 3-8-22 所示。

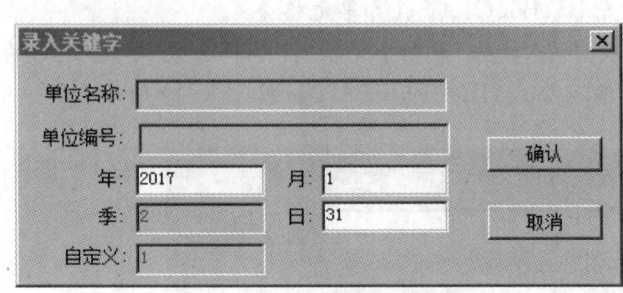
图 3-8-21 "录入关键字"窗口

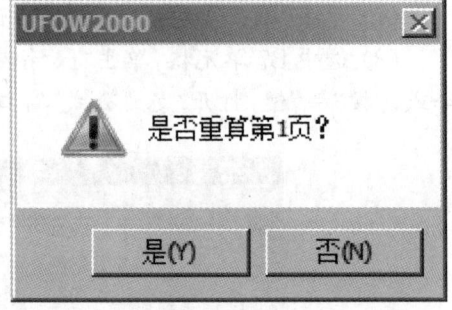
图 3-8-22 "是否重算第 1 页"对话框

(4)单击"是"按钮,系统会自动根据单元公式计算数据,如图 3-8-23 所示。

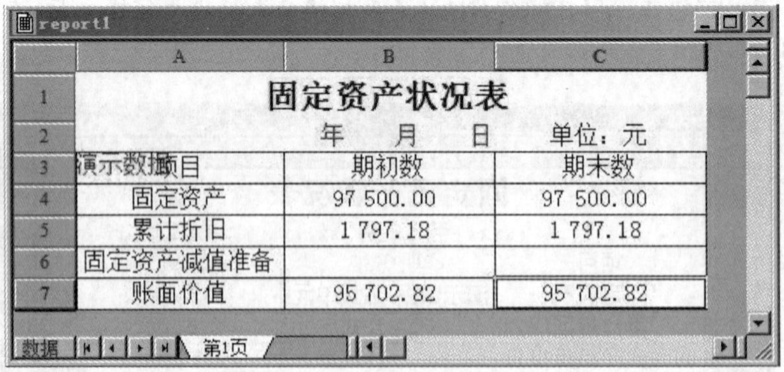

图 3-8-23 生成报表数据

(5)单击"保存"按钮,打开"另存为"窗口,选择保存位置,根据要求修改文件名,如图 3-8-24 所示。

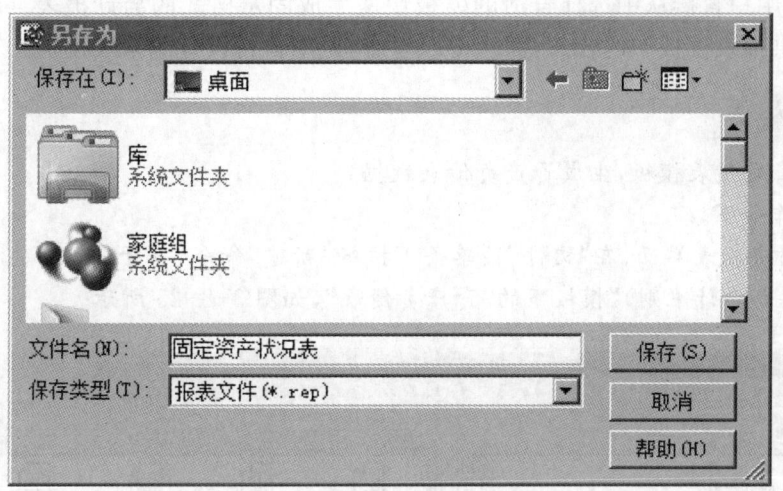

图 3-8-24 "另存为"窗口

（6）单击"保存"按钮。

3. 报表文件的输出

会计报表输出是报表管理系统的重要功能之一。会计报表按输出方式的不同，通常分为：屏幕查询输出、图形输出、磁盘输出、打印输出和网络传送五种类型。

1）屏幕查询输出

报表屏幕查询输出简称为查询输出，又称屏幕输出、屏幕显示、显示输出，是最为常见的一种输出方式。

2）图形输出

根据报表数据生成图形时，系统会显示与会计报表数据有关的图形，便于分析会计报表。

3）磁盘输出

磁盘输出一般指将报表以文件的形式输出到磁盘，以便上报下传。

4）打印输出

打印输出是指将编制出来的报表以纸介质的形式表现出来。不同的会计报表，打印输出的要求不同。

【举例说明】

现金日记账、银行存款日记账需要每日打印，资产负债表、利润表等月报要求每月打印。

5）网络传送

网络传送方式是通过计算机网络将各种报表从一个工作站传递到另一个或几个工作站的报表传输方式。

三、利用报表模板生成报表

报表管理模块通常提供按行业设置的报表模板，为每个行业提供若干张标准的会计报表模板,以便用户直接从中选择合适的模板快速生成固定格式的会计报表。用户不仅可以修改系统提供报表模板中的公式,而且可以生成、调用自行设计的报表模板。

案例 3.8.9

调用资产负债表模板,生成资产负债表数据。

具体操作如下。

(1)在财务报表界面,在"文件"菜单条下执行"新建"命令,打开"新建"窗口,选择"一般企业(2007年新会计准则)"模板下的"资产负债表",如图 3-8-25 所示。

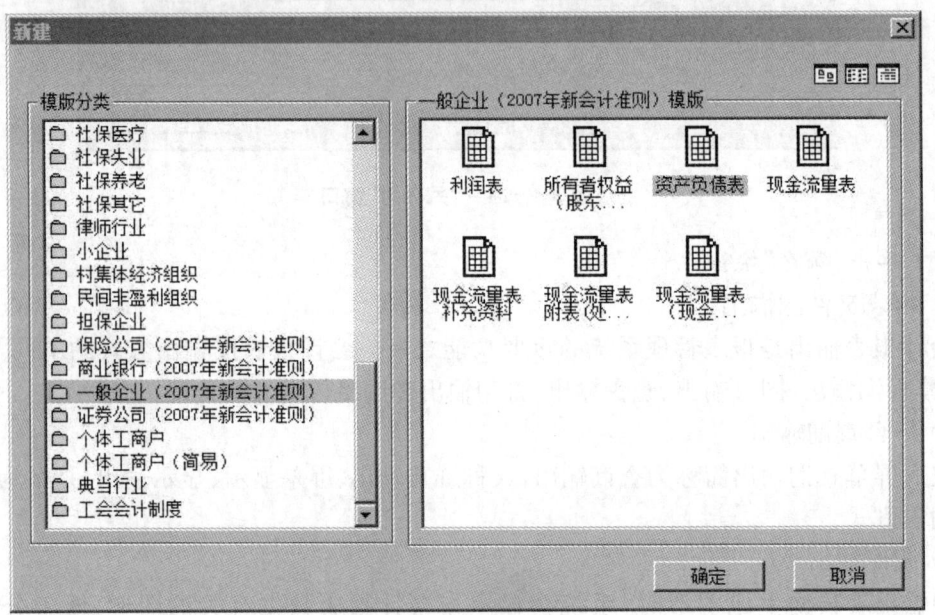

图 3-8-25 "新建"窗口

(2)单击"确定"按钮,打开"资产负债表"模板。

(3)单击左下角的"格式"按钮,使其显示"数据"状态。

(4)在"数据"菜单条下执行"关键字-录入"命令,打开"录入关键字"窗口,设置单位名称和年月日,如图 3-8-26 所示。

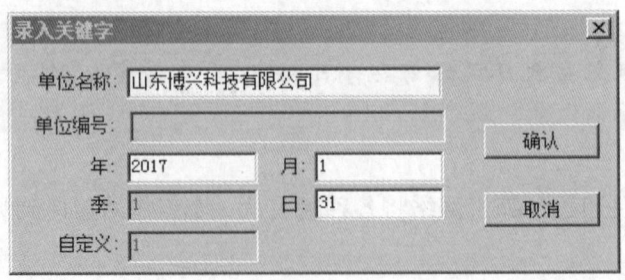

图 3-8-26 "录入关键字"窗口

(5)单击"确认"按钮,系统弹出对话框,提示"是否重算第 1 页?",单击"是"按钮,系统会自动计算数据，如图 3-8-27 所示。

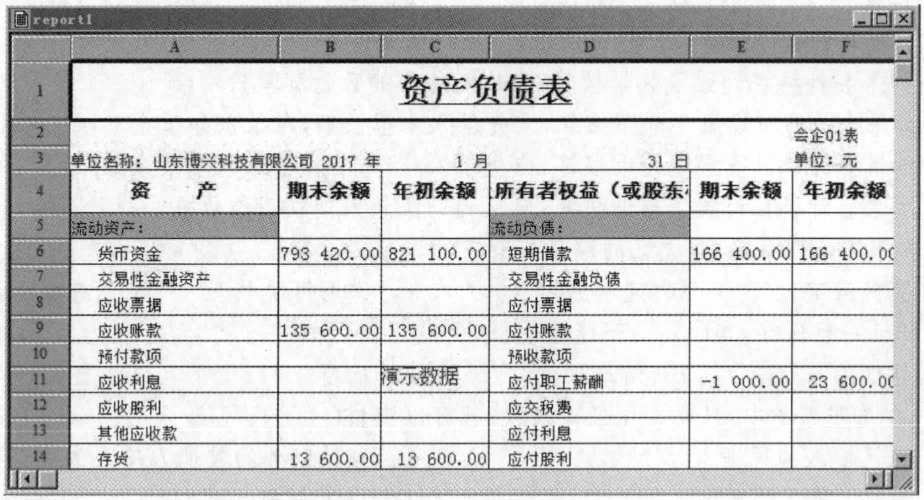

report1

	A	B	C	D	E	F
1	资产负债表					
2						会企01表
3	单位名称：山东博兴科技有限公司 2017 年		1 月	31 日		单位：元
4	资　　产	期末余额	年初余额	所有者权益（或股东	期末余额	年初余额
5	流动资产：			流动负债：		
6	货币资金	793 420.00	821 100.00	短期借款	166 400.00	166 400.00
7	交易性金融资产			交易性金融负债		
8	应收票据			应付票据		
9	应收账款	135 600.00	135 600.00	应付账款		
10	预付款项			预收款项		
11	应收利息		演示数据	应付职工薪酬	-1 000.00	23 600.00
12	应收股利			应交税费		
13	其他应收款			应付利息		
14	存货	13 600.00	13 600.00	应付股利		

图 3-8-27　生成资产负债表

【本章小结】

本章的主要内容包括：会计软件的应用流程、系统级初始化以及六个模块（账务处理、固定资产、工资、应收、应付、报表）的应用等。本章内容是本门课程的核心，需要结合上机操作来熟练所学知识。

【过关训练】

一、单项选择题

1. 会计软件的系统级初始化是指设置会计软件所使用的数据、参数和系统公用基础信息，不包括（　　）。

A. 设置账套信息　B. 期初余额录入　C. 设置操作员权限　D. 设置基础档案

2. 下列关于期末处理工作特点的说法中，不正确的是（　　）。

A. 在期末完成　B. 处理流程较为固定

C. 工作量大　D. 计算机自动完成

3. 建立账套操作通常是由（　　）完成的。

A. 账套主管　B. 系统管理员　C. 会计主管　D. 记账人员

4. 会计软件的用户管理功能与（　　）是会计电算化环境下的财务分工实现的基础。

A. 建立账套　B. 操作员权限设置

C. 设置系统公用基础信息　D. 数据备份

5. （　　）能唯一地确定被标志的对象。

A. 编码级次　B. 编码长度　C. 编码含义　D. 编码符号

6. 某企业的会计科目编码规则是3222,则代码为401010101的会计科目为(　　)。
   A. 二级　　　　　　B. 三级　　　　　　C. 四级　　　　　　D. 五级
7. 下列关于期初余额录入的说法中,不正确的是(　　)。
   A. 如果会计科目设置了数量核算,应输入相应的数量和单价
   B. 如果会计科目设置了外币核算,应先录入本币余额,再录入外币余额
   C. 如果会计科目设置了外币核算,应先录入外币余额,再录入本币余额
   D. 如果会计科目设置了辅助核算,应从辅助账录入期初明细数据
8. 在账务处理系统中,凭证的编号应遵守(　　)。
   A. 随机给定　　　　B. 连续递增　　　　C. 递增可跳号　　　D. 递增可重号
9. 凭证一旦保存,其(　　)不能修改。
   A. 凭证编号　　　　B. 制单日期　　　　C. 摘要　　　　　　D. 金额
10. 在总账系统中,只要有凭证审核权,就可以审核(　　)。
    A. 自己输入的凭证　　　　　　　　　B. 自己以外的其他人输入的凭证
    C. 任何人输入的凭证　　　　　　　　D. 以上全部
11. 账务处理系统中,结账前操作员应(　　)。
    A. 整理账簿　　　　B. 数据备份　　　　C. 计算余额　　　　D. 打印凭证
12. 固定资产核算系统启用之后的日常处理主要包括(　　)。
    A. 计提折旧与成本核算　　　　　　　B. 凭证的输入、审核与计账
    C. 增减变动处理　　　　　　　　　　D. 设备采购与应付款管理
13. 由固定资产系统传递到账务处理系统中的凭证(　　)。
    A. 在固定资产系统中可以修改　　　　B. 在账务处理系统中不可以修改
    C. 在账务处理系统中可以审核　　　　D. 以上都对
14. 工资管理系统的初始化设置不包括(　　)。
    A. 设置工资类别　　　　　　　　　　B. 设置工资项目
    C. 设置工资项目计算公式　　　　　　D. 工资变动数据的录入
15. 月末结转时要生成新月份的工资数据表,该表需要从本月复制数据的是(　　)。
    A. 固定数据项　　　B. 变动数据项　　　C. 字符数据项　　　D. 所有数据项
16. 设置(　　)是指为进行应收账款账龄分析,根据欠款时间,将应收账款划分为若干等级,以便掌握客户欠款时间的长短。
    A. 结算方式　　　　B. 账龄区间　　　　C. 规则选项　　　　D. 核销方式
17. 应收管理模块为每一种类型的收款业务填制相应的记账凭证,并将凭证传递到(　　)模块。
    A. 账务处理　　　　B. 存货管理　　　　C. 报表管理　　　　D. 成本管理
18. 在应付系统中,(　　)档案是不需要准备的。
    A. 存货　　　　　　B. 部门　　　　　　C. 客户　　　　　　D. 供应商
19. 对应付票据的处理操作不包括(　　)。
    A. 修改　　　　　　B. 付款　　　　　　C. 退票　　　　　　D. 冲销
20. 关于报表格式设置的具体内容中,不正确的是(　　)。
    A. 画表格线　　　　B. 定义单元属性　　C. 报表文件的保存　D. 设置关键字

21. 在报表系统中,( )定义了报表数据之间的运算关系,可以实现报表系统从其他子系统取数的功能,所以必须定义它。
   A. 审核公式　　　　B. 计算公式　　　　C. 单元公式　　　　D. 舍位平衡公式

二、多项选择题

1. 日常处理工作一般包括( )。
   A. 数据输入　　　　B. 数据处理　　　　C. 数据备份　　　　D. 数据输出
2. 数据还原主要包括( )。
   A. 凭证还原　　　　B. 年度账还原　　　C. 账套还原　　　　D. 报表还原
3. 设置系统公用基础信息包括设置编码方案、( )、会计科目等。
   A. 基础档案　　　　　　　　　　　　　B. 收付结算信息
   C. 企业类型　　　　　　　　　　　　　D. 凭证类别
4. 下列选项中,( )属于职员档案设置的内容。
   A. 职员编码　　　　B. 部门名称　　　　C. 职员性别　　　　D. 文化程度
5. 下列选项中,属于汇率匹配方式的有( )。
   A. 当日　　　　　　B. 明日　　　　　　C. 向前　　　　　　D. 向后
6. 下列选项中,( )是账务处理模块的初始化工作。
   A. 设置控制参数　　　　　　　　　　　B. 录入会计科目初始数据
   C. 凭证录入　　　　　　　　　　　　　D. 出纳签字
7. 下列关于试算平衡的说法中,正确的有( )。
   A. 余额试算平衡的理论基础是会计恒等式
   B. 余额试算平衡利用期末余额平衡原理
   C. 发生额试算平衡的理论基础是借贷发生额平衡原理
   D. 发生额试算平衡的理论基础是记账规则
8. 总账系统日常账务处理的内容主要包括( )。
   A. 填制凭证　　　　B. 审核凭证　　　　C. 记账　　　　　　D. 结账
9. 账务处理录入凭证时,在( )情况下,系统对当前编制的凭证不予认可。
   A. 某一行记录只有借方金额
   B. 某一行记录只有贷方金额
   C. 一行记录中既有借方金额也有贷方金额
   D. 借方金额合计和贷方金额合计不相等
10. 在固定资产管理模块中,所填制的固定资产卡片应包括( )等。
    A. 固定资产原始卡片　　　　　　　　　B. 变动固定资产卡片
    C. 增加固定资产卡片　　　　　　　　　D. 减少固定资产卡片
11. 在固定资产管理系统中,对计提折旧有影响的数据项有( )。
    A. 资产原值　　　　B. 增加方式　　　　C. 折旧方法　　　　D. 使用状态
12. 工资管理模块主要用来计算职工( ),并根据工资用途进行分配。
    A. 基本工资　　　　　　　　　　　　　B. 个人所得税
    C. 实发工资　　　　　　　　　　　　　D. 应发工资

13. 工资项目计算公式由( )等组成。
   A. 工资项目   B. 运算符   C. 关系符   D. 函数
14. 在应收管理模块中,下列属于其转账处理的有( )。
   A. 应收冲应收   B. 应收冲应付
   C. 预付冲应付   D. 预收冲应收
15. 账表查询主要是对( )的查询,以及总账、明细账、单据之间的联查。
   A. 往来明细账   B. 往来总账
   C. 收款单查询   D. 往来余额表
16. 企业的应付款来源于( )。
   A. 专用发票   B. 其他应付款
   C. 其他应收单   D. 普通发票
17. 报表数据的来源有( )。
   A. 手工录入   B. 直接导入
   C. 来源于系统内其他模块   D. 来源于报表管理模块其他报表
18. 下列各项中,属于屏幕查询输出的有( )。
   A. 屏幕输出   B. 屏幕显示   C. 显示输出   D. 打印输出

三、判断题

1. 系统初始化是在系统初次运行时一次性完成的,在系统使用后,其设置信息不能再修改。( )
2. 日常处理是指在每个会计期间内、企业日常运营过程中,重复、频繁发生的业务处理过程。( )
3. 账套建立后,对某些已经设定的参数内容可以任意进行修改。( )
4. 使用会计软件时,不同会计人员可以使用同一个账号和密码。( )
5. 企业不需要对涉及项目的所有收入、费用、支出进行专项核算和管理。( )
6. 只要是末级科目就可以删除。( )
7. 在账务处理模块中,凭证编号方式设置不是常见的参数设置内容。( )
8. 期初余额录入完毕后,如果试算不平衡,则不能进行日常处理。( )
9. 手工输入的记账凭证需要审核,机制凭证不需要审核。( )
10. 一个月可以一天记一次账,也可以一天记多次账,还可以多天记一次账。( )
11. 根据固定资产的使用状况,某一部门的固定资产折旧费用可以根据需要归入多个会计科目。( )
12. 固定资产原始卡片的数据可以和账务处理模块中有关固定资产的初始数据不一致。( )
13. 可以先进行固定资产减少操作,再计提本月折旧。( )
14. 用户可以将已经存在的工资表的数据复制到本工资表中,选择多个工资表作为本工资表的数据来源。( )
15. 已建立的工资表,如果不再使用或已有基础信息不便于修改,也不可以对工资表进行删除操作。( )

16. 在账套使用过程中,即使当年已经计提过坏账准备,坏账处理方式这一参数仍可以修改。（ ）
17. 应收账款管理系统通常包含了按一定条件计提坏账准备的功能。（ ）
18. 企业如果不使用采购管理模块,则采购发票必须在应付管理模块中录入。（ ）
19. 应付冲应收是指用某供应商的应付款,冲抵某客户的应收款项。（ ）
20. 财务报表的数据只来源于总账系统,并且取数要通过函数实现。（ ）
21. "现金日记账"、银行存款日记账、资产负债表、利润表等均要求每月打印。（ ）

第四章
电子表格软件在会计中的应用

 本章学习知识体系

- 电子表格软件在会计中的应用
  - 电子表格软件概述
    - 常用的电子表格软件(★)
    - 电子表格软件的主要功能(★)
    - Excel软件的启动与退出(★★★)
    - Excel软件的用户界面(★★★)
    - Excel文件的管理(★★)
  - 数据的输入、编辑和保护
    - 数据的输入(★★)
    - 数据的编辑(★★★)
    - 数据的保护
  - 公式与函数的应用
    - 公式的应用(★★★)
    - 单元格的引用(★★★)
    - 函数的应用
  - 数据清单及其管理分析
    - 数据清单的构建(★★★)
    - 记录单的使用(★★★)
    - 数据的管理与分析(★★★)

第一节 电子表格软件概述

【学习指南】

学习本节内容，读者需要理解常用电子表格软件的种类、电子表格软件的主要功能，熟悉 Excel 软件的用户界面和 Excel 文件管理的常用方法。

一、常用的电子表格软件

电子表格又称电子数据表，是指由特定软件制作而成的，用于模拟纸上计算的由横竖线条交叉组成的表格。

Windows 操作系统下常用的电子表格软件主要有微软的 Excel、金山 WPS 电子表格等；Mac 操作系统下则有苹果的 Numbers，该软件同时可用于 iPad 等手持设备。此外，还有专业电子表格软件如 Lotus Notes、第三方电子表格软件如 Formula One 等。

【知识链接】

微软的 Excel 软件（以下简称 Excel）是美国微软公司研制的办公自动化软件 Office 的重要组成部分，目前已经广泛应用于会计、统计、金融、财经、管理等众多领域。

考虑到 Excel 操作简单直观、应用范围广泛、用户众多且与其他电子表格软件具有很好的兼容性，未特别说明时，本教材主要介绍 Excel 有关内容。Excel 软件有多种不同的版本，目前，比较有代表性的是 Excel 2003 和 Excel 2013。

【特别提示】

本教材重点介绍 Excel 2003 的使用方法，有关 Excel 2013 的有关内容，读者也需要有所了解。

二、电子表格软件的主要功能

电子表格软件的主要功能有：①建立工作簿；②管理数据；③实现数据网上共享；④制作图表；⑤开发应用系统。

（一）建立工作簿

Excel 启动后，即可按照要求建立一个空白的工作簿文件，每个工作簿中含有一张或多张空白的表格，又称"电子表格"，每张工作表由若干行和列组成，行和列交叉形成单元格。

【答疑解惑】

工作簿、工作表和单元格有什么关系？工作簿如同活页夹，工作表如同工作簿中的一张张活页纸，且各张工作表之间的内容相对独立。工作表是 Excel 存储和处理数据的最重要的部分，也称电子表格。单元格是工作表的最小组成单位，单个数据的输入和修改都在单元格中进行，每一单元格最多可容纳 32 767 个字符。

【知识拓展】

在 Excel 2003 中,每个工作簿默认含有 3 张工作表,每张工作表由 65 536 行和 256 列组成;在 Excel 2013 中,每个工作簿默认含有 1 张工作表,该工作表由 1 048 576 行和 16 384 列组成。默认的工作表不够用时,可以根据需要予以适当添加。每个工作簿含有工作表的张数受到计算机内存大小的限制。

(二)管理数据

用户通过 Excel 不仅可以直接在工作表的相关单元格中输入、存储数据,编制销量统计表、科目汇总表、试算平衡表、资产负债表、利润表以及大多数数据处理业务所需的表格,而且可以利用计算机,自动、快速地对工作表中的数据进行检索、排序、筛选、分类、汇总等操作,还可以运用运算公式和内置函数,对数据进行复杂的运算和分析。

(三)实现数据网上共享

通过 Excel,用户可以创建超级链接,获取局域网或互联网上的共享数据,也可将自己的工作簿设置成共享文件,保存在互联网的共享网站中,让世界上任何位置的互联网用户共享工作簿文件。

(四)制作图表

Excel 提供了散点图、柱形图、饼图、条形图、面积图、折线图、气泡图、三维图等 14 类 100 多种基本图表。Excel 不仅能够利用图表向导方便、灵活地制作图表,而且可以很容易地将同一组数据改变成不同类型的图表,以便直观地展示数据之间的复杂关系;不仅能够任意编辑图表中的标题、坐标轴、网络线、图例、数据标志、背景等各种对象,而且可以在图表中添加文字、图形、图像和声音等,使精心设计的图表更具说服力。

(五)开发应用系统

Excel 自带 VBA 宏语言,用户可以根据这些宏语言,自行编写和开发一些满足自身管理需要的应用系统,有效运用和扩大 Excel 的功能。

【知识链接】

Visual Basic for Applications(VBA)是 Visual Basic 的一种宏语言,是微软开发出来在其桌面应用程序中执行通用的自动化(OLE)任务的编程语言。微软在 1994 年发行的 Excel 5.0 版本中,即具备了 VBA 的宏功能。

三、Excel 软件的启动与退出

(一)Excel 软件的启动

Excel 软件的启动通常可以通过下列四种方法来进行。

1. 点击"开始"菜单中列示的 Excel 快捷命令

单击桌面左下角的"开始"菜单,从中选择"所有程序",在列表框中选择"Microsoft Office",然后从展开的列表框中选择"Microsoft Office Excel 2003"即可启动 Excel,如图 4-1-1 所示。

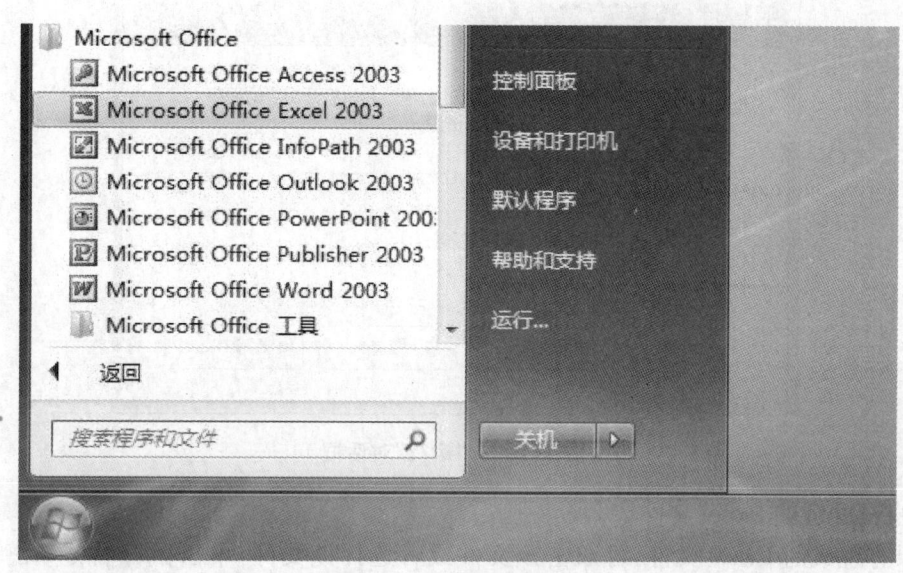

图 4-1-1 "开始"菜单

通过"开始"菜单启动 Excel 软件的同时,建立了一个新的文档,该文档在 Excel 软件中被默认为工作簿。启动 Excel 后建立的第一个空白工作簿的缺省名和扩展名,在 Excel 2003 中分别默认为"Book1"和".xls",但也可以另存为其他名字和类型的文件。

【知识拓展】
    启动 Excel 2013 建立的第一个空白工作簿的缺省名和扩展名与 Excel 2003 不同,分别为"工作簿1"和".xlsx"。

2. 点击桌面或任务栏中 Excel 的快捷方式图标
    直接双击桌面上的 Excel 快捷方式图标或单击任务栏中的该图标,即可启动 Excel 软件。采用这种方法的前提是桌面或任务栏中已经创建了 Excel 快捷方式图标。

【知识链接】
    创建 Excel 快捷方式图标的常用方法为:①在桌面上,单击鼠标右键,在弹出的快捷菜单中选择"新建"→"Microsoft Office Excel"命令,即可在桌面上建立快捷方式;②单击"开始"菜单,选择"所有程序"命令,从列表框中选择"Microsoft Office",在"Microsoft Office Excel 2003"命令上单击鼠标右键,选择"锁定到任务栏",即可在任务栏上显示快捷方式。

3. 通过"运行"对话框启动 Excel 软件
    打开"运行"对话框,输入"Excel",单击"确定"按钮或按回车键"Enter",如图 4-1-2 所示。
    相关操作完成后,Excel 启动,同时建立一个新的空白工作簿。

【答疑解惑】
    如何打开"运行"对话框?打开"运行"对话框有两种方法:①单击桌面左下角的"开始"菜单,从弹出的窗口右侧选择"运行"命令,如图 4-1-1 所示;②同时按键盘上的微软徽标键和 R 键也可以。

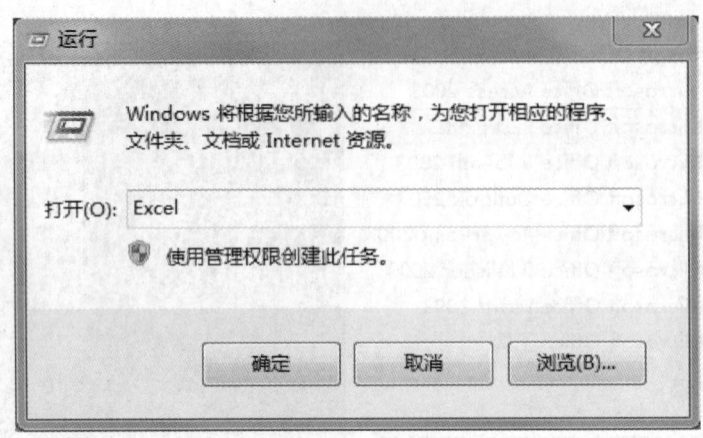

图 4-1-2 "运行"对话框

4. 打开现成的 Excel 文件

如果有现成的 Excel 文件,可双击该文件或者选择该文件,单击鼠标右键,在弹出的快捷菜单中选择"打开"命令,通过打开该文件来启动 Excel 软件。

(二) Excel 软件的退出

退出 Excel 软件通常可以采用下列三种方法来进行,如果退出前有编辑的内容未被保存,将出现提示是否保存的对话框。

1. 点击标题栏最右边的关闭按钮

点击标题栏最右边的关闭"×"按钮后,Excel 软件将被退出。

2. 点击"关闭窗口"或"关闭所有窗口"命令

右键单击任务栏中的 Excel 图标,打开菜单选项,点击"关闭窗口"命令可退出 Excel 文件。文件被关闭后,Excel 软件也随之退出。

【特别提示】
当前处于打开状态的工作簿只有一个的情况下,通过"关闭窗口"命令完成 Excel 软件的退出;当前处于打开状态的工作簿为多个的情况下,右键单击任务栏中的 Excel 图标,从菜单选项中点击"关闭所有窗口"命令可退出 Excel 文件,如图 4-1-3 所示。

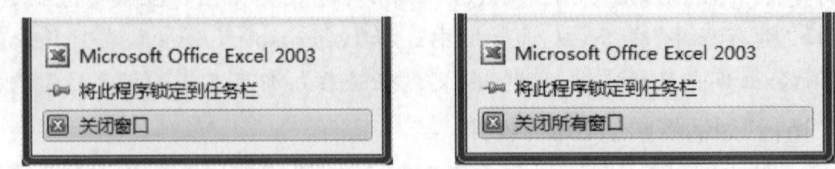

图 4-1-3 "关闭文件"对话框

3. 按击快捷键"Alt"+"F4"

按击"Alt"+"F4"键后,Excel 软件将被退出。

以上操作方法均指的是当前只有一个工作簿的情形,如果当前有多个工作簿文件在运行,以上操作方法执行的结果将是光标所在的文件被关闭,其他处于打开状态的 Excel 文件仍在运行,Excel 软件并未退出。只有这些文件均被关闭后,Excel 软件才能退出。

【特别提示】

在实际操作中,上段话仅对 Excel 2007 以上有效。Excel 2003 中,如果当前有多个工作簿文件在运行,点击标题栏最右边的关闭"×"按钮或按击"Alt"+"F4"键后,所有打开的文件均被关闭,Excel 软件退出。

四、Excel 软件的用户界面

Excel 软件启动后,通常会建立一个新的空白工作簿或者打开一个现有的工作簿,并在屏幕上呈现一个最大化的工作簿窗口(简称窗口)。这一窗口是用户操作 Excel 软件的重要平台,被称为默认的用户界面。

Excel 2003 及以下版本的默认用户界面基本相同,由标题栏、菜单栏、工具栏、编辑区、工作表区、状态栏和任务窗格等要素组成,如图 4-1-4 所示。

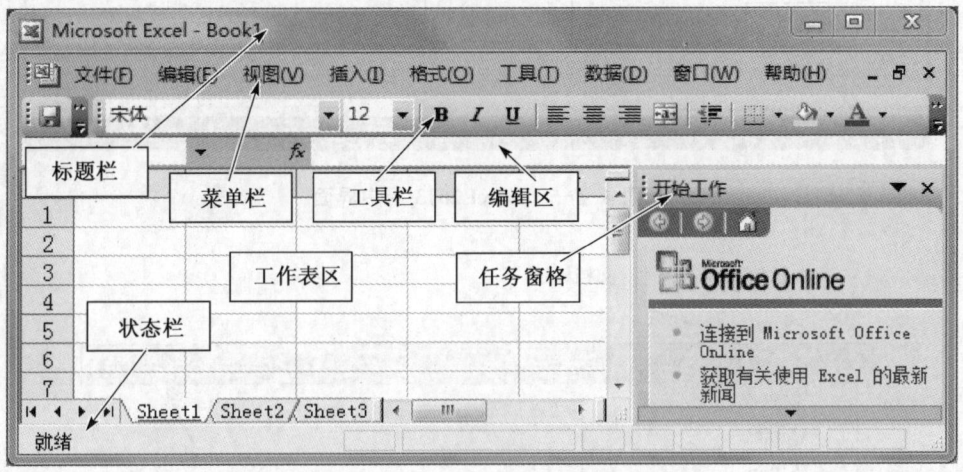

图 4-1-4　Excel 2003 用户界面

【知识拓展】

Excel 软件的默认用户界面因版本不同而有所区别。Excel 2007 及以上版本的默认用户界面基本相同,主要由功能区、编辑区、工作表区和状态栏等要素组成,如图 4-1-5 所示。

(一)标题栏

标题栏位于窗口的最上方,依次列示 Excel 软件的图标、文档的标题和控制 Excel 窗口的按钮,如图 4-1-6 所示。

1. 软件图标

软件图标是 Excel 窗口的控制菜单图标,又称为"控制框"。单击"软件图标"按钮,弹出控制菜单命令,提供还原、移动、大小、最小化、最大化和关闭等功能,如图 4-1-6 所示。双击软件图标按钮可以关闭 Excel 窗口。

【知识拓展】

弹出控制菜单命令的方法除了上述方法之外,还有两种:①在标题栏的任意位置,单击鼠标右键;②同时按键盘上的 Alt 和 Space 键。

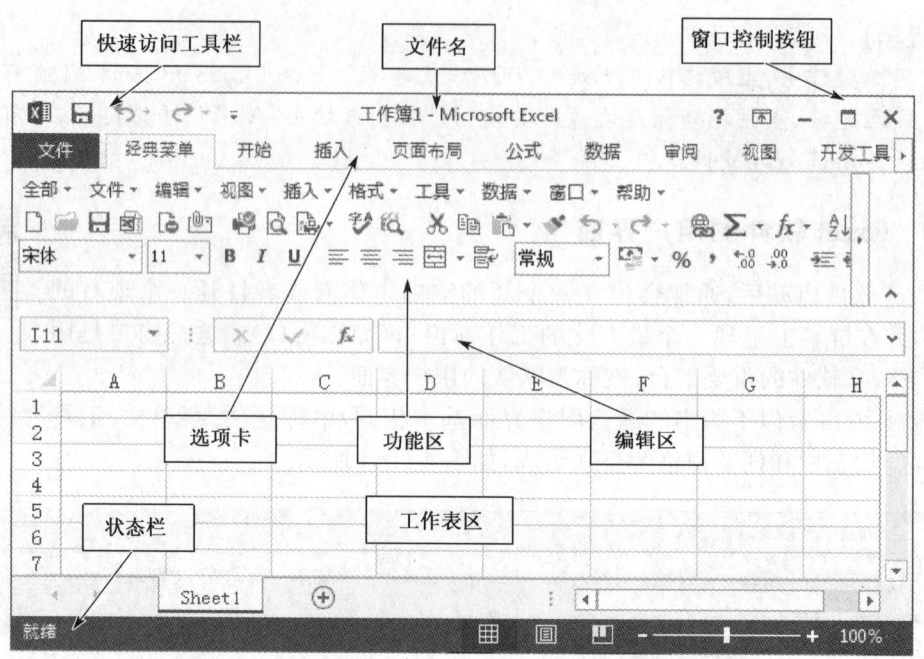

图 4-1-5　Excel 2013 用户界面

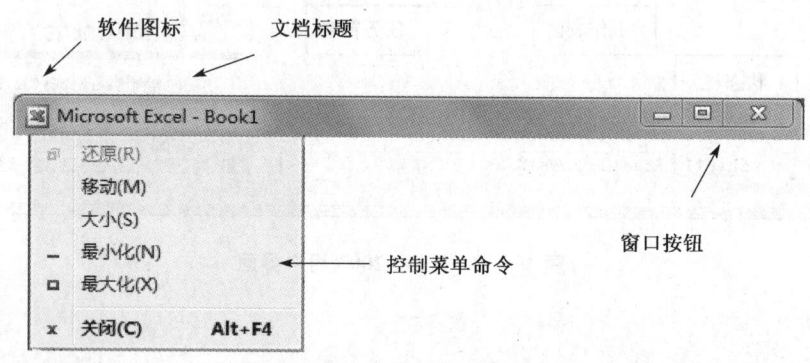

图 4-1-6　Excel 2003 标题栏

2. 文档标题

文档标题位于标题栏的中间,由软件名字和当前运行工作簿的名字组成,中间由"-"连接。

【举例说明】

如图 4-1-6 所示,该文档标题为 Microsoft Excel-Book1,其中软件名字为 Microsoft Excel,工作簿的名字为 Book1。Excel 2013 文档标题组成顺序与 Excel 2003 相反,如图 4-1-7所示,该文档标题为工作簿 1-Microsoft Excel,其中工作簿 1 为工作簿的名字,Microsoft Excel 为软件名字。

图 4-1-7　Excel 2013 标题栏

3. 窗口按钮

窗口按钮位于标题栏的最右端,由三个控制按钮组成:最小化按钮、向下还原或最大化按钮、关闭按钮。

(二) 菜单栏

Excel 2003 的菜单栏默认位于标题栏的下方,但可移动到窗口的其他适当位置。鼠标指向标题栏最左端的虚线,当鼠标变成四向箭头时,按下鼠标左键进行拖动,在合适的位置松开鼠标即可,如图 4-1-8 所示。

图 4-1-8　Excel 2003 菜单栏

从图 4-1-8 可以看出,Excel 2003 的菜单栏包含"文件""编辑""视图""插入""格式""工具""数据""窗口"和"帮助"九个默认的菜单项,菜单栏中包括 Excel 的全部操作命令,每一菜单项分别含有对工作表进行操作的一组功能相关的命令选项。命令后面带有"…"的,表示选择了这一命令后将打开该命令的对话框;命令后面带有"▶"的,表示该选项后面带有一个子菜单。

【举例说明】

"格式"菜单下的"单元格"命令后面带有"…"的,当我们选择"单元格"命令后,会弹出"单元格格式"对话框,从中进行单元格格式的设置。"格式"菜单下的"列"命令后面带有"▶"的,当鼠标移至该命令时,可以展开其子菜单,从中选择相应的命令进行操作。

(三) 工具栏

工具栏默认位于菜单栏的下方,但可移动到窗口的其他适当位置,操作方法同菜单栏的移动。工具栏由一系列与菜单选项命令具有相同功能的按钮组成,每个按钮代表一个命令,能更加快捷地完成相应的操作。

启动 Excel 2003 后,默认显示的工具栏是"常用工具栏"和"格式工具栏",如图 4-1-9 所示。

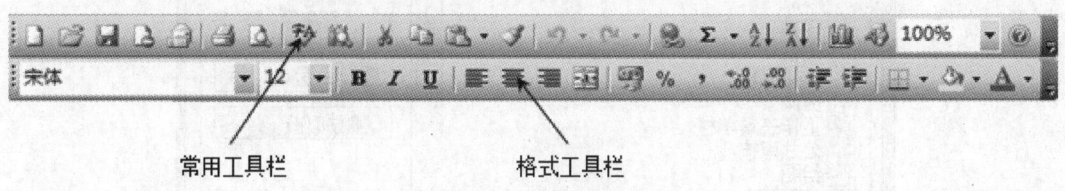

图 4-1-9　Excel 2003 工具栏

【知识链接】

常用工具栏包含了常用的一些命令:新建、打开、保存、打印、打印预览、剪切、复制、粘贴、格式刷、自动求和、排序等;格式工具栏包含字体、字号、加粗、斜体、下划线、对齐方式(左对齐、居中、右对齐)、边框等命令,主要用于设置文本格式、排版操作等。

用户不仅可以自行设定工具栏的显示、隐藏及其在窗口中的位置,而且可以自行设定工具栏中的按钮及其在工具栏中的位置。

显示或隐藏工具栏通常采用以下两种方法:①在菜单栏单击"视图",在打开的列表中选择"工具栏"选项,即可打开"工具栏"列表,从中设置工具栏的显示或隐藏,如图4-1-10所示;②在工具栏的任意位置单击鼠标右键,同样可以打开"工具栏"列表来进行操作。

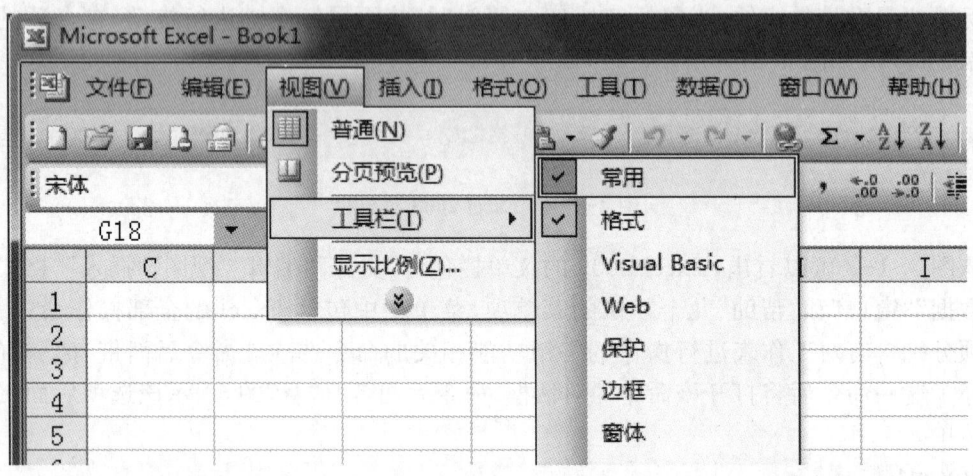

图 4-1-10　Excel 2003 工具栏设置

自定义工具栏的操作方法为:在菜单栏单击"工具"菜单,在打开的列表中选择"自定义"选项,即可打开"自定义"对话框,从中进行工具栏的新建、重命名、删除等操作,如图4-1-11所示。

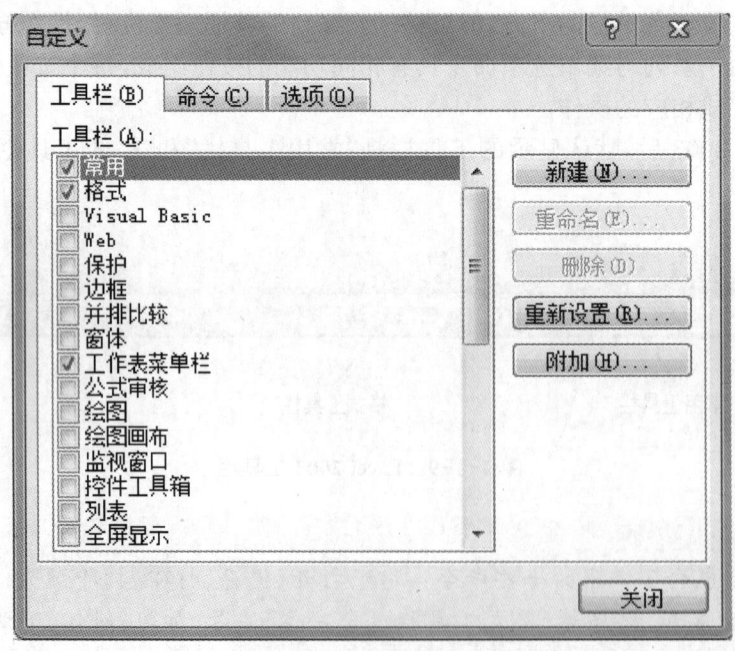

图 4-1-11　自定义对话框

(四) 编辑区

编辑区默认位于工具栏的下方,由名称框、取消输入按钮、确认输入按钮、插入函数按钮和编辑栏构成,如图 4-1-12 所示。它的作用是用来显示当前单元格的名字和当前单元格的内容、取消或确认本次输入的数据或公式。

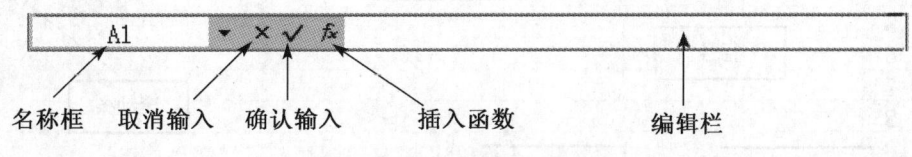

图 4-1-12　Excel 2003 编辑区

编辑区与菜单栏、工具栏不同,它不能利用鼠标拖动在窗口中直接进行移动,但用户可以自行设定其在窗口中的显示或隐藏。

1. 名称框

Excel 2003 名称框位于编辑栏最左端,它主要是用于显示、定义或更改活动单元格或单元格区域的名称,以及快速定位到所指定名称的单元格或单元格区域。

【知识链接】

灵活运用名称框,对提高 Excel 使用效率有很大帮助,具体使用技巧如下:

(1) 快速命名单元格或单元格区域:选定需要命名的单元格或单元格区域,然后直接在"名称框"中键入名称,再按"Enter"键即可快速命名选定的单元格或单元格区域。

(2) 快速移动至指定单元格:如果要将活动单元格移动到指定的单元格,可直接在"名称框"中键入需要移动至相应位置的单元格标志。例如,用户要将活动单元格从 A1 单元格移动到 X1000 单元格时,如果使用移动鼠标指针的方法将是一件非常麻烦的操作,但是用户只要在"名称框"中键入"X1000",按下"Enter"键后活动单元格就会立即移动到 X1000 单元格中。

(3) 快速选定单元格区域:在"名称框"中直接键入需要选定的单元格区域标志,例如,"B2:H200",然后按下"Enter"键,这时"B2:H200"单元格区域就被选中了。

2. 编辑栏

编辑栏是一条形区域,位于编辑区的最右端,它的作用是用于显示、输入或编辑活动单元格或图表中的数据和公式。

【举例说明】

B1 单元格数值为 20,B2 单元格数值为 40,B3 单元格通过公式(=B1+B2)计算得出数值为 60。当我们单击 B1 单元格时,编辑栏显示单元格中的数据 20;而当我们单击 B3 单元格时,编辑栏显示单元格的公式"=B1+B2"。

(五) 工作表区

工作表区默认位于编辑区的下方,是 Excel 文件用于存储和处理数据的专门区域,由工作表、工作表标签、标签滚动按钮、滚动条和滚动条按钮、列和列号、行和行号、全选按钮、单元格等要素组成,如图 4-1-13 所示。

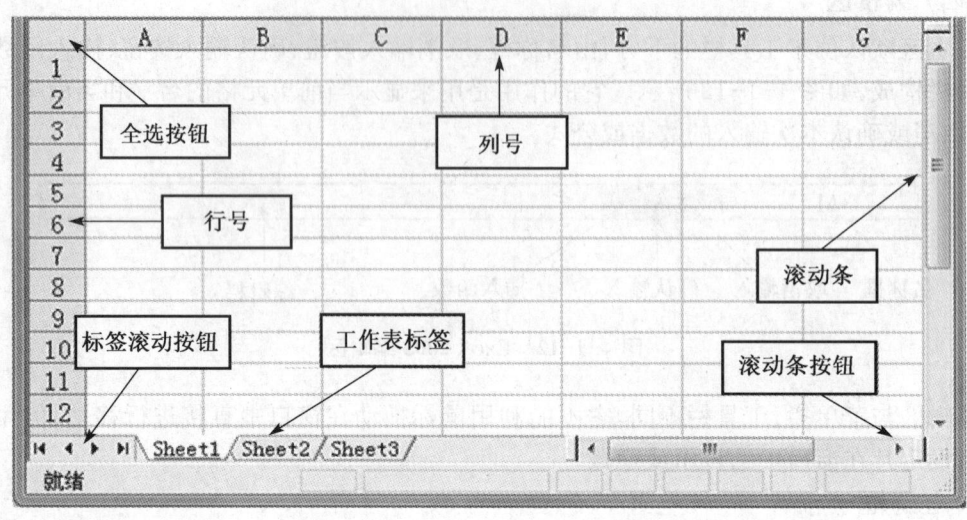

图 4-1-13　Excel 2003 工作表区

(六) 状态栏

状态栏默认位于窗口底部,它由消息区、自动计算显示框和键盘状态显示区组成,可以显示各种状态信息,如单元格模式、功能键的开关状态等,如图 4-1-14 所示。

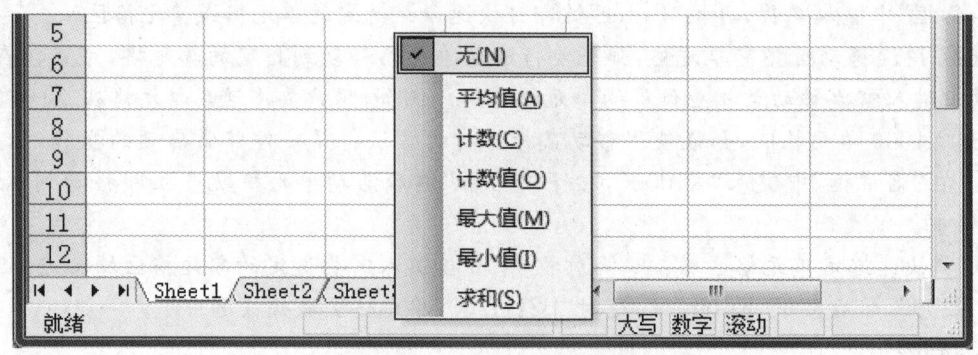

图 4-1-14　Excel 2003 状态栏

1. 消息区

消息区位于状态栏的左端,显示 Excel 软件当前的工作状态。系统默认的为"就绪",输入内容时为"输入",编辑公式或者输入函数参数时为"编辑"。

2. 自动计算显示框

在状态栏,单击鼠标右键,弹出快捷菜单,从中可以选择相应的功能"无""平均值""计数""计数值""最大值""最小值""求和"。当选中单元格区域时,在自动计算显示框将显示选中区域数字的"平均值""最大值""求和"等。

3. 键盘状态显示区

键盘状态显示区显示"大写""数字""滚动""结束"等状态。

(1)"大写"状态表示输入的字母表现形式为大写,不显示表示小写字母状态,与键盘上

Caps Lock 的指示灯是对应的。

（2）"数字"状态表示小键盘为数字键盘输入状态，否则即为光标控制状态，与键盘上 Num Lock 的指示灯是对应的。

（3）"滚动"状态表示用上下左右方向键可以滚动窗口，否则用上下左右方向键移动活动单元格，这个状态与键盘上 Scroll Lock 的指示灯是对应的。

（4）"结束"状态表示按上下左右移动到当前行或列的有数据结尾或开头处，若无数据，则跳至行尾。

（七）任务窗格

任务窗格默认位于 Excel 窗口的右边，但可移动到窗口的其他适当位置，用于集中放置最常用的功能和快捷方式，具体包括"开始工作""帮助""搜索结果""剪贴画""信息检索""剪贴板""新建工作簿""模板帮助""共享工作区""文档更新"和"XML 源"十一个任务窗格，如图 4-1-15 所示。

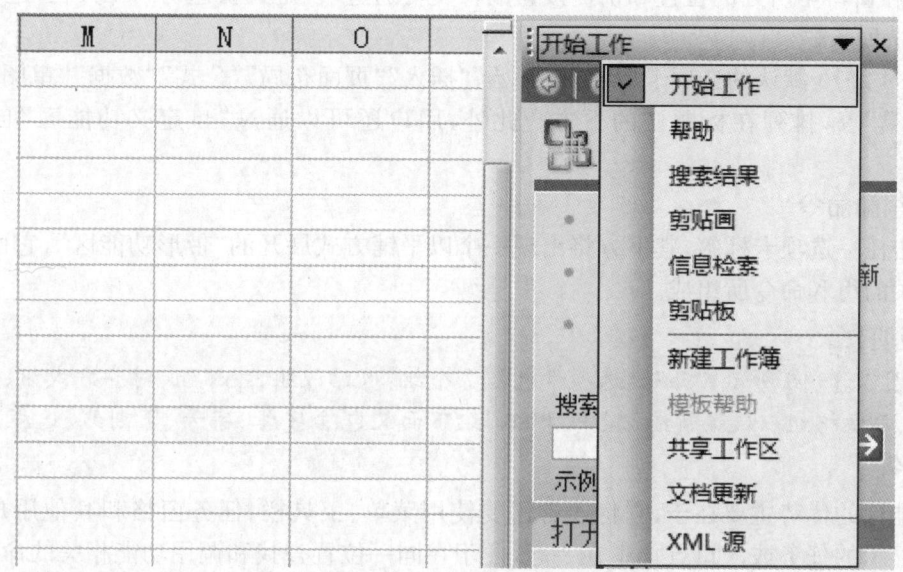

图 4-1-15　Excel 2003 任务窗格

任务窗格打开和关闭的常用方法有两种：①同时按"Ctrl"键和"F1"键；②单击"视图"下的"任务窗格"命令打开任务窗格，在"任务窗格"窗口中单击右上角的"关闭"按钮即可关闭任务窗格。

（八）功能区

功能区是由一系列在功能上具有较强相关性的组和命令所形成的区域，各功能区的主要功能由相应的选项卡标签予以标志，用户可以根据需要，快速找到和调用包含当前所需命令的功能区。

Excel 2013 的功能区包括快速访问工具栏、选项卡栏以及组和命令组成，如图 4-1-16 所示。

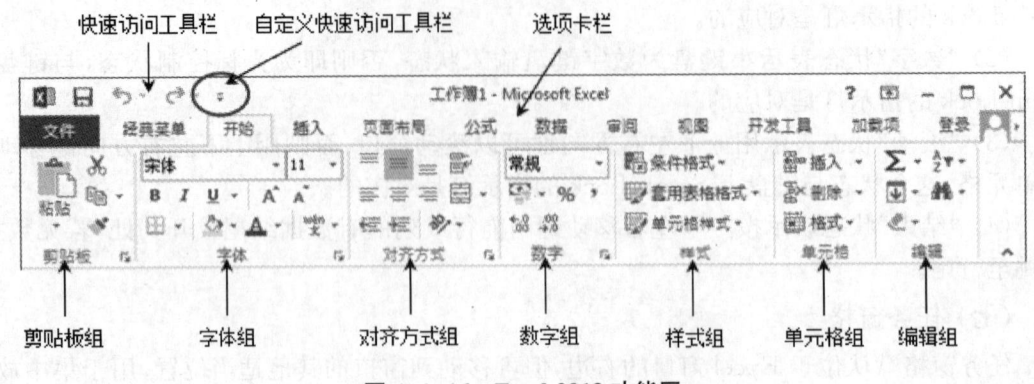

图 4-1-16　Excel 2013 功能区

1. 快速访问工具栏

快速访问工具栏位于 Excel 2013 窗口的左上端，默认包含"保存""撤销""恢复"等快捷按钮，其在窗口中所处的位置和快捷按钮的种类可通过"自定义快速访问工具栏"进行设置。

2. 选项卡栏

Excel 2013 默认的选项卡标签有"开始""插入""页面布局""公式""数据""审阅""视图""开发工具"等，排列在标题栏的下方。此外，用户还可以通过"自定义功能区"自定义选项卡。

3. 组和命令

单击任一选项卡标签，其下方将出现一个以平铺方式展开的"带形功能区"，它由若干个功能相关的组和命令所组成。

【举例说明】

如图 4-1-16 所示，"开始"选项卡包括 7 个组：剪贴板组、字体组、对齐方式组、数字组、样式组、单元格组以及编辑组，其中"字体"组下面又包含字体、字号、下划线、边框、字体颜色等命令。

功能区的优势主要在于，它将通常需要使用菜单、工具栏、任务窗格和其他用户界面组件才能显示的任务或入口点集中在一起，便于在同一位置查找和调用功能相关的命令。

五、Excel 文件的管理

Excel 文件的管理主要包括新建、保存、关闭、打开、保密、备份、修改与删除等工作。

（一）Excel 文件的新建与保存

1. Excel 文件的新建

单击"开始"菜单中列示的 Excel 快捷命令、桌面或任务栏中 Excel 的快捷方式图标或者通过"运行"对话框等方式启动 Excel 软件的，系统将自动建立一个新的空白工作簿，或者提供一系列模板以供选择，选定其中的空白工作簿模板后，新的空白工作簿窗口将在屏幕上呈现出来，并在标题栏中显示默认的文件名。

以打开现成 Excel 文件方式启动 Excel 2003 软件的，可通过以下方法之一建立一个新的空白工作簿：

(1)在键盘上同时按"Ctrl"键和"N"键。
(2)打开"文件"菜单,单击"新建"菜单命令,选定其中的空白工作簿模板。
(3)单击工具栏中的"新建"按钮,如图4-1-17所示。

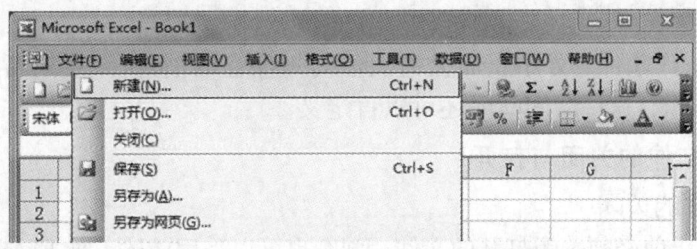

图4-1-17　Excel 2003新建文件窗口

【知识拓展】

　　Excel 2003的"新建"按钮位于常用工具栏,而Excel 2013的"新建"按钮位于快速访问工具栏,可通过"自定义快速访问工具栏"设置该按钮的显示和隐藏。

2. Excel文件的保存

为了继续使用新建的Excel文件,应当以合适的名称和类型将Excel文件保存在适当的位置。Excel文件在编辑修改完毕或退出Excel软件之前,均应进行保存。保存Excel文件的常用方法包括以下几项:

(1)敲击功能键"F12"键进行保存,打开"另存为"对话框,选择文件保存的位置,设置文件名和文件类型,如图4-1-18所示。

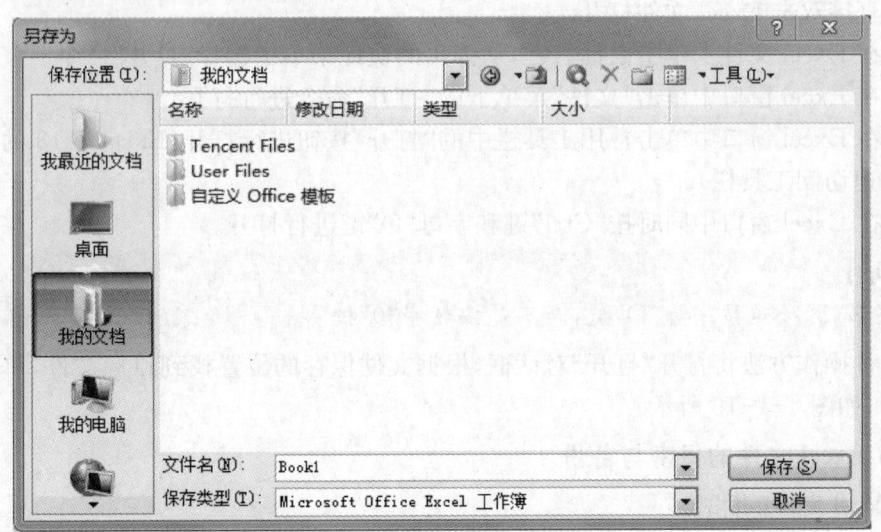

图4-1-18　Excel 2003"另存为"对话框

(2)按击快捷键"Ctrl"+"S"键进行保存。
(3)单击常用工具栏中的"保存"按钮进行保存(Excel 2013可单击快速工具栏中的"保存"按钮)。
(4)单击"文件"菜单下的"保存"或"另存为"命令进行保存。

【特别提示】
　　如果采用后三种操作方法,对于之前已经保存过的文件,按击快捷键"Ctrl"+"S"键、单击工具栏中的"保存"按钮以及"文件"菜单下的"保存"命令后,将直接保存最近一次的修改,不再弹出"另存为"对话框。

　　为了避免 Excel 软件意外中止而丢失大量尚未保存的信息,系统通常会默认保存自动恢复信息的时间间隔,这一时间间隔还可以自定义。

(二) Excel 文件的关闭与打开

1. Excel 文件的关闭

　　Excel 软件退出前必须关闭打开的文件,因此,也可以采用前述三种 Excel 软件的退出方法来关闭处于打开状态的文件。此外,还可采用以下方法来关闭处于打开状态的 Excel 文件:

　　(1) 单击"工具栏"中的"关闭"按钮或命令(在 Excel 2013 中,虽然没有"工具栏"菜单,但可单击快速访问工具栏中的"关闭"按钮)。

　　(2) 单击"文件"菜单中的"关闭"命令。

　　(3) 按击快捷键"Ctrl"+"F4"键。

【特别提示】
　　上述三种方法关闭的均是当前文件,其他处于打开状态的 Excel 文件仍处于打开状态,Excel 软件仍在运行,并可通过按击"Ctrl"+"N"键等方式创建新工作簿。

2. Excel 文件的打开

　　打开 Excel 文件的方法主要有:

　　(1) 直接双击 Excel 文件打开。

　　(2) 在 Excel 文件上单击鼠标右键,从弹出的快捷菜单中选择"打开"命令。

　　(3) 在 Excel 窗口中单击"文件"菜单下的"打开"命令进行打开。

　　(4) 在 Excel 窗口中单击常用工具栏中的"打开"按钮进行打开(Excel 2013 的"打开"按钮位于快速访问工具栏)。

　　(5) 在 Excel 窗口中同时按"Ctrl"键和字母"O"键进行打开。

【特别提示】
　　上述第(5)项是按字母"O"键,而不是按数字"0"键。

　　后三种操作方法将打开"打开"对话框,根据文件保存的位置找到目标文件,单击"打开"按钮即可,如图 4-1-19 所示。

(三) Excel 文件的保密与备份

1. Excel 文件的保密

　　为了注重保密或隐私等原因,我们有的时候选择对文件进行加密处理。Excel 文件加密的操作方法如下:

　　(1) 参照 Excel 文件保存的操作,打开"另存为"对话框,单击其右上方"工具"按钮,从弹出的下拉菜单中选择"常规选项"命令。

　　(2) 打开"保存选项"对话框,在"打开权限密码"和"修改权限密码"文本框中分别输入密码,单击"确定"按钮即可,如图 4-1-20 所示。

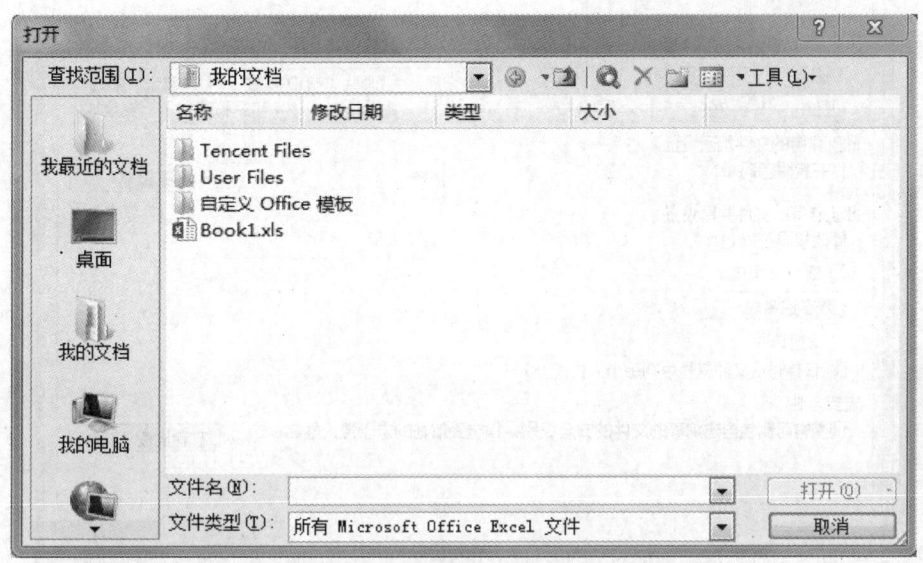

图 4-1-19　Excel 2003"打开"对话框

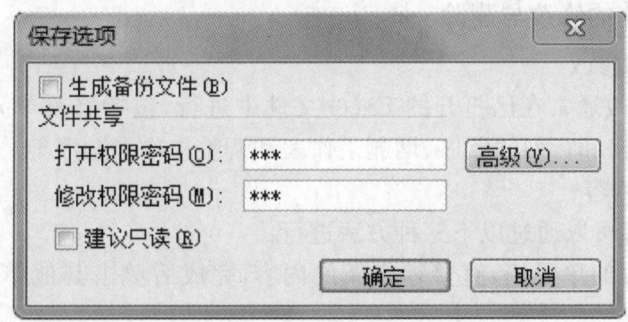

图 4-1-20　Excel 2003"保存选项"对话框

对于设置了打开权限密码的 Excel 文件,只有输入正确的密码才能打开。对于设置了修改权限密码的 Excel 文件,只有输入正确的密码才能修改,否则只能以只读方式打开。

【知识拓展】

　　对保存过的工作簿进行密码的设置或取消操作,需要在该工作簿中,单击"工具"菜单下的"选项"命令,在打开的"选项"对话框中选择"安全性",从中设置或取消密码,如图 4-1-21 所示。

2. Excel 文件的备份

Excel 软件根据原文件可自动创建备份文件,操作方法参照 Excel 文件的加密操作,在打开的"保存选项"对话框中,如图 4-1-20 所示,在"生成备份文件"前面的复选框中打上钩,单击"确定"按钮即可。

【点拨指导】

　　备份文件与原文件名称不同,为原文件名后加上"的备份"字样,图标与原文件不同。如 Book1 的备份 是 Book1 的备份文件。

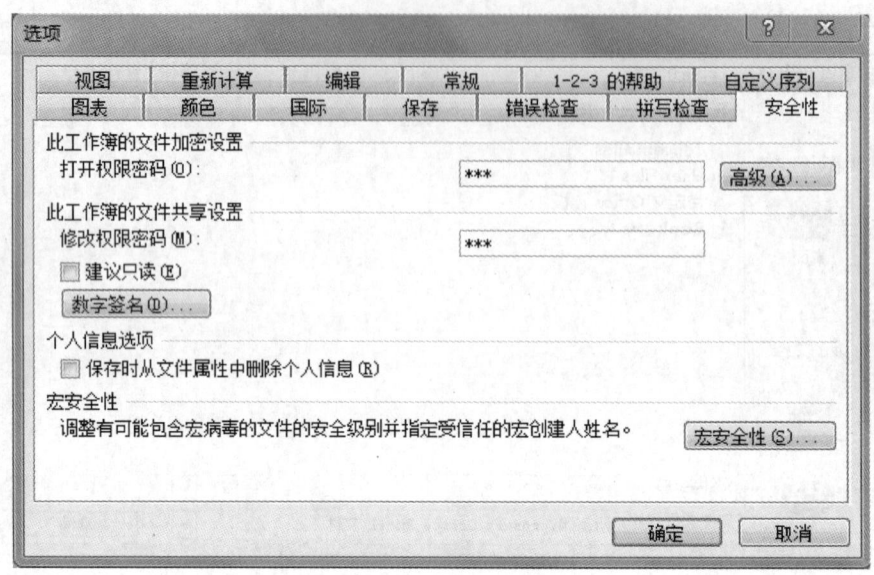

图 4-1-21 "选项"对话框

（四）Excel 文件的修改与删除

1. Excel 文件的修改

Excel 文件的修改通常在已打开的 Excel 文件中进行，包括修改单元格内容、增删单元格和行列、调整单元格和行列的顺序、增删工作表和调整工作表顺序等。

1）修改单元格内容

修改单元格内容可以通过以下三种方法进行：

（1）单击要修改的单元格，直接输入新的内容，完成后单击其他单元格或者按回车键"Enter"。

（2）双击要修改的单元格，光标定位到单元格中，对其中的内容进行修改，完成后单击其他单元格或者按回车键"Enter"。

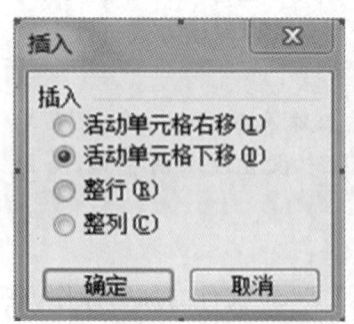

图 4-1-22 "插入"对话框

（3）单击要修改的单元格，在编辑栏中单击鼠标进行光标定位，然后修改，完成后按回车键"Enter"。

2）增删单元格和行列

选择单元格或单元格区域，单击鼠标右键，从弹出的快捷菜单中选择"插入"命令，打开"插入"对话框，选择相应的插入方式后单击"确定"按钮即可，如图 4-1-22 所示。

删除单元格和行列的操作方法与上述操作类似，选择单元格或单元格区域，单击鼠标右键，从弹出的快捷菜单中选择"删除"命令，打开"删除"对话框，选择相应的删除方式后单击"确定"按钮即可完成。

【知识拓展】

增加行或列的操作除上述方法之外，还可以通过"插入"菜单下的"行"或"列"命令来实现。

3）调整单元格顺序

选择要调整的单元格或单元格区域,移动鼠标指针至单元格或单元格区域的边框上,待鼠标指针变成形状后,按住鼠标左键不放,将所选对象拖动至目标位置后,松开鼠标即可。

4）调整行列顺序

选择要调整的行或列,移动鼠标指针至行或列的边框上,待鼠标指针变成形状后,按住鼠标左键不放,将所选行或列拖动至目标位置后,松开鼠标即可。

5）增删工作表

增加工作表的方法有两种:①从"插入"菜单中选择"工作表"命令,可在当前工作表前插入一张新的空白工作表;②在工作表标签上单击鼠标右键,从弹出的快捷菜单中选择"插入"命令,打开"插入"对话框,从中选择工作表模板,单击"确定"按钮即可,如图 4-1-23 所示。

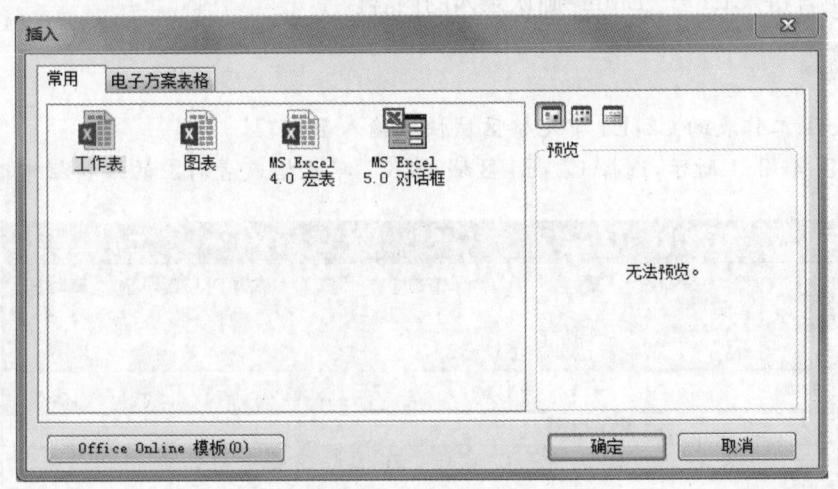

图 4-1-23 "插入"对话框

对工作表进行删除操作,只需在工作表对应的工作标签上单击鼠标右键,从弹出的快捷菜单中选择"删除"命令即可。

2．Excel 文件的删除

Excel 文件的删除方法包括以下两项:

(1) 选中要删除的 Excel 文件,从键盘上按"Delete"键进行删除。

(2) 在要删除的 Excel 文件上单击鼠标右键,从弹出的快捷菜单中选择"删除"命令。

第二节　数据的输入、编辑和保护

【学习指南】

学习本节内容,读者需要熟悉工作簿、工作表保护方法及单元格锁定方法,单元格数据手工输入和快速填充的方法,并掌握编辑数据的方法,包括数据复制、剪切、粘贴、查找和替换。

一、数据的输入

(一) 数据的手工录入

在 Excel 中,数据的输入和修改都在当前单元格或者对应的编辑栏中进行。Excel 文件打开后,所有单元格均默认处于就绪状态,等待数据的输入。

1. 在单个单元格中录入数据

选定目标单元格,录入所需的数字或文本,然后按"Enter"键或单击其他单元格即可完成。

2. 在单张工作表的多个单元格中快速录入完全相同的数据

选定要录入数据的单元格,在当前活动单元格或者对应的编辑栏中录入所需的数字或文本,通过组合键"Ctrl"+"Enter"确认录入的内容。

案例 4.2.1

在 Sheet1 工作表的 C2:E4 单元格区域快速输入数值"1"。

(1) 如图 4-2-1 所示,选择 C2:E4 区域,在 C2 单元格或者对应的编辑栏中输入"1"。

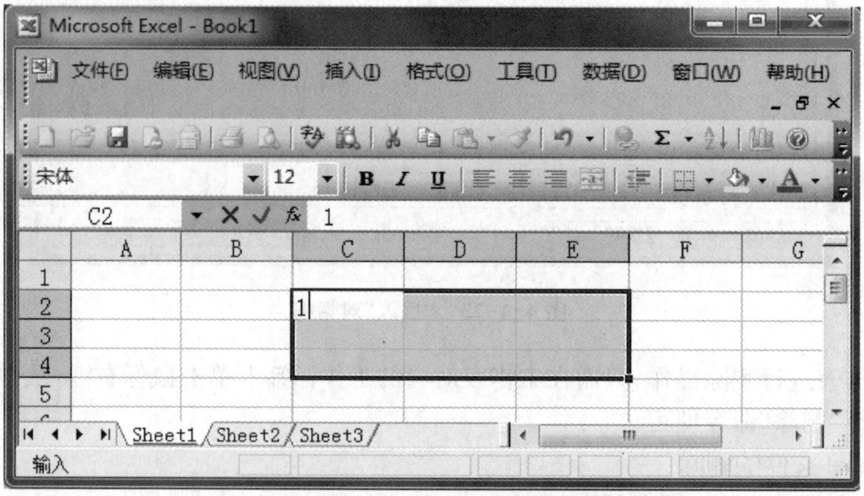

图 4-2-1 选择单元格区域

(2) 同时按"Ctrl"键和"Enter"键,这样 C2:E4 区域单元格数值都变为 1,如图 4-2-2 所示。

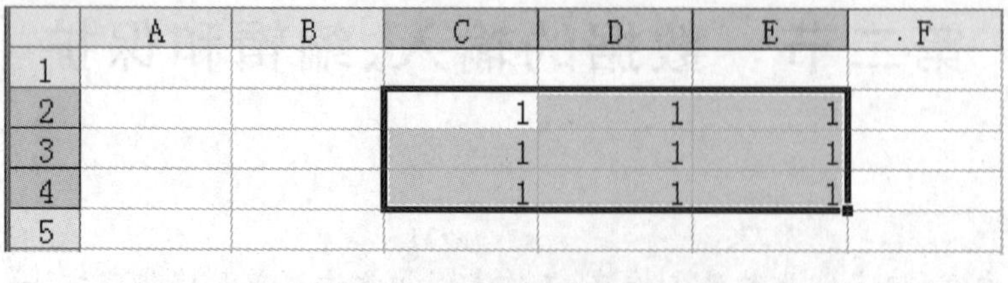

图 4-2-2 单元格区域录入数据

【点拨指导】

上述举例选定的单元格是相邻的,也可以选择不相邻的单元格,在选择不相邻的单元格时可以使用"Ctrl"键来操作。

3. 在单张工作表的多个单元格中快速录入部分相同的数据

选定要录入数据的单元格区域,单击鼠标右键,选择"设置单元格格式"或从"格式"菜单中选择"单元格",也可以通过快捷键"Ctrl"+"1"打开"单元格格式"对话框,如图4-2-3所示。

从"数字"标签下的"分类"中选择"自定义",在右侧对应的类型中输入"重复的数据@",如上图中以"201706"作为重复的数据,则输入"201706@",输入完成单击"确定"按钮即可。

相关设置完成后,在相应的单元格输入数据时,只需要输入不重复的数字部分,系统会在输入的数字前自动加上重复部分。

4. 在工作组的一个单元格或多个单元格中快速录入相同的数据

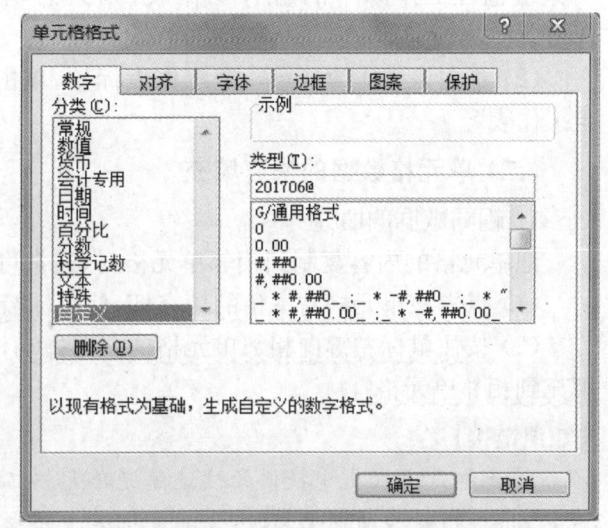

图4-2-3 "单元格格式"对话框

此操作的前提是将工作簿中多张工作表组合成工作组,具体操作方法如下所示:

(1) 按住"Ctrl"键不放,选择需要组合成工作组的多个工作表。

(2) 如果这些工作表是相连的,可以单击第一个工作表标签,按住"Shift"键不放,再单击最后一个工作表标签,这样两个工作表标签之间的所有工作表均被选中,如图4-2-4所示。

(3) 如果要选择工作簿中的所有工作表,选择任一工作表标签,单击鼠标右键,从弹出的快捷菜单中选择"选定全部工作表"命令,这样全部工作表均被选中。

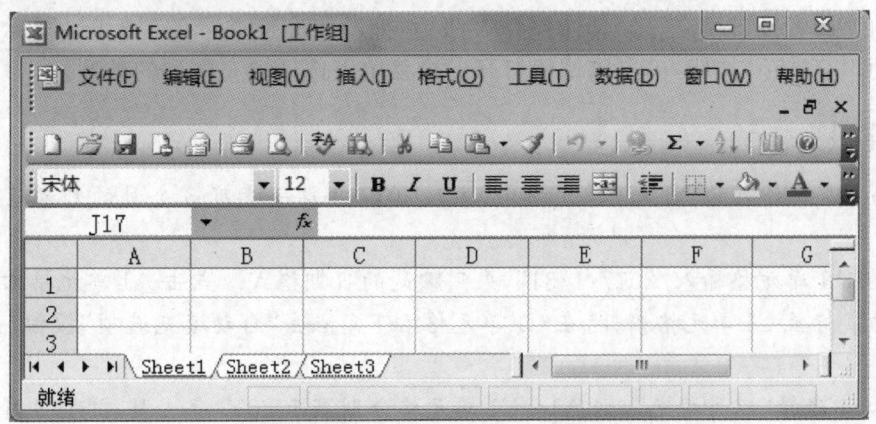

图4-2-4 Excel 2003 工作组

在当前工作表的目标单元格,如同按照在单个单元格中录入数据的方法录入相关数据;如果是单元格区域,如同按照在单张工作表的多个单元格中录入相同数据的方法录入相关数据。

完成数据录入后,可采用以下方法取消工作组:

(1) 单击所在工作簿中其他未被选中的工作表标签(即组外工作表标签),如果该工作组包含工作簿中的所有工作表,则只需单击活动工作表以外的任意一个工作表标签。

(2) 指向该工作簿任意一个工作表标签,单击右键,从弹出的快捷菜单中选定"取消成组工作表"。

(二) 单元格数据的快速填充

1. 相同数据的填充

把单元格的内容复制到相邻单元格时,通常可采用以下方法:

(1) 点击该单元格右下角的填充柄,使鼠标箭头变为黑十字形。

(2) 按住鼠标左键向相邻单元格的方向拖动,然后松开鼠标左键,该单元格的内容即被填充到相邻单元格。

【知识链接】

填充柄是 Excel 中提供的快速填充单元格工具。在选定的单元格右下角,会看到方形点,当鼠标指针移动到上面时,会变成细黑十字形。

2. 序列的填充

序列是指按照某种规律排列的一列数据,如等差数列、等比数列等。使用填充柄可自动根据已填入的数据填充序列的其他数据。使用填充序列的操作步骤是:

(1) 在需要输入序列的第一个单元格中输入序列第一个数或文本内容,紧接第二个单元格输入序列第二个数或文本内容。

(2) 选中上述两个单元格,点击第二个单元格右下角的填充柄,按住鼠标左键拖动,在适当的位置释放鼠标,拖过的单元格将会自动进行填充。

3. 填充序列类型的指定

利用自动填充功能填充序列后,可以指定序列类型,如填充日期值时,可以指定按月填充、按年填充或者按日填充等。具体操作方法为:拖动填充柄并释放鼠标时,鼠标箭头附近出现"自动填充选项"按钮,单击该按钮打开下拉菜单以选择填充序列的类型。

案例 4.2.2

在 Sheet1 工作表的 A1:C1 单元格中,输入 2017 年第一季度 3 个月的月末最后一天的时间。

(1) 在 A1 单元格输入"2017/1/31",采用默认的日期格式。点击 A1 单元格右下角的填充柄,拖动鼠标至 C1 单元格松开,在 C1 单元格右下角点击"自动填充选项"按钮,如图 4-2-5 所示。

(2) 从中选择"以月填充",则 A1~C1 单元格分别显示 2017 年 1 月、2 月、3 月月末的时间,如图 4-2-6 所示。

图 4-2-5 自动填充选项

	A	B	C	D	E	F
1	2017/1/31	2017/2/28	2017/3/31			

图 4-2-6 自动填充结果

【归纳总结】

填充柄的用途包括以下几项：

（1）可将选定单元格内容复制拖动到单元格中；可以复制公式和格式，填充具有一定规律的序列（在 Excel 中，键入一系列数据的前两项数据后，使用填充柄，可以自动填充其余的部分，若前两项是数值数据，则生成的数据系列构成等比级数）。

（2）向选定单元格内拖动，等效于删除所选单元格内容。

（三）导入其他数据库的数据

Excel 还可以通过"数据"菜单栏下的"导入外部数据"命令获取 SQLServer、Access 等数据库的数据，实现与小型数据库管理系统的交互。

二、数据的编辑

（一）数据的复制和剪切

1. 数据的复制和粘贴

数据的复制和粘贴是指复制单元格的内容，将其粘贴到新的位置，原单元格的内容保持不变。

在 Excel 中，可以使用"粘贴"命令粘贴复制的内容，具体操作方法如下：

（1）选择要复制的单元格。

（2）从如下三种方法中选择一种实现"复制"操作：①单击鼠标右键，从快捷菜单中选择"复制"命令；②从常用工具栏中单击"复制"按钮；③使用快捷键"Ctrl"＋"C"键。

（3）在目标位置从如下三种方法中选择一种粘贴复制的内容：①单击鼠标右键，从快捷菜单中选择"粘贴"命令；②从常用工具栏中单击"粘贴"按钮；③使用快捷键"Ctrl"＋"P"键。

2. 数据的剪切和粘贴

数据的剪切和粘贴是指剪切单元格的内容,将其粘贴到新的位置,原单元格的内容不复存在。

数据的剪切与数据的复制操作不同的是,把第二步的"复制"操作更换为"剪切"操作,从如下三种方法中选择一种均可以实现"剪切"操作:

(1) 单击鼠标右键,从快捷菜单中选择"剪切"命令。

(2) 从常用工具栏中单击"剪切"按钮。

(3) 使用快捷键"Ctrl"+"X"键。

数据的剪切与复制操作结果不同。复制后,原单元格的数据仍然存在,目标单元格同时还增加原单元格的数据;剪切后,原单元格数据不复存在,只在目标单元格增加原单元格的数据。

【知识拓展】

Excel 还可以使用"选择性粘贴"命令有选择地粘贴剪贴板中的数值、格式、公式、批注等内容。在目标位置单击鼠标右键,从快捷菜单中选择"选择性粘贴"命令,打开"选择性粘贴"对话框,如图 4-2-7 所示。

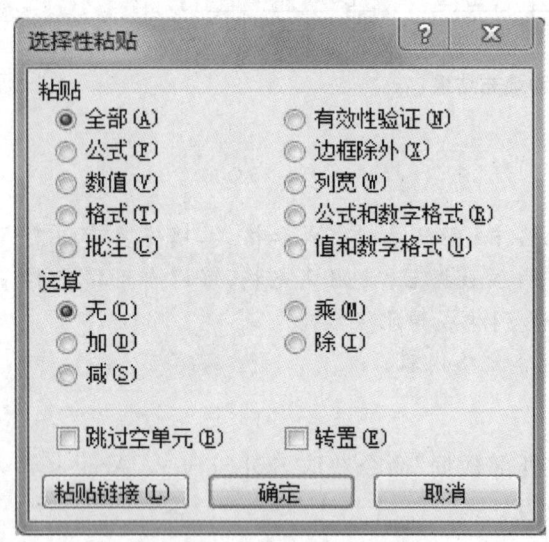

图 4-2-7 "选择性粘贴"对话框

(二) 数据的查找和替换

1. 查找和替换特定数据

当 Excel 工作簿中有很多工作表,或者工作表的数据有很多的时候,如果需要快速地找到某个单元格,可以使用查找功能,如果需要批量将单元格的数据替换为其他的数据,可以使用替换功能。

查找特定数据的具体操作方法为:

(1) 在"编辑"菜单下选择"查找"命令或通过快捷键"Ctrl"+"F"键,打开"查找和替换"对话框。

(2) 在"查找内容"文本框中输入要查找的内容,如图 4-2-8 所示,如在工作表中查找"会计电算化",在"查找内容"处输入该文本。

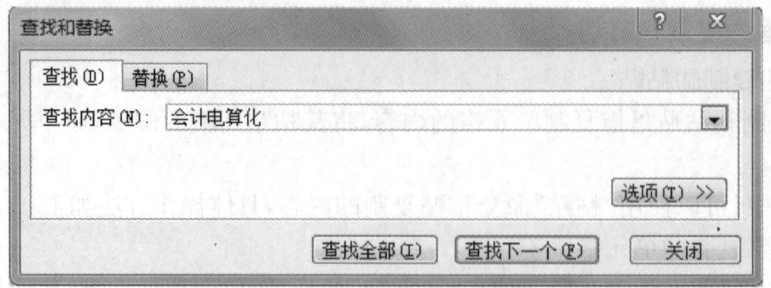

图 4-2-8 "查找和替换"对话框"查找"标签

(3) 单击"查找下一个"逐个查找或单击"查找全部"一次性全文查找。

如果在整个工作簿中查找,需要在"查找和替换"对话框中单击"选项"按钮,设定范围为

"工作簿",然后再进行查找。如图4-2-9所示,在工作簿中查找到有4个单元格包含文本"会计电算化"。

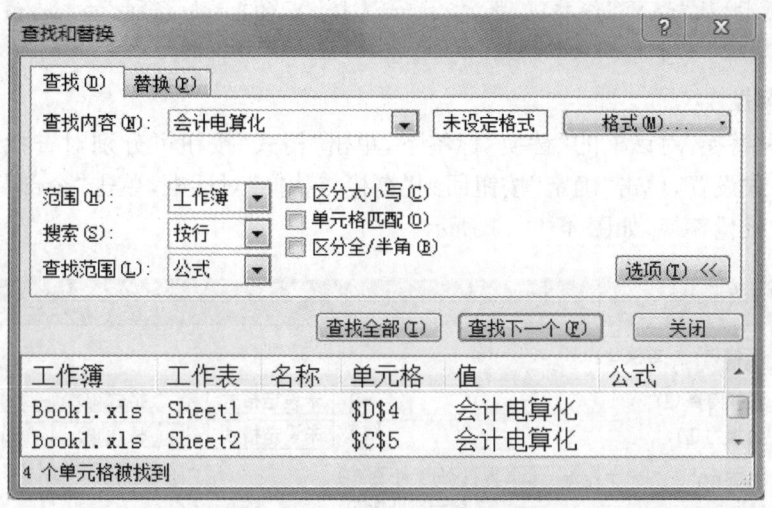

图4-2-9 "查找和替换"范围设定

数据替换操作与数据查找操作类似,在"编辑"菜单下选择"替换"命令或通过快捷键"Ctrl"+"H"键,打开"查找和替换"对话框,根据需要输入相关替换信息,同样可以单击"选项"按钮设定范围,单击"替换"逐个替换或单击"全部替换"一次性全部替换。

【答疑解惑】

快捷键"Ctrl"+"F"或"Ctrl"+"H"在操作上有什么不同吗?它们的区别是:使用"Ctrl"+"F"进入"查找和替换"对话框下的"查找"标签,使用"Ctrl"+"H"进入"替换"标签。

2. 选中包含公式的单元格

选择包含公式的单元格的操作方法为:从"编辑"菜单下选择"定位"命令或按快捷键"Ctrl"+"G",打开"定位"对话框,从中选择"定位条件"按钮,打开"定位条件"对话框,如图4-2-10所示。

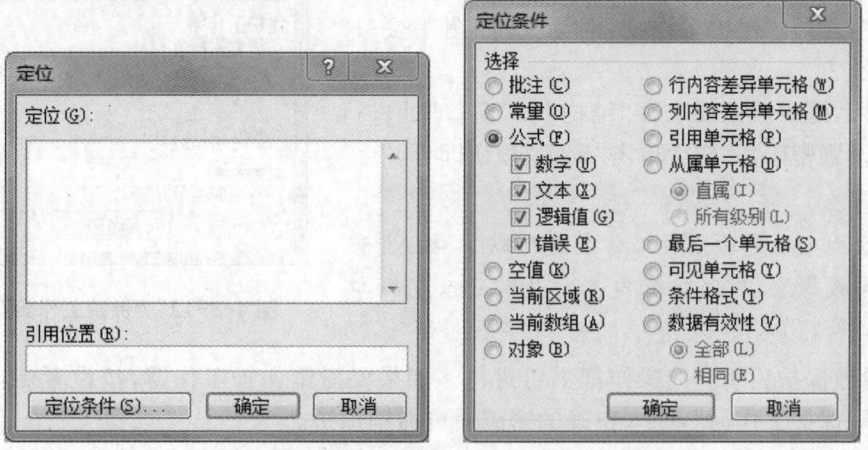

图4-2-10 Excel 2003"定位"对话框

【知识拓展】

在 Excel 2013 中,选择包含公式的单元格的操作方法有两种:①与 Excel 2003 类似,单击"开始"选项卡,从"编辑"组中单击"查找和选择"下的"定位条件"命令,设置定位条件;②从"查找和选择"下直接单击"公式"命令。

3. 替换格式

在"查找和替换"对话框的"替换"标签下,单击"格式"按钮可分别对查找内容和替换内容进行相应格式设置,单击"确定"按钮回到"查找与替换"对话框,单击"全部替换"即完成对内容和格式的批量替换,如图 4-2-11 所示。

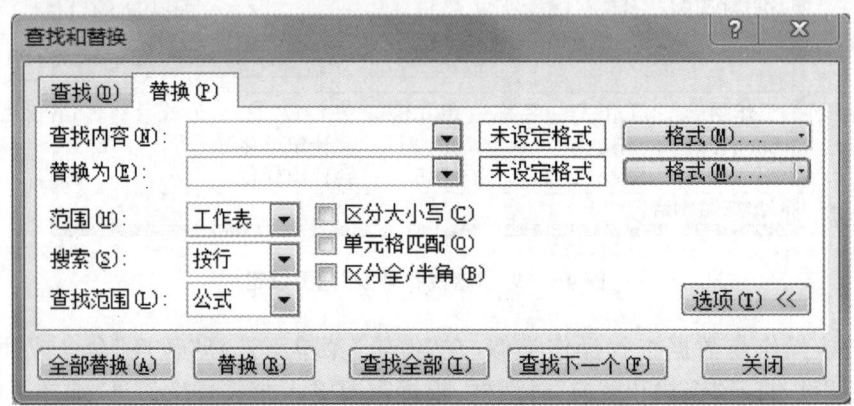

图 4-2-11 "查找和替换"对话框"替换"标签

三、数据的保护

(一) 保护工作簿

Excel 可以为重要的工作簿设置保护,限制进行相应的操作。

1. 限制编辑权限

保护工作簿可以保护工作簿的结构和窗口。具体操作方法为:单击"工具"菜单,选择"保护"项下的"保护工作簿"命令,打开"保护工作簿"对话框,如图 4-2-12 所示。

在该对话框中根据要求在"结构"和"窗口"处进行选择,也可设置密码,完成后单击"确定"按钮即可。

【点拨指导】

保护结构主要是防止对工作表进行删除、插入、移动和显示隐藏等操作,保护窗口主要是防止改变窗口大小和位置等。

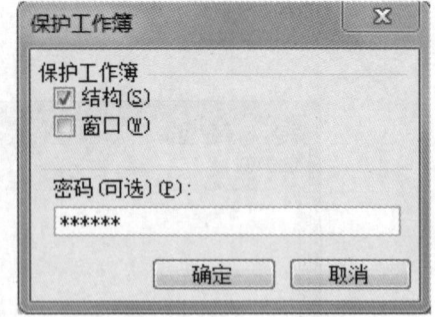

图 4-2-12 "保护工作簿"对话框

工作簿被保护后所有的操作都不可进行。如果要撤销保护工作簿,按设置保护工作簿的路径选择"保护工作簿",输入正确的密码后可撤销保护。

【知识拓展】

　　Excel 2013 保护工作簿具体操作方法：单击"审阅"选项卡，在"更改"组中选择"保护工作簿"命令，打开"保护结构和窗口"对话框，按 Excel 2003 限制编辑权限操作方法进行即可。

2. 设置工作簿打开权限密码

　　设置密码完成后，当再次打开工作簿时需要输入正确的密码才能打开。操作方法见前文"Excel 文件的保密与备份"。

【知识拓展】

　　Excel 2013 设置工作簿打开权限密码的具体操作方法：单击"文件"选项卡，从"信息"下单击"保护工作簿"按钮，从弹出的下拉菜单中选择"用密码进行加密"，打开"加密文档"对话框，设置密码后单击"确定"按钮即可，如图 4-2-13 所示。

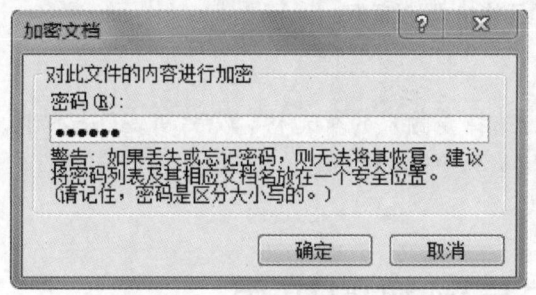

图 4-2-13　"加密文档"对话框

（二）保护工作表

　　在 Excel 中，可以对工作表进行编辑权限设定，限制他人对工作表的编辑权限，如插入行、插入列等。取消权限保护需输入正确的密码，具体操作方法为：

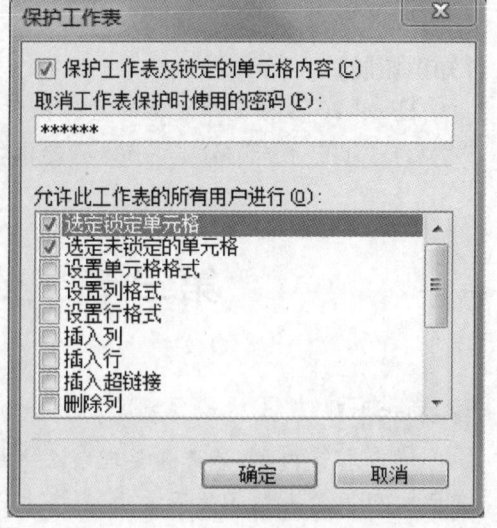

图 4-2-14　"保护工作表"对话框

　　（1）单击"工具"菜单，选择"保护"项下的"保护工作表"命令，打开"保护工作表"对话框。

　　（2）在"取消工作表保护时使用的密码"文本框中输入保护密码，在"允许此工作表的所有用户进行"列表框中设置使用权限，如图 4-2-14 所示。

　　（3）单击"确定"按钮，打开"确认密码"对话框，再次输入保护密码，单击"确定"按钮即可。

　　如果要撤销保护工作表，按设置保护工作簿的路径选择"保护工作表"，正确输入取消工作表保护时使用的密码后可撤销保护。

【知识拓展】

　　Excel 2013 保护工作表具体操作方法：单击"审阅"选项卡，在"更改"组中选择"保护工作表"命令，打开"保护工作表"对话框，按 Excel 2003 保护工作表操作方法进行即可。

（三）锁定单元格

　　锁定单元格可以使单元格的内容不能被修改，使用"锁定单元格"功能必须启用保护工作表功能。具体操作方法为：选择要锁定的单元格，单击鼠标右键，选择"设置单元格格式"命令，打开"单元格格式"对话框，在"保护"选项卡中设置"锁定"状态，如图 4-2-15 所示。

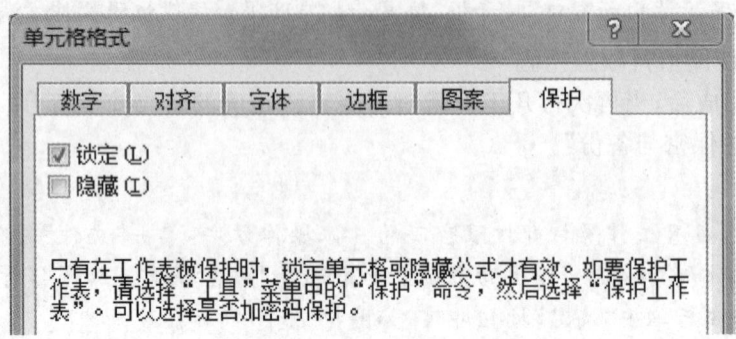

图 4-2-15 "单元格格式"对话框

【知识拓展】

Excel 2013 锁定单元格的具体操作方法：选择要锁定的单元格，单击"开始"选项卡，在"单元格"组中单击"格式"按钮，从弹出的下拉菜单中选择"锁定单元格"命令。

第三节　公式与函数的应用

【学习指南】

学习本节内容，读者需要理解公式的概念及其构成，掌握公式的创建及编辑操作方法、单元格引用的类型及使用方法，并掌握函数的分类及使用方法。

一、公式的应用

（一）公式的概念及其构成

公式是指由等号"＝"、运算体和运算符在单元格中按特定顺序连接而成的运算表达式。在 Excel 中，公式总是以等号"＝"开始，以运算体结束，相邻的两个运算体之间必须使用能够正确表达两者运算关系的运算符进行连接，即公式的完整表达式按以下方式依次构成：等号"＝"、第一个运算体、第一个运算符、第二个运算体，以下类推，直至最后一个运算体，如图 4-3-1 所示。

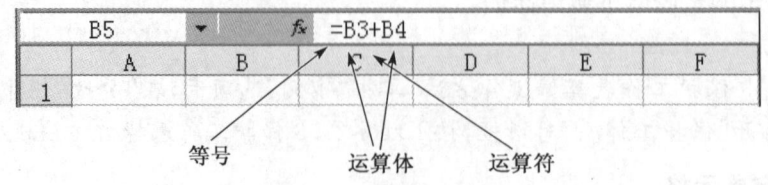

图 4-3-1 公式的构成

【知识链接】

运算体是指能够运算的数据或者数据所在单元格的地址名称、函数等；运算符是使 Excel 自动执行特定运算的符号。

在 Excel 中，运算符主要有四种类型：算术运算符、比较运算符、文本运算符和引用运算符。

1. 算术运算符

算术运算符就是用来处理四则运算（加减乘除）的符号，这是最简单、最常用的符号，尤其是数字的处理，几乎都会使用到算术运算符号。算术运算符主要包括六个，如表 4-3-1 所示。

表 4-3-1　　　　　　　　　　　算术运算符

符号	名称	作用	示例
＋	加号	加法	2＋3＝5
－	减号	减法/负数	6－4＝2
＊	星号	乘法	3＊7＝21
/	正斜线	除法	10/5＝2
％	百分号	百分比	50％
^	脱字符	乘幂	4^2＝4＊4

2. 比较运算符

比较运算符是指可以使用此运算符比较两个值。当用运算符比较两个值时，结果是一个逻辑值：TRUE（成立）或 FALSE（不成立）。比较运算符主要包括 6 个，如表 4-3-2 所示。

表 4-3-2　　　　　　　　　　　比较运算符

符号	名称	作用	示例
＝	等号	等于	A1＝A2
＞	大于号	大于	A1＞A2
＜	小于号	小于	A1＜A2
≥	大于等于号	大于等于	A1≥A2
≤	小于等于号	小于等于	A1≤A2
＜＞	不等号	不等于	A1＜＞A2

3. 文本运算符

文本运算符主要是指和号"&"，使用该运算符可以连接一个或更多文本字符串以产生一串文本。

【举例说明】

如图 4-3-2 所示，A1 单元格内容为"2017 年"，B1 单元格内容为"会计电算化"，在 C1 单元格中输入文本"＝A1&B1"之后，C1 单元格显示"2017 年会计电算化"。

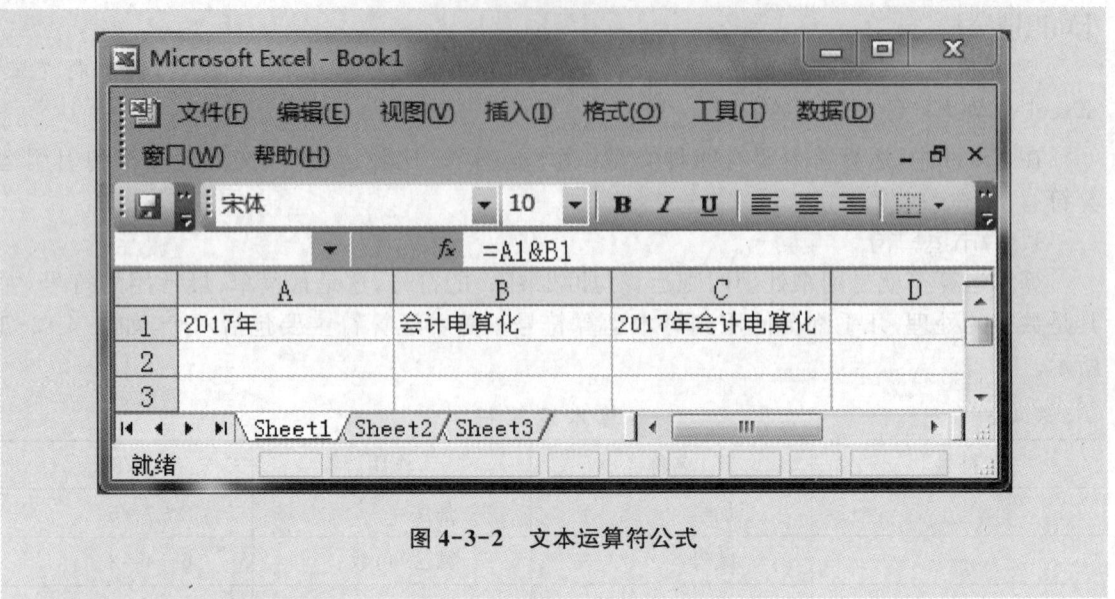

图 4-3-2 文本运算符公式

4. 引用运算符

引用运算符是指可以将单元格区域引用合并计算的运算符号。该运算符主要包括三个,如表 4-3-3 所示。

表 4-3-3　　　　　　　　　　　　引用运算符

符号	名称	作　　用	示　　例
:	冒号	区域运算符,产生对包括在两个引用之间的所有单元格的引用	B5:B15 表示引用 B5 与 B15 之间所有的单元格
,	逗号	联合运算符,将多个引用合并为一个引用	B5:B15,D5:D15 表示引用 B5 与 B15 之间以及 D5 与 D15 之间的单元格
空格	空格	交叉运算符,产生对两个引用共有的单元格的引用	B7:D7,C6:D8 表示引用 B7:D7 区域和 C6:D8 区域共有部分 C6:D7

(二) 公式的创建与修改

1. 公式的创建

在 Excel 中,创建公式的方式包括手动输入和移动点击输入。

1) 手动输入

选择要输入公式的单元格,输入"=",然后按照顺序依次输入第一个运算体、第一个运算符、第二个运算体,以下类推,直至最后一个运算体,输入完成之后按回车键"Enter"即可。

【特别提示】

手动输入公式时如有小圆括号,应注意其位置是否适当以及左括号是否与右括号相匹配。

2) 移动点击输入

当输入的公式中含有其他单元格的数值时,为了避免重复输入费时甚至出错,还可以通过移动鼠标去单击拟输入数值所在单元格的地址(即引用单元格的数值)来创建公式。

【举例说明】

以 C1 单元格为例，要求其数值＝A1＋B1－10，具体操作方法：选择 C1 单元格，输入"＝"后，单击 A1 单元格，这时公式将自动显示"＝A1"，然后输入算术运算符"＋"，再单击 B1 单元格，接着依次手动输入算术运算符"－"和运算体"10"，完成后按回车键"Enter"即可。

2. 公式的编辑和修改

公式编辑和修改的方法有三种：

(1) 双击公式所在的单元格，直接在单元格内修改内容。
(2) 选中公式所在的单元格，按下"F2"键后直接在单元格内更改内容。
(3) 选中公式所在的单元格后单击公式编辑栏，在公式编辑栏中作相应更改。

【特别提示】

在编辑或者移动点击输入公式时，不能随便移动方向键或者单击公式所在单元格以外的单元格，否则单元格内光标移动之前的位置将自动输入所移至单元格的地址名称。

（三）公式的运算次序

Excel 含有众多的运算符，每一种运算符都有一个固定的优先级。对于只由一个运算符或者多个优先级次相同的运算符（如既有加号又有减号）构成的公式，Excel 将按照从左到右的顺序自动进行智能运算；但对于由多个优先级次不同的运算符构成的公式，Excel 则将自动按照公式中运算符优先级次从高到低进行智能运算。Excel 中运算符的优先级如下：引用运算符、算术运算符、连接运算符、比较运算符，其中：

(1) 引用运算符优先级—冒号、空格、逗号。
(2) 算术运算符优先级—负数、百分比、乘方、乘除、加减。
(3) 连接运算符优先级—和号"&"。
(4) 比较运算符优先级—等于、大于和小于、大于等于、小于等于、不等于。

为了改变运算优先顺序，应将公式中需要最先计算的部分使用一对左右小圆括号括起来，但不能使用中括号。公式中左右小圆括号的对数超过一对时，Excel 将自动按照从内向外的顺序进行计算。

（四）公式运算结果的显示

Excel 根据公式自动进行智能运算的结果默认显示在该公式所在的单元格里，编辑栏则相应显示公式表达式的完整内容。该单元格处于编辑状态时，单元格也将显示等号"＝"及其运算体和运算符，与所对应编辑栏显示的内容相一致。

1. 查看公式中某步骤的运算结果

单元格中默认显示的运算结果是根据完整的公式表达式进行运算的结果，但可通过下述方法查看公式中某步骤的运算结果：

(1) 选中公式所在的单元格，双击或按"F2"键进入编辑状态。
(2) 选中公式中需要查看其运算结果的运算体和运算符，按"F9"键后，被选中的内容将转化为运算结果，该运算结果同时处于被选中状态。

【举例说明】

如图 4-3-3 所示，要查看公式中"A1＋B1"的运算结果，选中"A1＋B1"后按"F9"键，将显示运算结果，且运算结果处于被选中状态。

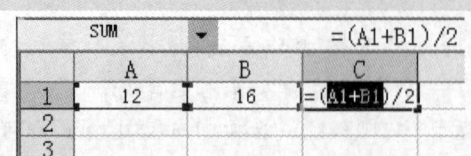

图 4-3-3 切换运算结果

在运算结果处于被选中状态下,如果按下确认键或者移动光标键,公式中参与运算的运算体和运算符将不复存在,而被该结果所替代;如果移动鼠标去点击其他单元格,公式所在单元格将由编辑状态切换成数据点状态,公式所在单元格里同时显示被选中单元格的地址或名称。

（3）按下"Esc"键或者"Ctrl"+"Z"组合键(或单击"撤销"按钮),运算结果将恢复为公式表达式的原来内容。

2. 公式默认显示方式的改变

为了检查公式整体或者其中某一组成部分的表述是否正确,可以通过下述方法使单元格默认显示完整的公式表达式,实现公式表达式与运算结果之间的便捷切换：

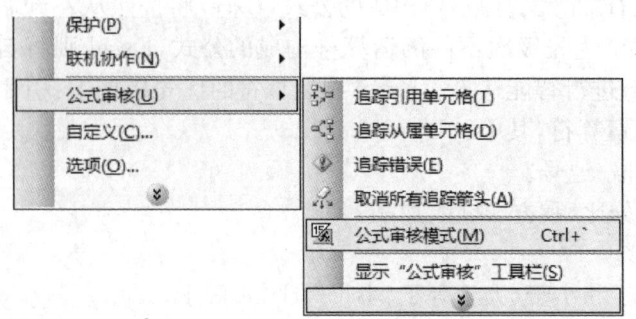

图 4-3-4 Excel 2003 公式审核模式

（1）在单元格显示运行结果时,选中单元格,单击"工具"菜单,从"公式审核"命令下选择"公式审核模式"或按下"Ctrl"+"｀"组合键,可切换为显示公式内容,如图4-3-4所示。

（2）在单元格显示公式内容时,选中单元格,单击"公式审核模式"或者按下"Ctrl"+"｀"组合键,可切换为显示运行结果。

【知识拓展】

Excel 2013 实现公式表达式与运算结果之间便捷切换的具体操作方法：单击"公式"选项卡,在"公式审核"组中选择"显示公式"命令即可,如图4-3-5所示。

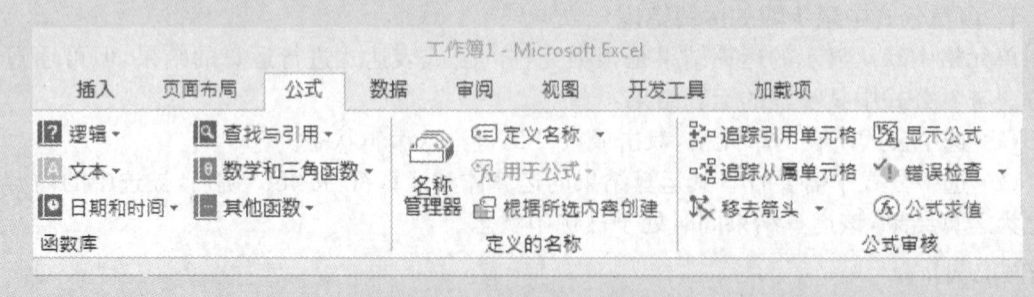

图 4-3-5 Excel 2013 显示公式

3. 将公式运算结果转换为数值

采用复制粘贴的方法将公式原地复制后，进行选择性粘贴，但只粘贴数值。具体操作方法如下：

（1）选择要复制的单元格，按照前文所述方法进行复制操作。

（2）从"编辑"菜单中选择"选择性粘贴"命令或者单击鼠标右键，从弹出的快捷菜单中选择"选择性粘贴"，打开"选择性粘贴"对话框，选择"数值"后单击"确定"按钮即可，如图4-3-6所示。

【知识拓展】

Excel 2013打开"选择性粘贴"对话框的具体操作方法有以下三种：

（1）单击鼠标右键，从弹出的快捷菜单中选择"选择性粘贴"命令。

（2）单击"开始"选项卡，从"剪贴板"组中单击"粘贴"命令下的"选择性粘贴"。

（3）使用快捷键"Ctrl"+"Alt"+"V"。

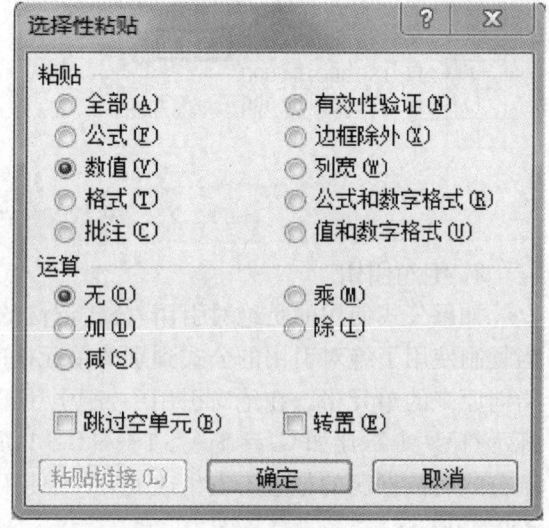

图4-3-6 "选择性粘贴"对话框

二、单元格的引用

单元格的引用是指在不同单元格之间建立链接，以引用来自其他单元格的数据。引用的作用在于标志工作表上的单元格或单元格区域，并指明公式中所使用的数据的位置。

通过引用，可以在公式中使用工作表不同部分的数据，或者在多个公式中使用同一单元格的数值，常用的单元格引用分为相对引用、绝对引用和混合引用三种。此外，还可以引用同一工作簿不同工作表的单元格、不同工作簿的单元格或其他应用程序中的数据。

（一）引用的类型

1. 相对引用

如果公式使用的是相对引用，公式记忆的是源数据所在单元格与引用源数据的单元格的相对位置，当复制使用了相对引用的公式到别的单元格时，被粘贴公式中的引用将自动更新，数据源将指向与当前公式所在单元格位置相对应的单元格。在相对引用中，所引用的单元格地址的列坐标和行坐标前面没有任何标示符号，比如C1=A1+B1，其中A1、B1为相对引用。Excel默认使用的单元格引用是相对引用。

【举例说明】

如图4-3-7所示，在所得税计算表中，利润=收入-费用，计算1月份利润时，在D3单元格输入公式"=B3-C3"，可自动计算出1月份的利润。把D3单元格的公式复制到单元格D4中，则公式变为"=B4-C4"。

D3 fx =B3-C3

	A	B	C	D	E	F
1		所得税计算				25%
2	月份	收入	费用	利润	所得税	
3	1月	120 000	36 000	84 000		
4	2月	186 000	54 000			
5	3月	178 000	52 000			
6						

D4 fx =B4-C4

	A	B	C	D	E	F
1		所得税计算				25%
2	月份	收入	费用	利润	所得税	
3	1月	120 000	36 000	84 000		
4	2月	186 000	54 000	132 000		
5	3月	178 000	52 000			
6						

图 4-3-7　相对引用计算

2. 绝对引用

如果公式使用的是绝对引用，公式记忆的是源数据所在单元格在工作表中的绝对位置，当复制使用了绝对引用的公式到别的单元格时，被粘贴公式中的引用不会更新，数据源仍然指向原来的单元格。在绝对引用中，所引用的单元格地址的列坐标和行坐标前面分别加入标示符号“＄”，比如 C1＝＄A＄1＋＄B＄1，其中＄A＄1、＄B＄1 为绝对引用。如果要使复制公式时数据源的位置不发生改变，应当使用绝对引用。

【举例说明】

如图 4-3-8 所示，在所得税计算表中，所得税＝利润×所得税税率，在 E3 单元格中输入公式“＝D3＊＄F＄1”，其中 D3 为相对引用，＄F＄1 为绝对引用。把 E3 单元格的公式复制到单元格 E4 中，则公式变为“＝D4＊＄F＄1”。

E3 fx =D3*F1

	A	B	C	D	E	F
1		所得税计算				25%
2	月份	收入	费用	利润	所得税	
3	1月	120 000	36 000	84 000	21 000	
4	2月	186 000	54 000	132 000		
5	3月	178 000	52 000	126 000		
6						

E4 fx =D4*F1

	A	B	C	D	E	F
1		所得税计算				25%
2	月份	收入	费用	利润	所得税	
3	1月	120 000	36 000	84 000	21 000	
4	2月	186 000	54 000	132 000	33 000	
5	3月	178 000	52 000	126 000		
6						

图 4-3-8　绝对引用计算

3. 混合引用

混合引用是指所引用单元格地址的行标与列标中只有一个是相对的，可以发生变动，而另一个是绝对的。比如 C1＝A＄1＋＄B1，其中 A＄1、＄B1 为混合引用。如果把 C1 单元格的公式复制到 C2 单元格时，公式变为“＝A＄1＋＄B2”。

（二）输入单元格引用

在公式中可以直接输入单元格的地址引用单元格，也可以使用鼠标或键盘的方向键选择单元格。单元格地址输入后，通常使用以下两种方法来改变引用的类型：

（1）在单元格地址的列标和行标前直接输入“＄”符号。

（2）输入完单元格地址后，重复按“F4”键选择合适的引用类型。

【举例说明】

C1＝A1＋B1，光标定位在 C1 单元格公式中的 A1 处，按"F4"键，公式变为"＝＄A＄1＋B1"，再按下"F4"键，公式变为"＝A＄1＋B1"，再按下"F4"键，公式变为"＝＄A1＋B1"，再按下"F4"键，公式变回到原来的状态"＝A1＋B1"。

（三）跨工作表单元格引用

跨工作表单元格引用是指引用同一工作簿里其他工作表中的单元格，又称三维引用，需要按照以下格式进行跨表引用：工作表名！数据源所在单元格地址。

【举例说明】

图 4-3-8 所示为工作表 Sheet1 的数据，在工作表 Sheet2 中计算净利润（利润－所得税），需要引用 Sheet1 中的数据。如图 4-3-9 所示，B3＝Sheet1！D3-Sheet1！E3，其中 Sheet1！D3 表示 1 月份的利润，Sheet1！E3 表示 1 月份的所得税。

图 4-3-9　跨工作表单元格引用

（四）跨工作簿单元格引用

跨工作簿单元格引用是指引用其他工作簿中的单元格，又称外部引用，需要按照以下格式进行跨工作簿引用：[工作簿名]工作表名！数据源所在单元格地址。

【举例说明】

如果图 4-3-8 所示为工作簿 Book1，图 4-3-9 所示为工作簿 Book2，那么在引用数据时，B3 单元格中需输入"＝[Book1.xls]Sheet1！D3－[Book1.xls]Sheet1！E3"。

三、函数的应用

在 Excel 中，利用函数可以快速执行有关计算，如排序、求和、计数、提取数据等。

函数的基本格式是：函数名(参数序列)。参数序列是用于限定函数运算的各个参数，这些参数除中文外都必须使用英文半角字符。函数只能出现在公式中。使用函数的操作方法有以下两种：

（1）根据函数的基本格式在单元格中直接输入函数。

（2）从"插入"菜单中选择"函数"命令或者单击编辑区的"函数"按钮 f_x，打开"插入函数"对话框，从中选择对应的函数，如图 4-3-10 所示。

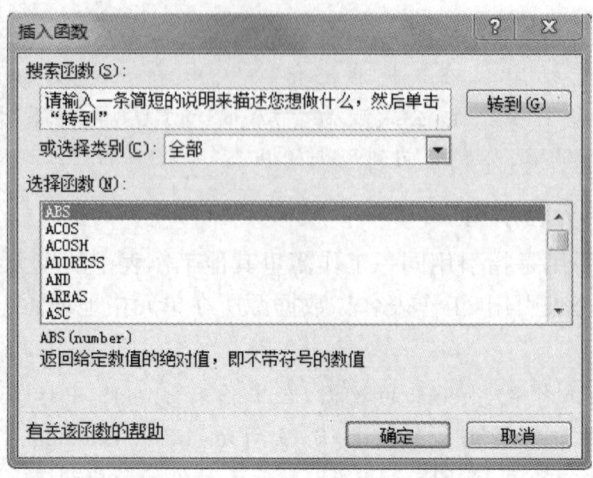

图 4-3-10 "插入函数"对话框

(一) 常用函数

引用工资管理模块中博兴公司员工工资数据,讲述函数在企业财务中的应用,如图 4-3-11 所示。

	A	B	C	D	E	F	G
1	职员编码	职员姓名	所属部门	人员类别	基本工资	奖金	应发合计
2	101	陈燕	行政部	管理人员	5 500	200	5 700
3	102	许力	行政部	管理人员	5 000	100	5 100
4	103	刘霞	行政部	管理人员	4 000	100	4 100
5	201	王平	财务部	管理人员	4 000	200	4 200
6	202	李萍	财务部	管理人员	3 000	150	3 150
7	203	张浩	财务部	管理人员	3 000	150	3 150
8	204	周娟	财务部	管理人员	2 600	150	2 750
9	205	赵云	财务部	管理人员	2 600	150	2 750
10	301	江洋	采购部	管理人员	2 800	400	3 200
11	302	黄丽	采购部	管理人员	2 600	400	3 000
12	401	宋建	销售部	市场人员	2 800	400	3 200
13	402	马子山	销售部	市场人员	2 600	400	3 000

图 4-3-11 工资数据

1. 统计函数

统计函数是指统计工作表函数,用于对数据区域进行统计分析,包括最大值、最小值、求和、平均值、计数等。

	A	B	C	D	E	F	G	H
15	MAX	MIN	SUM	SUMIF	AVERAGE	AVERAGEIF	COUNT	COUNTIF
16	5 700	2 750	43 300	16 000	3 608.33	3 100	12	4

图 4-3-12 统计函数计算结果

1) MAX

格式:MAX(number1,number2,…)。

作用:用于返回数值参数中的最大值,忽略参数中的逻辑值和文本。

参数说明:number1,number2,…用来从中求取最大值的 1~30 个数值、空单元格、逻辑值或文本数值。

【举例说明】

统计博兴公司1月份应发合计的最大值,在单元格A16中输入公式"=MAX(G2:G13)",结果为"5 700",如图4-3-12所示。

2) MIN

格式:MIN(number1,number2,…)。

作用:返回数值参数中的最小值,忽略参数中的逻辑值和文本。

【举例说明】

统计博兴公司1月份应发合计的最小值,在单元格B16中输入公式"=MIN(G2:G13)",结果为"2 750",如图4-3-12所示。

3) SUM

格式:SUM(number1,number2,…)。

作用:计算单元格区域中所有数值的和。

【举例说明】

统计博兴公司1月份所有员工工资应发合计总数,在单元格C16中输入公式"=SUM(G2:G13)",结果为"43 300",如图4-3-12所示。

4) SUMIF

格式:SUMIF(range, criteria, sum_range)。

作用:对满足条件的单元格求和。

参数说明:range是要进行计算的单元格区域;criteria表示以数字、表达式或文本形式定义的条件;sum_range表示用于求和计算的实际单元格,如果省略,将使用range区域中的单元格。

【举例说明】

统计博兴公司1月份财务部员工工资应发合计总数,在单元格D16中输入公式"=SUMIF(C2:C13,'财务部',G2:G13)",结果为"16 000",如图4-3-12所示。

(5) AVERAGE

格式:AVERAGE(number1,number2,…)。

作用:返回参数的算术平均值。

【举例说明】

统计博兴公司1月份所有员工工资应发合计平均数,在单元格E16中输入公式"=AVERAGE(G2:G13)",结果为"3 608.33",如图4-3-12所示。

6) AVERAGEIF

格式:AVERAGEIF(range, criteria, average_range)。

作用:返回某个区域内满足给定条件的所有单元格的算术平均值。

【举例说明】

统计博兴公司1月份市场人员工资应发合计平均数,在单元格F16中输入公式"=AVERAGEIF(D2:D13,'市场人员',G2:G13)",结果为"3 100",如图4-3-12所示。

【特别提示】
在 Excel 2003 中,没有该函数,Excel 2007 以上的软件中含有该函数。

7) COUNT

格式:COUNT(value1,value2,…)。

作用:计算包含数字的单元格以及参数列表中数字的个数。

参数说明:value1,value2,…是1~30个可以包含或引用各种不同类型数据的参数,但只对数字型数字进行计数。

【举例说明】
统计博兴公司1月份发放工资员工数,在单元格G16中输入公式"=COUNT(G2:G13)",结果为"12",如图4-3-12所示。

8) COUNTIF

格式:COUNTIF(range,criteria)。

作用:对区域中满足单个指定条件的单元格进行计数。

【举例说明】
统计博兴公司1月份需要缴纳个人所得税的员工数,在单元格H16中输入公式"=COUNTIF(G2:G13,">3 500")",结果为"4",如图4-3-12所示。

2. 文本函数

文本函数是指通过文本函数,可以在公式中处理字符串。例如,可以改变大小写或确定字符串的长度。可以将日期插入字符串或连接在字符串上。

1) LEN

格式:LEN(text)。

作用:返回文本字符串中的字符数。

参数说明:text是要计算长度的文本字符串,包括空格。

【举例说明】
A1单元格内容为"会计电算化考试",在B1单元格输入公式"=LEN(A1)",结果为"7"。

2) RIGHT

格式:RIGHT(text, num_chars)。

作用:从文本字符串中最后一个字符开始返回指定个数的字符。

参数说明:text是要提取字符的字符串;num_chars是要提取的字符数,如果忽略,为1。

【举例说明】
A1单元格内容为"会计电算化考试",在C1单元格输入公式"=RIGHT(A1)",结果为"试"。

3) MID

格式:MID(text, start_num, num_chars)。

作用:返回文本字符串中从指定位置开始的指定数目的字符。

参数说明:text是要从中提取字符的字符串。

【举例说明】

A1 单元格内容为"会计电算化考试",在 D1 单元格输入公式"＝MID(A1,3,3)",结果为"电算化"。

4) LEFT

格式:LEFT(text,num_chars)。

作用:返回文本字符串中第一个字符开始至指定个数的字符。

【举例说明】

A1 单元格内容为"会计电算化考试",在 E1 单元格输入公式"＝LEFT(A1,5)",结果为"会计电算化"。

3. 逻辑函数 IF

逻辑函数是指用来判断真假值,或者进行复合检验的 Excel 函数。Excel 提供了六种逻辑函数:AND、OR、NOT、FALSE、IF、TRUE 函数,本教材中主要介绍 IF 函数的相关内容。

格式:IF(logical_test,value_if_true,value_if_false)。

作用:判断条件"logical_test"的内容是否为真,如果为真则返回"value_if_true",如果为假则返回"value_if_false"的内容。

参数说明:logical_test 是任何一个可判断为 TURE 或 FALSE 的数值或表达式;value_if_true 是当 logical_test 为 TURE 时的返回值,如果忽略,则返回 TURE;value_if_false 是当 logical_test 为 FALSE 时的返回值,如果忽略,则返回 FALSE。

【举例说明】

以博兴公司员工工资数据为例,判断博兴公司的员工是否缴纳个人所得税,根据规定,工资高于 3 500 元需缴纳个人所得税,在单元格 H2 输入公式"＝IF(G2>3 500,"缴税","不缴税")",结果为"缴税",如图 4-3-13 所示。

	A	B	C	D	E	F	G	H
1	职员编码	职员姓名	所属部门	职员类型	基本工资	奖金	应发合计	是否缴税
2	101	陈燕	行政部	后勤人员	5 500	200	5 700	缴税

图 4-3-13 逻辑函数计算结果

4. 查找与引用函数

在 Excel 中,查找与引用函数的主要功能是查询各种信息,在数据量很大的工作表中,Excel 的查找和引用函数能起到很大的作用。

1) LOOKUP

LOOKUP 函数用于返回向量(单行区域或单列区域)或数组中的数值。

单击编辑区的"函数"按钮 f_x,打开"插入函数"对话框,从中选择对应的函数"LOOKUP"后单击"确定"按钮,打开"选定参数"对话框,如图 4-3-14 所示,我们可以

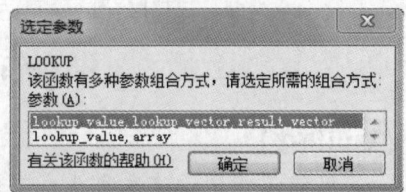

图 4-3-14 "选定参数"对话框

看到它具有两种语法形式：向量形式和数组形式。

（1）向量形式。

格式：LOOKUP(lookup_value，lookup_vector，result_vector)。

作用：在单行区域或单列区域（称为"向量"）中查找值，然后返回第二个单行区域或单列区域中相同位置的值。

参数说明：lookup_value 是 LOOKUP 在 lookup_vector 中查找的值，可以是数值、文本、逻辑值，也可以是数值的名称或引用；lookup_vector 是 LOOKUP 要查找的区域，只包含单行或单列的单元格区域，其值为文本、数值或者逻辑值且以升序排序；result_vector 是与 lookup_vector 所对应的第二个单行或单列区域，与 lookup_vector 大小相同。

【举例说明】

以博兴公司员工工资数据为例，在单元格 B15 输入公式"＝LOOKUP(A15，A2:A13，B2:B13)"，在 A2:A13 单元格区域中查找与 A15 对应的数值"201"，判断其所在的行数 4，从 B2:B13 单元格区域中返回第 4 行对应的值"王平"，如图 4-3-15 所示。

B15 ▼ fx =LOOKUP(A15,A2:A13,B2:B13)

	A	B	C	D	E	F
14	职员编码	职员姓名	应发合计			
15	201	王平				

图 4-3-15　LOOKUP 向量形式应用

（2）数组形式。

格式：LOOKUP(lookup_value，array)。

作用：在数组的第一行或第一列中查找指定的值，并返回数组最后一行或最后一列内同一位置的值。

参数说明：lookup_value 是 LOOKUP 在 array 中查找的值，可以是数值、文本、逻辑值，也可以是数值的名称或引用；array 是包含文本、数值或逻辑值的单元格区域，用来同 lookup_value 相比较。

【举例说明】

以博兴公司员工工资数据为例，在单元格 C15 输入公式"＝LOOKUP(A15，A2:G13)"，在 A2:G13 单元格区域查找 A15 对应的数值"201"，判断其位置在第 1 列第 4 行，返回 A2:G13 单元格区域最后一列第 4 行的数据"4 200"，如图 4-3-16 所示。

C15 ▼ fx =LOOKUP(A15,A2:G13)

	A	B	C	D	E	F
14	职员编码	职员姓名	应发合计			
15	201	王平	4200			

图 4-3-16　LOOKUP 数组形式应用

【知识链接】

数组是指用于建立可生成多个结果或可对在行和列中排列的一组参数进行运算的单个公式。数组区域共用一个公式；数组常量是用作参数的一组常量。

2）INDEX

格式：INDEX(array，row_num，column_num)。

作用：返回表格或数组中的元素值，此元素由行号和列号的索引值给定。

参数说明：array 是单元格区域或数组常量；row_num 是数组或引用中要返回值的行序号；column_num 是数组或引用中要返回值的列序号。

【举例说明】

以图 4-3-16 为例，要返回王平的应发工资数，可以在单元格 C15 输入公式“=INDEX(A2:G13，4，7)”，结果为“4 200”，如图 4-4-17 所示。

C15　=INDEX(A2:G13,4,7)

	A	B	C	D	E	F
14	职员编码	职员姓名	应发合计			
15	201	王平	4200			

图 4-3-17　INDEX 函数应用

3）MATCH

格式：MATCH(lookup_value，lookup_array，match_type)。

作用：在单元格区域中搜索指定项，然后返回该项在单元格区域中的相对位置。

参数说明：lookup_value 是在数组中所要查找匹配的值，可以是数值、文本或逻辑值，或者对上述类型的引用；lookup_array 是含有要查找的值的连续单元格区域，一个数组或是对某数组的引用；match_type 指定了 Excel 将 lookup_value 与 lookup_array 中数值进行匹配的方式，可以是数字-1、0 或 1。

【知识链接】

match_type 取值为-1，表示函数 MATCH 查找大于或等于 lookup_value 的最小数值；match_type 取值为 0，表示函数 MATCH 查找等于 lookup_value 的第一个数值；match_type 取值为 1，表示函数 MATCH 查找小于或等于 lookup_value 的最大数值。

【举例说明】

以博兴公司员工工资数据为例，查询员工“黄丽”所在的位置，可以在单元格输入公式“=MATCH(“黄丽”,B2:B13，0)”，结果为“10”，表示黄丽在单元格区域 B2:B13 中的位置是第 10 行。

5. 日期与时间函数

日期与时间函数是指在公式中用来分析和处理日期值和时间值的函数。

	A	B	C	D	E
1	DATE	YEAR	MONTH	DAY	NOW
2	2017/1/31	2017	1	31	2017/6/16 20:28

图 4-3-18　日期与时间函数计算结果

1）YEAR

格式：YEAR(serial_number)。

作用：返回某日期对应的年份，1900至9999之间的数字。

参数说明：serial_number是Excel进行日期及时间计算的代码。

【举例说明】

如图4-3-18所示，A1单元格为2017/1/31，计算该日期对应的年份，B2单元格输入公式"＝YEAR(A2)"，结果为"2017"。

2) MONTH

格式：MONTH(serial_number)。

作用：返回某日期对应的月份，介于1～12。

【举例说明】

如图4-3-18所示，A1单元格为2017/1/31，计算该日期对应的月份，C2单元格输入公式"＝MONTH(A2)"，结果为"1"。

3) DAY

格式：DAY(serial_number)。

作用：返回某日期对应的天数，介于1～31。

【举例说明】

如图4-3-18所示，A1单元格为2017/1/31，计算该日期对应的日期，D2单元格输入公式"＝DAY(A2)"，结果为"31"。

4) NOW

格式：NOW()。

作用：返回当前的日期和时间(该函数不需要参数)。

【举例说明】

如图4-3-18所示，在E2单元格输入公式"＝NOW()"，结果显示当前的日期和时间"2017/6/16 20:28"，如果要改变E2单元格的格式，可从"单元格格式"对话框中修改。

(二) 基本财务函数

财务函数是指用来进行财务处理的函数。Excel提供了许多财务函数，这里主要讲述SLN、DDB、SYD三个财务函数，它们在应用的过程中涉及一些参数，首先对这些参数做一下说明，如表4-3-4所示。

表4-3-4　　　　　　　　　　基本财务函数参数说明

名称	是否必需	含义
cost	必需参数	固定资产原值
salvage	必需参数	固定资产的残值
life	必需参数	固定资产的折旧期数
period	必需参数	需要计算折旧值的期间，period必须使用与life相同的单位
factor	可选参数	余额递减速率，如果factor被省略，则默认为2，即使用双倍余额递减法
per	必需参数	第几期，其单位必须与life相同

1. SLN

格式:SLN(cost,salvage,life)。

作用:返回某项资产以直线法计提的每一期的折旧值。

【举例说明】

引用固定资产管理模块博兴公司固定资产期初数,用直线法计算折旧额。在单元格 F2 输入公式"=SLN(C2,D2,E2)",结果为"399.00",如图 4-3-19 所示。

	A	B	C	D	E	F
1	资产编号	固定资产名称	原值	净残值	使用年限	直线法
2	20201	电脑	4 200	210	10	399.00
3	30301	轿车	91 000	9 100	15	

图 4-3-19 直线法计算结果

2. DDB

格式:DDB(cost,salvage,life,period,factor)。

作用:使用双倍余额递减法或其他指定的方法,计算一项固定资产在给定期间内的折旧值。

【举例说明】

引用固定资产管理模块博兴公司固定资产期初数,用双倍余额递减法计算折旧额。在单元格 G2 输入公式"=DDB(C2,D2,E2,F2)",计算笔记本在第 3 年的折旧额,结果为"537.60",如图 4-3-20 所示。

	A	B	C	D	E	F	G
1	资产编号	固定资产名称	原值	净残值	使用年限	期间	双倍余额递减法
2	20201	电脑	4 200	210	10	3	537.60
3	30301	轿车	91 000	9 100	15	5	

图 4-3-20 双倍余额递减法计算结果

3. SYD

格式:SYD(cost,salvage,life,per)。

作用:返回某项资产按年数总和折旧法计算的在第"per"期的折旧值。

【举例说明】

引用固定资产管理模块博兴公司固定资产期初数,用年数总和法计算折旧额。在单元格 F2 输入公式"=SYD(C2,D2,E2,F2)",计算笔记本在第 3 年的折旧额,结果为"580.36",如图 4-3-21 所示。

	A	B	C	D	E	F	G
1	资产编号	固定资产名称	原值	净残值	使用年限	期间	年数总和法
2	20201	电脑	4 200	210	10	3	580.36
3	30301	轿车	91 000	9 100	15	5	

图 4-3-21 年数总和法计算结果

第四节　数据清单及其管理分析

【学习指南】
　　学习本节内容,需要熟悉数据清单的设计要求,掌握记录单的使用方法,掌握 Excel 的数据排序、筛选与分类汇总的方法,掌握数据透视表创建与设置的方法,以及图表的插入方法。

一、数据清单的构建

(一) 数据清单的概念

　　在 Excel 中,数据库是通过数据清单或列表来实现的。数据清单是一种包含一行列标题和多行数据且每行同列数据的类型和格式完全相同的 Excel 工作表。数据清单中的列对应数据库中的字段,列标志对应数据库中的字段名称,每一行对应数据库中的一条记录。

(二) 构建数据清单的要求

为了使 Excel 自动将数据清单当作数据库,构建数据清单的要求主要有以下几项:
(1) 列标志应位于数据清单的第一行,用来查找和组织数据、创建报告。
(2) 同一列中各行数据项的类型和格式应当完全相同。
(3) 避免在数据清单中间放置空白的行或列,但需将数据清单和其他数据隔开时,应在它们之间留出至少一个空白的行或列。
(4) 尽量在一张工作表上建立一个数据清单。

二、记录单的使用

(一) 记录单的概念

　　记录单又称数据记录单,是快速添加、查找、修改或删除数据清单中相关记录的对话框。
　　引用工资管理模块中博兴公司员工工资数据,打开工资数据记录单,如图 4-4-1 所示,可以看到"记录单"对话框(Sheet1)左半部依次列示数据清单第一行从左到右依次排列的列标志以及对应的文本框数据,右半部从上到下依次是"记录状态"显示区和"新建""删除""还原""上一条""下一条""条件"以及"关闭"7 个按钮。

(二) 通过记录单处理数据清单的记录

1. 记录单处理记录的优点

记录单处理记录的优点主要有:界面直观,操作简单,减少数据处理时行列位置的来回切换,避免输入错误,特别适用于大型数据清单中记录的核对、添加、查找、修改或删除。

2. "记录单"对话框的打开

打开"记录单"对话框的方法如下:

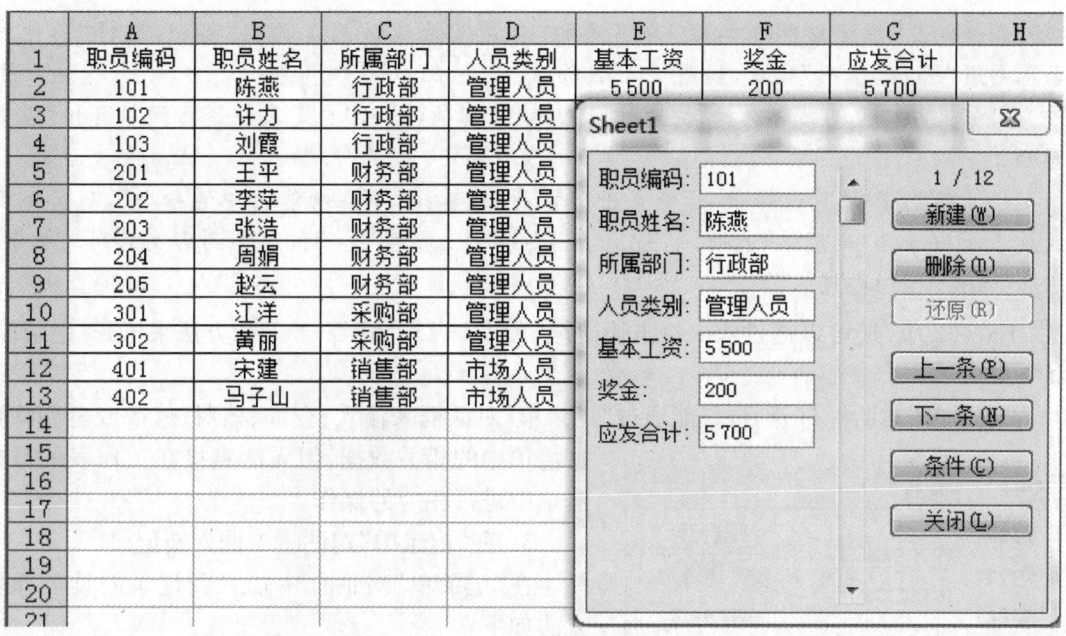

图 4-4-1 "记录单"对话框

(1) 输入数据清单的列标志。
(2) 选中数据清单的任一单元格,选择"数据"下的"记录单"命令,即可打开该对话框。

【知识拓展】

Excel 2013 的数据功能区中没有"记录单"命令,但可通过单击以自定义方式添入"快速访问工具栏"中的"记录单"按钮来打开。具体操作方法如图 4-4-2 所示。

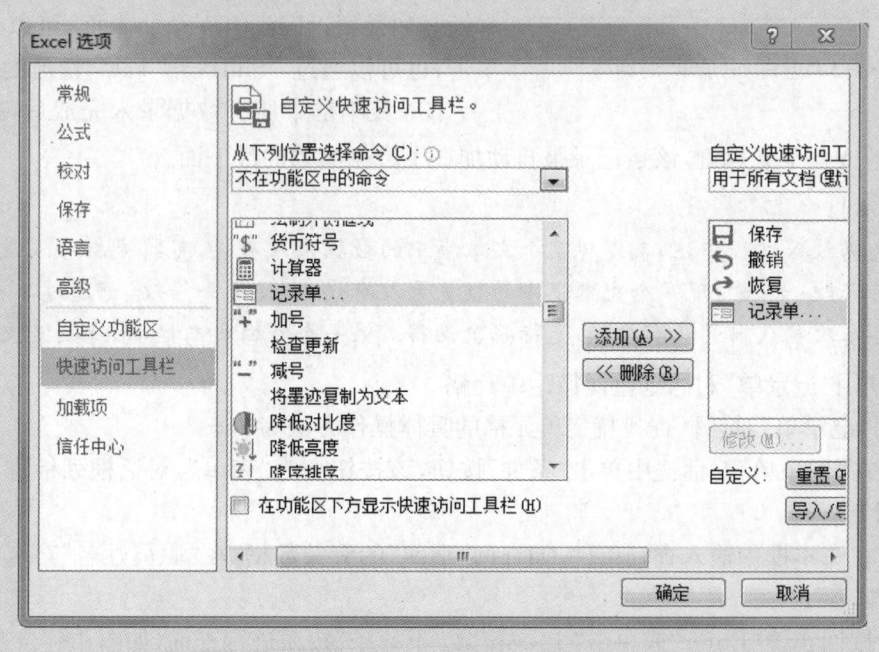

图 4-4-2 "记录单"对话框

233

(1)单击"快速访问工具栏"右下角的"自定义快速访问工具栏"按钮,选择"其他命令",打开"Excel 选项"窗口,如图 4-4-2 所示。

(2)从窗口左侧菜单选择"快速访问工具栏"选项,进入"自定义快速访问工具栏"设置界面。

(3)在"下列位置选择命令"处点击下拉箭头,选择"不在功能区中的命令",从其下面的列表框中选择"记录单"选项,单击"添加"按钮,"记录单"选项被添加到右侧的列表框中,单击"确定"按钮即可。

Excel 2013 还可以通过依次按击快捷键"Alt"+"D""Alt"+"O"的方法来打开"记录单"命令。

"记录单"对话框打开后,只能通过"记录单"对话框来输入、查询、核对、修改或者删除数据清单中的相关数据,但无法直接在工作表的数据清单中进行相应的操作。

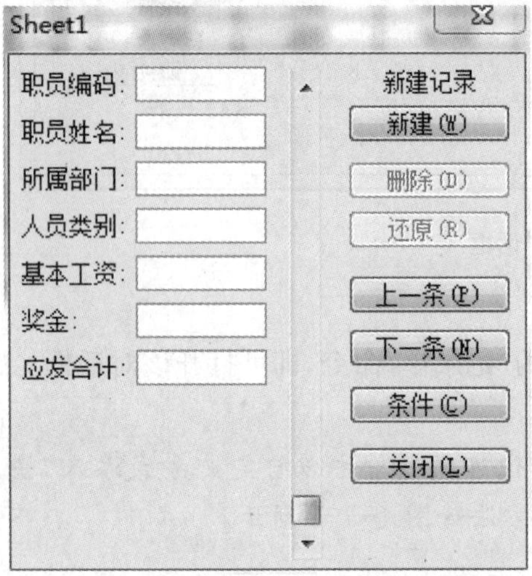

3. 在"记录单"对话框中输入新记录

在"记录单"对话框中输入新记录的具体操作方法如下:

(1)在"记录单"对话框中单击"新建"按钮,对应列标志后面的文本框全部显示空白,如图 4-4-3 所示。

(2)光标默认在第一个空白文本框中,即"职员编码"对应的文本框中。在该文本框中输入数据后,鼠标点击第二个文本框继续输入,也可以通过键盘上的"Tab"键,光标可以自动定位到第二个文本框。如果要返回到上一个文本框,可以直接鼠标单击,也可以通过"Shift"+"Tab"快捷键。

图 4-4-3 空白"记录单"对话框

(3)文本框中所有数据录入完成后,按下回车键"Enter"或上下光标键,该条记录被自动加在了数据清单的最下面。

【特别提示】

在数据录入过程中,如果发现某个文本框中的数据录入有误,可将光标移入该文本框,直接进行修改;如果发现多个文本框中的数据录入有误,不便逐一修改,可通过单击"还原"按钮放弃本次确认前的所有输入,光标将自动移入第一个空白文本框,等待数据录入。

4. 利用"记录单"对话框查找特定单元格

利用"记录单"对话框查找特定单元格的具体操作方法为:

(1)在"记录单"对话框中单击"条件"按钮,该按钮变为"表单",对话框列标志后的文本框全部清空。

(2)在文本框中输入查询条件,如查询"李萍"的有关数据,在"职员姓名"对应的文本框中输入"李萍"。

(3)按回车键"Enter"或单击"上一条"或"下一条"按钮进行查询,如图 4-4-4 所示。

通过查询,符合条件的记录将分别出现在对话框相应列后的文本框中。"记录状态"显示区相应显示记录的次序数以及数据清单中记录的总条数。

【举例说明】

如图 4-4-4 所示,"5"代表李萍在数据清单中位于第 5 行,"12"代表数据清单共有 12 条。

这种方法尤其适合于具有多个查询条件的查询中,只要在对话框多个列名后的文本框内同时输入相应的查询条件即可。

5. 利用"记录单"对话框核对或修改特定记录

利用"记录单"对话框核对或修改特定记录的具体操作方法如下:

(1) 在"记录单"对话框中查找到待核对或修改的记录。

(2) 在对话框相应列后文本框中逐一核对或修改。

(3) 修改完成之后,按下回车键"Enter"或单击"新建""上一条""下一条""条件""关闭"等按钮或上下光标键确认即可。

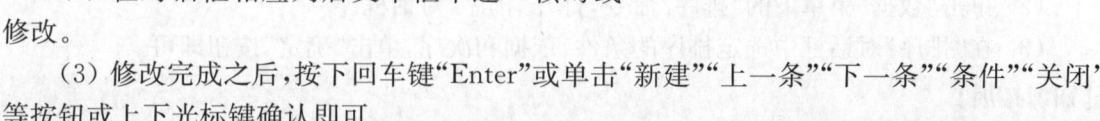

图 4-4-4 "记录单"对话框查询数据

【特别提示】

在确认修改前,"还原"按钮处于激活状态,可通过其放弃本次确认前的所有修改。

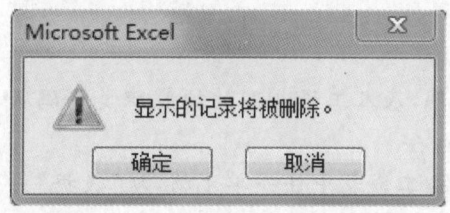

图 4-4-5 提示对话框

6. 利用"记录单"对话框删除特定记录

利用"记录单"对话框删除特定记录的具体操作方法如下:

(1) 在"记录单"对话框中查找到待删除的记录。

(2) 单击"删除"按钮,弹出"显示的记录将被删除"提示对话框,如图 4-4-5 所示。

(3) 单击"确定"按钮即可完成删除操作。

【特别提示】

记录删除后无法通过单击"还原"按钮来撤销。

三、数据的管理与分析

在数据清单下可以执行排序、筛选、分类汇总、插入图表和数据透视表等数据管理和分析功能。

(一) 数据的排序

数据的排序是指在数据清单中,针对某些列的数据,通过"数据"菜单或功能区中的排序命令来重新组织行的顺序。

1. 快速排序

使用快速排序的具体操作方法如下:

(1) 在数据清单中选定需要排序的各行记录。
(2) 单击工具栏中的"升序"或"降序"按钮。

【知识拓展】

Excel 2013 快速排序的方法：单击"数据"选项卡，从"排序和筛选"组中单击"升序"或"降序"按钮。

【特别提示】

如果数据清单由单列组成，即使不执行第一步，只要选定该数据清单的任意单元格，直接执行第二步，系统也会自动排序；如果数据清单由多列组成，应避免不执行第一步而直接执行第二步的操作，否则数据清单中光标所在列的各行数据被自动排序，但每一个记录在其他各列的数据并未随之相应调整，记录将会出现错行的错误。

2．自定义排序

使用自定义排序的具体操作方法如下：

(1) 选中任意一个单元格。
(2) 单击"数据"菜单下的"排序"命令，打开"排序"对话框。
(3) 在"排序"对话框中选定排序的条件、依据和次序，单击"确定"按钮即可。

【知识拓展】

Excel 2013 打开"排序"对话框的方法：单击"数据"选项卡，从"排序和筛选"组中单击"排序"按钮。"排序"对话框默认的只有"主要关键字"，如果需要设置多个关键字，需要单击"添加条件"按钮来操作。

案例 4.4.1

将博兴公司员工工资表，按照基本工资从低到高排序，基本工资相同的按照职员编码从低到高排序：

(1) 单击工资表中任一单元格，从"数据"菜单下选择"排序"命令，打开"排序"对话框。

(2) 在"排序"对话框中，"主要关键字"选择"基本工资""升序"，"次要关键字"选择"职员编码""升序"，设置完成单击"确定"按钮，如图4-4-6所示。

（二）数据的筛选

数据的筛选是指利用"数据"菜单中的"筛选"命令对数据清单中的指定数据进行查找和其他工作。筛选后的数据清单仅显示那些包含了某一特定值或符合一组条件的行，暂时隐藏其他行。通过筛选工作表中的信息，用户可以快速查找数值。用户不但可以利用筛选功能控制需要显示的内容，而且还能够控制需要排除的内容。

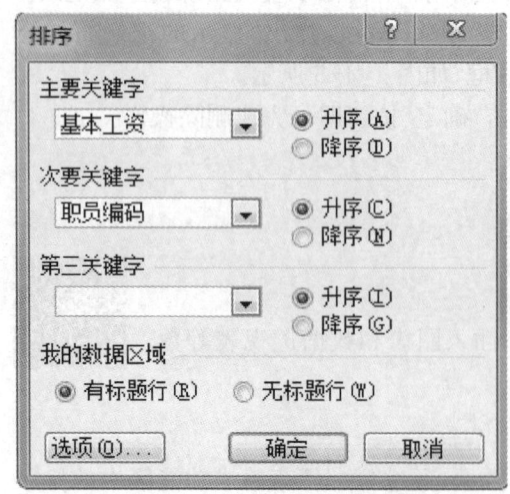

图 4-4-6 "排序"对话框

1. 快速筛选

使用快速筛选的具体操作方法如下：

（1）在数据清单中选定任意单元格或需要筛选的列。

（2）单击"数据"菜单，从"筛选"命令中选择"自动筛选"，第一行的列标志单元格右下角出现向下的三角图标。

（3）单击要筛选列的第一行右下角的三角图标，在弹出的下拉列表中直接选择筛选条件或选择"自定义…"命令，在弹出的"自定义自动筛选方式"对话框中设置筛选条件，如图4-4-7所示。

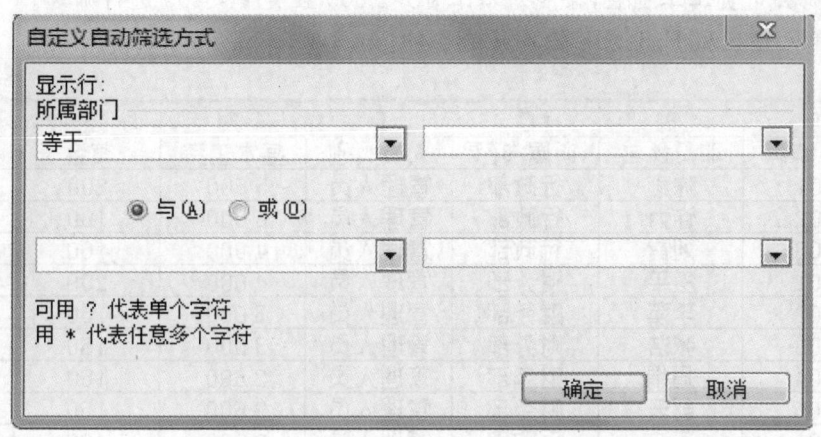

图 4-4-7 "自定义自动筛选方式"对话框

【知识拓展】

Excel 2013使用快速筛选的具体操作方法：单击"数据"选项卡，从"排序和筛选"组中单击"筛选"按钮，单击要筛选列的第一行右下角的三角图标，如图4-4-8所示。

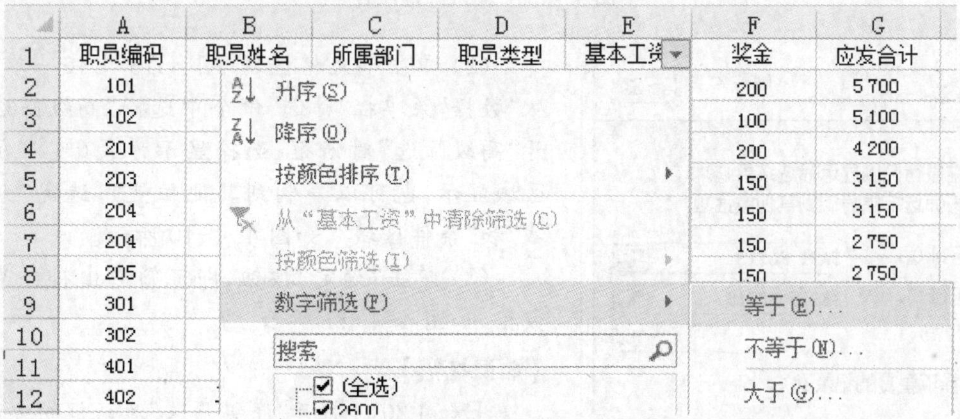

图 4-4-8 "自定义自动筛选方式"对话框

与Excel 2003不同，Excel 2013在下拉列表中可以同时选中多个复选框，"数字筛选"下提供了"等于""不等于""大于"等多个自定义筛选方式。

2．高级筛选

使用高级筛选的操作步骤如下：

(1) 编辑条件区域。

(2) 单击"数据"菜单，从"筛选"命令中选择"高级筛选"，打开"高级筛选"对话框。

(3) 选定或输入"列表区域"和"条件区域"，单击"确定"按钮。

案例 4.4.2

引用博兴公司员工工资表，按照基本工资>2 600 且奖金<200 进行筛选。

(1) 在单元格区域 E15:F16 输入筛选条件，如图 4-4-9 所示。

	A	B	C	D	E	F	G
1	职员编码	职员姓名	所属部门	人员类别	基本工资	奖金	应发合计
2	101	陈燕	行政部	管理人员	5 500	200	5 700
3	102	许力	行政部	管理人员	5 000	100	5 100
4	103	刘霞	行政部	管理人员	4 000	100	4 100
5	201	王平	财务部	管理人员	4 000	200	4 200
6	202	李萍	财务部	管理人员	3 000	150	3 150
7	203	张浩	财务部	管理人员	3 000	150	3 150
8	204	周娟	财务部	管理人员	2 600	150	2 750
9	205	赵云	财务部	管理人员	2 600	150	2 750
10	301	江洋	采购部	管理人员	2 800	400	3 200
11	302	黄丽	采购部	管理人员	2 600	400	3 000
12	401	宋建	销售部	市场人员	2 800	400	3 200
13	402	马子山	销售部	市场人员	2 600	400	3 000
14							
15					基本工资	奖金	
16					>2 600	<200	

图 4-4-9 输入筛选条件

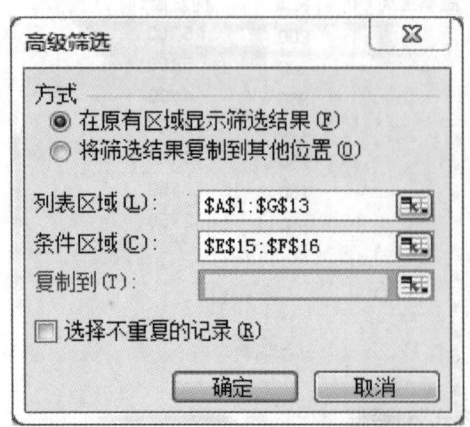

图 4-4-10 "高级筛选"对话框

(2) 单击单元格区域 A1:G13 中任一单元格，从"数据"菜单栏"筛选"命令中选择"高级筛选"，打开"高级筛选"对话框，选择显示方式（可以在原有区域显示，也可以复制到其他位置），选定"列表区域"和"条件区域"，如图 4-4-10 所示。

(3) 单击"确定"按钮，即可筛选出符合条件的数据，如图 4-4-11 所示。

【知识拓展】

Excel 2013 打开"高级筛选"对话框的方法：单击"数据"选项卡，从"排序和筛选"组中单击"高级"按钮。

	A	B	C	D	E	F	G
1	职员编码	职员姓名	所属部门	人员类别	基本工资	奖金	应发合计
3	102	许力	行政部	管理人员	5 000	100	5 100
4	103	刘霞	行政部	管理人员	4 000	100	4 100
6	202	李萍	财务部	管理人员	3 000	150	3 150
7	203	张浩	财务部	管理人员	3 000	150	3 150
14							
15					基本工资	奖金	
16					>2 600	<200	

图 4-4-11　高级筛选结果

3. 清除筛选

清除筛选的具体操作方法：单击"数据"菜单，从"筛选"命令中选择"全部显示"即可。

【知识拓展】

Excel 2013 打开"高级筛选"对话框的方法：单击"数据"选项卡，从"排序和筛选"组中单击"高级"按钮。

(三) 数据的分类汇总

数据的分类汇总是指在数据清单中按照不同类别对数据进行汇总统计。分类汇总采用分级显示的方式显示数据，可以收缩或展开工作表的行数据或列数据，实现各种汇总统计。

1. 创建分类汇总

创建分类汇总的具体操作方法如下：

(1) 确定数据分类依据的字段，将数据清单按照此字段进行排序。

(2) 单击"数据"菜单下的"分类汇总"命令，打开"分类汇总"对话框。

(3) 设置采用的"分类字段""汇总方式"和"选定汇总项"的内容，数据清单将以选定的"汇总方式"按照"分类字段"分类统计，将统计结果记录到选定的"选定汇总项"列下，同时可以通过单击级别序号实现分级查看汇总结果。

案例 4.4.3

引用博兴公司员工工资表，按照"所属部门"分类显示各部门的工资平均值。

(1) 利用自定义排序功能，对博兴公司员工工资表按照"所属部门"进行排序(升序或降序均可)。

(2) 在"数据菜单"下单击"分类汇总"命令，打开"分类汇总"对话框。

(3) 在"分类汇总"对话框中，设置分类字段为"所属部门"，汇总方式为"平均值"，选定汇总项"应发合计"，如图 4-4-12 所示。

(4) 单击"确定"按钮，即可显示分类汇总的结果，如图 4-4-13 所示。

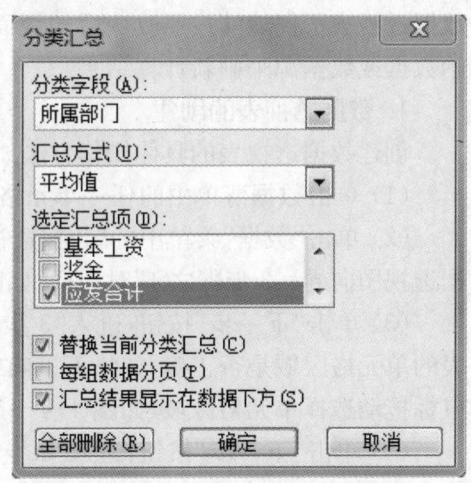

图 4-4-12　"分类汇总"对话框

	A	B	C	D	E	F	G
1	职员编码	职员姓名	所属部门	人员类别	基本工资	奖金	应发合计
2	201	王平	财务部	管理人员	4 000	200	4 200
3	202	李萍	财务部	管理人员	3 000	150	3 150
4	203	张浩	财务部	管理人员	3 000	150	3 150
5	204	周娟	财务部	管理人员	2 600	150	2 750
6	205	赵云	财务部	管理人员	2 600	150	2 750
7			财务部 平均值				3 200
8	301	江洋	采购部	管理人员	2 800	400	3 200
9	302	黄丽	采购部	管理人员	2 600	400	3 000
10			采购部 平均值				3 100
11	101	陈燕	行政部	管理人员	5 500	200	5 700
12	102	许力	行政部	管理人员	5 000	100	5 100
13	103	刘霞	行政部	管理人员	4 000	100	4 100
14			行政部 平均值				4 966.6667
15	401	宋建	销售部	市场人员	2 800	400	3 200
16	402	马子山	销售部	市场人员	2 600	400	3 000
17			销售部 平均值				3 100
18			总计平均值				3 608.3333

图 4-4-13 分类汇总结果

【知识拓展】

Excel 2013 打开"分类汇总"对话框的方法：单击"数据"选项卡，从"分级显示"组中单击"分类汇总"按钮。

2. 清除分类汇总

清除分类汇总的具体操作方法：打开"分类汇总"对话框后，单击"全部删除"按钮即可取消分类汇总。

(四) 数据透视表的插入

数据透视表是根据特定数据源生成的，可以动态改变其版面布局的交互式汇总表格。数据透视表不仅能够按照改变后的版面布局自动重新计算数据，而且能够根据更改后的原始数据或数据源来刷新计算结果。

1. 数据透视表的创建

创建数据透视表的具体操作方法如下：

(1) 单击数据清单中的任一单元格。

(2) 单击"数据"菜单中的"数据透视表和数据透视图…"命令项，打开"数据透视表和数据透视图向导—3 步骤之 1"对话框，如图 4-4-14 所示。

(3) 单击"下一步"按钮，进入"3 步骤之 2"对话框，核对系统自动定位的创建数据透视表的单元格区域是否正确，如果不正确或未选中，可以在对话框中输入单元格区域地址或用鼠标拖动选择单元格区域，如图 4-4-15 所示。

(4) 单击"下一步"按钮，进入"3 步骤之 3"对话框，设定透视表显示的位置（可以新建工作表，也可以选择现有工作表），如图 4-4-16 所示。

(5) 单击"完成"按钮，在工作表 Sheet2 中将"职员姓名"拖至"将行字段拖至此处"，将"所属部门"拖至"将列字段拖至此处"，将"应发合计"拖至"请将数据项拖至此处"，生成数据

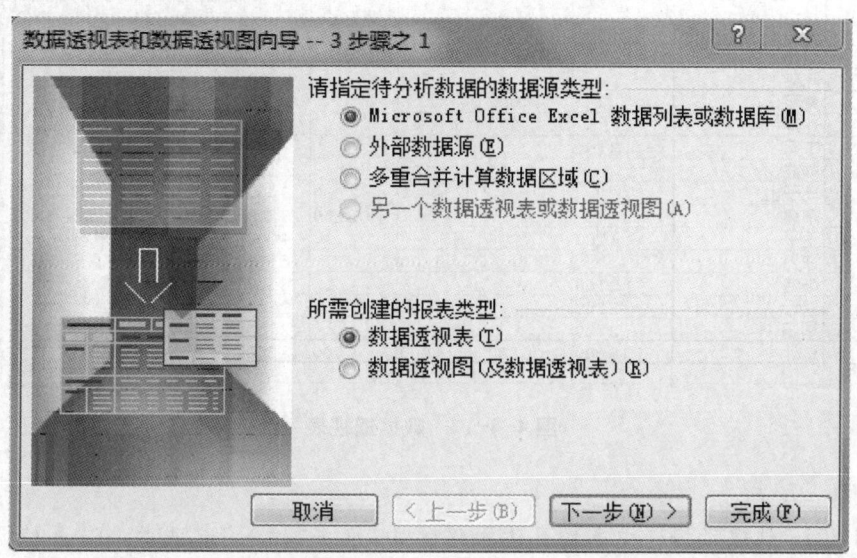

图 4-4-14 "数据透视表和数据透视图向导-3 步骤之 1"对话框

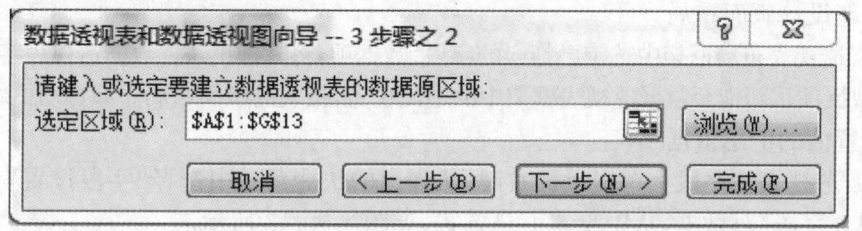

图 4-4-15 "3 步骤之 2"对话框

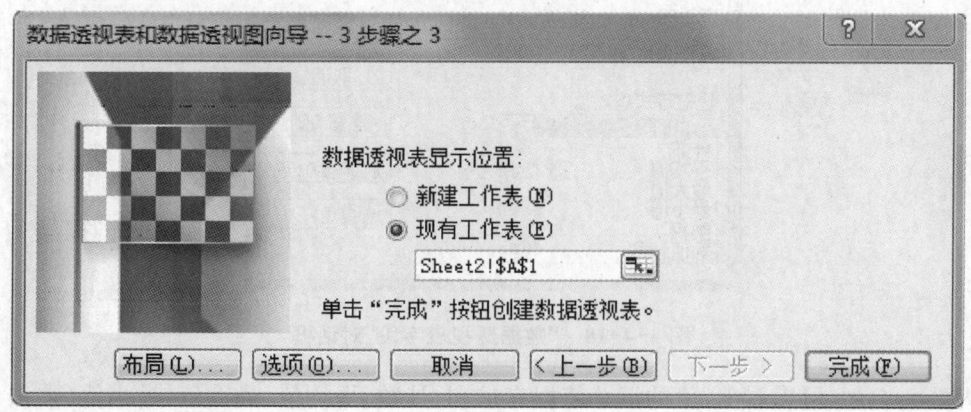

图 4-4-16 "3 步骤之 3"对话框

透视表,如图 4-4-17 所示。

数据透视表的布局框架由页字段、行字段、列字段和数据项等要素构成,可以通过需要选择不同的页字段、行字段、列字段,设计出不同结构的数据透视表。

	A	B	C	D	E	F	
1	求和项:应发合计	所属部门					
2	职员姓名	财务部	采购部	行政部	销售部	总计	
3	陈燕			5 700		5 700	
4	黄丽		3 000			3 000	
5	江洋		3 200			3 200	
6	李萍	3 150				3 150	
7	刘霞			4 100		4 100	
8	马子山				3 000	3 000	
9	宋建				3 200	3 200	
10	王平	4 200				4 200	
11	许力			5 100		5 100	
12	张浩	3 150				3 150	
13	赵云	2 750				2 750	
14	周娟	2 750				2 750	
15	总计	16 000	6 200	14 900	6 200	43 300	

图 4-4-17 数据透视表

【知识拓展】
Excel 2013 创建数据透视表的具体操作方法：单击"插入"选项卡，在"表格"组中单击"数据透视表"按钮，打开"创建数据透视表"对话框，根据提示操作即可。

2. 数据透视表的设置

1) 重新设计版面布局

在数据透视表布局框架中选定已拖入的字段、数据项，将其拖出，将"数据透视表字段列表"中的字段和数据项重新拖至数据透视表框架中的适当位置，报表的版面布局立即自动更新。

2) 设置值的汇总依据

在数据透视表的字段上单击鼠标右键，从弹出的快捷菜单中选择"字段设置"命令，打开"数据透视表字段"对话框，从中设置汇总方式，如图 4-4-18 所示。

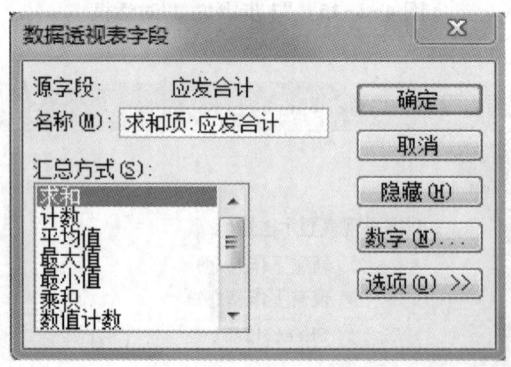

图 4-4-18 "数据透视表字段"对话框

从图 4-4-18 可以看出，值的汇总依据有求和、计数、平均值、最大值、最小值、乘积、数值计数、标准偏差、总体偏差、方差和总体方差。

【知识拓展】
Excel 2013 设置值汇总依据的具体操作方法：在数据透视表的字段上单击鼠标右键，从弹出的快捷菜单中选择"值汇总依据"，从弹出的子菜单中选择汇总方式，如图 4-4-19 所示。

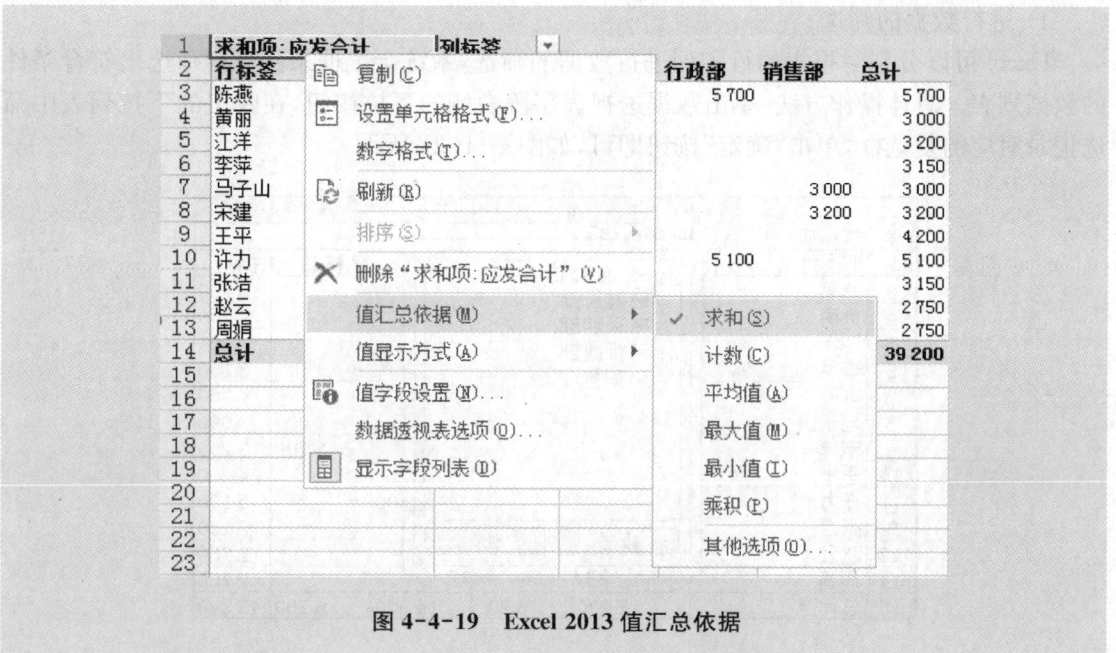

图 4-4-19　Excel 2013 值汇总依据

3) 设置值的显示方式

在数据透视表的数值单元格上单击鼠标右键,从弹出的快捷菜单中选择"设置单元格格式"命令,打开"单元格格式"对话框,从"数字"选项卡中设置值的显示方式。

【知识拓展】

Excel 2013 设置值显示方式的具体操作方法:在数据透视表的数值单元格上单击鼠标右键,从弹出的快捷菜单中选择"值显示方式",在弹出的子菜单中选择相应的显示方式,如图 4-4-20 所示。从图 4-4-20 中可以看出,值的显示方式有无计算、百分比、升序排列、降序排列等。

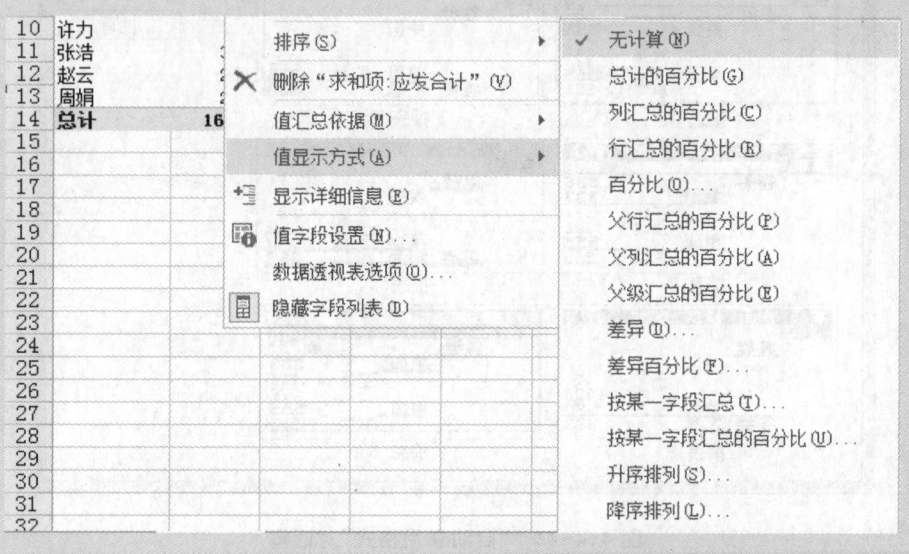

图 4-4-20　Excel 2013 值显示方式

4)进行数据的筛选

Excel 可以分别对报表的行和列进行数据的筛选,系统会根据条件自行筛选出符合条件的数据列表。具体操作方法:单击数据透视表字段右侧的下拉按钮,在弹出的下拉列表中筛选记录对应的复选框,单击"确定"按钮即可,如图 4-4-21 所示。

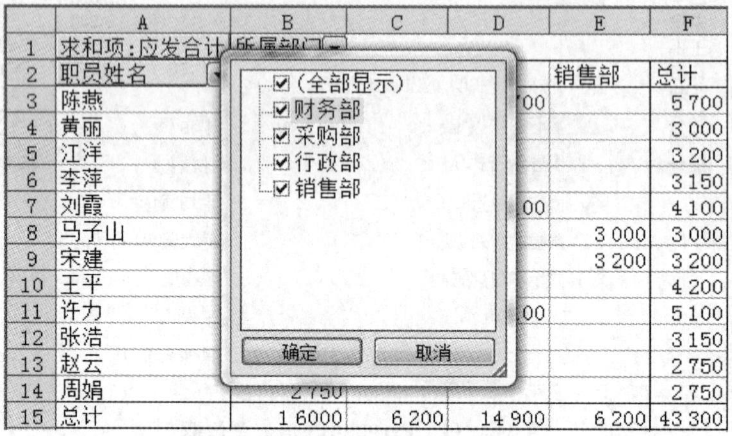

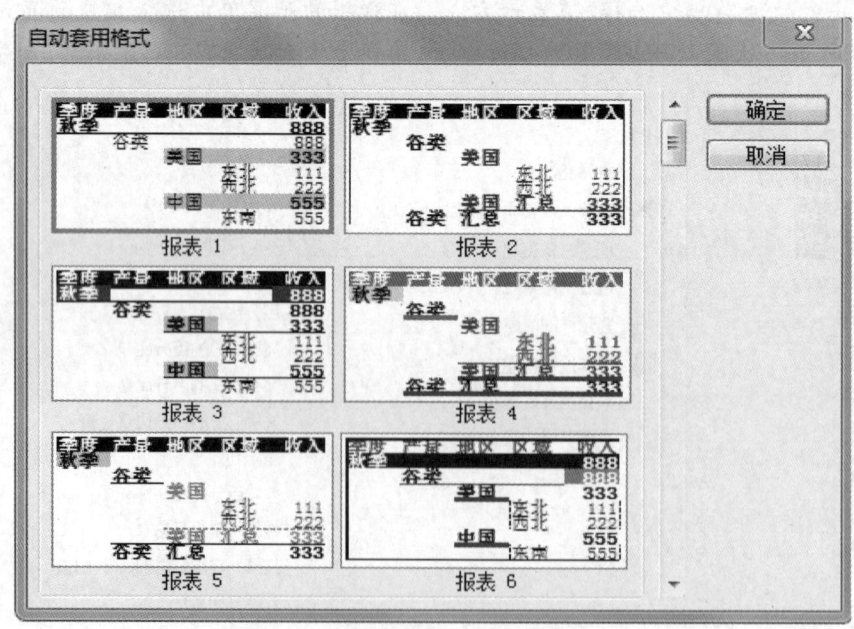

图 4-4-21 数据透视表数据筛选

5)设定报表样式

数据透视表中,既可选用系统自带的各种报表样式,也可通过设置单元格格式的方法自定义报表样式。选用系统自带报表样式的具体操作方法:单击"格式"菜单下的"自动套用格式"命令,打开"自动套用格式"对话框,从中选择相应的报表样式,如图 4-4-22 所示。

图 4-4-22 "自动套用格式"对话框

(五)图表的插入

图表是指将工作表中的数据用图形表示出来。Excel 提供的图表类型有柱形图、条形图、折线图、饼图、散点图等。插入图表的具体操作方法如下:

(1) 选择需要生成图表的数据清单、列表或者数据透视表。

(2) 选择"插入"菜单中的"图表"命令,打开"图表向导"对话框,按照相关步骤操作可完成图表的插入。

【知识拓展】

Excel 2013 插入图表的具体操作方法:单击"插入"选项卡,从"图表"组中选择对应的图表类型,如图 4-4-23 所示。

图 4-4-23 "插入"选项卡

图表不仅可以根据需要分别输入标题和各轴所代表的数据含义,而且可以适当调整大小及其位置。

案例 4.4.4

引用博兴公司员工工资表,运用柱形图显示各部门应发工资的平均数。

(1) 采用数据的分类汇总操作得到各个部门应发工资的平均数,整理得到有关数据,如图 4-4-24 所示。

(2) 选择单元格区域 A1:B5,单击"插入"菜单下的"图表"命令,打开"图表向导-4 步骤之 1-图表类型"对话框,在"图表类型"和"子图表类型"列表框选择所需的类型,如图 4-4-25 所示。

	A	B
1	部门	应发工资平均值
2	行政部	4 966.67
3	财务部	3 200
4	采购部	3 100
5	销售部	3 100

图 4-4-24 应发工资平均值

(3) 单击"下一步"按钮,进入"4 步骤之 2-图表源数据"对话框,"数据区域"默认之前选择的单元格区域,如图 4-4-26 所示。

(4) 单击"下一步"按钮,进入"4 步骤之 3-图表选项"对话框,可以设置图表标题、坐标轴、网格线、图例、数据标志、数据表等信息,如图 4-4-27 所示。

(5) 单击"下一步"按钮,进入"4 步骤之 4-图表位置"对话框,设置工作表的插入位置,如图 4-4-28 所示。

图 4-4-25 "图表向导-4 步骤之 1-图表类型"对话框

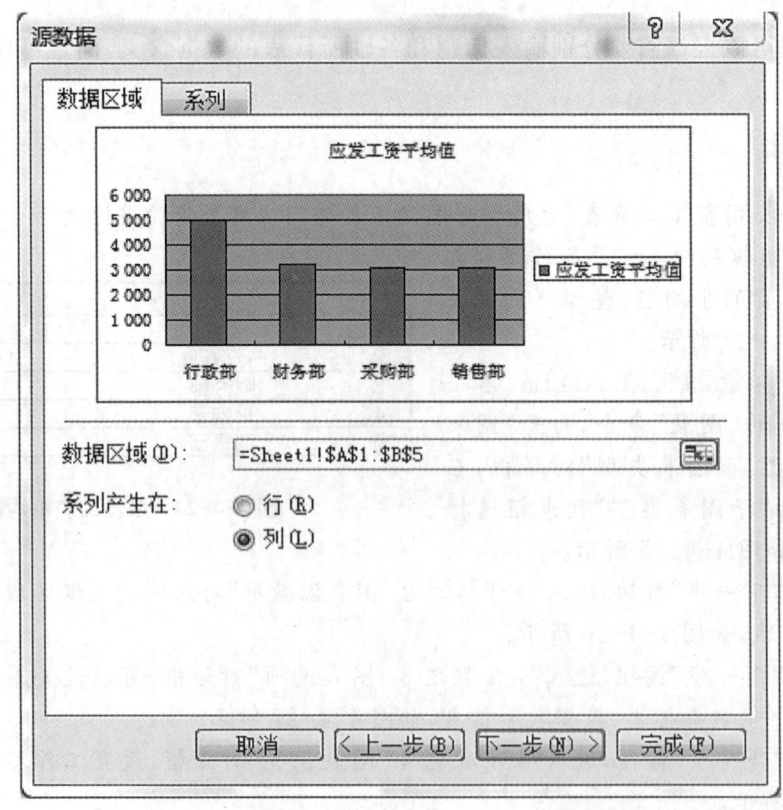

图 4-4-26 "图表向导-4 步骤之 2-图表源数据"对话框

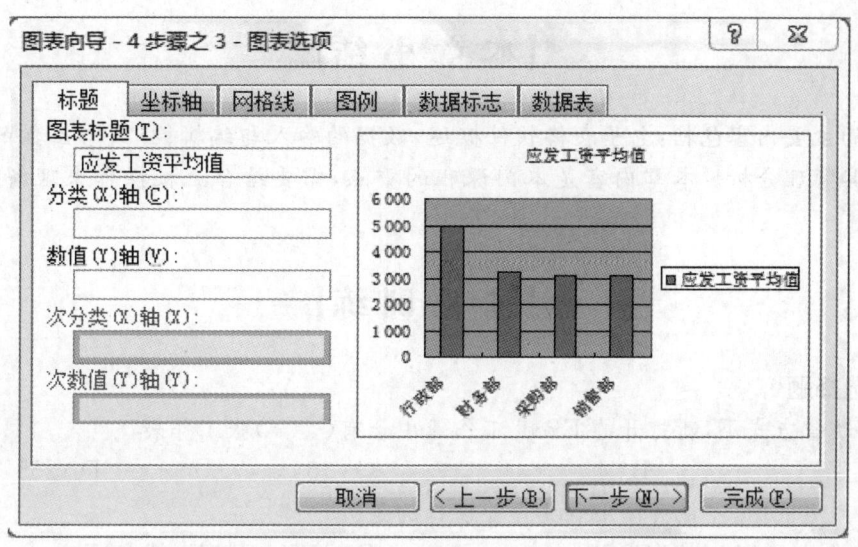

图 4-4-27 "图表向导-4 步骤之 3-图表选项"对话框

图 4-4-28 "图表向导-4 步骤之 4-图表位置"对话框

(6) 单击"完成"按钮,显示柱形图,如图 4-4-29 所示。

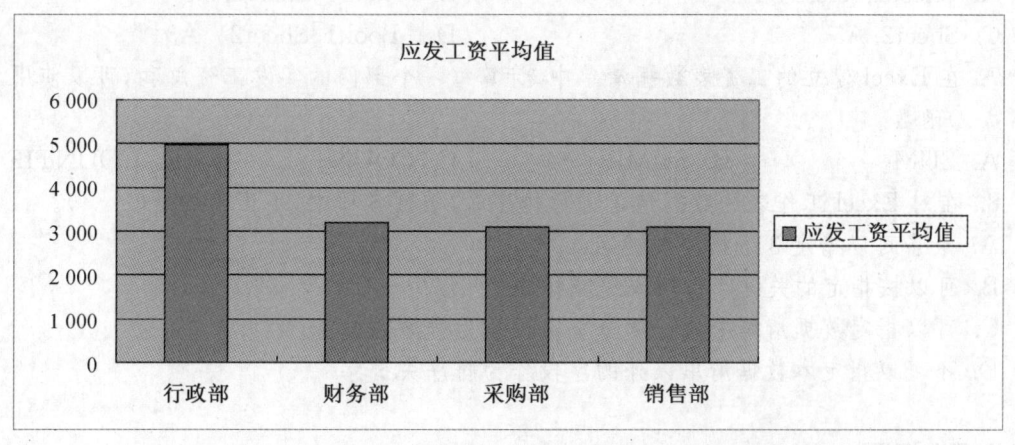

图 4-4-29 "应发工资平均值"柱形图

247

【本章小结】

本章的主要内容包括：电子表格软件概述、数据的输入与编辑、公式与函数的应用和数据清单及其管理分析。本章内容是本门课程的重点，需要结合上机操作来理解、掌握所学知识。

【过关训练】

一、单项选择题

1. 在缺省方式下，新打开的 Excel 工作簿中含有（　　）张工作表。
   A. 3　　　　　　　　B. 4　　　　　　　　C. 15　　　　　　　　D. 255

2. 下列方式中，不能关闭 Excel 当前窗口的是（　　）。
   A. 按组合健"Alt"+"ESC"　　　　　　B. 按组合键"Ctrl"+"F4"
   C. 工具栏中的"关闭"按钮　　　　　　D. "文件"菜单中的"关闭"命令

3. 在 Excel 的活动单元格中，要将数字作为文字来输入，最简便的方法是先键入一个英文状态符号（　　）后，再键入数字。
   A. '　　　　　　　B. "　　　　　　　C. #　　　　　　　D. 空格

4. 在 Excel 中，向单元格输入内容，如果想将光标定位在下一列按（　　）键。
   A. "Tab"　　　　　　　　　　　　　　B. "Enter"
   C. "Ctrl"+"Tab"　　　　　　　　　　D. "Ctrl"+"Enter"

5. Excel 工作表 A1 单元格的内容为公式=SUM(B2:D7)，在用删除行的命令将第 2 行删除后，A1 单元格中的公式将变为（　　）。
   A. =SUM(ERR)　　　　　　　　　　　B. =SUM(B2:D6)
   C. =SUM(B3:D7)　　　　　　　　　　D. #VALUE!

6. 下列各项中，单元格的跨工作簿引用格式是（　　）。
   A. Sheet2!A3　　　　　　　　　　　　B. [Book1]Sheet2.A3
   C. Sheet2.A3　　　　　　　　　　　　D. [Book1]Sheet2!A3

7. 在 Excel 建立的工资表数据清单中，计算每一个部门的实发工资总和，可以使用下面的（　　）函数。
   A. SUM　　　　　B. SUMIF　　　　　C. COUNT　　　　　D. COUNTIF

8. 在对 Excel 工作表的数据清单进行排序时，下列各项中，不正确的是（　　）。
   A. 最多可以指定 3 个排序关键字
   B. 可以按指定的关键字递增或递减排序
   C. 可以指定数据清单中的任意多个字段作为排序关键字
   D. 不可以指定本数据清单以外的字段作为排序关键字

二、多项选择题

1. Excel 具有（　　）功能。

A. 文字处理　　　　　B. 图形处理　　　　　C. 数据库管理　　　　D. 电子表格处理

2. 下列各项重命名工作表的操作中,正确的有(　　)。

A. 单击工作表标签,然后输入新名称

B. 双击工作表标签,然后输入新名称

C. 选取"格式"菜单"工作表"命令,再选取"重命名"子命令,然后输入新名称

D. 右键单击工作表标签,选取快捷菜单中的"重命名"命令.然后输入新名称

3. 在Excel中,工作表单元格可接受的内容包括(　　)。

A. 日期　　　　　　　B. 数字　　　　　　　C. 函数　　　　　　　D. 公式

4. 在Excel中,选取大范围区域,先单击区域左上角的单元格,将鼠标指针移到区域的右下角,然后(　　)。

A. 按"Ctrl"键,同时单击单元格

B. 按"Ctrl"键,同时双击对角单元格

C. 按"Shift"键,同时单击对角单元格

D. 按"Shift"键,同时用方向键拉伸欲选区域

5. 下列各项中,属于Excel算术运算符的有(　　)。

A. ＋　　　　　　　　B. ,　　　　　　　　C. ＜　　　　　　　　D. －

6. 在Excel中,(　　)不是函数MIN(4,8,False)的执行结果。

A. －1　　　　　　　B. 0　　　　　　　　C. 4　　　　　　　　D. 8

7. Excel数据清单的筛选可以通过(　　)形式实现。

A. 查找　　　　　　　B. 快速筛选　　　　　C. 高级筛选　　　　　D. 自定义排序

三、判断题

1. 在系统默认状态下,一个Excel 2013工作簿含有5张工作表。(　　)

2. 在Excel中,用鼠标单击某单元格,则该单元格变为活动单元格。(　　)

3. 在不同工作表中不能同时录入完全相同的数据。(　　)

4. 剪切和复制命令的差别在于"剪切"会把数据从原处删去。(　　)

5. 函数是预先编写的公式,可以对一个或多个值执行运算,并返回一个或多个值。(　　)

6. 在默认情况下,Excel公式中被引用的数据发生变化时,公式的计算结果不会自动重新进行计算。(　　)

7. 数据清单中的每一列的数据属性可以不同。(　　)

8. 如果要对数据清单进行分类汇总,必须对要分类汇总的字段排序,从而使相同的记录集中在一起。(　　)

答案及解析

第一章 会计电算化概述

一、单项选择题

1.【答案】C

【解析】 1981年8月,在财政部、原第一机械工业部和中国会计学会的支持下,中国人民大学和长春第一汽车制造厂在吉林省长春市联合召开了"关于财务、会计、成本应用电子计算机的专题研讨会",在会上正式提出了"会计电算化"。

2.【答案】B

【解析】 随着社会经济、科学技术的发展,会计本身产生了巨大的变化。在电子计算机日益普及和网络技术飞速发展的新形势下,会计信息化已经成为会计业务发展的大趋势。

3.【答案】D

【解析】 会计信息系统按照其功能和管理层次的高低不同,划分为会计核算系统、会计管理系统和会计决策支持系统;根据信息技术的影响程度,划分为手工会计信息系统、传统自动化会计信息系统和现代会计信息系统。

4.【答案】D

【解析】 ERP的核心思想是供应链管理,强调对整个供应链的有效管理,提供企业配置和使用资源的效率。

5.【答案】D

【解析】 ERP将企业与其外部的供应商、客户等市场要素有机结合,实现对企业的物资资源(物流)、人力资源(人流)、财务资源(财流)、信息资源(信息流)等资源一体化管理。

6.【答案】A

【解析】 本题考查软件配备方式特点。通用会计软件的优点之一:企业投入少,见效快,实现信息化的过程简单。

7.【答案】D

【解析】 购买通用会计软件的缺点主要有:①软件的针对性不强,通常针对一般用户设计,难以适应企业特殊的业务或流程;②为保证通用性,软件功能设置往往过于复杂,业务流程简单的企业可能感到不易操作。

8.【答案】D

【解析】 委托外部单位开发的优点之一,软件的针对性较强,降低了用户的使用难度。适用于特殊业务较多的企业。

9.【答案】 B

【解析】 四种配备方式中,成本最高的是自行开发会计软件,次之的是委托外部单位开发和与外部单位联合开发,成本最低的是购买通用会计软件。

10.【答案】 A

【解析】 作为整个会计核算软件的核心,账务处理模块是以凭证为数据处理起点,通过凭证输入和处理,完成记账、银行对账、结账、账簿查询及打印输出等工作。

11.【答案】 C

【解析】 账务处理模块与其他模块有密切联系,其中:应收、应付、工资、固定资产、存货、成本等模块需要将处理业务填制成记账凭证,并直接存入账务处理模块,报表管理和财务分析模块可以从各模块取数编制相关财务报表,进行财务分析。

12.【答案】 A

【解析】 A 选项,报表管理和财务分析模块可以从各模块取数编制相关财务报表,进行财务分析;B、C、D 选项对应的模块不存在数据传递。

13.【答案】 C

【解析】 工资管理模块为成本管理模块提供人工费资料。

14.【答案】 D

【解析】 会计软件界面应该使用中文并且提供中文处理的支持,可以同时提供外国或者少数民族文字界面对照和处理支持。

15.【答案】 D

【解析】 (略)

二、多项选择题

1.【答案】 BC

【解析】 会计信息化是指企业利用计算机、网络通信等现代信息技术手段开展会计核算,以及利用上述技术手段将会计核算与其他经营管理活动有机结合的过程。

2.【答案】 ABC

【解析】 会计软件主要具有以下三种功能:①为会计核算、财务管理直接提供数据输入;②生成凭证、账簿、报表等会计资料;③对会计资料进行转换、输出、分析、利用。D 选项是会计信息化的作用。

3.【答案】 BCD

【解析】 在提出 ERP 概念之前,ERP 管理思想与技术经历了 30 多年的发展变革,从物料需求计划 MRP 到制造资源计划 MRP Ⅱ,再进一步发展到企业资源计划 ERP,逐渐成熟。

4.【答案】 ABCD

【解析】 会计电算化的特征:人机结合;会计核算自动化、集中化;数据处理及时准确;内部控制多样化。

5.【答案】 ACD

【解析】 定制开发会计软件包括企业自行开发、委托外部单位开发、企业与外部单

251

位联合开发三种具体开发方式。

  6.【答案】 ABC

    【解析】 固定资产管理模块生成固定资产增加、减少、盘盈、盘亏、固定资产变动、固定资产评估和折旧分配等业务的记账凭证,并传递到账务处理模块;工资管理模块进行工资核算,生成分配工资费用、应交个人所得税等业务的记账凭证,并传递到账务处理模块;应付管理模块完成采购单据处理、供应商往来处理、票据新增、付款、退票处理等业务后,生成相应的记账凭证并传递到账务处理模块。

  7.【答案】 ACD

    【解析】 成本管理模块主要提供成本核算、成本分析、成本预测功能,以满足会计核算的事前预测、事后核算分析的需要。

  8.【答案】 ABC

    【解析】 报表管理和财务分析模块可以从各模块取数编制相关财务报表、进行财务分析。

  9.【答案】 BCD

    【解析】 会计软件应当提供符合国家统一会计准则制度的会计凭证、账簿和报表的显示和打印功能。

  10.【答案】 AC

    【解析】 鼓励软件供应商采用呼叫中心、在线客服等方式为用户提供实时技术支持。

三、判断题

  1.【答案】 √

    【解析】 广义的会计电算化是指与实现电算化有关的所有工作,包括会计软件的开发应用及其软件市场的培育、会计电算化人才的培训、会计电算化的宏观规划和管理、会计电算化制度建设等。

  2.【答案】 √

    【解析】 (略)

  3.【答案】 √

    【解析】 专用会计核算软件是由使用单位根据自身会计核算与管理的需要,自行开发或委托其他单位开发,专供本单位使用的会计核算软件。相比通用会计核算软件,专用会计核算软件更适合企业的实际需要,在通用会计核算软件的基础上,开发专用软件以适应某些特殊的行业和企业。

  4.【答案】 ×

    【解析】 会计电算化解决的是利用信息技术进行会计核算和报告工作的相关问题;会计信息化则是在会计电算化工作的基础上,以构建和实施有效的企业内部控制为指引,集成管理企业的各种资源和信息。

  5.【答案】 √

    【解析】 在功能层次上,ERP除了最核心的财务、分销和生产管理等管理功能以外,还集成了人力资源、质量管理、决策支持等企业其他管理功能。会计信息系统已经成为ERP

系统的一个子系统。

6. 【答案】 √
   【解析】 ERP 系统中的会计信息系统包括财务会计和管理会计两个子系统。
7. 【答案】 √
   【解析】 （略）
8. 【答案】 ×
   【解析】 通用会计软件的优点之一是：软件性能稳定，质量可靠，运行效率高，能够满足企业的大部分需求。
9. 【答案】 ×
   【解析】 自行开发软件的缺点之一是：系统开发要求高、周期长、成本高，系统开发完成后，还需要较长时间的试运行。
10. 【答案】 √
    【解析】 会计软件是由各功能模块共同组成的有机整体，为实现相应功能，相关模块之间相互依赖，互通数据。
11. 【答案】 √
    【解析】 完整的会计软件的功能模块包括：账务处理模块、固定资产管理模块、工资管理模块、应收管理模块、应付管理模块、成本管理模块、报表管理模块、存货核算模块、财务分析模块、预算管理模块、项目管理模块、其他管理模块。
12. 【答案】 √
    【解析】 （略）
13. 【答案】 ×
    【解析】 根据《企业会计信息化工作规范》的规定：企业会计资料的归档管理，遵循国家有关会计档案管理的规定。
14. 【答案】 ×
    【解析】 省、自治区、直辖市人民政府财政部门发现会计软件不符合《会计核算软件基本功能规范》的，应当将有关情况报财政部。

第二章　会计软件的运行环境

一、单项选择题

1. 【答案】 D
   【解析】 硬件设备一般包括输入设备、处理设备、存储设备、输出设备和通信设备（网络电缆等）。D 选项，操作系统属于系统软件，即计算机的软件系统。
2. 【答案】 C
   【解析】 计算机常见的输入设备有键盘、鼠标、光电自动扫描仪、条形码扫描仪、二维码识读设备、POS 机、芯片读卡器、语言输入设备、手写输入设备等。显示器和打印机属于输出设备，U 盘属于存储设备。A 选项是存储设备，B、D 选项是输出设备。
3. 【答案】 D
   【解析】 计算机的存储设备包括内存储器和外存储器，内存储器即内存，分为随机存储器和只读存储器,一般容量较小,但数据存取速度较快。外存储器一般存储容量较大,但数据存取速度较慢。

4.【答案】 C

【解析】 硬件结构是指硬件设备的不同组合方式。电算化会计信息系统中常见的硬件结构通常有单机结构、多机松散结构、多用户结构和微机局域网络四种形式。

5.【答案】 B

【解析】 单机结构的缺点在于集中输入速度低,不能同时允许多个成员进行操作,并且不能进行分布式处理。B选项,使用简单是单机结构的优点。

6.【答案】 B

【解析】 程序是对计算任务的处理对象和处理规则的描述。

7.【答案】 B

【解析】 目前,常见的操作系统 Windows、MAC、UNIX 和 Linux 等,其中 Windows 包括 Windows XP、Windows 2003、Windows 7 等。A选项的 DOS 也是操作系统,只是应用很少。目前,常用的应用软件包有 Word、Excel、Photoshop、SPSS 等。因此,Office 是应用软件,不是操作系统。

8.【答案】 C

【解析】 数据库是指按一定的方式组织起来的数据的集合。

9.【答案】 C

【解析】 语言处理程序的任务是将用汇编语言或高级语言编写的程序,翻译成计算机硬件能够直接识别和执行的机器指令代码。

10.【答案】 B

【解析】 按照覆盖的地理范围进行分类,计算机网络可以分为局域网、城域网和广域网三类。

11.【答案】 C

【解析】 计算机网络系统按配置划分为同类网、单服务器网和混合网。同类网:采用分散管理的方式,网络中的每台计算机既作为客户机又可以作为服务器来工作;单服务器网:只有一台计算机作为整个网络的服务器,其他计算机全都是工作站;混合网:服务器不止一个,而且并非每个工作站都可以当作服务器来使用。

12.【答案】 C

【解析】 网络连接设备是把网络中的通信线路连接起来的各种设备的总称,这些设备包括中继器、交换机和路由器等。

13.【答案】 D

【解析】 计算机病毒的特点有寄生性、传染性、潜伏性、隐蔽性、破坏性、可触发性。

14.【答案】 D

【解析】 恶性病毒是指那些一旦发作后,就会破坏系统或数据,造成计算机系统瘫痪的一类计算机病毒。与良性病毒相比,恶性病毒对计算机系统的破坏力更大,包括删除文件、破坏盗取数据、格式化硬盘、使系统瘫痪等。

15.【答案】 B

【解析】 U盘因其超大空间的存储量,逐步成为了使用最广泛、最频繁的存储介质,为计算机病毒的寄生提供了更宽裕的空间。目前,U盘病毒逐步的增加,使得U盘成为第二大病毒传播途径。

二、多项选择题

1. 【答案】 ACD

 【解析】 运算器的基本功能是完成对各种数据的加工处理,例如算术四则运算,与、或、求反等逻辑运算,算术和逻辑移位操作,比较数值等。

2. 【答案】 BD

 【解析】 常见的输出设备有显示器和打印机。扫描仪和键盘都属于输入设备。

3. 【答案】 ABCD

 【解析】 客户机/服务器结构模式下,服务器配备大容量存储器并安装数据库管理系统,负责会计数据的定义、存取、备份和恢复。

4. 【答案】 ABCD

 【解析】 支撑软件是指为配合应用软件有效运行而使用的工具软件,它是软件系统的一个重要组成部分。支撑软件包括编辑程序、调试程序、装备和连接程序、纠错程序、诊断程序和杀病毒程序等。

5. 【答案】 ABCD

 【解析】 目前,常用的应用软件包有 Word、Excel、Photoshop、SPSS 等。

6. 【答案】 ACD

 【解析】 计算机网络的主要功能有:资源共享、数据通信、分布处理。

7. 【答案】 BCD

 【解析】 目前,路由器已经广泛应用于各行各业,各种不同档次的产品已成为实现各种骨干网内部连接、骨干网间互联和骨干网与互联网互联互通业务的主力军。

8. 【答案】 ABCD

 【解析】 经过对比审核,如果新版软件更能满足实际需要,企业应该对其进行升级。对会计软件进行升级的原因有:①因改错而升级版本;②因功能改进和扩充而升级版本;③因运行平台升级而升级版本。

9. 【答案】 ABCD

 【解析】 病毒可以在条件成熟时被触发,这些条件可能是时间、日期、文件类型或某些特定数据等。

10. 【答案】 ABC

 【解析】 黑色星期五病毒、火炬病毒、CIH、米开朗基罗病毒等属于恶性病毒。选项D属于良性病毒。

11. 【答案】 ABCD

 【解析】 系统应该设置进入网络的访问权限、目录安全等级控制、网络端口和节点的安全控制、防火墙的安全控制等。通过各种安全控制机制的相互配合,才能最大限度地保护计算机系统免受黑客的攻击。

三、判断题

1. 【答案】 ×

   【解析】 高速缓冲存储器(Cache)也属于内存储器的一种,是存在于 RAM 与 CPU 之间的一级存储器,容量比较小但速度比内存高得多,主要功能是用来缓和 RAM 和 CPU 之间速度不匹配的矛盾。

2. 【答案】 √

   【解析】 (略)

3. 【答案】 ×

   【解析】 多用户结构优点在于会计数据可以通过各终端分散输入,并集中存储和处理。

4. 【答案】 ×

   【解析】 浏览器/服务器结构,又可以称为 B/S 结构。

5. 【答案】 √

   【解析】 操作系统是软件系统的核心。

6. 【答案】 √

   【解析】 应用软件是计算机各种应用程序的总称,是在硬件和系统软件的支持下,为解决各类实际问题而专门设计的软件。

7. 【答案】 ×

   【解析】 有的会计软件是多数操作系统通用的,而有的只能安装在一定的操作系统中,比如畅捷通 T3 软件在 Windows XP 和 Windows 7 操作系统中可以运行,但是在 Windows 8 操作系统下,无法安装或者安装之后无法正常使用。

8. 【答案】 √

   【解析】 计算机网络是以硬件资源、软件资源和信息资源共享以及信息传递为目的,在统一的网络协议控制下,将地理位置分散的许多独立的计算机系统连接在一起所形成的网络。

9. 【答案】 ×

   【解析】 广域网是一种远程网,涉及长距离的通信,覆盖范围可以是一个国家或多个国家,甚至整个世界。

10. 【答案】 ×

    【解析】 服务器的性能必须适应会计软件的运行要求,其硬件配置一般高于普通客户机。

11. 【答案】 √

    【解析】 (略)

12. 【答案】 √

    【解析】 病毒可以寄生在正常的程序中,跟随正常程序一起运行。在未启动这个程序之前,病毒是不易被人发觉的,当执行这个程序时,病毒就会起破坏作用。

13. 【答案】 ×

    【解析】 杀毒软件可以同时清除多种病毒,并且对计算机中的数据没有影响。

第三章 会计软件的应用

一、单项选择题

1.【答案】 B

【解析】 系统级初始化内容主要包括：①创建账套并设置相关信息；②增加操作员并设置权限；③设置系统公用基础信息。期初余额录入属于模块级初始化的内容。

2.【答案】 C

【解析】 期末处理是指在每个会计期间的期末所要完成的特定业务。其特点包括：有较为固定的处理流程；业务可以由计算机自动完成。C 选项是日常处理的特点。

3.【答案】 B

【解析】 建立账套是由系统管理员完成的。

4.【答案】 B

【解析】 管理用户主要是指将合法的用户增加到系统中，并根据用户在企业核算工作中所担任的职务、分工来设置、修改其对各功能模块的操作权限。

5.【答案】 D

【解析】 编码方案是指具体的编码规则，包括编码级次、各级编码长度及其含义等，其中编码符号能唯一地确定被标志的对象。

6.【答案】 C

【解析】 代码分解为：401-01-01-01，一共四级。

7.【答案】 C

【解析】 （略）

8.【答案】 B

【解析】 凭证编号应该每月按凭证类别连续编号。

9.【答案】 A

【解析】 凭证一旦保存，其凭证类别、凭证编号不能修改。

10.【答案】 B

【解析】 制单人和审核人不能为同一人，所以审核人只能审核除自己以外的其他人输入的凭证。

11.【答案】 B

【解析】 在结账前，最好进行数据备份，一旦结账后发现业务处理有误，可以利用备份数据恢复到结账前的状态。

12.【答案】 C

【解析】 固定资产核算系统启用之后的日常处理主要包括：固定资产增加、固定资产减少、固定资产变动。

13.【答案】 D

【解析】 由固定资产系统传递到账务系统中的凭证，不能直接在账务系统中修改，只能在固定资产系统中修改。

14.【答案】 D

【解析】 工资管理模块初始化工作包括设置基础信息和录入工资基础数据。设置基础信息包括设置工资类别、设置工资项目、设置工资项目计算公式、设置工资类别所对应的部门、设置所得税。D选项是工资管理模块日常处理业务。

15. 【答案】 A

【解析】 月末结转时将要生成新月份的工资数据表,该表需要从本月复制数据的是固定数据项,而变动数据项每月结转时需将其数据清零。

16. 【答案】 B

【解析】 （略）

17. 【答案】 A

【解析】 应收管理模块为每一种类型的收款业务填制相应的记账凭证,并将凭证传递到账务处理模块。

18. 【答案】 C

【解析】 客户是应收系统下需要的数据资料。

19. 【答案】 D

【解析】 对应付票据的处理主要是对应付票据进行新增、修改、删除及付款、退票等操作。

20. 【答案】 C

【解析】 报表格式设置的内容一般包括：定义报表尺寸、定义报表行高列宽、画表格线、定义单元属性、定义组合单元、设置关键字等。

21. 【答案】 B

【解析】 在报表系统中,计算公式定义了报表数据之间的运算关系,可以实现报表系统从其他子系统取数的功能,所以必须定义计算公式。

二、多项选择题

1. 【答案】 ABD

【解析】 日常处理工作分为数据输入、数据处理和数据输出三个过程。

2. 【答案】 BC

【解析】 数据还原又称数据恢复,是指将备份的数据使用会计软件恢复到计算机硬盘上。数据还原主要包括账套还原、年度账还原等。

3. 【答案】 ABD

【解析】 设置系统公用基础信息包括设置编码方案、基础档案、收付结算信息、凭证类别、外币和会计科目等。

4. 【答案】 ACD

【解析】 职员档案的设置分为职员类型和职员信息两部分。其中,职员类型设置的内容包括职员类型编码和职员类型名称;职员信息包括职员编码、职员姓名、性别、所属部门、职员类型、文化程度、身份证号等信息。B选项,部门名称是部门档案的内容。

5. 【答案】 ACD

【解析】 汇率匹配方式有当日、向前和向后三种。

6. 【答案】 AB

【解析】 账务处理模块初始化工作包括设置控制参数和录入会计科目初始数据两部分。

7.【答案】 ABCD

【解析】 试算平衡是指在借贷记账法下,利用借贷发生额和期末余额(期初余额)的平衡原理,检查账户记录是否正确的一种方法。

8.【答案】 ABC

【解析】 总账系统日常账务处理操作的内容主要有:凭证管理(凭证录入、出纳签字、凭证审核、凭证记账)、出纳管理、账簿查询。因此A、B、C选项正确。

9.【答案】 CD

【解析】 在账务处理录入凭证过程中,某一行记录应只有借方金额或贷方金额,借方金额合计和贷方金额合计要相等。

10.【答案】 ACD

【解析】 固定资产管理模块中的固定资产卡片,包括录入原始卡片及增加、减少固定资产的卡片。

11.【答案】 ACD

【解析】 资产原值、折旧方法及使用状态会影响固定资产的折旧,而增加方式描述资产获得途径,不会影响折旧。

12.【答案】 CD

【解析】 工资管理模块主要用来计算职工应发工资和实发工资,并根据工资用途进行分配。

13.【答案】 ABCD

【解析】 设置工资项目计算公式是指企业根据其财务制度,设置某一工资类别下的工资计算公式。计算公式由工资项目、运算符、关系符、函数等组成。

14.【答案】 ABD

【解析】 应收模块的转账处理主要包括:应收冲应收、预收冲应收、应收冲应付。选项C属于应付模块的转账处理。

15.【答案】 ABD

【解析】 账表查询主要是对往来总账、往来明细账、往来余额表的查询,以及总账、明细账、单据之间的联查。选项C属于单据查询。

16.【答案】 ABD

【解析】 应付管理模块主要用于核算和管理供应商往来款项,通过发票、其他应付单、付款单等单据的录入,对企业的往来账款进行综合管理,及时、准确地提供供应商的往来账款余额资料,提供各种分析报表。

17.【答案】 ACD

【解析】 报表数据的来源途径主要有手工录入、来源于报表管理模块其他报表、来源于系统内其他模块。

18.【答案】 ABC

【解析】 报表屏幕查询输出简称为查询输出,又称屏幕输出、屏幕显示、显示输出,是最为常见的一种输出方式。

三、判断题

1. 【答案】 ×

   【解析】 系统初始化是在系统初次运行时一次性完成的,但部分设置可以在系统使用后进行修改。

2. 【答案】 √

   【解析】 (略)

3. 【答案】 ×

   【解析】 账套建立后,企业可以根据业务需要对某些已经设定的参数内容进行修改。如果账套参数内容已经被使用,进行修改可能会造成数据的紊乱。因此,对账套参数的修改应当谨慎。

4. 【答案】 ×

   【解析】 使用会计软件时,两名会计人员不能使用同一个账号和密码。

5. 【答案】 ×

   【解析】 项目是指一个特定的核算对象或成本归集对象。企业需要对涉及该项目的所有收入、费用、支出进行专项核算和管理。

6. 【答案】 ×

   【解析】 本月已使用的会计科目不可以删除,因此只有未使用的末级科目才可以删除。

7. 【答案】 ×

   【解析】 在账务处理模块中,凭证编号方式是常见的参数设置。

8. 【答案】 ×

   【解析】 期初余额录入完毕后,如果试算不平衡,不能进行记账工作,但是可以填制凭证。

9. 【答案】 ×

   【解析】 无论是手工输入凭证还是机制凭证,在进入总账后都要经具有该凭证审核权限的审核员进行审核。

10. 【答案】 √

    【解析】 (略)

11. 【答案】 ×

    【解析】 根据固定资产的使用状况,某一部门的固定资产折旧费用可以归入一个固定的会计科目,便于系统根据部门生成记账凭证。

12. 【答案】 ×

    【解析】 固定资产原始卡片的数据要和账务处理模块中有关固定资产的初始数据保持一致,否则就会出现错误。

13. 【答案】 ×

    【解析】 固定资产减少操作要在本月计提折旧之后才可以进行。

14. 【答案】 ×

    【解析】 用户可以将已经存在的工资表的数据复制到本工资表中,但最多可以选择一个工资表作为本工资表的数据来源,如果没有选择工资表作为本工资表的数据来源,则本工资表中的数据为空。

15.【答案】 ×

【解析】 已建立的工资表,如果不再使用或已有基础信息不便于修改,可以对工资表进行删除操作。

16.【答案】 ×

【解析】 在账套使用过程中,如果当年已经计提过坏账准备,则坏账处理方式这一参数不能更改;如确需更改的,只能在下一年修改。

17.【答案】 √

【解析】 计提坏账准备是应收账款管理系统的基本功能,在初始化时要进行坏账准备设置。

18.【答案】 √

【解析】 （略）

19.【答案】 √

【解析】 （略）

20.【答案】 ×

【解析】 企业常用的财务报表数据一般来源于总账系统或报表系统本身,取自于报表的数据又可以分为从本表取数和从其他报表的表页取数,但这些取数都需要通过函数实现。

21.【答案】 ×

【解析】 "现金日记账"、银行存款日记账需要每日打印,资产负债表、利润表等月报要求每月打印。

第四章　电子表格软件在会计中的应用

一、单项选择题

1.【答案】 A

【解析】 在缺省方式下,新打开的 Excel 工作簿中含有三张工作表,分别为:Sheet1、Sheet2 和 Sheet3。

2.【答案】 A

【解析】 点击"工具栏"中的"关闭"按钮或命令、点击"文件"菜单中的"关闭"命令、按击快捷键"Ctrl"+"F4"。

3.【答案】 A

【解析】 如果输入的文本全部由数字组成,为了避免被 Excel 误认为是数值型数据,应在输入时先输入英文状态的单引号,再输入数字,以区别数值型数据和数值组成的文本型数据。

4.【答案】 A

【解析】 如果想将光标定位在下一列按"Tab"键,如果想将光标定位在上一列按"Shift"+"Tab"键。

5.【答案】 B

【解析】 将第2行删除后,所有的行数将上移一行,所以A1单元格中的公式是"=SUM(B2:D6)"。

6.【答案】 D

【解析】 跨工作簿单元格引用是指引用其他工作簿中的单元格,又称外部引用,需要按照以下格式进行跨工作簿引用:[工作簿名]工作表名!数据源所在单元格地址。

7.【答案】 B

【解析】 SUMIF用于对满足条件的单元格求和。

8.【答案】 C

【解析】 在对Excel工作表的数据记录单进行排序时,最多可以指定三个排序关键字。

二、多项选择题

1.【答案】 BCD

【解析】 电子表格软件的主要功能有:①建立工作簿;②管理数据;③实现数据网上共享;④制作图表;⑤开发应用系统。

2.【答案】 BCD

【解析】 (略)

3.【答案】 ABCD

【解析】 (略)

4.【答案】 CD

【解析】 按"Ctrl"键,同时单击单元格是选择不连续的单元格,而非选择区域。

5.【答案】 AD

【解析】 算术运算符用于完成基本的数学运算、连接数字和产生数字结果等,如+(加)、-(减)、*(乘)、/(除)、%(百分数)、^(乘方)等。B选项属于引用运算符,C选项属于比较运算符。

6.【答案】 ACD

【解析】 MIN(number1,number2,…)用于返回数值参数中的最小值。如果参数直接是数字、空单元格、逻辑值或文本数字,计算时将被包括在内,空单元格被视为0,TRUE的值为1,FALSE的值为0,文本数字自动转换为数值数字。

7.【答案】 BC

【解析】 数据的筛选分为快速筛选和高级筛选。

三、判断题

1.【答案】 ×

【解析】 在系统默认状态下,一个Excel工作簿含有三个工作表,分别被命名为Sheet1,Sheet2和Sheet3。

2.【答案】 √

【解析】 使单元格变为活动单元格的操作是用鼠标单击该单元格。

3. 【答案】 ×

【解析】 在不同工作表中,将不同的工作表组合成工作组,选定目标单元格录入数据后,按"Ctrl"+"Enter"组合健,可以快速录入完全相同的数据。

4. 【答案】 √

【解析】 剪切和复制命令的差别在于剪切会把数据从原处删去,而复制操作不会。

5. 【答案】 √

【解析】 (略)

6. 【答案】 ×

【解析】 在默认情况下,Excel公式中被引用的数据发生变化时,公式的计算结果会自动重新进行计算。

7. 【答案】 ×

【解析】 数据清单中的每一列的数据属性应该相同。

8. 【答案】 √

【解析】 分类汇总前必须先对数据清单按要分类的字段进行排序。

参 考 文 献

[1] 毛华扬,李帅. 会计电算化——基于 T3 用友通标准版[M]. 2 版. 北京:中国人民出版社,2017.
[2] 何荣华. 会计电算化[M]. 北京:中国财政经济出版社,2016.
[3] 东奥会计在线. 会计电算化[M]. 北京:北京大学出版社,2016.
[4] 财政部. 财办会〔2016〕34 号[Z]. 2016(8).